Karl-Heinz Golzio
(Judentum)

geboren 1947, Studium der Vergleichenden Religionswissenschaft, Indologie und Orientalischen Kunstgeschichte, zahlreiche Veröffentlichungen u. a. zu Themen der indischen Philosophie und zum Buddhismus.

Georg Schwikart
(Christentum)

geboren 1964, Dr. phil., Religionswissenschaftler, lebt als Publizist und Schriftsteller in Sankt Augustin bei Bonn, zahlreiche Veröffentlichungen.

Thomas Lemmen
(Islam)

geboren 1962, Dr. theol., ist Geschäftsführer der Christlich-Islamischen Gesellschaft e. V. (CIG) in Köln.

Thomas Schweer
(Buddhismus)

geboren 1956, Studium der Religionswissenschaft, Indologie und Ethnologie in Bonn und Marburg, freiberuflicher Publizist und Verleger.

Karl-Heinz Golzio
Georg Schwikart
Thomas Lemmen
Thomas Schweer

Weltreligionen WISSEN BASIS

Gütersloher Verlagshaus

Diese Ausgabe basiert auf folgenden Bänden der Reihe »Basiswissen«, die 2000 innerhalb der »Gütersloher Taschenbücher« (GTB) im Gütersloher Verlagshaus erschienen sind: Georg Schwikart, Basiswissen Christentum (GTB 650); Karl-Heinz Golzio, Basiswissen Judentum (GTB 651); Thomas Lemmen, Basiswissen Islam (GTB 654);Thomas Schweer, Basiswissen Buddhismus (GTB 652). Aus diesem Grund bitten wir um Verständnis, dass noch nicht alle Kapitel dieser Ausgabe der neuen deutschen Rechtschreibung folgen.

Die Deutsche Bibliothek – CIP-Einheitsaufnahme

Golzio, Karl-Heinz:
Basiswissen Weltreligionen: Judentum, Christentum, Islam, Buddhismus / Karl-Heinz Golzio ... – Gütersloh: Gütersloher Verl.-Haus, 2002
ISBN 3-579-02329-2

ISBN 3-579-02329-2
© Gütersloher Verlagshaus GmbH, Gütersloh 2002

Das Werk einschließlich aller seiner Teile ist urheberrechtlich geschützt.
Jede Verwertung außerhalb der engen Grenzen des Urheberrechtsgesetzes
ist ohne Zustimmung des Verlages unzulässig und strafbar.
Das gilt insbesondere für Vervielfältigungen, Übersetzungen, Mikroverfilmungen
und die Einspeicherung und Verarbeitung in elektronischen Systemen.

Umschlaggestaltung: Init GmbH, Bielefeld
Satz: Fotosetzerei Steggemann, Bad Salzuflen
Druck und Bindung: GGP Media, Pößneck
Gedruckt auf chlorfrei gebleichtem Werkdruckpapier

Printed in Germany

Besuchen Sie uns im Internet:
http://www.gtvh.de

Inhalt

Vorwort 11

Karl-Heinz Golzio
Judentum 13

Die Grundlagen 15

Der Glaube 16
Die heiligen Schriften der Juden 23
Zum Verhältnis von Christen und Juden 29
Glaubensrichtungen 33
Der Zionismus 34
Der Holocaust 36
Der Staat Israel 39

Die Lebenspraxis 41

Die jüdische Gemeinde 42
Der Sabbat 46
Erzähltradition und Humor 48

Die Feste 51

Persönliche Feste 52
Die allgemeinen jüdischen Feste 55

Jüdische Persönlichkeiten 67

Moses Maimonides 68
Schabbetai Zevi 71
Abraham Geiger 74

Leo Baeck   76

Martin Buber   77

Solomon Schechter   79

Joseph Soloveitchik   80

Levi ben Gershom (Gersonides)   82

Der jüdische Kalender   84
Zahlenspiegel   86

Georg Schwikart
Christentum   93

Der Glaube   95
Religion   96

Theologie   99

Gott   101

Jesus Christus   104

Heiliger Geist   108

Ethik   111

Himmel und Hölle   113

Theodizee   114

Die Bibel   115
Eine Bibliothek   116

Das Alte Testament   119

Das Neue Testament   122

Das Buch der Bücher   125

Inhalt 7

Die Kirchengeschichte 127

Anfänge 128
Herrschaftszeiten 132
Reformation 134
Moderne 137

Die Kirche 141

Eine Kirche – viele Kirchen 142
Konfessionen 142
Kirchenraum 147
Orden 149

Die Feste im Lebenslauf 151

Taufe 152
Konfirmation 153
Ehe 153
Ordination 154
Buße 154
Krankensalbung 155
Abendmahl 155
Bestattung 156

Das Kirchenjahr 157

Sonntag 158
Advent 158
Weihnachten 160
Passionszeit 163
Palmsonntag 165

Gründonnerstag 166
Karfreitag 167
Osternacht 167
Christi Himmelfahrt 169
Pfingsten 170
Trinitatis 170
Reformationsfest 171
Allerheiligen 171
Allerseelen 172
Buß- und Bettag 173

Persönlichkeiten des Glaubens 175

Franz von Assisi 176
Martin Luther King 177
Mutter Teresa 177

Thomas Lemmen
Islam 179

Die Grundlagen 181

Die Entstehung des Islams 182
   Muhammad und der Koran 182
   Die rechtgeleiteten Kalifen 190
Die Glaubenslehren des Islams 194
   Der Glaube an Gott 194
   Der Glaube an die Engel 202
   Der Glaube an die Bücher und die Gesandten 205
   Der Glaube an den Jüngsten Tag und die Auferstehung 210
   Der Glaube an die Vorherbestimmung 211

Die Lebenspraxis 215

Das Glaubensleben des Islams 216
    Das Glaubenszeugnis *(šahada)* 216
    Das rituelle Gebet *(salat)* 220
    Die gesetzliche Abgabe *(zakat)* 229
    Die Wallfahrt *(haǧǧ)* 230
    Das Fasten *(saum)* 235
    Einzelfragen der Religionsausübung 238
Einheit und Vielfalt im Islam 247
    Sunniten 249
    Schiiten 251
    Sonstige Gruppen 255

Islam in Deutschland 257

Thomas Schweer
Buddhismus 265

Die Grundlagen 267

Der Glaube 268
    Buddha 268
    Dharma 274
    Sangha 280
Die Geschichte 284
    Theravada 284
    Mahayana 291
    Vajrayana 306

Die Lebenspraxis 319

Die buddhistische Gemeinschaft 320

   Mönche und Nonnen 320

   Die Laien 324

   Der Kult 327

Der Erlösungsweg 330

   Meditation 330

   Nirvana 334

Buddhismus in Deutschland 337

Wichtige Persönlichkeiten 341

Ananda 342

Nagarjuna 342

Bodhidharma 344

Paul Dahlke 345

Nyanatiloka 346

Lama Anagarika Govinda 347

Dalai Lama 348

Thich Nhat Hanh 349

Anhang 351

Weiterführende Literatur 352

Stichwort- und Personenverzeichnis 362

Zentrale Begriffe im Überblick 366

Vorwort

Heute ist das Wissen über die Religiosität des Einzelnen, über die Geschichte und die Entwicklung seines Glaubens von besonderer Bedeutung und nicht zu umgehen. Dieses Wissen ermöglicht Verständnis für unser Gegenüber, dessen Denken und Handeln uns auf den ersten unvorbereiteten Blick fremd sein mögen. Es fördert somit ein Miteinander und gegenseitige Achtung.

Das vorliegende Buch beinhaltet elementare Grundinformationen zu den vier großen Weltreligionen

- Judentum
- Christentum
- Islam
- Buddhismus.

Was wissen wir wirklich über die Gedanken und Anschauungen der Menschen, die einer dieser Religionen angehören?

Sei es das am weitesten verbreitete Christentum, das seine Wurzeln im Judentum hat, sei es der Islam, der uns mit ca. drei Millionen Muslimen in Deutschland tagtäglich begegnet oder auch die zunehmende Zahl der Buddhisten, die durch ihre große Vielfalt an Glaubensvorstellungen die westliche Welt bereichern.

Die Konzeption des Bandes sieht vor, daß jede Religion - separat behandelt wird. Es finden sich Einzelkapitel zu *Grundlagen* des Glaubens und zur *Tradition*. Lebendig wird jede Religion durch ein besonderes Kapitel *Lebenspraxis*.

Für diejenigen, deren Interesse über diese Basisinformation hinausgeht, finden sich Empfehlungen weiterführender Literatur am Ende des Bandes.

Das Stichwort- und Personenverzeichnis ermöglicht einen Quereinstieg.

Einen weiteren interessanten Nutzen bietet eine kurze Übersicht wichtiger Kernthemen der vier Weltreligionen in einer vergleichenden inhaltlichen Gegenüberstellung.

Karl-Heinz Golzio
Georg Schwikart
Thomas Schweer
Thomas Lemmen

Judentum

Die Grundlagen

Der Glaube

Die heiligen Schriften der Juden

Zum Verhältnis von Christen und Juden

Glaubensrichtungen

Der Zionismus

Der Holocaust

Der Staat Israel

Der Glaube

Der Begriff Judentum

Auf die Frage, was denn eigentlich unter Judentum oder gar jüdischer Identität zu verstehen ist, wird man sehr unterschiedliche Antworten erhalten. Die einen sehen darin in erster Linie eine Religionsgemeinschaft, deren zentraler Kern das Bekenntnis zu dem Einen Gott, dem Gott Israels *(Schemaʿ Israel)* sei. Die anderen berufen sich dagegen auf eine gemeinsame Herkunft, die durch eine jüdische Mutter und die Abstammung von »unseren Vätern Abraham, Isaak und Jakob« gegeben ist. Wieder andere sehen im Judentum eher eine Konstruktion, einen geistigen Prozeß (Martin Buber), so daß die Zugehörigkeit zum Judentum eine Frage des Bewußtseins oder Bekenntnisses ist. Und schließlich betrachten manche das Judentum als eine Frage der Fremdzuschreibung, wozu nicht zuletzt die lange Geschichte des Antisemitismus beigetragen hat. So formulierte Sartre jenen zynischen Satz: »Der Jude ist Jude, weil ihn die Gesellschaft als Juden betrachtet.«

Jede dieser Antworten beleuchtet einen Aspekt des Judentums und erzählt zugleich von der Faszination und Provokation, die vom Judentum ausgeht. Darüber hinaus verweist jede dieser Perspektiven auch auf die Tradition und Geschichte, die mit dem Begriff Judentum verbunden ist.

Das, was heute als Universalreligion Judentum verstanden wird, hat unstrittig seine Wurzeln in der Religion des alten Israel, jenes auserwählten Gottesvolkes, von dem die Bibel erzählt. Obwohl das Judentum eindeutig nachbiblisch ist, sind die heiligen Schriften – die *Torah* (fünf Bücher des Moses), die *Nebiʿim* (»Propheten«) und *Ketuvim* (übrige Schriften), also das, was von den Christen später als das Alte Testament bezeichnet wurde – das Fundament jüdischen Glaubens. Das hat zwei Gründe: Zum einen wird in ihnen die Geschichte des Volkes Israel von seinen Anfängen an geschildert, was für ein Verständnis des Judentums wie des neuen Israel entscheidend ist. Zum anderen enthalten die heiligen Schriften die *Torah* (»Lehre«), die Gebote und Weisungen Gottes, die, so der Glaube, das Volk Israel von Gott selbst erhalten hat – ein Hinweis auf die Auserwähltheit Israels.

Die allmähliche Ersetzung des Namens »Israeliten« durch »Juden« ergab sich aus der Spaltung des Staates in ein Nordreich »Israel« und ein Südreich »Juda« mit der Hauptstadt Jerusalem nach dem Tode Salomons und insbesondere nach der Vernichtung des Nordreiches durch die Assyrer im Jahre 722 v. Chr. Die daraus abgeleitete Bezeichnung »Judentum« erscheint noch später, und zwar in der sogenannten nachbiblischen Zeit, die ungefähr mit dem Auftreten des Hellenismus in Palästina gleichgesetzt werden kann. Es handelt sich um die Zeit nach der Eroberung des Vorderen Orients durch Alexander den Großen (nach 332 v. Chr.), als das Territorium des ehemaligen altisraelischen Königreiches zuerst zum Machtbereich der Ptolemäer und seit 198 v. Chr. zu dem der Seleukiden gehörte. So berichtet das Buch der Makkabäer (2,21), einem Werk des 2. Jahrhunderts v. Chr., im Zusammenhang mit jener Gruppe, die sich gegen die religiöse, kulturelle und politische Überfremdung zu Wehr setzt, von »Himmelserscheinungen, die jenen zuteil wurden, die für das Judentum ehrenvoll und tapfer gestritten haben ...«. Auch Paulus gebrauchte diesen Begriff in seinem Brief an die Galater (1,13), um auf seine Herkunft zu verweisen: »Ihr hörtet ja von meinem einstigen Wandel im Judentum (*Iudaismos*) ...«

Doch der Ursprung des jüdischen Volkes und damit des Judentums läßt sich historisch viel weiter zurückverfolgen, wie weit, kann nicht mit letzter Gewißheit gesagt werden. Nach Zeugnis der heiligen Schriften heißt es, daß eine Verwandtschaftsgruppe, die *Bene Jakob* (Nachkommen des Jakob) allmählich ihr Nomadentum aufgab und sich im Gebiet von Kanaan niederließ. Je nach Überlieferung folgten einzelne Zweige dieses Clans unterschiedlichen Wegen und erlitten verschiedene Schicksale. Ein bedeutender Wendepunkt, der u. a. dazu beitrug, daß die einzelnen Gruppen sich zum Volk Israel zusammenschlossen, war die Versklavung in Ägypten und die Befreiung von ihr durch den Gott JWHW. Ein weiterer Wendepunkt war der Bund des Volkes Israel mit eben jenem Gott JWHW (der häufig Jahweh ausgesprochen wird) am Sinai, der mit der Überreichung der *Torah* an Moses einherging.

Diese zentralen Ereignisse bilden die Grundlage der jüdischen Religion. Sie prägen entscheidend das jüdische Festjahr, was besonders am *Pessach*fest deutlich wird, wenn an die Befreiung aus der Knechtschaft in Ägypten gedacht wird. Insofern ist das Judentum eine entschieden historisch denkende Religion, von der alle Ereignisse – die positiven wie negativen – während der langen Geschichte im Lichte des Verhältnisses des Auserwählten Volkes zu seinem Gott gesehen wird.

Das Glaubensverständnis

Die Bibel gibt ein zusammenhängendes Bild über die Ursprünge des Judentums, die mit dem Schöpfungsakt Gottes beginnen, danach aber ständig konfliktbeladen sind, angefangen mit dem Sündenfall des ersten Menschenpaares. Diese Konflikte wurden nach dem Glauben der Israeliten und später auch der Juden immer wieder gelöst, und zwar durch eine Folge von Bundesschlüssen, die Gott mit bestimmten Menschen schloß und die im Bund mit Moses gipfelten, der die Israeliten aus Ägypten führte.

Damit fanden die Bundesschlüsse jedoch keinesfalls ihren Abschluß. Vielmehr wird hier der Anspruch erhoben, daß Israel heilig sein soll, wie Gott heilig ist, und daß das Volk sein Gebot *Schema'*, »Höre, oh Israel ...«, befolgen soll. Wenn das Volk die Gebote des Bundes achtet, wird es allen gut gehen; im anderen Fall aber ist mit Leiden und Unglücken zu rechnen, mit denen das jüdische Volk im Laufe seiner Geschichte nur zu oft konfrontiert wurde. In diesem Sinne ist Israel eine vorweggenommene Gemeinschaft, die Gott mitten in die Zeit gesetzt hat, um ein Abbild der Harmonie darzustellen, die Gott in der Schöpfung vorgesehen hatte und die schließlich der ganzen Menschheit zuteil wird, »wenn das Wissen Gottes die Erde bedecken wird, wie die Wasser das Meer bedecken« (Habakkuk 2,14).

Das jüdische Leben ist nach festgesetzten Normen geregelt, die sich von anderen Lebensweisen unterscheiden und gewöhnlich mit dem hebräischen Wort *Halachah* (»Gang, Wandel«) bezeichnet wird. Damit ist entweder das gesamte jüdische Gesetz (im Singular) oder es sind einzelne Verhaltensregeln (Plural *halachot*) gemeint. Nach der Tradition glaubt man, daß die *Halachah* in ihrer Gesamtheit auf Moses zurückgeht. So hat der jüdische Geschichtsschreiber Flavius Josephus (1. Jahrhunderts n. Chr.), unter anderem Verfasser eines Buches über den *Jüdischen Krieg* gegen die Römer, dieses »Grundgesetz« des jüdischen Volkes folgendermaßen formuliert: »Nachdem er (Moses) ihnen die gesamte Art und Weise des Lebens durch das Gesetz zusammengefaßt hatte, überredete er sie dazu, dies anzunehmen und erreichte damit, daß die Lebensführung auf ewige Zeiten völlig unverändert bewahrt wurde«. Nach dem mittelalterlichen spanisch-jüdischen Philosophen Maimonides (1135–1204) sind »in all diesen Schriften das Erlaubte und das Verbotene erklärt... so wie es von einer Person zur nächsten aus dem Mund des Moses, unserem Lehrer auf dem Sinai überliefert wurde«.

Die *Halachah* besteht aus dem geschriebenen Gesetz, das sich aus insgesamt 613 Geboten des Pentateuch (den fünf Büchern des Moses) zusammensetzt, den Aussagen, die durch die Tradition überliefert sind.

Wenn man also den Kern des jüdischen Glaubens zusammenfassen will, dann besteht er in erster Linie in dieser besonderen Beziehung des Volkes zu seinem Gott, eine Beziehung, die durch Gebote und Verbote festgelegt ist. Dabei spielte sehr häufig die Frage eine große Rolle, ob man diesem Kodex auf jeden Fall buchstabengetreu folgen soll oder ob es wichtiger ist, dem Geist des Gesetzes zu folgen. Schon am Beginn jener Epoche, in der das Judentum seinen Anfang nahm, kam es zur Auseinandersetzung zwischen »fortschrittlichen«, d.h. dem Hellenismus zugeneigten, und »konservativen« Gruppen. Während dieser Auseinandersetzung, die in einen Krieg gegen die seleukidische Oberherrschaft einmündete, erhob sich beispielsweise die Frage, ob man am Sabbat Waffen tragen und sogar militärischen Widerstand leisten dürfe. Im 1. Buch der Makkabäer wird von einer Gruppe berichtet, die sich widerstandslos am Sabbat niedermetzeln ließ, woraufhin der jüdische Führer Mattatias und seine Gefolgsleute beschlossen, gegebenenfalls auch am Sabbat zu kämpfen. Dies ist ein möglicher Hinweis darauf, daß das im Gefolge des *Holocaust* (der systematischen Vernichtung der Juden durch die Nazis) formulierte 614. Gebot »Du sollst überleben« schon sehr früh seine Gültigkeit hatte.

Dennoch gab es auch Streitigkeiten darüber, ob nur das geschriebene Gesetz, die *Torah sche-bi-chetav*, oder auch das mündliche Gesetz, die *Torah sche-be'al peh* zu befolgen sei. In den Tagen des zweiten Tempels war die Gültigkeit des mündlichen Gesetzes ein Hauptstreitpunkt zwischen zwei Gruppen, die auch aus dem christlichen Neuen Testament vertraut sind – den Pharisäern und den Sadduzäern, wobei letztere sich nur an das geschriebene Gesetz hielten. Die willige Annahme des Jochs der *Halachah* wird von vielen als charakteristisch für das Judentum angesehen. Tatsächlich ist es richtig, daß die Frage des rechten Verhaltens ein zentraler Punkt im Judentum ist. Nach den Orthodoxen ist die *Halachah* gottgegeben und muß befolgt werden. Die fortschrittlichen Bewegungen erweisen der *Halachah* zwar ihre Ehrerbietung, lehnen es aber ab, sie für jeden Aspekt des Lebens als bindend zu betrachten.

Obwohl das Judentum dem Außenstehenden somit den Eindruck vermitteln könnte, es handele sich um eine Religion, in der das Gesetz vorherrscht, ist es nicht in jeder Beziehung vom Gesetz bestimmt, obwohl man jahrhundertelang bis in die Gegenwart unaufhörlich an der Bedeutung der *Torah* gearbeitet hatte. Aber die Juden beachten das Gesetz (wenn sie es wirklich befolgen) nicht deshalb peinlich genau, weil sie die Gunst Gottes gewinnen wollen, sondern einfach, weil er es ihnen aufgetragen hat. Die *Torah* ist eine Sprache der Liebe, eine Art, zu Gott ja zu sagen, und zwar nicht etwa in Erwartung einer Belohnung. Denn während beinahe des gesamten biblischen Zeitraums existierte noch nicht einmal der Glaube, daß das Leben nach dem Tod mit Gott fortgesetzt werden könne; somit gab es keine Belohnung für die Gläubigen nach dem Tod.

Dann jedoch schien die Vorstellung nicht mehr zumutbar, in der Schöpfung und der Geschichte die Treue Gottes zu seinem Volk zu erleben und gleichzeitig anzunehmen, daß Gott nicht in der Lage sei, dies über den Tod hinaus fortzusetzen. Man glaubte, die Toten führten nur eine schattenhafte Existenz unter der Erde in der *Scheol*, einer Art Unterwelt, in der alle Beziehungen zu Gott abgebrochen sind. Aus diesem Grund leugneten die Saddzäer die Auferstehung, weil sie sich darauf berufen konnten, daß derartige Lehren in der *Torah* nicht existieren. Erst in den späteren Büchern der Bibel taucht die Lehre von der Auferstehung der Toten auf, und der im 1. Jahrhundert n. Chr. lebende Philosoph Philo lehrte, daß die Einzelseele unsterblich sei. Im allgemeinen glaubte man, daß die Einzelperson vor dem Endgericht wiederhergestellt wird und die Rechtschaffenen sich für immer der Gegenwart Gottes erfreuen dürfen. Die Bösen werden allerdings bestraft werden.

Dies mag schlaglichtartig darauf hinweisen, daß auch Glaubensüberzeugungen dem Wandel unterliegen. Entsprechend gab es im Judentum verschiedentlich Versuche, Glaubensartikel zu formulieren, von denen der fundamentalste *Schemaʿ Israel* ist, das Bekenntnis, daß es nur einen Gott gibt: »Höre Israel, der HERR ist unser Gott, der HERR ist einer«. Auch Philo hat zum Beispiel acht Prinzipien herausgearbeitet, aber am bekanntesten und anerkanntesten dürften die dreizehn Glaubensartikel des bereits genannten Philosophen Maimonides sein:

1. Gott existiert,
2. Gott ist ein einziger,
3. Gott besitzt keinen Körper,
4. Gott ist ewig, ohne Anfang und Ende,
5. Gott allein besitzt Göttlichkeit und nur er darf angebetet werden,
6. Die Worte der Propheten sind gültig,
7. Moses war der bedeutendste Prophet,
8. Moses erhielt die ganze *Torah*,
9. Die *Torah* ist vollständig und wird nicht durch eine andere ersetzt,
10. Gott ist allwissend,
11. Gott wird diejenigen, die seine Gebote beachten, belohnen und die anderen bestrafen,
12. Der Glaube an die Ankunft des Messias,
13. Der Glaube an die Auferstehung der Toten zu einem Zeitpunkt, der Gott gefällt.

Im 12. Glaubensartikel erscheint die Gestalt des Messias, des *ha-Maschiah*, des »Gesalbten«, womit ursprünglich ein Nachkomme aus dem Hause des Königs David bezeichnet wurde, von dem man die Wiederherstellung des jüdischen Königreiches erwartete. Nachdem sich diese Hoffnungen jedoch nicht erfüllten, erwartete man vom Kommen des Messias nicht mehr so sehr eine Rückkehr zu den goldenen Tagen, sondern die Errichtung des Königreiches Gottes und den Höhepunkt der Menschheitsgeschichte.

Dies führte im Verlauf der jüdischen Geschichte zum Auftreten einer ganzen Reihe messianischer Gestalten: So wurde auch Jesus von seinen Anhängern als Messias (griech. *christos*) betrachtet, und im 2. Jahrhundert knüpften sich große Erwartungen an Simeon Bar Kochba, der in einem großen Aufstand (132–135 n. Chr.) die Römer aus dem Land zu vertreiben suchte. Nach der Zerstreuung (Diaspora) der Juden in viele Teile der Welt war mit dem messianischen Zeitalter immer die Hoffnung auf die Rückkehr aller Juden nach *Erez Israel,* dem »Gelobten Land«, verbunden. Eine der bedeutendsten Gestalten in der neueren Zeit, die den Anspruch erhob, der Messias zu sein, war Schabbetai Zevi (1626–1676), der im damaligen Osmanischen Reich eine große Anhängerschaft um sich versammelte. Er ist ein gutes Beispiel dafür, mit welchem Enthusiasmus seine Bewegung aufgenommen und weitergeführt wurde, aber auch dafür, welche Enttäuschung und starke Ablehnung sie auszulösen vermochte.

Doch nicht nur derartige angebliche Erfüllungen von Glaubensvorstellungen wurden aufgenommen, sondern auch die Glaubensinhalte – wie z. B. die Messiaserwartung – wurden selbst von den verschiedenen Gruppen im Laufe der Geschichte nicht einheitlich interpretiert. Zum Verständnis der Grundlagen des jüdischen Glaubens ist es unabdingbar, auf seine Quellen einzugehen.

Die heiligen Schriften der Juden

Die hebräische heilige Schrift – das Alte Testament der Christen – besteht aus drei Hauptgruppen, nämlich aus der *Torah* (»Lehre«), den *Nebi'im* (»Propheten«) und den *Ketuvim* (übrige Schriften). Aus den hebräischen Anfangsbuchstaben dieser Bezeichnungen wurde der Begriff *Tanach* oder *Tanakh* gebildet.

Torah bedeutet »die Lehre der jüdischen Religion« und wird im Griechischen auch als Pentateuch (»Fünferbuch«, d. h. die fünf Bücher des Moses) bezeichnet. Im engeren Sinn meint der Begriff *Torah* alle Gesetze zu einem bestimmten Thema oder die Summe aller Gesetze. Später wurde zwischen dem geschriebenen und dem mündlichen Gesetz unterschieden. In der nachbiblischen Zeit lehrten die Rabbis, jene Gelehrten, die die jüdische Tradition aufrechterhielten, zwar einerseits, daß Moses die *Torah* auf dem Berg Sinai erhalten hatte, andererseits betonten sie, daß sie bereits vor der Erschaffung der Welt existierte (übrigens finden sich im Islam ähnliche Gedankengänge über den Koran). Rabbi Akiba, einer der bedeutendsten jüdischen Gelehrten (ca. 50–135 n. Chr.) behauptete, daß die *Torah* »das kostbare Werkzeug war, durch das die Welt erschaffen wurde«.

Die *Torah,* die sogenannten »Fünf Bücher des Moses«, setzt sich aus folgenden Werken zusammen:

1. Genesis (»Schöpfung«) oder *Bereschith* (nach den Anfangsworten »Am Anfang«): Sie enthält die Erzählung der Schöpfungsgeschichte, der frühen Menschheitsgeschichte und der Patriarchen von Abraham bis zur Geschichte von Joseph und seinen Brüdern.

2. Exodus (»Auszug«) oder *Schemoth* (»Name«): In ihm findet sich die Geschichte vom Auszug der Israeliten aus Ägypten unter der Führung des Moses, die Wanderung durch die Wildnis und die Verkündung der Zehn Gebote bzw. die Übergabe der Torah auf dem Berg Sinai durch Jahweh an Moses und die Erneuerung des Bundes.

3. Leviticus (»Buch der Leviten, Priester«) oder *Wayyikra* (»und er rief«, das erste Wort des Textes): Das Buch bringt eine Anleitung für den Opferdienst, spricht von ritueller Reinigung, Speisegesetzen und Kulthandlungen der Priester (Leviten). Besonders hervorgehoben wird, daß das Volk Israel so heilig wie Gott sein soll.

4. Numeri (»Zahlen, Aufzählungen«) oder *Be-Midbar* (»in der Wildnis«): Es schildert den Weg der Israeliten vom Sinai bis an die Grenzen Kanaans. Der Beginn beschreibt den neunzehntägigen Aufenthalt am Sinai, bei

dem auch eine Volkszählung vorgenommen (daher der Name) und der Tabernakel, eine Art transportierbares Heiligtum, das die Bundeslade beherbergt, ausgestattet wurde.

5. Deuteronomium (»zweites Gesetz«) oder *Dewarim* (»Wörter«, das zweite Wort des Textes): Es enthält eine lange Abschiedsrede des Moses, zu der die Zehn Gebote, *Schema' Israel* und das deuteronomistische Gesetz gehören, das sich mit religiösen Pflichten, zivilen Einrichtungen und verschiedenen anderen Gesetzen beschäftigt.

Obwohl die *Torah* speziell den Israeliten offenbart wurde, richtet sich ihre Botschaft doch an die ganze Menschheit, und es kursiert der Satz, daß ein Heide, der die *Torah* studiert, so viel wert wie ein Hohepriester sei. Die *Torah*, die in Form von Pergamentrollen in der Synagoge aufbewahrt wird, spielt beim dort stattfindenden Gottesdienst eine große Rolle. Demgegenüber haben die übrigen Bücher des *Tanach* in bezug auf ihren Offenbarungswert keine solch herausragende Bedeutung, wenngleich sie historisch gesehen für die Entwicklung der jüdischen Religion äußerst wichtig waren.

Zu den Büchern der Propheten gehören nicht nur jene, die im eigentlichen Sinne die Aussagen einzelner Propheten enthalten, sondern auch die geschichtlichen Bücher wie Josua, Richter, Samuel und Könige. Dann folgen die drei Bücher der großen Propheten Jesaja, Jeremia und Ezechiel sowie die zwölf Bücher der kleineren Propheten Hosea, Joel, Amos, Obadja, Jona, Micha, Nachum, Habakkuk, Zephania, Haggai, Zecharja und Maleachi. Auch die ersten Bücher werden zu den prophetischen gerechnet, weil in ihnen die früheren Propheten, wie z. B. Samuel, Nathan, Elijah und Elischa, vorkommen, die in der Lage waren, die Zukunft im Namen Gottes vorherzusagen. Zumeist waren sie Mahner entweder des Königs oder des ganzen Volkes. Häufig versuchten sie, daß von ihnen verkündete Unheil durch Fürsprache bei Gott abzuwenden.

Zum dritten Abschnitt schließlich gehören die Psalmen, Sprüche, Hiob, das Hohelied, Ruth, Klagelieder, Ecclesiastes (Koheleth, Prediger), Esther, Daniel, Esra, Nehemia und die zwei Bücher der Chronik. Alle diese Werke sind nach der Zerstörung des Reiches Judah und des ersten Tempels durch die Babylonier im Jahre 586 v. Chr. entstanden, d. h. in jener Zeit, als Israel seine staatliche Unabhängigkeit verlor und viele Juden ins Exil nach Babylonien verschleppt worden waren. Einige der Bücher sind erst im 4. und 3. Jahrhundert v. Chr. entstanden, und das Buch Daniel kann mit Sicherheit auf die Zeit um 165 v. Chr. datiert werden.

Zu den apokryphen (»geheimen«) Schriften, die nicht in den *Tanach* aufgenommen wurden, zählen solche Bücher wie Tobit, Judith, die zwei Bücher der Makkabäer und viele andere mehr. Sie entstanden hauptsächlich im Zeitraum vom 2. Jahrhundert v. Chr. bis zum 2. Jahrhundert n. Chr. Sie spielten im Judentum lange Zeit kaum eine Rolle, wurden aber Teil der griechischen Bibelübersetzung, die als *Septuaginta* (»70«) bezeichnet wird. Diese Übersetzung wurde im 3. und 2. Jahrhundert v. Chr. in Alexandria erstellt, wobei zunächst nur der Pentateuch und dann der Rest der Schrift übersetzt wurde. Der Name geht auf eine Legende zurück, nach der 70 (oder 72) Männer unabhängig voneinander gleichlautende Übersetzungen anfertigten. Während die Septuaginta im Judentum keine besondere Bedeutung hatte, bildete sie im Christentum die Grundlage für die lateinische Übersetzung des Hieronymus, die als *Vulgata* (»volkstümlich«) bezeichnet wird (Ende des 4. Jahrhunderts n. Chr.). Erst in der Renaissance kamen jüdische Gelehrte wieder verstärkt in Kontakt mit diesen Schriften.

Die Nichtberücksichtigung der griechischen Übersetzung dürfte mit der Abwendung der Juden von der hellenistisch-römischen Kultur zusammenhängen, obwohl das Hebräische nach der Rückkehr aus dem Babylonischen Exil keine Umgangssprache mehr war und durch das Aramäische abgelöst worden war. Dies hatte zur Folge, daß das Bedürfnis entstand, Übersetzungen (hebr. *targum*, Plural *targumim*) ins Aramäische anzufertigen.

Der Talmud

Nach der Zerstörung des zweiten Tempels durch die Römer im Jahre 70 n. Chr. und der Niederschlagung des Aufstandes des Bar Kochba im Jahre 135 n. Chr. begann eine Neubesinnung des Judentums. Der Tempel als zentrales Heiligtum wurde durch die Synagoge, den Versammlungs- und Betort der Gläubigen, ersetzt. Außerdem bildete sich aus den Interpreten und Erklärern der Schrift ein förmlicher geistlicher Stand heraus, der des Rabbi (»mein Meister«), dessen Merkmal seine Gelehrsamkeit ist. Der Rabbi übte deshalb auch keine sakramentalen Funktionen aus, sondern verstand sich eher als Lehrer und Erläuterer der Schrift.

Die Rabbis mit ihrer Gelehrsamkeit waren es denn auch, die in einem Jahrhunderte andauernden Prozeß den *Talmud* (»Studium«, »Lehre«, »Lernen«) schufen, jenes ungefähr 2,5 Millionen Wörter umfassende Werk, das die Auslegung des mosaischen Gesetzes, der *Torah*, darstellt. Genau genommen gibt es zwei *Talmuds*, den Palästinensischen, der ca. 500 n. Chr. auf dem Gebiet des alten Israel vollendet wurde, und den Babylonischen, der etwa zwischen 100 und 200 Jahre später fertiggestellt wurde. Der letztere hat aufgrund seiner späteren Vollendung größere Autorität und vermittelt eine ungefähre Vorstellung von den blühenden Akademien der in Babylonien ansässigen jüdischen Bevölkerung.

Der *Talmud* enthält viel Erzählgut, Disputationen und Streitgespräche der Gelehrten und ist eine unerschöpfliche Fundgrube des religiösen Wissens und allgemein menschlicher Einsichten. Er schildert Bräuche, Zeremonien und enthält Gebete, Volksweisheiten und Rezepte gegen Krankheiten. Daher bestimmt der *Talmud* als Erläuterung der *Torah* das alltägliche wie auch das rituelle Leben der gläubigen Juden. Weil im Laufe der Zeit auch neue Fragestellungen auftauchten, auf die der *Talmud* keine erschöpfende Antwort gab, haben Generationen von Gelehrten bis auf den heutigen Tag weiter an der Auslegung der *Torah* gearbeitet. In diesem Sinne hat nach einer Spruchweisheit »die *Torah* keinen Anfang und der *Talmud* kein Ende«.

Formal untergliedert sich der *Talmud* in zwei Teile, die auch seine Entstehungsgeschichte widerspiegeln. Der erste Teil umfaßt die Kommentare und Diskussionen zur *Mischnah* (»Lehre«, »Wiederholung«), eine von Judah ha-Nasi am Anfang des 3. Jahrhunderts n. Chr. kompilierte Sammlung des mündlichen Gesetzes, die die Lehrmeinungen der verschiedenen *Tannaim* (Singular: *Tanna,* »Weiser«) wiedergibt. Der zweite Teil wird als *Gemara* (»Vollendung«) bezeichnet und enthält die Diskussionen der *Amoraim* (Singular: *Amora,* »Sprecher«) über die *Mischnah;* traditionell wird die *Gemara* in *Talmud*ausgaben um die entsprechende Textstelle der *Mischnah* abgedruckt.

Die *Mischnah* selbst unterteilt sich in sechs *Sedarim* (»Ordnungen«): 1. *Zera'im* (»Samen«), wo in elf Traktaten Gesetze und Anordnungen zur Landwirtschaft beschrieben werden; 2. *Mo'ed* (»Feste«), wo in zwölf Traktaten Vorschriften über den Sabbat sowie Feste und Feiertage geregelt sind; 3. *Naschim* (»Frauen«), wo in sieben Traktaten Eheverträge, Verlobungen, Scheidung, Ehebruch und Gelöbnisse von Frauen behandelt werden; 4. *Nezikin* (»Schäden«), wo in zehn Traktaten das Zivil- und Strafrecht geregelt ist, zu ihnen gehören auch Meinungen über den Umgang mit Nichtjuden, den Götzendienst u. a.; 5. *Kodaschim* (»Heilige Dinge«), wo in elf Traktaten über Schlachtungen sowie Schlacht- und Speiseopfer diskutiert wird; 6. *Tohorot* (»Reinheit«), wo sich zwölf Traktate mit Reinheit und Verunreinigung bei Menschen, Speisen und Geräten beschäftigen.

Inhaltlich unterscheidet man zwischen der *Halachah* (»Gang«, »Wandel«) und der *Aggadah* (»Erzählung«, »Sage«). Die *Halachah* umfaßt – wie bereits eingangs gesagt – die Gesetze, Regeln und Verbote des gesamten Lebens der Gläubigen, die als Richtschnur des Handelns dienen, und macht etwa ein Drittel des *Talmuds* aus. Sie hat einen viel höheren, weil autoritativen Stellenwert als die *Aggadah,* die in der Hauptsache aus Erzählungen, Sprüchen, Legenden, Gleichnissen und Anekdoten besteht. Sie liefert im Grunde genommen die Beispiele zu den Normen der *Halachah* und wird keineswegs gering veranschlagt: »Willst du den kennenlernen, durch den die Welt entstand? Dann studiere die Aggadah!«

Zum Verhältnis von Christen und Juden

Das Judentum, so wie es uns heute entgegentritt, ist im wesentlichen ein Produkt der veränderten Situation nach der Zerstörung des zweiten Tempels. An dessen Stelle trat das Haus der Lehre, die Synagoge, an die des Opfers das Gebet. Die Bedeutung, die im biblischen Zeitraum die Ältesten und Propheten und in der nachexilischen Zeit die Priester und Hohepriester eingenommen hatten, kam jetzt den Rabbis zu sowie den in Babylonien residierenden Exilarchen *(Resch Galut,* »Oberhäupter im Exil«, »Exilarchen«).

Das Entstehen des Christentums fällt somit in die letzte Phase vor Tempelzerstörung und Zerstreuung, in die jüdisch-hellenistische Periode, als der Tempel noch Kultzentrum war. Zur Lebenszeit Jesu war das Judentum sogar eine erfolgreiche missionierende Religion, die viele Konvertiten (die sogenannten Proselyten) durch seinen ethischen und Gehorsam fordernden Monotheismus gewann. Während dieser Zeit gab es mehrere gegensätzliche Interpretationen darüber, was es in der Praxis und im Detail für die Juden bedeutete, die Gebote des Bundes zu erfüllen.

Daraus hatten sich verschiedene religiöse Strömungen entwickelt, so z. B. die Sadduzäer, die Pharisäer und die Sekte vom Toten Meer. Trotzdem bestand Übereinstimmung darin, daß der Verlauf der Geschichte in Gottes Hand liegt und daß Gott einen Messias senden wird, um das unabhängige Reich der Juden oder das des Himmels zu errichten.

Die Pharisäer (»Separatisten« oder »Interpreten«) zeichneten sich durch ihre peinlich genaue Befolgung der *Torah* aus. Es ist nicht auszuschließen, daß sie ursprünglich spöttisch von den Sadduzäern so bezeichnet wurden, weil sie sich von den guten Dingen dieses Lebens in der irregeleiteten Hoffnung fernhielten, in einem zukünftigen Leben belohnt zu werden. Die Sadduzäer glaubten aber nicht an ein Leben nach dem Tod. Die Pharisäer übten durch die Lehre der Hoffnung auf die Auferstehung von den Toten und das Kommen des Messias Einfluß auf die Religiosität des ganzen jüdischen Volkes aus. Und trotz der starken antipharisäischen Ausrichtung des Neuen Testamentes gibt es Gelehrte, die die Ansicht vertreten, daß das Verhältnis zwischen den Anhängern Jesu und den Pharisäern ursprünglich sehr eng gewesen ist. Sie behaupten, daß die Entfremdung späteren Datums sei und aus diesem Grund in den später abgefaßten Evangelien ihren Niederschlag fand.

Die führende Position im Tempelkult innerhalb des Judentums zur Zeit Jesu nahmen eindeutig die Sadduzäer ein, die bei weitem größere Differenzen in ihren religiösen Anschauungen zu den Anhängern Jesu aufwiesen. Die Kritik Jesu an den bestehenden religiösen Praktiken der Pharisäer, insbesondere der buchstabengetreuen Befolgung des Gesetzes, zeigt jedoch auch seine Kluft zu deren Anschauungen. Dennoch bewegte er sich innerhalb des Rahmens der *Torah*, und wenn er die Gebote zu kritisieren scheint, dann häufig nur, um sie noch schärfer zu formulieren oder zu präzisieren. Seine Stellung war durchaus die eines Lehrers innerhalb des Judentums, aber er berief sich nicht auf andere Autoritäten außer Gott selbst, zu dem er nach seinen Aussagen eine besondere Beziehung besaß.

Problematisch scheint die Bedrohung gewesen zu sein, die Jesus für die jüdischen Autoritäten darstellte, weil er die richtige Interpretation der *Torah* für sich in Anspruch nahm. Dies war offensichtlich der Anlaß für den Prozeß und die Kreuzigung, doch scheint sich die junge Gemeinde nach seinem Tod zunächst noch größtenteils dem Judentum zugehörig gefühlt zu haben.

Die Brüche traten erst mit der Vergöttlichung Jesu als Christus (»Gesalbter«, d. h. Messias) und Sohn Gottes im wörtlichen Sinne auf. Verstärkt wurde die Abgrenzung dann noch durch die radikale Ablehnung bzw. Gegenstandslosigkeit jüdischer Bräuche, wie etwa der Beschneidung. Eine führende Rolle spielte dabei der zur Gemeinde neubekehrte Jude Saulus, der sich von nun an Paulus nannte. Durch ihn wurde der Glaube propagiert, daß die sündige Menschheit aufgrund der Gnade Gottes im Glauben an Jesus Christus gerettet und gerechtfertigt werde, und dies unabhängig vom jüdischen Gesetz. Der Tod Christi habe das Gesetz aufgehoben und ein neues Zeitalter des Heiligen Geistes begründet.

Dieser klaren Abgrenzung gegenüber dem Judentum und der Öffnung des Christentums für die Missionsarbeit unter den »Heiden« folgten bald antijüdische Äußerungen und Schuldzuweisungen, wie sie in einigen Textstellen der Evangelien, besonders bei Matthäus und Johannes zu finden sind. Die Vorwürfe erstreckten sich von der Kollektivschuld der Juden an der Kreuzigung Jesu bis hin zu ihrer wörtlichen Verteufelung (»ihr seid eures Vaters, des Teufels«). So wurde von christlicher Seite auch die Zerstörung des zweiten Tempels als eine Strafe Gottes angesehen.

Prekär wurde die Situation für die Juden aber erst mit dem Triumph des Christentums im Römischen Reich seit dem 4. Jahrhundert Chr., da sich die antijüdische Haltung jetzt noch verstärkte und staatlicher Unterstützung sicher sein konnte. Im allgemeinen bezeichnet man diese Feindschaft gegenüber den Juden seit dem Ende des 19. Jahrhunderts als »Antisemitismus«, obwohl sie sich keineswegs gegen alle semitischen Völker richtet.

Die zunehmende Judenfeindlichkeit führte zu Maßnahmen wie Zwangsbekehrungen zum Christentum oder Entfernung von Juden aus öffentlichen Ämtern. Von einer Gleichberechtigung konnte also keine Rede sein. Dennoch war das Verhältnis zwischen Christen und Juden insgesamt gesehen bis ins 11. Jahrhundert einigermaßen störungsfrei. Erst mit der Kreuzzugsbegeisterung, die sich primär gegen die muslimische Welt richtete, kam es zu massenhaften Ausschreitungen gegen jüdische Gemeinden. Erneut gab man den Juden die Schuld am Tod Christi und legte ihnen auch andere Taten zur Last, wie die Entweihung von Hostien, das Vergiften von Brunnen und die Ermordung christlicher Kinder. Dies führte zu großen Massakern, und bereits Petrus Venerabilis (1092–1156), der Abt von Cluny, rief zur totalen Vernichtung der Juden auf.

In der gesamten Folgezeit bis hin ins 17. und 18. Jahrhundert (und in Osteuropa noch später) kam es immer wieder zu Verfolgungen, Zwangsbekehrungen und Vertreibungen von Juden, zum Teil partiell, zum Teil aber auch total, wie in England 1290 und Spanien 1492. Auch die Reformation machte darin keine Ausnahme. So forderte Luther zum Beispiel zu solch radikalen Maßnahmen, wie die Niederbrennung von Synagogen, auf. Andere reformatorisch gesinnte Länder nahmen jedoch viele Flüchtlinge von der Iberischen Halbinsel auf, so z. B. England, aber der überwiegende Teil der Juden floh nach Nordafrika und ins Osmanische Reich und dort besonders nach Palästina.

Mit der Aufklärung in Westeuropa wurde das Verhältnis der christlichen Mehrheit zu den Juden entspannter. Zunehmend konnten Juden jetzt auch an der nichtjüdischen Kultur teilhaben und ihnen bisher verschlossene Berufe ergreifen. Dies führte auch zu einer aufklärerischen Bewegung innerhalb des Judentums, der *Haskalah*. So waren zum Beispiel bereits gegen Ende des 18. Jahrhunderts viele Juden an der Salonkultur Berlins beteiligt: Es war damals in vornehmen Kreisen üblich, Salons zu unterhalten, die dem regelmäßigen Treffen von Gebildeten dienten.

Während und nach der Französischen Revolution fand nach und nach in den säkular ausgerichteten Staaten West- und Südeuropas die Emanzipation der Juden statt: Sie erhielten rechtliche und gesellschaftliche Gleichstellung und wurden damit zu vollgültigen Staatsbürgern. Mit anderen Worten: Von jetzt an galten sie als Engländer, Franzosen, Deutsche, usw. jüdischen Glaubens, falls nicht auch dieser aufgegeben wurde.

Glaubensrichtungen

Im Verlauf der Geschichte des Judentums hatten sich immer wieder verschiedene Richtungen des Glaubens herausgebildet: Man erinnere sich nur an die bereits erwähnten Sadduzäer und Pharisäer zur Zeit Jesu. Aus dem Mittelalter ist die *Kabbalah*, die jüdische Mystik, bekannt. Sie beruht auf dem Bewußtsein, daß Gott erhaben und gleichzeitig allen Dingen immanent ist. Gott kann am besten durch Kontemplation und Erleuchtung wahrgenommen werden, denn er verbirgt und offenbart sich. Durch Spekulation und Offenbarung ist es möglich, das verborgene Leben Gottes und seine Beziehung zu seiner Schöpfung besser zu verstehen.

Im späten 18. Jahrhundert entstand in Südpolen und Litauen die Bewegung des Chassidismus, die sich durch Begeisterung der Massen, Ekstase und Volksfrömmigkeit auszeichnete und sich um einen Führer scharte. Gott wird von den Chassidim besonders durch Gesang und Tanz verehrt. Durch diese Formen der Verehrung soll die eigene Selbstsucht vernichtet werden. Von vielen orthodoxen Juden wurde die Bewegung ursprünglich mit Mißtrauen betrachtet, weil man in solchen Praktiken eine Ablenkung, wenn nicht gar eine Abwendung, vom Studium der *Torah* sah. Diese Ansicht änderte sich jedoch Mitte des 19. Jahrhunderts, als auch die Orthodoxen den Chassidismus als einen vollgültigen Zweig des Judentums akzeptierten.

Unter orthodoxem Judentum versteht man jene torahtreue Strömung, die ungeachtet aller Neuerungen das geschriebene wie das mündliche Gesetz weiterhin als göttlich inspiriert betrachtet und keinerlei Veränderung der religiösen Tradition gestattet. Orthodoxe sehen in nichtorthodoxen Rabbis lediglich Laien. Manche haben eine isolationistische Einstellung und versuchen, ihre Anhänger vor den Gefahren der modernen säkularen Welt zu bewahren, während sogenannte Neoorthodoxe ihr gegenüber eine gewisse Offenheit zeigen.

Vom orthodoxen ist das konservative Judentum zu unterscheiden, das im Gefolge der Aufklärung einige Veränderung in der Lebensführung der Juden als unvermeidlich betrachtete, aber die traditionellen Formen des Judentums nach wie vor als gültig ansah; daher wurden Veränderungen im religiösen Brauchtum nur mit großer Zurückhaltung angenommen. Sie unterscheiden sich heute von den Orthodoxen insbesondere durch ihre liberalen Scheidungsregeln und die Ordinierung von Frauen.

Ebenfalls durch Aufklärung und Emanzipation entstand das Reformjudentum, das die traditionelle jüdische Liturgie radikal verkürzte und das Singen von Chorälen und das Beten in der jeweiligen Landessprache einführte. Es ist vor allen Dingen dadurch gekennzeichnet, daß es nur solche Gesetze und Bräuche als bindend betrachtet, die mit der Vernunft und den Anschauungen und Verhaltensweisen der modernen Welt in Einklang stehen.

Der Zionismus

Das 19. Jahrhundert war die große Zeit der Emanzipation der Juden, was ihre Eingliederung in die bürgerlichen Gesellschaften Europas zur Folge hatte. Viel trug dazu eine

Der Zionismus

liberale Gesinnung der nichtjüdischen Bevölkerung in religiösen Fragen bei. Nichts wäre jedoch verfehlter als die Annahme, daß damit alle Ressentiments gegenüber Juden in allen Bevölkerungsschichten ausgeräumt waren. Nur wurden die meisten jetzt nicht mehr religiös begründet, sondern bekamen einen rassistischen Hintergrund: Die Juden wurden als rassisch minderwertig angesehen, und es wurde über ihren zu großen Einfluß in Gesellschaft, Kultur und Politik polemisiert. Derartige Vorbehalte konnten bis hin zu Verschwörungstheorien eines Weltjudentums gehen.

Dieser Antisemitismus zeigte sich z. B. in Frankreich in der sogenannten Dreyfus-Affäre: In dem fragwürdigen Prozeß, der dem französischen Hauptmann wegen angeblichen Verrats gemacht wurde, kam es zu einem Fehlurteil, das trotz seiner Haltlosigkeit lange nicht revidiert wurde, weil Dreyfus Jude war. Aber auch in führenden Kreisen des zweiten Deutschen Kaiserreiches waren antisemitische Einstellungen weit verbreitet. Dies und die immer wieder auftretenden Pogrome (»Vernichtung«) gegen Juden in Osteuropa, insbesondere in Rußland, führten innerhalb des Judentums zur Entstehung einer Bewegung, die sich die Rückkehr zum heiligen Berg Zion bei Jerusalem zum Ziel gesetzt hatte, d. h. die Wiederherstellung des Staates Israel.

Die Sehnsucht nach der Rückkehr in das Land Israel war in der Liturgie und im Bewußtsein der Juden in der Diaspora (der »Zerstreuung« über die ganze Welt) bewahrt worden. Der Begründer des modernen politischen Zionismus war Theodor Herzl (1860–1904), der Vorstellungen von einem Heimatland im damals unter türkischer Herrschaft stehenden Palästina formulierte. Größeren Zuspruch fand er damit hauptsächlich bei den osteuropäischen Juden, die besonders nach dem Pogrom von 1881 im zaristischen Rußland in größerer Zahl nach Palästina einwanderten. Viele Juden versagten der Bewegung aber zunächst ihre Unterstützung: So glaubten die Orthodoxen zum Beispiel, daß die Menschen nicht dem göttlichen Eingreifen bei der Rückkehr nach Israel vorgreifen dürften, während fortschrittliche Juden die ethnischen Gründe herunterspielten und davon überzeugt waren, ihre Zukunft läge in ihren gegenwärtigen Heimatländern.

So kamen die meisten Einwanderer nach Herzls Tod zunächst aus Osteuropa: Sie kauften Land, ließen sich nieder und gründeten landwirtschaftliche Kooperationen. Während des Ersten Weltkriegs gab der britische Außenminister Balfour im Jahre 1917 eine Erklärung ab, die den Juden auf dem Boden des gerade von britischen Truppen eroberten Palästina einen eigenen Staat versprach. Der stärkere Zuzug führte in den 20er und 30er Jahren des 20. Jahrhunderts zu zunehmenden Spannungen mit der ansässigen arabischen Bevölkerung. Dennoch muß offenbleiben, ob es jemals zur Gründung eines eigenen Staates gekommen wäre, wenn nicht 1933 in Deutschland die Nationalsozialisten an die Macht gekommen wären, die in mehreren Stufen eine Politik der Benachteiligung, Unterdrückung, Verfolgung und schließlich der Vernichtung der Juden in ihrem Machtbereich verfolgten, die unter dem Begriff *Holocaust* in die Geschichte eingegangen ist.

Der Holocaust

Der Begriff *Holocaust* leitet sich von der griechischen Bezeichnung *Holokaustes* für das Brandopfer her und wurde auf das ungeheure Opfer an Menschen übertragen, das die Juden unter der nationalsozialistischen Herrschaft erleiden mußten. Die hebräische Bezeichnung lautet *Scho'ah* (»Unheil«) oder *Churban* (»Zerstörung«). Man versteht also darunter die systematische Vernichtung des europäischen Judentums in den Jahren 1933–1945. Zwar waren auch andere Gruppen (z. B. Homosexuelle und Zigeuner) von der systematischen Ausrottung betroffen, aber der Begriff bezieht sich meistens auf den Versuch, Europa »judenrein« zu machen. Der Antisemitismus war eine der Hauptideologien der Nazipartei, die 1933 die Macht in Deutschland ergriff. »Es ist unsere Pflicht«, schrieb Adolf Hitler, »in unserem Volk den instinktiven Widerwillen gegen die Juden zu erregen, aufzupeitschen und anzuspornen.«

Von 1933 bis zum Kriegsausbruch 1939 wurden die Juden planmäßig aus öffentlichen Ämtern und dem intellektuellen und kulturellen Leben entfernt und ihrer Staatsangehörigkeit beraubt. Schon der Beginn der Naziherrschaft löste eine Auswanderungswelle von Juden nach Palästina und die USA aus. Im April 1933 wurde zum Boykott jüdischer Geschäfte, Ärzte und Anwälte aufgerufen; jüdische Beamte wurden aus dem Staatsdienst entlassen. Im Juli 1935 wurden Juden vom Militärdienst ausgeschlossen, und im September des gleichen Jahres wurden die Nürnberger Gesetze erlassen, die Juden zu »Staatsangehörigen« zweiter Klasse machten. Von nun an waren Mischehen und Geschlechtsverkehr zwischen Juden und »arischen Reichsbürgern« verboten.

Seit 1938 galt dann das Berufsverbot für jüdische Rechtsanwälte und Ärzte sowie für Studenten, was zur Konsequenz hatte, daß man Juden auch von der Universität entfernte. Im März des gleichen Jahres erklärte die Naziregierung die jüdischen Gemeinden zu »privaten Vereinen« und erzwangen im August die namentliche Kennzeichnung jüdischer Frauen durch den zusätzlichen Vornamen »Sara« und jüdischer Männer durch »Israel«. Im November wurde dann durch die sogenannte »Reichskristallnacht« ein regelrechtes Pogrom inszeniert. Im Anschluß daran wurden jüdische Kinder aus den Schulen ausgeschlossen und Wohnbeschränkungen verhängt. Während dieses Zeitraums wanderten viele Juden aus, und ihr Eigentum wurde von der Regierung beschlagnahmt.

Nach dem kriegerischen Einfall in Polen im Jahre 1939 war die Auswanderung praktisch nicht mehr möglich. Statt dessen wurden die Juden in Ghettos zusammengepfercht und nach Osten, d. h. hauptsächlich Polen, deportiert. Im März 1941 wurde die jüdische Bevölkerung zur Zwangsarbeit verpflichtet und im September die Kennzeichnungspflicht mit dem »Gelben Stern« eingeführt.

Seit Oktober 1941 wurden die Juden Opfer der »Endlösung«, der systematischen Vernichtung in Konzentrationslagern, von denen Auschwitz vielleicht das bekannteste und berüchtigste ist. Der Vernichtung des europäischen Judentums wurde trotz der Verknappung von Arbeitskraft und Gütern auf der »Wannseekonferenz« vom Januar 1942 Priorität eingeräumt: »Es ist eine Sache des Prinzips, bei dem wirtschaftliche Interessen keine Rolle spielen«. Damit begann die fabrikmäßige Ermordung des deutschen und europäischen Judentums, wobei durch den Einfall in die Sowjetunion das osteuropäische Judentum ebenfalls in die Vernichtungsmaschinerie geriet. Es ist unmöglich, die genaue Anzahl der jüdischen Opfer des *Holocaust* zu kennen, aber die Opfer werden auf sechs Millionen geschätzt.

Obwohl es viele Fälle gab, bei denen Nichtjuden versuchten, das Leben ihrer jüdischen Nachbarn vor der Vernichtung zu retten, unternahmen die offiziellen christlichen Kirchen einschließlich des Vatikan im allgemeinen wenig. Der *Holocaust* zerstörte schließlich die hauptsächlich dörflich *(Schtetl,* »Städtchen«) organsierte jüdische Kultur Osteuropas. Der Brennpunkt des jüdischen Lebens befand sich somit seit dem Zweiten Weltkrieg in Israel und den USA.

Es gab zwar eine große Vielfalt christlicher Antworten auf den *Holocaust,* aber nur wenige haben sich zu der Erkenntnis durchgerungen, die von A. L. und A. R. Eckhardt *(Long Night's Journey into Day,* 1988) formuliert wurde: »Kein Ereignis hat die Folgen von Ideen mehr verdeutlicht als die 'Endlösung der Judenfrage' durch die deutschen

Nazis. Es wäre nicht möglich gewesen, eine 'Judenfrage' zu lösen, hätte es nicht ein beinahe zweitausendjähriges Predigen und Lehren der Christen darüber gegeben.«

Der Staat Israel

Die massenhafte Auswanderung von Juden während der Naziherrschaft und nach dem Zweiten Weltkrieg sowohl in die USA als auch Palästina hatte zur Folge, daß man in diesen beiden großen Zentren auf einen unabhängigen Staat Israel drängte. Ermöglicht werden sollte dies durch die Teilung Palästinas, das seit 1918 unter britischem Mandat stand, in einen israelischen und einen arabischen (palästinensischen) Teil. Im Jahre 1948 erfolgte dann durch einen UNO-Teilungsbeschluß die Ausrufung des Staates Israel, was aber zu einer permanenten Auseinandersetzung mit der palästinensischen Bevölkerung und den umliegenden arabischen Staaten führte, die sich in mittlerweile vier Kriegen (1948, 1956, 1967 und 1973) und zahlreichen militärischen Aktionen entlud.

Lange Zeit spielte in der Gründungsphase und in den nächsten dreißig Jahren die säkular eingestellte Arbeiterpartei eine dominierende Rolle in der israelischen Politik. Doch inzwischen haben der stärker nationalistisch orientierte Likud-Block und einige kleinere religiöse Parteien an Einfluß gewonnen und mehrfach die Regierung gestellt. Insbesondere bei Fragen zur Neugründung von Siedlungen in den 1967 besetzten Gebieten kam es immer wieder zu heftigen Auseinandersetzungen mit der arabischen Bevölkerung, die zu Recht um ihre Heimat fürchtete. Aber auch innerhalb der politischen Parteien Israels kam es zum Streit über den Umgang mit den Siedlungen. Unter mühsamer Vermittlung der USA wurde ein Abkommen zwischen Israel und den Palästinensern geschlossen, das letzteren langfristig einen eigenen Staat gewähren sollte. Gegenwärtig ist dieser stockende Friedensprozeß immer noch im Gang.

Die jüdische Gemeinde

Der Sabbat **Die Lebenspraxis**

Erzähltradition und Humor

Die jüdische Gemeinde

Der Rabbi oder Rabbiner

Das religiöse Leben einer jüdischen Gemeinde findet zu einem Großteil in der Synagoge, dem Versammlungs- oder Bethaus, statt. Hier werden Gottesdienste abgehalten, bei denen der Kantor oder Vorbeter die Hauptrolle spielt und nicht, wie vielfach angenommen wird, der Rabbi. Dennoch hat er ein wichtiges Amt unter den Gemeindemitgliedern, weil er in einer Predigt die *Torah* erklärt.

Rabbi ist Hebräisch und bedeutet »mein Meister«. Als »Rabbis« oder »Rabbiner« bezeichnete man jüdische Gelehrte, die geweiht wurden. Sie lösten nach der Zerstörung des zweiten Tempels im Jahre 70 n. Chr. die Priester in der Führung der Gemeinde ab. In gewisser Weise können die Pharisäer und die Schriftgelehrten, deren Aufgabe das Studium der *Torah* war, als ihre Vorgänger betrachtet werden. Es ist diese Gelehrsamkeit, die sie von anderen Gemeindemitgliedern unterschied. In der Zeit des *Talmud* wurde der Titel nicht außerhalb von Israel verliehen, so daß die jüdischen Weisen in Babylonien den Titel »Rav« trugen. Während dieser Zeit waren die Rabbis Interpreten und Darleger der Schriften und des mündlichen Gesetzes.

Erst im Mittelalter wurden die Rabbis zu geistlichen Führern einer bestimmten jüdischen Gemeinde, die lehrende, predigende und administrative Aufgaben übernahmen. Die Rabbis waren jedoch keine Priester. Sie hatten keine sakramentale Funktion, und das Segnen des Volkes gehörte eigentlich nicht unbedingt zu ihren Pflichten. Ursprünglich wurden die Rabbis nicht bezahlt. Die *Torah* sollte kostenlos gelehrt werden, und es war üblich, daß die Rabbis einen anderen Beruf ausübten. Für das 14. Jahrhundert läßt sich jedoch eine Bezahlung nachweisen, allerdings nicht für das Lehren des Gesetzes, sondern als Entschädigung für den Zeitverlust, der mit den Pflichten eines

Rabbis verbunden war. Seine Pflichten waren in einer Ernennungsurkunde *(ketav rabbanut)* festgesetzt. Als Gemeindeführer oblag es ihm, Antworten auf gesetzliche Probleme und Zweifelsfälle zu geben und an jüdischen Gerichtshöfen zu wirken.

Seit der Aufklärung erfuhr der Aufgabenbereich des Rabbis entscheidende Veränderungen. In der Diaspora hatten die jeweiligen nationalen Regierungen die jüdische Rechtsprechung im Zivilrecht abgeschafft, und mit der größeren Verbreitung der weltlichen Erziehung wuchs die Einsicht, daß die traditionelle Ausbildung an einer jüdischen Universität, einer *Yeschivah,* für den modernen Rabbi nicht mehr angemessen sei.

Heutzutage ist die Rolle des Rabbis von Gemeinde zu Gemeinde verschieden. Bei den Reformgemeinden übt er – seit 1972 möglicherweise auch ein weiblicher Rabbi – eine Funktion aus, die dem eines christlichen Geistlichen entspricht. Er wird als geistlicher Führer der Gemeinde betrachtet; zu seinen Aufgaben gehören das Predigen, das Leiten von Gottesdiensten, Erziehung und Beratung. Die Beratung kann sich durchaus auch auf rein weltliche Probleme erstrecken. Der orthodoxe Rabbi hat ebenfalls diese Pflichten übernommen, zugleich aber seine Rolle als Rechtsberater und Interpret des geschriebenen und des mündlichen Gesetzes beibehalten.

Die Synagoge

Die Synagoge, die auf Hebräisch *Bet Keneset* heißt (also wie das Parlament Israels), ist das jüdische Versammlungs- und Gotteshaus. Die Anfänge der Synagoge können vielleicht auf die Zeit des Babylonischen Exils nach der Zerstörung des ersten Tempels im Jahre 586 v. Chr. datiert werden, da aus dieser Zeit bereits von einem »kleinen Heiligtum« die Rede ist. Nach dem *Talmud* war das »kleine

Heiligtum« die Synagoge. Die frühesten archäologischen Überreste der Synagogen sind in der Diaspora gefunden worden, aber im 1. Jahrhundert n. Chr. war die Synagoge bereits im ganzen Judentum eine feste Institution. Sie wird von solch prominenten Juden wie dem Philosophen Philo, dem Historiker Josephus und im Neuen Testament erwähnt. Der *Talmud* zählt vor der Zerstörung des zweiten Tempels 480 Synagogen in Jerusalem auf. Mit der Katastrophe von 70 n. Chr. wurde die Synagoge zum Mittelpunkt des jüdischen religiösen Lebens.

Viele der Rituale und Bräuche des Tempels wurden von der Synagoge übernommen: So wurden z. B. zu den Zeiten, an denen früher die Tempelopfer stattfanden, jetzt die Synagogengebete gesprochen. Darüber hinaus übte die Synagoge auch die Funktion eines Gemeindezentrums aus. Nach der *Halachah* muß eine Synagoge Fenster haben und soll nach Jerusalem ausgerichtet sein. Dort werden die *Torah*rollen im *Aron Kodesch*, der heiligen Lade, aufbewahrt. Vor der Lade befindet sich ein Lesepult auf einem erhöhten Podest, der *Bimah*, die traditionell in der Mitte des Gebäudes steht.

Männer und Frauen sitzen getrennt, die Frauen entweder in einer Galerie oder abgesondert hinter einer *Mechizah*, einer Abtrennung. In der Synagoge sind Klatsch, Frivolitäten, das Abwickeln von Geschäften, das Schlafen oder das Eintreten, um schlechtem Wetter zu entgehen, verboten.

Viele moderne orthodoxe Synagogen besitzen zusätzlich in der Nähe eine kleine Synagoge, die als *Bet ha-Midrasch* bezeichnet und zu Gottesdiensten an Wochentagen benutzt wird. Daneben gibt es außerdem Gemeindehallen sowie Räumlichkeiten für Synagogenschulen. Die Reformbewegung hat beeindruckende Synagogen gebaut, die in den USA als Tempel bezeichnet werden. Diese haben keine besondere Frauenabteilung, und die *Bimah* befindet sich im allgemeinen vor der Lade, so daß es mehr Platz für die Bestuhlung gibt. Außerdem existiert häufig ein Orgel- und Chorsöller.

Der Gottesdienst

Hervorzuheben ist vor allem, daß der jüdische Gottesdienst ein Laiengottesdienst ist und die aktive Mitwirkung von Betern erfordert. Daher wird zur Anwesenheit in der Synagoge aufgerufen: Die Rabbis lehrten, daß »ein Mann, der gewöhnlich die Synagoge besucht und an einem Tag nicht anwesend ist, Gott Veranlassung gibt, nach ihm zu fragen«, denn »Gott wird zornig, wenn er zur Synagoge kommt und nicht einen der für den Gottesdienst mindestens erforderlichen zehn Männer, die sogenannten *Minyan* (»Zahl«) findet«. Bei dieser Zehnerzahl muß es sich um Männer handeln, die über 13 Jahre alt sind. Wie bereits oben gesagt, ist der Gottesdienst nicht von der Anwesenheit eines Rabbis oder gar eines Angehörigen der alten Priesterfamilien der Kohen und Leviten abhängig. Ein wichtiges Amt ist das des Kantors oder *Chasans*, der die Rolle eines Vorbeters bzw. Vorsängers im Gottesdienst einnimmt. Dieses Amt kann grundsätzlich jedem übertragen werden; es gibt aber auch beamtete Kantoren.

Der Gesang diente zur Untermalung des vorgetragenen Textes und bestand ursprünglich aus dem einfachen Vorsingen des Gebetes. Seit etwa dem 6. Jahrhundert n. Chr. lassen sich in Palästina die *Piyyutim*, religiöse, meist vom Kantor verfaßte Hymnen, zur Ausschmückung der feststehenden Gebete nachweisen. Erst seit dieser Zeit entstand allmählich die neue Funktion des *Chasans*, der als Solist wirkte. Später traten dazu die Refrains der Gemeinde.

Bei der *Torah*lesung wirken aber grundsätzlich alle Männer der Gemeinde der Reihe nach mit, und bei Reformjuden sind auch die Frauen mit einbezogen.

Es ist Brauch, daß die Männer beim Gottesdienst ihre Köpfe mit einer *Kippah* genannten Kappe bedecken, ein Zeichen der Erniedrigung vor Gott. Und bei verheirateten

Frauen ist das Bedecken des Kopfes ein Zeichen der Sittsamkeit gegenüber Männern, ein Brauch, der in der gesamten orthodoxen Gemeinde gepflegt wird. Außerdem wird beim Gottesdienst eine Art Gebetsmantel oder *Tallit* getragen. Es kommt häufig vor, daß man sich beim Beten rhythmisch vor und zurück bewegt.

Zum Gottesdienst gehört auch ein Gebetbuch, das die Texte der täglichen und der Festtagsgebete enthält. In den frühesten Zeiten existierten keine Gebetbücher und man kannte alle Gebete auswendig. Das Buch, das reguläre Gebete enthält, wird als *Siddur* bezeichnet. Das früheste bekannte jüdische Gebetbuch ist das aus dem 9. Jahrhundert stammende *Seder Rav Amram Gaon*. Der *Siddur* ist zugleich Gebet- und Gesangbuch und enthält zumeist neben dem hebräischen Text auch eine parallele Übersetzung.

Der Sabbat

Der Sabbat (hebr. *Schabbat* oder jdd. *Schabbas*) ist der siebte Wochentag, an dem Juden nicht arbeiten. Nach der Bibel arbeitete Gott sechs Tage lang, um die Welt zu erschaffen, und ruhte am siebten Tag. Deshalb segnete er den siebten Tag und erklärte ihn für heilig. In den Zehn Geboten ist die Arbeit am Sabbat aus diesem Grund verboten und auch Sklaven und Tieren ist Ruhe zu gönnen. Schließlich sind die Israeliten selbst Sklaven in Ägypten gewesen. Die Propheten betonten, daß der Sabbat ein Zeichen der Weihe Israels sei, und nach dem Babylonischen Exil verbot der Gouverneur Nehemiah am Sabbat jede Handelstätigkeit. Dies hat zu genauen Festlegungen geführt, was am Sabbat noch erlaubt ist und was nicht.

Auch die Rabbis setzten diese Tradition mit ihrer Lehre fort und legten großen Wert auf die Einhaltung des Sabbat. So hieß es: »Wenn Israel den Sabbat befolgt, wie er befolgt werden soll, wird der Messias kommen. Der Sabbat ist allen anderen Vorschriften in der *Torah* gleichwertig«.

Es gab neununddreißig verschiedene Arten von Arbeit, die vermieden werden sollten, und man erachtete es als erforderlich, daß wie an Festtagen drei Mahlzeiten zu sich genommen werden.

Es ist Sitte, daß die Mutter eines Haushalts vor dem Beginn des Sabbats zwei Kerzen anzündet. Die beiden Sabbatlichter erinnern an die Erfüllung zweier Gebote: »Gedenke des Sabbattages« (Exodus 20,8) und »Halte den Sabbattag ein« (Deuteronomium 5,12). Im allgemeinen gibt es zwei Brotlaibe, um der doppelten Portion Manna zu gedenken, die die Israeliten auf der Wanderung durch die Wildnis erhielten. Wenn möglich, sollte man Gäste zu den Sabbatmahlzeiten einladen. In den Synagogen gibt es eine besondere Liturgie für den Gottesdienst, und der Sabbat endet mit einer Zeremonie der Segnungen, der *Havdalah*. Die moderne Technologie hat zu neuen Sabbatproblemen geführt: Elektrogeräte zum Beispiel müssen auf Zeitschaltuhr gestellt werden, um das Verbot, am Sabbat Zündhölzer anzuzünden, zu umgehen.

Der Sabbatgottesdienst beginnt mit den Tagesgebeten, die aus Psalmen, Meditationen, Danksagungen an Gott sowie Abschnitten über das frühere Tempelopfer bestehen. Erst dann folgt die Lesung aus der Schrift, an deren Anfang das feierliche Öffnen der *Torah*lade steht, in der sich die häufig mit einer samtenen Umhüllung und mit Schmuck versehene *Torah*rolle befindet. Diese wird hervorgeholt und zum Lesepult getragen, dort aus ihrer Umhüllung befreit und an dem für den betreffenden Sabbat bestimmten Abschnitt aufgeschlagen. Denn innerhalb eines Jahres wird die gesamte *Torah* in festgelegten Abschnitten einmal ganz gelesen. Diese Abschnitte heißen *Sidrah* und verteilen sich ingesamt auf 54 Sabbate, was mit den Besonderheiten des jüdischen Kalenders zusammenhängt (siehe Anhang). Zur Lesung werden nacheinander sieben Männer aufgerufen, die am Anfang und am Ende eines Unterabschnittes den *Torah*segen sprechen. Jedes Wort, das vorgelesen wird, muß mit einem *Yad* (»Hand«) genannten Zeiger angezeigt werden, weil man aus Ehrfurcht die Schrift in der *Torah*rolle nicht mit den Fingern berühren darf. Bei einem Sprechgesang wird dieser vom Kantor durchgeführt.

Nach der *Torah*lesung findet dann eine weitere Lesung, die *Haftarah* (»Abschluß«), statt, die aus den prophetischen Büchern entnommen wird, zu denen auch die Geschichtsbücher gehören. Nach dem Ende dieser Lesungen aus der Schrift wird die *Torah*rolle wieder eingehüllt und zurück in die Lade gebracht.

Es kann dann eine Predigt gehalten werden, was besonders im Reformjudentum beliebt ist, während orthodoxe Gemeinden einen belehrenden Vortrag bevorzugen. Den Beschluß des Sabbatgottesdienstes bilden Gebete aus den Psalmen, nachbiblische Gebete und erneut das *Schemaʿ Israel,* das Glaubensbekenntnis des Maimonides sowie ein vom Kantor gesprochener Segen. Das *Kaddisch* (aramäisch für »heilig«) ist ein Lobpreis Gottes, der am Ende eines jeden Abschnittes eines jüdischen Gottesdienstes gebetet wird und insbesondere zum Gedenken an die Toten dient.

Bestimmte Sabbate gelten als »Besondere Sabbate«, entweder aufgrund der Lesungen, die an ihnen stattfinden, oder wegen ihrer Stellung im Kalender, besonders wenn ein Sabbat auf ein Fest fällt. Drei stehen in Beziehung zum Beginn eines Monats: *Schabbat Mevarechim,* »der Sabbat des Segens«, der auf dem Gebet für einen guten Monat beruht; *Schabbat Machar Chodesch,* am Vorabend des Neumonds, und *Schabbat Rosch Chodesch,* am Neumond selbst. Weitere »Besondere Sabbate« werden unter den Festen behandelt.

Erzähltradition und Humor

Die erzählerische Tradition beginnt bei den Juden bereits in den sprichwörtlich gewordenen »biblischen Geschichten«, wozu so unterschiedliche wie »Der Turmbau zu Babel«, die »Geschichte von Joseph und seinen Brüdern«, die »Geschichte von Samson und Delilah« aus dem Buch der Richter gehören. Ebenso dazu zählen historisierende Prophetengeschichten sowie anekdotisch wirkende wie die Erzählung von Jonas und dem Walfisch.

Das Erzählen von Geschichten wurde aber auch von den Rabbis fortgesetzt und ist in der mittelalterlichen Literatur und ganz besonders bei den Chassidim wie überhaupt bei den osteuropäischen Juden anzutreffen. Auch mit dem Einbruch der Neuzeit und der Aufklärung verstummte diese erzählerische Tradition nicht, sondern fand ihren Niederschlag in den Romanen etwa eines Scholem Alejchem *(Tevje, der Milchmann)* oder eines Joseph Roth oder Manès Sperber, um nur einige zu nennen.

Anders verhält es sich mit dem Humor, der in der älteren Zeit eher verpönt war, da er in zu große Nähe zum Spott zu geraten drohte, und der insbesondere von den Propheten abgelehnt wurde. Später wurde dies nicht mehr ganz so streng gesehen, und manche Anekdoten haben durchaus humoristische Züge, wie etwa Geschichten vom klugen Juden und dummen Nichtjuden oder Eulenspiegeleien.

Erst mit der Aufklärung entstand so etwas wie ein eigener jüdischer Witz, dessen Gegenstand häufig Konvertiten zum Christentum waren; in ihm konnte sich eine kritische Distanz zum eigenen Brauchtum ausdrücken. Hierbei wurden oft Zustände und Verhaltensweisen aufs Korn genommen, die in gewisser Weise den Aberglauben oder die den Juden feindlich gesonnene Umwelt karikierten. Als Beispiele sollen hier eine rabbinische Erzählung aus dem *Talmud* und einige Witze der Moderne angeführt werden.

Gott ist überall

Ein Nichtjude fragte einst Rabbi Josua ben Katechah: »Warum hat Gott einen Dornbusch ausgewählt, um aus ihm mit Moses zu sprechen?«

Der Rabbi entgegnete: »Hätte Er einen Johannisbrotbaum oder einen Maulbeerbaum ausgewählt, hättest du die gleiche Frage gestellt. Weil es aber unmöglich ist, dich ohne eine Antwort ziehen zu lassen, sage ich dir, daß Gott den ärmlichen und kleinen Dornbusch ausgewählt hat, um dich zu belehren, daß es auf Erden keinen Ort gibt, an dem sich Gott nicht befindet. Noch nicht einmal einen Dornbusch.«

Vom Nutzen der Ehebrecher

Es herrscht eine große Sommerdürre. Da Gott seinerzeit den sündigen König Ahab mit einer Dürre bestrafte, liegt es nahe, nachzuforschen, ob in der Gemeinde vielleicht ebenfalls ein Sünder ist, der Gottes dörrenden Zorn provoziert hat. Und in der Tat – man ertappt ein Pärchen beim Ehebruch! Die Sünder werden vor den Rabbi geschleppt, und unterwegs beginnt der Pöbel bereits, das Pärchen mit Steinen zu bewerfen.

Da ruft ein alter Jude dazwischen: »Halt! Macht die beiden nicht kaputt! Wenn es nun im Herbst endlos regnen sollte – womit, wenn nicht mit diesen beiden, sollen wir dann den Regen stoppen?«

Sünder, aber nicht meschugge

Rabbi: »Ihr seid ein übler Sünder! Wo Ihr ein Stück Schweinefleisch seht, beißt Ihr hinein. Und wo Ihr ein Christenmädchen erwischt, küßt Ihr sie ab!«

»Rabbi, ich bin nebbich meschugge!«

»Unsinn! Wenn Ihr den Schweinespeck küssen und das Mädchen beißen würdet, dann wärt Ihr meschugge. So aber seid Ihr doch ganz in Ordnung!«

Die Feste

Persönliche Feste

Die allgemeinen jüdischen Feste

Persönliche Feste

Neben den großen Festen im religiösen Kalender der Juden gibt es selbstverständlich Feiern, die das persönliche Leben eines gläubigen Juden betreffen. Am Beginn des Lebens steht die Beschneidung (hebr. *Berit Milah*, »Bund der Beschneidung«), die nach der Bibel auf den Bund Abrahams mit Gott zurückgeht, der ihm befahl, sich selbst und alle männlichen Angehörigen seines Haushalts zu beschneiden. Nach der Lehre der Rabbis ist die Befolgung dieses Gebotes so wichtig, daß Himmel und Erde ohne dieses Blut des Bundes nicht existieren würden.

Es ist Brauch, daß ein jüdischer Knabe am 8. Tag nach seiner Geburt beschnitten wird. Vor der Beschneidung wird das Kind in einen besonderen Sitz, den »Sessel des Elias«, gelegt. Dann entfernt der *Mohel* (»Beschneider«) mit einem Messer die Vorhaut (hebr. *Milah*) des männlichen Gliedes, legt die Eichel ganz frei und saugt an der Wunde. Mit dieser Zeremonie ist das Neugeborene in den Bund Abrahams mit Gott aufgenommen.

Zusammen mit der Beschneidung erhält der Knabe einen Namen. Im Anschluß daran wird ein Fest gefeiert, bei dem die Gäste Geschenke überreichen. Im Gegensatz zu einigen anderen Kulturen, besonders afrikanischen sowie auch in bestimmten islamischen Gebieten, gibt es keine Mädchenbeschneidung. Ihren Namen erhalten die Mädchen meistens am ersten Sabbat nach der Geburt in der Synagoge.

Die religiöse Mündigkeit erreicht ein Junge im Alter von 13 Jahren und wird dann zum *Bar Mizvah* (»Sohn der Pflicht«), was bedeutet, das der Vater nicht länger für die Handlungen seines Sohnes verantwortlich ist. Dieser wird jetzt aufgefordert, aus der *Torah*rolle und der *Haftarah* zu lesen. Von jetzt an trägt er an Wochentagen die Gebetsriemen *(Tefillin)* und wird bei der Mindestzahl *(Minyan)* von zehn Teilnehmern am Gottesdienst mitge-

Persönliche Feste

rechnet. Mädchen werden mit 12 Jahren religionsmündig und dann als *Bat Mizvah* (»Tochter der Pflicht«) bezeichnet. Bei allen Juden findet eine *Bar-Mizvah*-Feier statt, eine *Bat-Mizvah*-Feier in der Regel aber nur bei Reformgemeinden oder liberalen Juden, bisweilen auch bei Konservativen.

Überaus wichtig sind für Juden Eheschließungen. Nach den heiligen Schriften ist die Ehe ein Zustand, der von Gott eingeführt wurde, weil »es nicht gut ist, daß der Mann allein ist«. Obwohl verschiedene biblische Gestalten wie Jakob, Saul, David, usw. mehr als eine Ehefrau hatten, scheint die Monogamie die Regel zu sein, und die Propheten benutzten die Ehe als ein Beispiel der Beziehung Gottes zu Israel. Bestimmte Ehen, besonders zwischen nahen Verwandten, waren verboten, und die Ehe zwischen einem Juden und einem Götzenanbeter wurde heftigst verurteilt. Die Rabbis traten energisch für die Ehe ein und behaupteten, daß »derjenige, der keine Ehefrau hat, kein richtiger Mann ist«. Sie ist so wichtig, daß ein Mann sogar eine *Torah*rolle verkaufen soll, um zu heiraten. Kinder zu haben ist ebenfalls eine ausdrückliche Pflicht, und wenn ein Mann sich weigert, Kinder zu zeugen, »ist es, als ob er Blut vergossen hätte, das Bild von Gott verkleinert und die Gegenwart Gottes von Israel abgetrennt habe«.

Ursprünglich fand die Trauung in zwei Teilen statt, dem *Kiddushin* oder *Erusin* (Verlobung) und dem *Nissuin* (die eigentliche Hochzeit). Im Mittelalter wurden die beiden Teile zusammengefaßt. Die Zeremonie wird unter einer *Chuppah*, einem von vier Stangen gehaltenen Baldachin, der als Trauhimmel dient, durchgeführt. Der Bräutigam hat zuvor die Pflichten der *Ketubbah* (Ehevertrag) auf sich genommen und wird zur Braut geführt. Über den Wein werden Segenssprüche gesprochen, und das Ehepaar trinkt aus dem gleichen Becher. Der Bräutigam streift einen Ring über den Finger der Braut und spricht in Hebräisch die Formel »Siehe, du bist mir mit diesem

Ring weihevoll verbunden nach dem Gesetz von Moses und Israel«. Die *Ketubbah* wird vorgelesen, und über den Wein werden sieben Segnungen gesprochen. In den meisten Gemeinden endet die Zeremonie damit, daß der Bräutigam ein Glas mit seinem Fuß zerstampft. Es handelt sich um eine Zeit von großem Jubel, die jede Gemeinde mit unterschiedlichen Bräuchen feiert.

Obwohl eine dauerhafte Ehe erwünscht ist und man Scheidungen sehr bedauert, sind sie unter bestimmten Voraussetzungen möglich. Wenn sowohl der Ehemann als auch die Ehefrau sich einig sind, soll ein Ehemann nach jüdischem Gesetz seiner Frau eine Zustimmung in Form eines »Scheidebriefes« geben.

Eine bedeutende Rolle spielen auch die Trauerfeierlichkeiten. In biblischer Zeit wurden die Toten vorzugsweise in der Nähe der Familiengräber bestattet, woher der Ausdruck »schlief bei seinen Vätern« stammt und zu einem Synonym für »Sterben« wurde. In gewisser Weise fürchtet man sich davor, nicht begraben zu werden. Der jüdische Brauch fordert eine rasche Beerdigung nach dem Tod, obwohl Bestattungen nicht am Sabbat oder am Sühnetag stattfinden sollen. Traditionellerweise werden Verstorbene in ihren Gebetsschal *(Tallit)* eingehüllt. Särge wurden bis zum Mittelalter nicht benutzt. Normalerweise wird der Sarg bis zum Grab begleitet und *Kaddisch*, der Lobpreis Gottes, gebetet. Erstrebt wird ein Begräbnis im Land Israel, aber wenn dies nicht möglich ist, soll Erde aus Israel auf den Kopf des/der Toten gestreut oder unter den Körper gelegt werden. Bei den Reformjuden ist Einbalsamierung und Verbrennung gestattet.

Die Zeit der Trauer beginnt mit sieben Trauertagen *(Schivah)*. In dieser Zeit sitzen die Trauernden auf einem niedrigen Schemel oder auf der Erde und verrichten keine Arbeit. Es wird – der Trauer angemessen – aus den Büchern Hiob und Jeremia vorgelesen. Ein ganzes Jahr lang wird dann bei jedem Gottesdienst *Kaddisch* für den Verstorbenen gebetet. Am ersten Jahrestag des Todes setzt man den Grabstein neu und gedenkt an diesem und jedem folgenden Jahrestag erneut des Toten.

Die allgemeinen jüdischen Feste

Die jüdischen Feste beziehen sich häufig auf Feste aus der biblischen Zeit und setzen sie vielfach fort. Der Anlaß für diese Feste ist in Ereignissen zu suchen, bei denen Gott in die Geschicke des Volkes Israel eingriff. Da das jüdische Jahr, das im Herbst beginnt, sich am Mond orientiert und deshalb nur 354 bzw. 355 Tage hat, wird gelegentlich ein dreizehnter Schaltmonat eingeschoben, um es an das Sonnenjahr anzupassen. Die religiösen Feierlichkeiten verschieben sich entsprechend von einem Sonnenjahr zum nächsten, wandern aber durch die Einführung von Schaltmonaten nie durch das gesamte Sonnenjahr wie etwa beim islamischen Kalender.

Rosch ha-Schanah

Rosch ha-Schanah, das jüdische Neujahr, ist der Geburtstag der Welt. Dieses Fest wird am 1. Tischri gefeiert – in der Diaspora auch am 2. – und fällt in den September oder Oktober. Nach Rabbi Eliezer wurde die Welt im Monat Tischri erschaffen, und *Rosch ha-Schanah* ist der Tag, an dem die ganze Menschheit gerichtet wird.

Die vier Namen des Festes in der jüdischen Tradition spiegeln die verschiedenen Themen des Tages wider: *Rosch ha-Schanah, Yom Teru'ah* (»Tag des Hörnerblasens«), *Yom ha-Din* (»Tag des Gerichts«) und *Yom ha-Zikkaron* (»Tag der Erinnerung«). Nach der Tradition werden die vollkommen Bösen am *Rosch ha-Schanah* im Buch des Todes eingetragen, die vollkommen Tugendhaften im Buch des Lebens, während das Gericht für diejenigen, die dazwischen liegen, bis zum *Yom Kippur*, dem Sühnetag, aufgeschoben ist.

Für das Blasen des Widderhornes, des *Schofar*, wird eine Vielfalt von Gründen angegeben, aber der gängigste bezieht sich auf die Fesselung des Isaak durch seinen Vater Abraham: Gott hatte ihm geboten, seinen Sohn zu opfern, doch im letzten Augenblick wurde Isaak verschont und an seiner Stelle ein Widder geopfert. Weil Abraham um die Sündhaftigkeit der Menschen wußte, bat er Gott auch um Erbarmen für die Nachkommen Isaaks. Gott stimmte dem zu und gebot, daß im Gedenken an die Fesselung Isaaks am Neujahrstag das Widderhorn erschallen solle.

Das Horn wird auf eine besondere Weise in drei Tonfolgen geblasen. Die erste verkündet das Königtum Gottes auf Erden, die zweite gedenkt des Vertrauens der Patriarchen Abraham und Isaak auf Gott und die dritte bezieht sich auf die Offenbarung Gottes am Berg Sinai. Nach Maimonides besteht der Zweck des Hornblasens darin, daß die Menschen über ihre Taten nachdenken und sich dem Guten zuwenden: »Wacht auf aus eurem Schlaf, ihr, die ihr eingeschlafen seid, und denkt über eure Taten nach, kehrt um und gedenkt eures Schöpfers«.

Während des Festes begrüßen sich die *Aschkenasim* (d. h. die mitteleuropäischen Juden) gegenseitig mit dem Satz »Möget ihr [in das Buch des Lebens] für ein gutes Jahr eingeschrieben werden«, und es ist Brauch, etwas Süßes als Zeichen für ein bevorstehendes süßes Jahr zu essen. Als Zeichen der Reinheit tragen die Gläubigen während des Gottesdienstes ein weißes Gewand; zugleich wird damit aber auch an den Tod erinnert, da das Totengewand der Juden ebenfalls weiß ist.

Yom Kippur

Yom Kippur, der »Sühnetag«, ist der wichtigste Tag im liturgischen Jahr der Juden. Nach dem Buch Leviticus »soll an diesem Tag Sühne für euch geleistet werden, um euch zu reinigen; von all euren Sünden werdet ihr rein vor dem Herrn«. In der Zeit des zweiten Tempels stand das Ritual der *Avodah*, ein kompliziertes Opferritual, im Mittelpunkt des Tages.

Dem Volk wurde befohlen, sich selbst zu »quälen«, und dies interpretierte man als das Sichenthalten von Speise und Trank, von Waschungen, vom Salben des Körpers, vom Tragen von Lederschuhen und vom Geschlechtsverkehr. Dennoch muß für diejenigen, die gefehlt haben, um Versöhnung gesucht werden, und man muß ein Sündenbekenntnis ablegen. In vielen Gemeinden wird der Tag vor *Yom Kippur* beinahe als ein Feiertag betrachtet: Es wird viel gegessen, Geschenke werden an die Armen gesandt, und Nachbarn besuchen einander, um um Vergebung zu bitten.

Die Liturgie des Sühnetags beginnt am Abend des 9. Tischri in der Synagoge mit dem gesungenen Gebet *Kol Nidre* (»alle Versprechen«), das üblicherweise dreimal wiederholt wird. In diesem Gebet wird erklärt, daß alle persönlichen Versprechen gegenüber Gott, die nicht eingehalten wurden, jetzt aufgehoben sind. Dieses Gebet wurde häufig von Nichtjuden mißverstanden, die behaupteten, das Gebet zeige, daß jüdische Versprechen wertlos seien. Tatsächlich gibt es aber sehr starke Einschränkungen bei der Aufhebung von Versprechen.

Die Gottesdienste erstrecken sich bis zum Sonnenuntergang des nächsten Tages, wenn üblicherweise das *Schofar*horn geblasen wird, um das Ende des Fastens anzuzeigen. Wie am Neujahrstag tragen die gläubigen Juden auch beim *Yom-Kippur*-Gottesdienst ein weißes Obergewand. Der Sühnetag ist ein Tag des strengen Fastens und Büßens. An diesem Tag nehmen die Gläubigen fünfmal an einem Gottesdienst teil, bekennen ihre Sünden und beten um Vergebung. Eine weitverbreitete Vorstellung besagt, daß sich am Sühnetag die Himmelstore öffnen, um alle Gebete aufzunehmen. Danach legt Gott fest, wer im kommenden Jahr sterben wird.

Nach der *Aggadah* ist der Sühnetag der Tag, an dem Moses die zweiten Gesetzestafeln erhielt, und es heißt, selbst wenn alle anderen Feste abgeschafft würden, werde der Sühnetag, an dem die Israeliten der Engel gedenken, erhalten bleiben. Daß dies der heiligste Tag des jüdischen Jahres ist, geht auch daraus hervor, daß nur an diesem Tag der Hohepriester im alten Israel das Allerheiligste im Tempel zu Jerusalem betreten durfte.

Am Ende des Abendgottesdienstes singt die Gemeinde bei offener *Torah*lade das Gebet *Adon Olam* (»Herr der Welt«), eine Hymne, die Gottes Größe preist; sie endet mit den Worten: »In seine Hände empfehle ich meinen Geist zu der Zeit, in der ich schlafe und erwache. Und Gott ist mit mir in meinem Geist und meinem Körper, und ich fürchte mich nicht.«

Die Synagoge bleibt in der Nacht des *Yom Kippur* geöffnet und ist für alle, die beten wollen, beleuchtet. Am darauffolgenden Morgen beginnt der Tag erneut mit dem *Adon Olam*. Nur am *Yom Kippur* und am Neujahrsfest kniet man sich beim Beten des *Aleinu le-Schabbe'ah* (»Es ist unsere Pflicht zu preisen«) bei den Worten »Wir beugen das Knie und werfen uns hin und bekennen vor dem König der Könige, dem Heiligen, gelobt sei er ...« hin. Sonst sind Kniebeugen im Gottesdienst der Synagoge nicht üblich.

Sukkah oder Sukkot, das Laubhüttenfest

Fünf Tage nach dem *Yom Kippur* findet das eher fröhliche Fest der *Sukkah* (»Hütte«) statt, das aber eher unter seiner Pluralform *Sukkot* (»Fest der Hütten«) bekannt ist. Dieses jüdische Herbstfest wird neun Tage lang vom 15. bis 22. Tischri gefeiert. Es hat eine sehr lange Tradition, die im Buch Leviticus festgehalten ist: »In Hütten sollt ihr sieben Tage lang wohnen, damit eure Geschlechter wissen, daß ich die Kinder Israels in Hütten wohnen ließ, als ich sie aus dem Lande Ägypten führte«.

Somit war das Fest zunächst eine Art Erntedankfest zum Gedenken an die glücklich überstandene Wanderung durch die Wildnis. Zu diesem Zweck wurde eine Hütte gebaut, die daran erinnern sollte, daß Israel zu jener Zeit keine feste Behausung hatte. Während der Festtage ist die *Sukkah* der Hauptwohnsitz frommer Juden. *Sukkot* ist eines der drei Pilgerfeste, zu dem man sich vornehmlich in Jerusalem versammelte. Während der Feiertage glich ganz Jerusalem einer einzigen großen Hütte.

Zur Zeit der Bibel war das Fest offensichtlich mit dem Ackerbaujahr verbunden. Daran erinnert ein Feststrauß, der *Lulav*, aus den sogenannten Vier Sorten, der während der Gottesdienste verwendet werden sollte und aus einem Palmzweig, drei Myrtenzweigen, zwei Bachweidenzweigen und der Paradiesesfrucht Etrog besteht. Heutzutage ist es üblich, sowohl zu Hause wie auch in der Synagoge eine *Sukkah* zu bauen, obgleich es in kälteren Klimazonen keine Pflicht gibt, in ihr zu schlafen. Zum Teil handelt es sich bei diesen Hütten um kunstvolle Gebilde.

Am ersten Tag wird als Teil der Liturgie in der Synagoge der *Lulav* in alle Richtungen geschwenkt, und die Gemeinde geht in einer Prozession um die *Bimah* als Erinnerung an die Prozession um den Altar des Tempels in Jerusalem. Der siebte Tag wird als *Hoschana Rabba* (»Großer Lobpreis«) bezeichnet; bei einem siebenmaligen Umzug durch die Synagoge werden Gebete für eine gute Ernte im nächsten Jahr gesprochen und das Buch Deuteronomium studiert.

Auf diesen siebten Tag des Festes folgt *Schemini Atzeret* (»Der achte Tag ein Festtag«), der Abschluß des Festes, der wiederum aus zwei Tagen besteht, dessen zweiter Tag als *Simchat Torah* (»Sicherfreuen an der *Torah*«) bezeichnet wird. An diesem Tag wird der Zyklus der *Torah*lesungen vollendet und mit Genesis 1 erneut begonnen. Während an Sabbaten eine *Torah*rolle und an Feiertagen zwei aus der

Lade geholt werden, nimmt man an *Simchat Torah* alle heraus.

Derjenige, der die Ehre hat, den letzten Abschnitt der *Torah* verlesen zu dürfen, wird als *Chatan Torah*, als »Bräutigam der *Torah*«, bezeichnet. Er wird symbolisch mit der Gemeinde verheiratet und tritt wie ein echter Bräutigam unter einen Baldachin. In Israel werden *Schemini Atzeret* und *Simchat Torah* am selben Tag mit Tanz, Gebet und Gesang gefeiert, aber in der Diaspora besteht der Abschluß immer noch aus zwei Tagen.

Chanukkah

Das hebräische Wort *Chanukkah* bedeutet »Weihe« und ist zugleich der Name des jüdische Lichterfestes. Das Chanukkahfest beginnt am 25. Kislev und dauert acht Tage. Anlaß dieses Festes ist die Errettung der jüdischen Gemeinschaft vor der Bedrohung durch den Seleukidenherrscher Antiochos IV. Epiphanes (reg. 175–164 v. Chr.), der den Tempel zu Jerusalem durch das Aufstellen einer Zeusstatue entweiht hatte. Gefeiert wird aber nicht der militärische Sieg, sondern die Reinigung des Tempels durch Judas Makkabäus nach der hellenistischen Entweihung sowie die Neueinweihung, die am 25. Kislev stattfand.

Die Feiern dauern acht Tage, was auf die legendäre Geschichte vom heiligen Öl zurückgeht, dessen Bedarf bei der Reinigung des Tempels nur für einen Tag reichte, aber auf wunderbare Weise acht Tage lang brannte. Deswegen wird *Chanukkah* auch *Hag Haurim* (»Fest der Lichter«) genannt.

In den Tagen des zweiten Tempels war es Brauch, im Tempelhof Wasser zu schöpfen und Fackeln und Lampen zu entzünden. Nach der *Halachah* sollen die *Chanukkah*-Lichter außerhalb des Hauseinganges aufgestellt werden oder auf einem Fenstersims, von dem aus man die Straße

Die allgemeinen jüdischen Feste

überblicken kann. Beim Anzünden der Lampe werden zwei Segenssprüche gesprochen, einer für das Licht und einer für das Wunder. In der ersten Nacht wird ein Licht angezündet, dann jede Nacht ein weiteres, bis am achten Tag alle acht Lichter auf der *Menorah*, dem Leuchter, brennen. Nachdem das Licht angezündet ist, beginnt man mit einem kurzen Gebet, dem *Ha-nerot hallalu* (»diese Lampen«). Dazu gehört eine kurze Zusammenfassung der *Chanukkah*-Erzählung in der *Amidah*, einem aus achtzehn Segen bestehenden Gebet. Nach den Mahlzeiten wird eine Danksagung gesprochen. An jedem Tag des Festes wird der *Hallel*, d. h. Psalm 113 bis 118 in der Synagoge gebetet, und es ist verboten, zu fasten oder die Toten zu preisen.

Chanukkah war seit dem Mittelalter ein sehr volkstümliches Fest. Nach Maimonides »soll sogar der, der von Almosen lebt, seinen Mantel verpfänden oder verkaufen, um Öl und Lampen zu kaufen und die *Chanukkah*-Lichter anzünden«.

In christlichen Ländern, wo Weihnachten zum Hauptfest geworden ist, wurde *Chanukkah* zum jüdischen Gegenstück; so gibt es Geschenke für die Kinder. Für den Staat Israel ist das Fest besonders bedeutsam, da es das Überleben des jüdischen Volkes symbolisiert, den Sieg der Juden über die vielen. Traditionell pflegt man an diesem Fest Karten zu spielen, was den Juden eigentlich verboten ist. Die *Chanukkah*-Lampe oder *Menorah* ist ein wichtiger Ritualgegenstand in jedem jüdischen Haushalt; sie wurde auch in das Wappen des Staates Israel aufgenommen.

Purim

Purim (»Lose«) ist jenes Fest, das an die Errettung der Juden erinnert, wie sie im Buch Esther berichtet wird. Das Buch Esther zählt zu den sogenannten Geschichtsbüchern der jüdischen heiligen Schrift, ist aber seinem Charakter nach mehr ein Märchen- oder Sagenbuch, das wahrscheinlich zur Zeit der Makkabäerkriege im 2. Jahrhundert v. Chr. entstanden ist, woher sich seine stark patriotische, ja sogar chauvinistische Gesinnung erklären läßt.

Die Erzählung berichtet von der Jüdin Esther, die die Gemahlin des persischen Königs Ahasveros wurde, nachdem dieser seine bisherige Ehefrau Vaschthi verstoßen hatte. Eine wichtige Rolle spielt in dieser Geschichte Esthers Onkel Mordechai, der sich weigerte, den Anordnungen des Premierministers Haman zu folgen, die besagten, daß sich alle Bediensteten am Königshof vor ihm verbeugen mußten. Darauf drängte Haman den König, alle Juden im Reich auszurotten. Um den Tag der Vernichtung zu ermitteln, ließ Haman Lose *(Purim)* werfen, und das Los fiel auf den 13. Adar. Als Esther von diesen Plänen erfuhr, gelang es ihr, bei einem Festmahl den König umzustimmen. Dieser läßt nun Haman an dem für Mordechai bestimmten Baum aufhängen. Zwar kann er den Beschluß der Judenvernichtung nicht mehr rückgängig machen, doch er erlaubt den Bedrängten, sich zur Wehr zu setzen. An dem für die Liquidierung vorgesehenen Tag üben die Juden furchtbare Rache und töteten über fünfundsiebzigtausend ihrer Feinde. Dieser Racheausbruch, der wie die ganze Geschichte wahrscheinlich jeglichen historischen Hintergrunds entbehrt, wurde zum Beispiel von der nationalsozialistischen Propaganda dazu benutzt, das Bild vom rachsüchtigen Juden zu zeichnen, dem es sogar in einem Gastland gelingt, den dortigen Herrscher zu manipulieren.

Das Buch Esther ist im übrigen das einzige biblische Buch, das nicht den Namen Gottes erwähnt; die Namen Esther und Mordechai wiederum scheinen auf die altbabylonischen Gottheiten Ischtar oder Astarte (die Göttin der Liebe) und Marduk (den Herrn des babylonischen Pantheons) hinzuweisen.

Das Fest war zunächst ein weltliches Fest und wurde erst relativ spät mit dem Synagogengottesdienst in Verbindung gebracht. Man feiert es am 14. Adar; an diesem Tag wird die *Rolle der Esther* in der Synagoge gelesen.

Purim ist ein ausgesprochenes Freudenfest, und es heißt, daß ein Mann sich so auf der Feier betrinken sollte, daß er die Namen Haman und Mordechai nicht mehr unterscheiden kann. Darüber hinaus ist es vor allem ein Kinderfest, an dem sich die Kinder aus diesem Anlaß verkleiden. Überhaupt herrscht eine Karnevalsatmosphäre vor. Immer wenn beim Vorlesen der Esthergeschichte der Name Haman vorkommt, machen die Kinder einen riesigen Lärm mit Rasseln, und sie klopfen mit Stöcken auf den Boden. *Purim*-Schauspiele sind dramatische Darstellungen religiöser Themen, die sich von *Purim* herleiten, aber nicht auf dieses Fest oder die ihm zugrundeliegende Erzählung beschränkt sind.

Einer der Höhepunkte der *Purim*feierlichkeiten ist die Wahl der *Purim*-Königin, die die Rolle der Esther übernimmt. Man wählt dafür zumeist ein junges hübsches Mädchen aus, bisweilen aber auch eine Frau, die sich um die Gemeinde besonders verdient gemacht hat.

Haman, der in der Makkabäerzeit wahrscheinlich als Chiffre für die hellenistischen Verfolger stand, gilt bis auf den heutigen Tag als der Prototyp des Verfolgers des jüdischen Volkes. Umso verständlicher ist die Freude, mit der dieses Fest gefeiert wird, da man an ihm vieler Errettungen gedenken kann.

Pessach-Fest

Das *Pessachfest* ist eines der jüdischen Hauptfeste, das sogar von weltlichen Juden gefeiert wird. Als eines der drei Pilgerfeste erinnert es an die Befreiung aus der Knechtschaft Ägyptens. Ursprünglich gab es zwei getrennte Feste zur gleichen Jahreszeit, den *Pessach,* der sich auf den Schutz der Herden bezieht, und das »Fest des Ungesäuerten Brotes«, in dem Gott die Ernte des nächsten Jahres anvertraut wird. Bei der Zentralisierung des Tempelkultes in Jerusalem wurden die beiden Feste zusammengelegt.

Das Fest beginnt am 15. Nisan und dauert sieben Tage in Israel und acht in der Diaspora. Während dieser Zeit wird des Auszuges aus Ägypten und insbesondere der Tötung der Erstgeborenen unter den Ägyptern (der sogenannten »zehnten Plage«) gedacht. Denn der Name *Pessach* bedeutet Überschreitung, weil Gott über die Häuser der Kinder Israels »hinweggeschritten« ist (d. h. sie verschont hat), als er die Erstgeborenen Ägyptens tötete. Zuvor hatte Gott den Israeliten geboten, ihre Türpfosten mit dem Blut eines Passalammes zu bestreichen.

Dieses Ereignisses wird insbesondere am Vorabend des Pessachfestes, dem 14. Nisan, gedacht, an dem traditionell das Osterlamm im Tempel geopfert wurde. Da dieser Abend nach einer streng festgelegten Ordnung (hebr. *Seder*) abläuft, heißt es *Seder*-Abend. Nach der Zerstörung des Tempels wurden die Feiern des Festes eine Angelegenheit der Wohnhäuser, und der *Pessach Seder* beruht auf dem biblischen Gebot »Du sollst zu deinem Sohn an diesem Tag folgendes sagen: Es geschieht um dessentwillen, was der Herr an mir getan hat, als ich aus Ägypten wegzog«.

Die besondere Gottesdienstordnung wurde im Mittelalter formuliert. Während der *Pessach*zeit darf sich kein *Chamez* (»Sauerteig«) im Haus befinden, stattdessen wird *Mazzah*, ungesäuertes Brot gegessen. Dieser Brauch erinnert an den eiligen Aufbruch aus Ägypten, der keine Zeit zum Durchsäuern des Brotes ließ. Zur *Seder*-Feier, die eine häusliche ist, gehören Betrachtungen über die endgültige Erlösung; so ist für Elias, den Boten des Messias, ein Platz vorbereitet. In der Diaspora wird ein *Seder* sowohl in der ersten wie der zweiten Nacht des *Pessach* gefeiert, und in der zweiten Nacht beginnt man mit der Zählung des *Omer* (siehe unten).

Der *Seder*-Abend mit seinem aufwendigen Festmahl bietet besondere Gelegenheit, Gäste einzuladen, weil hier

Die allgemeinen jüdischen Feste 65

der Befreiung aus der Knechtschaft Ägyptens gedacht wird. Die aufgetragenen Speisen haben symbolische Bedeutung. So stehen die *Mazzot* für die ungesäuerten Brote des Elends der Knechtschaft, die gerösteten Knochen des Lammes erinnern an das Passalamm, und die bitteren Kräuter an die Not der Ahnen. Ein ebenfalls serviertes Ei steht für die Fruchtbarkeit, aber auch für die Unbeständigkeit des menschlichen Lebens. Das jüngste Kind stellt ritualistische Fragen, auf die der Hausvater mit der Geschichte vom Auszug aus Ägypten antwortet.

Lag Ba-Omer

Lag Ba-Omer (»dreiunddreißigster des Omer«) ist ein Festtag, der am 33. Tag eines als Omer (»Garben«) bezeichneten Zeitraums, d. h. am 18. Iyyar, gefeiert wird. Zwischen *Pessach* und *Schavu'ot* war es üblich, das sogenannte Omerzählen über einen Zeitraum von fünfzig Tagen durchzuführen. In biblischer Zeit entsprach diese Zeitspanne etwa der Zeit zwischen der frühen und der späten Ernte im Frühling und erinnert an das Gebot Gottes, nach Darbringung der Erstlingsfrüchte sieben volle Wochen zu zählen, um dann dem Herrn ein Speiseopfer vom neuen Getreide zu bringen.

Die Tage des Omerzählens galten aufgrund verschiedener historischer Ereignisse als eine Zeit des Unglücks. So sollen in ihr während des Bar-Kochba-Aufstandes (132–135 n. Chr.) viele Schüler von Rabbi Akiba umgekommen sein. Deshalb finden in ihr keine freudigen Ereignisse wie etwa Hochzeiten statt.

Eine Ausnahme bildet dagegen der 33. des Omer, an dem die Trauerriten aufgehoben sind, Hochzeiten feierlich begangen werden können und man sich an Musik erfreuen kann. Denn an diesem Tag soll das Sterben der Akibaschüler aufgehört haben. Im Mittelalter wurde es als das Fest der Gelehrten angesehen und wurde zuerst gefeiert, weil an diesem Tag eine Pestepidemie zum Stillstand kam. In der aggadischen Tradition war dies der erste Tag, an dem es Manna gab.

Zu den mit diesem Fest verbundenen Bräuchen gehört der erste Haarschnitt von dreijährigen Jungen, Spiele mit Pfeil und Bogen und das Entzünden von Freudenfeuern.

Schavu'ot

Schavu'ot (»Wochen«), ist das jüdische Pfingstfest. Das Fest wird am 6. Sivan (und am 7. in der Diaspora) gefeiert und gehört zu den drei Pilgerfesten. Es fällt auf den fünfzigsten Tag nach dem ersten Pessachfeiertag und findet somit sieben Wochen später statt. Daher rührt sein Name. Ursprünglich bildete *Schavu'ot* das Ende der Gerstenernte und den Beginn der Weizenernte. Die Erstlingsfrüchte wurden im Tempel dargebracht. Zur Zeit der Rabbis wurde das Fest vor allem zum Jahrestag der Übergabe der *Torah* an Moses auf dem Berg Sinai.

Im Mittelalter gingen die kleinen Kinder an den *Schavu'ot* zuerst zur hebräischen Schule, und in den Reformgemeinden fand an dem Festtag die Konfirmation statt. Es ist Brauch, in der Synagoge aus dem Buch Ruth zu lesen, und zur *Torah*lesung gehören die Zehn Gebote.

Die Synagoge wird mit den in dieser Jahreszeit blühenden Blumen geschmückt, und im modernen Israel hat es Versuche gegeben, die Beziehung zur Ernte wiederzubeleben. Es ist auch üblich, Molkereiprodukte zu essen, weil das Hohelied die *Torah* mit Milch vergleicht.

Moses Maimonides

Schabbetai Zevi

Abraham Geiger

Leo Baeck

Martin Buber

Solomon Schechter

Joseph Soloveitchik

Levi ben Gershom

Jüdische Persönlichkeiten

Jüdische Persönlichkeiten

Seit den Zeiten der Patriarchen besitzen wir von zahlreichen jüdischen Persönlichkeiten mehr oder weniger detaillierte Biographien, von denen einige im hellen Licht der Geschichte stehen, andere wiederum mit dem Firnis der Legende umgeben sind. Da es unmöglich ist, auch nur in Auswahl einen repräsentativen Überblick zu geben, beschränkt sich die Darstellung hier auf den großen jüdischen Philosophen des Mittelalters schlechthin, auf Maimonides, einige bedeutende deutsche Juden der Neuzeit sowie US-amerikanische Juden, deren Einfluß auf die moderne Entwicklung des Judentums gar nicht hoch genug veranschlagt werden kann.

Moses Maimonides

Moses ben Maimon, der besser unter seinem latinisierten Namen Maimonides bekannt ist, wurde am 30. März 1135 in Córdoba im islamischen Spanien geboren. Schon früh widmete er sich dem Studium verschiedener Wissenszweige, insbesondere der Philosophie und dem Recht, unter der Anleitung arabischer Gelehrter. Als er gerade 13 Jahre alt war, d. h. im Jahre 1148, wurde Córdoba von der religiös-politischen Bewegung der Almohaden erobert, die – anders als die übrigen Muslims – gegenüber Juden und Christen unduldsam waren und diese aufforderten, sich entweder zum Islam zu bekennen oder ins Exil zu gehen. Nach langen Wanderjahren in Spanien ließ sich die Familie im ebenfalls von den Almohaden beherrschten Fes in Nordafrika nieder, wo sie nach außen hin als Muslims auftraten. Die Behörden dieser Stadt wurden aber auf den begabten jungen Mann aufmerksam und gingen der Beschuldigung nach, er sei vom Islam wieder abgefallen. Diese lebensbedrohenden Umstände veranlaßten ihn, im Jahre 1165 über Jerusalem nach Kairo zu reisen, wo er sich mit seiner Familie endgültig niederließ. Nach mehreren Jahren unglücklicher Verkettungen studierte er Medizin und wurde schließlich Leibarzt des Wesirs des berühmten Sultan Saladin (reg. 1171–1193), der inzwischen in Ägypten die Macht an sich gerissen hatte.

Während des Zeitraums von 1158 bis 1190 schrieb Maimonides Abhandlungen zum jüdischen Kalender, zur Logik und zur *Halachah*. Im Jahre 1168 vollendete er seinen Kommentar zur *Mischnah*. 1170–80 arbeitete er an seinem großen Gesetzeskodex, der *Mischneh Torah* (»Wiederholung des Gesetzes«, manchmal als »Die starke Hand« bezeichnet). Der Zweck dieses Werkes bestand darin, das gesamte mündliche Gesetz systematisch bekannt zu machen. Dabei sollten schwer verständliche Stellen und komplizierte Erörterungen unterschiedlicher Anschauungen ausgespart werden. Vielmehr sollte es aus praktischen Aussagen bestehen. Insgesamt umfaßt das Werk Gebote und Pflichten seit der Zeit des Moses bis in die Gegenwart, so daß alle Regeln für Jung und Alt zugänglich sind.

Sein großes philosophisches Werk, *Der Führer der Verwirrten* (hebr. *Moreh Nevuchim*), ist von Aristoteles und muslimischen Philosophen beeinflußt. Dieser Führer zeigt »den Verwirrten«, d. h. denen, die keine Orientierung besitzen, wie die Heilige Schrift sowohl in einem geistlichen wie auch in einem wörtlichen Sinne interpretiert werden kann. Maimonides hatte es sich zum Ziel gesetzt, seinen Lesern »die Wissenschaft des Gesetzes in seiner wahren Bedeutung« zu offenbaren. Zu diesem Zweck diskutierte er über Gott, die Schöpfung, die Natur des Bösen, die göttliche Vorsehung und die Moral. Er formulierte auch seine Dreizehn Prinzipien des jüdischen Glaubens, die seiner Ansicht nach jeder Jude befolgen müsse und die auch weithin akzeptiert werden. Die philosophischen Gedanken des Maimonides übten einen gewaltigen Einfluß auf die jüdische Gemeinschaft aus, insbesondere in der Zeit der Aufklärung.

Maimonides vertrat die Ansicht, daß Glaube und Vernunft keine Gegensätze bilden müssen, ein Ausdruck des weitverbreiteten mittelalterlichen Ideals der Liebe zu Gott mit den Mitteln der Vernunft: »Die Grundlage und Stütze aller Weisheit ist die Erkenntnis, daß es ein ursprüngliches Wesen gibt und daß alles andere nur aufgrund der Realität seines Wesens existiert.«

Er wußte um das Problem, diesem so beschriebenen Gott Attribute zuzuschreiben. Er behauptete, daß Gott der Wissende, das Wissen und das Gewußte ist. Er wandte die rationalistische Methode auf alle Aspekte der Religion an und wurde ein kompromißloser Gegner all dessen, was der Vernunft nicht standhalten konnte. So bemerkte er zu Wundern: »Ein Wunder kann nichts beweisen, was unmöglich ist; es ist nur insofern nützlich, wenn es das bestätigt, was möglich ist.« Er glaubte stark an die Tradition der Neigungen zum Guten und zum Bösen, woraus folgte, daß jedes Individuum dafür verantwortlich ist, wenn es entweder »rechtschaffen wird wie Moses oder böse wie Jeroboam« ist. Was das Problem des Ursprungs des Bösen betrifft, so kam er zu dem Schluß, daß es keine eigenständige Existenz habe und auch nicht von Gott komme, sondern nur Ausdruck einer bestimmten Fähigkeit bzw. Möglichkeit sei.

Maimonides sah in seinem eigenen Werk eine Vermittlung all dessen, was das Judentum als Religion und Philosophie darstellt, um dem jüdischen Volk eine Anleitung zu geben, sein Verhalten in bezug auf Gott zu verändern. Dazu dienten ihm alle Bereiche des menschlichen Wissens, die geeignet erschienen, zu Gott zu führen: »Wenn du die Heilkunde verstehst, hast du die Halle betreten; und nachdem du das Studium der Naturphilosophie vollendet hast, beherrschst du die Metaphysik; du hast den innersten Hof betreten und befindest dich mit dem König im gleichen Palast.«

In seinen letzten Lebensjahren litt Maimonides immer stärker unter seiner angegriffenen Gesundheit, und er starb schließlich am 13. Dezember 1204 in Fustat (Altkairo). Sein Tod wurde von vielen Gemeinden in den unterschiedlichsten Teilen der Welt betrauert. In Fustat bei Kairo, dem Wohnsitz von Maimonides, fand eine dreitägige Trauerfeier statt, an der sowohl Juden als auch Muslims teilnahmen. In Jerusalem, das 1187 von den Muslims zurückerobert worden war, wurde zu einem allgemeinen Fasten aufgerufen, und man las aus der Schrift die Geschichte, wie die Philister die Bundeslade raubten.

Nach seinem Tod entstand zwischen den konservativen und den liberalen Juden in Frankreich und Spanien ein erbitterter Streit über Maimonides' »Führer der Verwirrten«: Der ersten Gruppe erschien er wegen seiner starken Betonung der Vernunft als ketzerisch, insbesondere auch deshalb, weil dessen Autor angeblich nicht an die Auferstehung der Toten glaubte. Der Streit wurde schließlich an die christlichen Autoritäten übergeben, und im Jahre 1232 ließen die Dominikaner im Westen Maimonides' Bücher verbrennen. Im Osten führte die Auseinandersetzung dazu, daß man sein Grab in Tiberias schändete.

Trotz dieser Anfeindungen und Unterdrückung seines Werkes wurden Teile von ihm bereits zu Beginn des 13. Jahrhunderts ins Lateinische übersetzt und beeinflußten eine Reihe christlicher Scholastiker, wie zum Beispiel Albertus Magnus und Duns Scotus. Die rationalistischen Anschauungen seines Hauptwerkes wurden für Jahrhunderte tatsächlich zu einem »Führer« für aufgeklärte Juden von Spinoza bis Moses Mendelssohn.

Schabbetai Zevi

Schabbetai Zevi ist eine jener Gestalten, die für sich in Anspruch nahmen, der Messias zu sein, wie sie im Judentum von Zeit zu Zeit immer wieder auftauchten. Er wurde am 23. Juli 1626 in der türkischen Stadt Izmir (Smyrna) geboren und erhielt dort eine gründliche Ausbildung im

Talmud und der *Kabbalah*. Danach wurde er zum Chacham geweiht, einem im Osmanischen Reich üblichen Titel für einen lokalen Rabbi.

Während seines gesamten Lebens wechselten sich bei ihm Zeiten der Niedergeschlagenheit und des Hochgefühls ab. Er heiratete zweimal, ohne mit seinen Frauen Verkehr gehabt zu haben, worauf sich beide von ihm scheiden ließen: ein Verhalten, das dem jüdischen Geist jedoch ganz und gar nicht entspricht. Durch die Beschäftigung mit der *Kabbalah* geriet er geistig völlig aus dem Gleichgewicht. Er übte sich in harter Selbstkasteiung, badete ständig im Meer – sogar im Winter –, fastete Tag für Tag und befand sich in einem Zustand ständiger Ekstase. Überdies wurde er von einigen messianischen Hoffnungen beeinflußt, die zum Teil auf apokalyptische Hoffnungen christlicher Autoren für das Jahr 1666 beruhten (weil in ihm die apokalyptische Zahl 666 vorkommt), von denen er durch seinen Vater, der für ein englisches Handelshaus arbeitete, gehört haben könnte.

Außerdem kursierte in kabbalisitischen Kreisen die Erwartung, im Jahr 1648 werde Israel durch den Messias erlöst. Daher beanspruchte Schabbetai Zevi in diesem Jahr, der Messias zu sein. Er fand aber aufgrund seines jungen Alters nur wenig Anhänger und wurde 1651 oder 1654 aus Smyrna verbannt. In Saloniki, wo er seinen Anspruch wiederholte, bereiteten ihm die Rabbis dasselbe Schicksal.

Nach zehn Jahren in Kairo erreichte ihn dort die Nachricht, daß ein in Holland lebendes jüdisches Mädchen namens Sarah von sich behauptete, sie sei die künftige Braut des Messias. Daraufhin wurde sie nach Kairo gebracht und heiratete dort Schabbetai. 1665 reiste dieser im Triumph nach Gaza, um sich mit Nathan von Gaza zu treffen. Nathan war davon überzeugt, daß Schabbetai Zevi der Messias sei, und am 17. Sivan erklärte sich Schabbetai Zevi selbst zum Messias. Er ernannte Vertreter der zwölf Stämme und ritt wie ein König auf einem Pferd um Jerusalem. Als Prophet des Messias rief Nathan das Volk zur Buße auf und sandte Briefe in die Diaspora-Gemeinden. Er prophezeite, daß Schabbetai Zevi die Krone des türkischen Sultans ergreifen und in wenigen Jahren die zehn verlorenen Stämme – jenseits des legendären Flusses Sambatyon – zurückführen werde.

Dieses Gerücht verbreitete sich in ganz Europa, doch wurde Schabbetai Zevi in Jerusalem exkommuniziert und kehrte nach Smyrna zurück. Seine gesamte Anhängerschaft befand sich zu diesem Zeitpunkt in einem Zustand messianischen Eifers. Dadurch kam es in Smyrna zu einer Spaltung in »Gläubige« *(ma'aminim)* und »Ungläubige« *(koferim)*. Die Erregung war so hysterisch, daß viele der »Ungläubigen« gezwungen waren, aus der Stadt zu fliehen.

In dem ominösen Jahr 1666 segelte Schabbetai nach Konstantinopel, entweder weil er dazu gezwungen wurde oder weil er die Hoffnung hatte, daß sich in der Hauptstadt des Osmanischen Reiches sein messianisches Schicksal erfüllen würde. Dort wurde er jedoch verhaftet.

Die Neuigkeiten von der Ankunft des Messias riefen inzwischen überaus große Erregung in der ganzen Diaspora hervor. Flugblätter und Broschüren verbreiteten sich überall in Europa. In einigen Fällen erhielt die Bewegung sogar Unterstützung christlicher Apokalyptiker, die glaubten, daß das Weltende im Jahr 1666 stattfinde. Asketische Übungen, die mit hysterischem Jubel gekoppelt waren, wurden zu alltäglichen Phänomenen, und eine neue Ära (»das erste Jahr der Erneuerung der Prophetie und des Königreiches«) wurde begründet. Nach seiner Entlassung setzte Schabbetai Zevi seine Aktivitäten aus dem Gefängnis fort, schaffte das Fasten des 17. Tammuz und des 9. Av ab und unterschrieb seine Briefe als der »erstgeborene Sohn Gottes« und sogar als »der Herr, euer Gott Schabbetai Zevi«.

Im September 1666 wurde er aber an den Hof des Sultans gebracht, wo man ihn vor die Wahl zwischen Tod oder

Bekehrung zum Islam stellte. Schabbetai Zevi konvertierte tatsächlich, nahm den Namen Aziz Mehmed Effendi an und erhielt vom Sultan eine Pension. Sein Übertritt zum Islam war ein tiefer Schock für die ganze jüdische Welt. Nathan von Gaza verteidigte dieses Verhalten damit, daß der Messias sich so verhalten müsse, bevor sich die messianischen Erwartungen erfüllen. Schabbetai Zevi selbst verhielt sich bei seinen geheimen Anhängern in Adrianopel (Edirne) weiterhin wie zuvor und wurde schließlich nach Albanien verbannt, wo er am 30. September 1676 starb.

Obwohl seine Lehre von den Rabbis unterdrückt wurde, verbreiteten sich die Gedanken Schabbetai Zevis weiter, vor allem in der Türkei, Italien und Polen. In der Folgezeit inspirierten sie nach wie vor volkstümliche Bewegungen.

Abraham Geiger

Der am 24. Mai 1810 in Frankfurt am Main geborene Abraham Geiger wurde zu einem der bedeutendsten Vertreter des Reformjudentums. Schon im Alter von drei Jahren erlernte er das hebräische und das lateinische Alphabet. Bereits in jungen Jahren war er mit dem *Talmud,* mit Geschichte, Latein und Griechisch vertraut. Dies und der Umgang mit gleichgesinnten jungen Männern führte dazu, daß er statt Theologie orientalische Philologien studierte. Für seine Dissertation über den islamischen Propheten Muhammad erhielt er 1832 einen Preis von der Universität Bonn. Im Dezember desselben Jahres wurde er Rabbi in Wiesbaden.

Schon bald machte Abraham Geiger sich als führender Exponent des Reformjudentums einen Namen. Im Jahre 1837 rief er die erste Versammlung von Reformrabbis ein. Nach Jahren in Breslau und Frankfurt am Main wurde er Rabbiner in Berlin, wo er schließlich 1872 bei der Berliner

Reformierten Gemeinde zum Direktor der Hochschule für die Wissenschaft des Judentums berufen wurde, eine Stellung, die er bis zu seinem Tod innehatte.

Er sah im Judentum einzig und allein nur eine Religion und war daher bestrebt, die Assimilierung der Juden an das Leben seines Heimatlandes zu fördern, ebenso die Gedankenfreiheit und die Freiheit der Forschung. Weil, wie er sagte, das »Judentum nicht gestattete, daß man ihm die Lehre von der Erbsünde aufpfropfte«, ist auch kein Vermittler zwischen einer Person und Gott nötig. Die Menschen müssen den von Gott gegebenen Verstand benutzen, um selbst Entscheidungen zu treffen: »Die Heiligsprechung des Nichtwissens war nie die Regel in Israel.«

Geiger leitete aus diesen Meinungen radikale Schlußfolgerungen ab, z. B. »Nicht Geburt, sondern Überzeugung macht den Juden aus«, oder: »Macht ab sofort keinen Unterschied mehr zwischen den Pflichten von Frauen und Männern, außer denen, die durch die Natur gegeben sind – nehmt keine geistliche Minderwertigkeit der Frauen an.«

Das Judentum hatte seiner Ansicht nach den gleichen universalen Auftrag, den die Patriarchen der alten Zeit hatten. Da Geiger sich jedoch mit dem deutschen Protest der Romantik gegen den Materialismus identifizierte, hatte er eine Vision einer vagen, transzendentalen Hoffnung: »Das Streben nach dem Höchsten und Edelsten, die Hingebung an das Ganze, der Aufschwung zum Unendlichen, das ist Religion.«

In seinem späteren Leben wandte er sich stärker der Tradition zu, weil er eine Spaltung unter den Juden vermeiden wollte. Daher war er, obwohl er die Beschneidung als »einen barbarischen Akt des Blutvergießens« empfand, gegen ihre Abschaffung.

Er faßte seine Ansichten über das Judentumn in einer populären Reihe von Vorträgen zusammen, die unter dem Titel *Das Judenthum und seine Geschichte* in 3 Bänden

1865–1867 erschien. Er war unermüdlich schriftstellerischtätig und der Tod nahm ihm am 23. Oktober 1874 in Berlin im wörtlichen Sinne die Feder aus der Hand.

Leo Baeck

Leo Baeck kam am 23. Mai 1873 in Lissa bei Posen (im heutigen Polen) als Sohn des Rabbi und Historikers Samuel Baeck und dessen Frau Eva Placzek zur Welt. Er wirkte von 1897 bis 1943 als Rabbi in Oppeln, Düsseldorf und Berlin und galt als einer der Führer des fortschrittlichen Judentums. Im Ersten Weltkrieg diente er als Feldrabbiner im deutschen Heer.

Schon früh schrieb er – quasi als Reaktion auf das Werk *Das Wesen des Christentums* des bekannten protestantischen Theologen Adolf von Harnack – seine Arbeit *Das Wesen des Judentums* (1905). In ihr behauptete er, daß das Judentum im wesentlichen eine Dialektik zwischen »Mysterium« und »Gebot« innerhalb eines Systems des ethischen Monotheismus sei: »Durch den Glauben erfährt der Mensch die Bedeutung der Welt, durch Handeln gibt er ihr eine Bedeutung.«

Er lehnte das Christentum als eine »romantische« Religion ab, das nach einer spirituellen Erlösung trachte, während er im Gegensatz dazu das Judentum als »klassische« Religion ansah, die nach der Vervollkommung der diesseitigen Welt strebe.

Nach dem Ersten Weltkrieg wurde er mit sehr vielen Aufgaben betraut: Er wurde Sachverständiger für jüdische Angelegenheiten im preußischen Kultusministerium, Vorsitzender des Allgemeinen Deutschen Rabbinerverbandes sowie 1929 Mitglied der Jewish Agency. Als sich die jüdischen Verbände und Gemeinden 1933 nach der Machtergreifung der NSDAP in der »Reichsvertretung der deutschen Juden« zusammenschlossen, wurde er deren Vorsitzender. Als solcher verteidigte er die Rechte der Juden in

Nazi-Deutschland und lehnte alle Angebote, das Land zu verlassen, ab. In dieser schwierigen Zeit gab er 1938 sein Buch *Das Evangelium als Urkunde der jüdischen Glaubensgeschichte* heraus. 1943 wurde er in das Konzentrationslager Theresienstadt deportiert. Nach dem Krieg ließ er sich in London nieder und lehrte dann in jedem Winter in den USA am Hebrew Union College in Cincinnati. Seine Lehrtätigkeit setzte er aber auch in Israel und Deutschland fort.

In Deutschland nahm er bereits ab 1948 an Versuchen neuer Gespräche zwischen Juden und Christen teil. Als er am 2. November 1956 in London starb, verschied mit ihm der letzte große Vertreter des deutschen liberalen Judentums.

Martin Buber

Martin Buber war sowohl ein bedeutender Philosoph als auch ein zionistischer Führer. Geboren am 8. Februar 1878 in Wien, wuchs er zunächst in einer großbürgerlichen Familie seiner Eltern auf. Nach deren Scheidung verbrachte er seine Jugendjahre 1881–1892 im Haus der Großeltern im damals zu Österreich–Ungarn gehörenden Lemberg. Sein Großvater führte ihn in die religiöse und geistige Welt des Judentums ein, seine Großmutter begeisterte ihn für die schöne Literatur. Weil er in Lemberg das polnische Gymnasium besuchte, wurde er auch mit dem slawischen Kulturkreis vertraut. Dies brachte ihn auch mit dem chassidischen Ostjudentum in Berührung, obwohl er selbst als kulturell assimilierter Westjude heranwuchs.

Die Vielfältigkeit seiner Interessen spiegelt sich in seinen Studienfächern Philosophie, Germanistik, Klassische Philologie, Literatur- und Kunstgeschichte, Psychiatrie und Nationalökonomie wider. Sein Studium führte ihn seit 1896 von Wien über Leipzig und Berlin nach Zürich. Sehr wichtig für seine geistige Entwicklung war seine Beschäftigung mit Nietzsche und mit den Mystikern der Renaissance- und Reformationszeit.

Buber schloß sich schon früh der zionistischen Bewegung an und gründete 1898 eine zionistische Ortsgruppe in Leipzig. Er wurde Redakteur der zionistischen Zeitschrift *Die Welt* und betonte die Bedeutung der Bildung; unter anderem trat er deshalb als ein Vertreter der »kulturzionistischen« Richtung gegen die national-politischen Zionisten auf, was zum Bruch mit Theodor Herzl führte.

1916 gründete Buber die Zeitschrift *Der Jude,* die zu einem wichtigen Organ der jüdischen Erneuerungsbewegung in Mitteleuropa zwischen den beiden Weltkriegen wurde. Er betonte als »hebräischer Humanist« die Rechte der Araber und stellte fest, »daß das jüdische Volk seinen Wunsch zum Ausdruck bringt, mit dem arabischen Volk in Friede und Brüderlichkeit im gemeinsamen Heimatland zu leben«.

In seinem überaus produktiven literarischen Schaffen beschäftigte er sich auch mit östlicher Philosophie und veröffentlichte 1909 unter dem Titel *Reden und Gleichnisse des Tschuang-tse* eine Übersetzung des Werkes des chinesischen Daoisten Zhuang Chou oder Zhuangzi (»Meister Zhuang«). Sein schon in frühen Jahren gewecktes Interesse für die osteuropäischen Chassidim schlug sich ebenfalls in mehreren Büchern nieder. Er wurde in Frankfurt am Main schließlich Professor für jüdische Religion und Ethik. Sein berühmtes Werk *Ich und Du* erschien 1923 und enthält seine bekannte Philosophie des Dialogs. Er unterschied zwischen den »Ich-Es«-Beziehungen, die unpersönliche Handlungen sind, um ein bestimmtes Ziel zu erreichen, und den »Ich-Du«-Beziehungen, die auf Gegenseitigkeit ausgerichtet und offen sind. In konsequenter Fortführung dieses Gedankens charakterisierte er Gott als »ewiges Du«, als denjenigen, der nur durch unmittelbare persönliche Beziehung erkannt werden kann.

Nach der Machtergreifung der Nazis legte Buber vor dem offiziellen Entzug der Lehrtätigkeit seine Venia legendi nieder, betätigte sich dann aber am Aufbau einer »Mittelstelle für jüdische Erwachsenenbildung bei der

Reichsvertretung der Juden in Deutschland«. 1935 wurde ihm jedoch jegliche öffentliche Lehrtätigkeit untersagt. Nach der Pogromnacht im November 1938 ließ sich Buber in Israel nieder, wo er der erste Präsident der Israel Academy of Sciences and Humanities (1960–1962) wurde.

Er hielt häufig Vorlesungen in Europa und den Vereinigten Staaten, und sein Werk hat sowohl jüdische als auch christliche Theologen tief beeinflußt. Er war ein früher Verfechter des jüdisch-christlichen Dialogs und bezog sich auf Jesus als »meinen Bruder«, mit dem er sich im Leiden und im Prophetendienst verbunden fühlte: »Wir Juden, vom Blute des Amos und Jeremiah, von Jesus und Spinoza und all der Welterschütterer, die bei ihrem Tode erfolglos waren, wir kennen eine von dieser Welt verschiedene, die als einzige Erfolg verspricht.« Martin Buber starb am 13. Juni 1965 in Jerusalem.

Solomon Schechter

Solomon Schechter wurde am 7. Dezember 1847 in Focşani, im heutigen Rumänien, geboren. Sein Name leitet sich vom Beruf seines Vaters her, der als Schächter arbeitete, also rituell reine Schlachtungen vornahm. Als junger Mann studierte Solomon Schechter in Lemberg, dann von 1875 bis 1879 in Wien. Seit 1879 studierte er an der Berliner Hochschule für die Wissenschaft des Judentums. Dort traf er auf den später berühmten englischen Rabbiner Claude Montefiore, der ihn nach England einlud. Schechter lehrte rabbinische Studien an der Universität von Cambridge (1890–1898) und wurde 1899 Professor für Hebräisch am University College in London.

Ihm ist es zu verdanken, daß die Handschriften und Bruchstücke der sogenannten Kairo-*Genizah* gerettet und nach England gebracht wurden: Eine *Genizah* ist ein Aufbewahrungsort für nicht mehr gebrauchte Bücher und Ritualgegenstände; die von Kairo hatte bereits ein beträchtliches Alter und war daher von besonders hohem Wert.

Nach einer Einladung durch eine Anzahl führender US-amerikanischer Juden wanderte Schechter in die USA aus, wo er seit 1902 Präsident des Jüdisch-theologischen Seminars wurde. Er war einer der Hauptvertreter des Konservativen Judentums in Amerika, und seine *Studies in Judaism* (1896–1924) und *Some Aspects of Rabbinic Theology* (1909) gelten als Klassiker dieser Strömung.

Er verteidigte traditionelle Wege und Werte gegen das, was er als Assimilationstendenzen des Reformjudentums betrachtete. Daher begrüßte er den Aufstieg des Zionismus, in dem er ein Bollwerk gegen die Assimilierung sah, welche seiner Ansicht nach langfristig zum Absterben der jüdischen Identität führen mußte. Er akzeptierte aber, daß Veränderung und Entwicklung in der *Halachah* durchaus wünschenswert sind, besonders wenn von den Gläubigen bis zu einem gewissen Grad der Wunsch nach einem Konsens geäußert wird. In diesem Sinne sprach er von den Gläubigen als »katholisches Israel« oder das »katholische Gewissen Israels«.

Gleichzeitig suchte er keine Übereinstimmung um jeden Preis. Er glaubte, daß das »Meer des Talmud« auch seinen Golfstrom der Mystik habe, und daß das große Geschenk des jüdischen Volkes an die Welt nicht die Erfindung des Buchdrucks oder die Entdeckung Amerikas war, sondern daß »wir der Welt das Wort Gottes gegeben haben«. Solomon Schechter starb am 19. November 1915 in New York City.

Joseph Soloveitchik

Joseph Soloveitchik wuchs nach seiner Geburt am 27. Februar 1903 in Pružan in Polen als Sproß einer berühmten Rabbinerfamilie auf. Er genoß sowohl eine Ausbildung im *Talmud* als auch eine weltliche Erziehung. Mit 22 Jahren begann er sein Studium an der Universität Berlin, wo er auch promovierte. Soloveitchik, der von seiner ganzen Gesinnung her zu den orthodoxen Juden zählte, war ein bedeutender *Talmud*gelehrter.

1932 wanderte er in die USA aus und wurde in Boston orthodoxer Rabbiner. Er gründete ein Institut für fortgeschrittene *Talmud*-Studien, das auf die Bedürfnisse des großen Zustroms von Flüchtlingen aus Europa einging. Einen hohen Bekanntheitsgrad erhielt er aber erst, als er begann, an der Yeshiva-Universität in New York zu lehren.

Er glaubte fest daran, daß es die Berufung der Juden sei, alle Dinge zu heiligen, so wie Gott es befohlen hatte, und nicht einfach hinzunehmen, daß sie heilig sind, weil Gott sie so geschaffen habe. Diese religiöse Pflicht zur Heiligkeit verlangt aber die peinlich genau Beachtung jeder Einzelheit der *Halachah*. Das hatte zur Folge, daß der Gelehrte sich nicht mit den Veränderungen im modernen Leben arrangierte.

Soloveitchik persönlich glaubte, daß die Verteidigung der Klagemauer in Jerusalem kein einziges Leben wert sei und die Juden vielmehr zur Heiligkeit berufen seien, die für ihn von übergeordneter Bedeutung war. Diese Ansichten vertrat er aber nicht öffentlich.

Einem Dialog mit anderen Religionen erteilte er eine Absage. Juden und Nichtjuden können zwar Bürger eines Landes sein und sind Mitglieder der menschlichen Gemeinschaft. Eine Zusammenarbeit mit Nichtjuden und nichtjüdischen Religionsgemeinschaften ist daher auf sozialem Gebiet zur Förderung der menschlichen Wohlfahrt möglich und vielleicht sogar wünschenswert. Eine religiöse Zusammenarbeit aber erachtete er als unmöglich, weil das Judentum nur existentiell erfaßt werden kann und nicht etwa logisch. Daher ist es nach seiner Ansicht nicht diskutierbar.

Seine Kritik an nicht-orthodoxen Juden bezieht sich vor allem darauf, daß diese nur die Vernunft zur Richtschnur ihres Handelns nehmen. Daher kommen sie über die Begrenztheit des eigenen Selbst nicht hinaus und können die wahrhafte Aufgabe eines Juden gar nicht begreifen.

In zunehmendem Alter bediente sich Rabbi Soloveitchik – wie auch seine Anhängerschaft – der modernen Massenmedien, wodurch es ihm gelang, seine Lehre stark zu verbreiten. Er starb im Februar 1993.

Levi ben Gershom (Gersonides)

Dieser jüdische Philosoph und Kommentator der Bibel und des *Talmud* wurde 1288 in der südfranzösischen Stadt Bagnols in der Provence geboren, weshalb er bisweilen auch als Leon de Bagnols bezeichnet wird. Neben dieser Tätigkeit beschäftigte er sich mit Mathematik und Astronomie, Logik, Physik und Medizin.

Als bedeutender Talmudgelehrter schrieb er einen Kommentar zu den *Berachot*, dem ersten Traktat des *Talmud*, der verlorengegangen ist, und vielleicht einen Kommentar zu den dreizehn hermeneutischen Regeln des im 2. Jh. n. Chr. lebenden Rabbi Ishmael.

Zu seinen Bibelkommentaren gehören Arbeiten zu den Büchern Hiob, dem Hohelied, Ecclesiastes, Ruth, Esther, den früheren Propheten, den Sprüchen, Daniel, Nehemiah, den Chroniken und dem Pentateuch.

Zu seinen philosophischen Arbeiten gehören mehrere Kommentare zu den Paraphrasen des muslimischen Philosophen Ibn Ruschd (Averroes) und Kommentare zu Aristoteles, woraus man schon ablesen kann, daß er wie der große Maimonides der Vernunft einen hohen Stellenwert beimaß.

Sein philosophisches Hauptwerk war der *Sefer Milhamot Adonai* (das Buch der Kriege des Herrn), der zwischen 1317 und 1329 geschrieben wurde (eine deutsche Teilübersetzung von B. Kellermann erschien 1914–16 unter dem Titel *Die Kämpfe Gottes*). Es umfaßt sechs Teile und widmet sich der Unsterblichkeit der Seele, der Prophetie, dem göttlichem Wissen, der Vorsehung, den Himmelssphären und der Schöpfung.

Besonders hier kommt zum Ausdruck, daß er der gottgeschaffenen Vernunft den Vorrang gab: »Das Gesetz kann nicht verhindern, das als wahr anzuerkennen, wozu die Vernunft uns zu glauben zwingt.«

Aus diesem Grund (und den sich daraus ergebenden Konsequenzen) wurde er heftig von dem spanisch-jüdischen Philosophen Hasdai Crescas (ca. 1340–1412) und des iberisch-jüdischen Philosophen Isaak Abrabanel (1437–1508) kritisiert. Bisweilen wurden Levis Werke als »Kriege gegen den Herrn« bezeichnet. Dennoch waren seine Ideen sehr einflußreich, und er wird zu den größten der jüdischen Philosophen gerechnet.

Im Gegensatz zu Aristoteles, der Gottes Wissen auf die Universalien beschränkt hatte, vertrat Gersonides die Ansicht, daß Gott im buchstäblichen Sinne allwissend sei und auch alle Ereignisse der Zukunft kenne: dies sei kein Widerspruch zu Gottes Einheit und Unveränderlichkeit.

Obwohl er zu den Juden gehörte, die in der Provence während der sogenannten »Babylonischen Gefangenschaft der Päpste« in Avignon unter deren Schutz standen, kam es auch hier zu Ausschreitungen, die er bitter beklagte.

Er starb am 20. April 1344 in Perpignan.

Der jüdische Kalender

Der jüdische Kalender orientierte sich an der Schöpfung der Welt, die traditionsgemäß auf das Jahr 3761 v. Chr. festgelegt wurde. Es läßt sich aber nicht genau feststellen, wann man sich auf diese Zahl einigte, die auf Berechnungen aus den Angaben der Bibel beruht. So begann das Jahr 5000 am 1. September 1239 n. Chr. Demnach entspricht das Jahr 2000 der christlichen Zeitrechnung dem Zeitraum vom 23. Tevet 5760 bis zum 5. Tevet 5761 des jüdischen Kalenders.

Das jüdische Jahr richtet sich nach dem Mond und hat 354 Tage im Jahr mit zwölf Mondmonaten; bisweilen besteht ein solches Jahr aus 355 oder 353 Tagen. Um dieses Mondjahr nicht zu sehr vom solaren Jahr von 365,2422 Tagen abweichen zu lassen, wurde innerhalb eines Zyklus von neunzehn Jahren siebenmal ein Schaltmonat, der Adar II, hinzugefügt, so daß diese Schaltjahre aus 383, 384 oder 385 Tagen bestehen.

Die Monate erhielten während der Exilzeit nach der Zerstörung des ersten Tempels babylonische Namen: Tischri (September-Oktober), Heschvan (Oktober–November), Kislev (November–Dezember), Tevet (Dezember–Januar), Schevat (Januar–Februar), Adar (Februar-März), gegebenenfalls der Schaltmonat Adar II, Nisan (März–April), Iyyar (April–Mai), Sivan (Mai–Juni), Tammuz (Juni–Juli) Av (Juli–August), Elul (August–September).

Das Jahr beginnt im Herbst mit dem 1. Tischri am Rosch ha-Schanah. Bis zum 16. Jahrhundert berechneten die Juden in orientalischen Ländern ihre Daten nach der Seleukiden-Ära, die im Herbst des Jahres 312 v. Chr. begann.

Ein Tag beginnt und endet mit Sonnenuntergang (»Und es ward Abend und es ward Morgen, ein Tag«: Genesis 1, 5). Weil ein gewisser Zweifel darüber herrscht, welcher der erste Tag des Monats *(Rosch Chodesch)* ist, werden in der Diaspora von den Orthodoxen alle Feste – mit Ausnahme des *Yom Kippur* – an zwei aufeinanderfolgenden Tagen gefeiert.

Tischri (September–Oktober)
1. Rosch-ha-Schanah (Neujahr) (I)
2. Rosch-ha-Schanah (Neujahr) (II)
10. Yom Kippur
15. Sukkot (Laubhüttenfest) (I)
16. Sukkot (II)
22. Schemini Atzeret (Abschlußfest)
23. Simchat Torah (Fest der Freude über das Gesetz)

Heschvan (Oktober–November)

Kislev (November-Dezember)
25. Chanukkah (Lichterfest) (I)

Tevet (Dezember–Januar)
2. Chanukkah (VIII)
10. Tevet-Fastentag

Schevat (Januar–Februar)
15. Tu be-Schevat (Neujahrsfest der Bäume)

Adar (Februar–März)
13. Fasten der Esther
14. Purim (Lose, das Fest der Esther)
15. Schuschan Purim

[gegebenenfalls Schaltmonat Adar II]

Nisan (März–April)
15. Pessach (I)
21. Pessach (VII)
22. Pessach (VIII)
27. Yom ha-Scho'ah (Tag des Holocaust)

Iyyar (April–Mai)
5. Yom ha-Azma'ut (Israelischer Unabhängigkeitstag)
18. Lag ba-Omer (33. Tag nach der Zählung Omers)

Sivan (Mai–Juni)
 6. Schavu'ot (Wochenfest) (I)
 7. Schavu'ot (Wochenfest) (II)

Tammuz (Juni–Juli)
 17. Tammuz-Fastentag

Av (Juli–August)
 9. Tischa be-Av (Fastentag anläßlich der Zerstörung des Tempels)

Elul (August–September)

Zahlenspiegel

14. Jahrhundert v. Chr. Erwähnung der Habiru, umherstreifender Nomaden, in ägyptischen Inschriften; möglicherweise ist »Habiru« mit »Hebräer« identisch.

Seit etwa dem 12. Jahrhundert v. Chr. Landnahme der Israeliten in Kanaan; diesen kriegerischen Ereignissen soll der Auszug mehrerer Stämme aus Ägypten vorangegangen sein. In dieser Zeit mußte Ägypten den Ansturm der »Seevölker« (um 1190 v. Chr.) abwehren, in deren Gefolge sich wahrscheinlich auch die Philister (Peleset) gaben. Ständige kriegerische Auseinandersetzungen zwischen Israeliten und Philistern.

11. Jahrhundert v. Chr. Allmähliche Herausbildung eines israelitischen Staates unter den sogenannten Richtern.

Um 1020 v. Chr. Errichtung eines israelitischen Königreiches unter Saul.

Ca. 1000–970 v. Chr. König David, der Jerusalem erobert und zur Hauptstadt des Reiches macht.

Zahlenspiegel

Ca. 970–932 König Salomon; äußere Prachtentfaltung und Bau des ersten Tempels.

932 v. Chr. Teilung des Reiches in einen Nordstaat (Israel) und ein südliches Königreich (Juda), die sich rivalisierend gegenüberstehen.

8. Jahrhundert v. Chr. Auftreten mehrerer Propheten, darunter Jesaja, die hauptsächlich vor kommendem Unheil warnen.

722 v. Chr. Das Nordreich Israel wird vom Assyrerkönig Scharrukin II. erobert, seine Hauptstadt Samaria wird zerstört.

7. Jahrhundert v. Chr. Große Zeit der Propheten, darunter insbesondere Jeremia.

612-606 v. Chr. Untergang des Assyrerreiches und Aufstieg des Neubabylonischen Reiches.

597 v. Chr. Erste Verschleppung von Juden nach Babylonien.

586 v. Chr. Der babylonische König Nabu-kudurri-usur II. erobert Jerusalem und zerstört den Tempel. Damit endet das Südreich, dessen Bevölkerung größtenteils nach Babylonien verschleppt wird.

586–538 v. Chr. »Babylonische Gefangenschaft« der Juden. Im Exil beginnt die Herausbildung frommer Gemeinden.

538 v. Chr. Der Gründer des persischen Achämenidenreiches, Kurasch (Kyros II.), annektiert Babylonien und gestattet den Juden die Rückkehr in ihre Heimat und den Bau des zweiten Tempels.

515 v. Chr. Einweihung des zweiten Tempels.

Seit etwa 400 v. Chr. beginnt das Judentum zu missionieren und gewinnt Proselyten (»Neubekehrte«).

332 v. Chr. Alexander der Große unterwirft den Vorderen Orient, in den folgenden Jahren den Iran und stößt bis nach Indien vor. Er stirbt 323 v. Chr. in Babylon.

301–198 v. Chr. Nach der Niederlage des Diadochenherrschers Antigonos (Nachfolger Alexanders d. Gr.) kommt Palästina unter die Diadochendynastie der Ptolemäer, deren Stammland Ägypten ist.

Im 3. Jahrhundert v. Chr. durchdringt die hellenistische Kultur auch das Judentum und führt teilweise zur Abkehr vom jüdischen Gesetz und Brauchtum. In diese Zeit entsteht auch die erste griechische Bibelübersetzung, die Septuaginta.

198 v. Chr. Die Seleukiden (Nachfahren von Alexanders General Seleukos I.) entreißen den Ptolemäern Palästina.

168 v. Chr. Der Seleukidenherrscher Antiochos IV. Epiphanes bekämpft die jüdische Religion und plündert den Tempel, dessen Schätze nach der Herrschertheorie, wie alle Schätze aller Tempel des Reiches, dem Herrscher zur Verfügung stehen müssen. Damit beginnt der Aufstand der Makkabäer.

165 v. Ch. Neueinweihung des Tempels und Zurückdrängung der seleukidischen Macht. Gründung eines selbständig monarchisch regierten jüdischen Staates unter der Dynastie der Hasmonäer.

2.–1. Jahrhundert v. Chr. Entstehung der religiösen Parteien der Sadduzäer, Pharisäer und Essener.

63 v. Chr. Der römische Feldherr Pompeius macht Palästina zur römischen Provinz.

37–4 v. Chr. Herodes der Große König in Abhängigkeit von Rom. Erneuerung des zweiten Tempels.

4 v. Chr. – 66 n. Chr. Palästina zerfällt in mehrere Gebiete, von denen einige von der herodianischen Dynastie beherrscht werden, während das andere unter der Administration römischer Prokuratoren steht, von denen Pontius Pilatus der bekannteste sein dürfte.

66–73 n. Chr. Jüdischer Krieg durch den Aufstand radikaler jüdischer Kräfte (»Zeloten«) gegen die römische Herrschaft.

70 n. Chr. Eroberung Jerusalems und Zerstörung des zweiten Tempels durch den Feldherrn Titus, den Sohn des Kaisers Vespasian.

73 n. Chr. Die Römer erobern die Festung Masada am Toten Meer, deren Verteidiger alle Selbstmord begehen.

132–135 Der Aufstand des Bar Kochba wird niedergeschlagen. Kaiser Hadrian verbietet den Juden den Zutritt nach Jerusalem und gründet an der Stelle der zerstörten Stadt die römische Kolonie Aelia Capitolina.

Seit dem 2. Jahrhundert n. Chr. beginnt die große Zeit der rabbinischen Tradition.

313 Das Christentum wird im Römischen Reich toleriert und später zur Staatsreligion. Damit beginnen mehr oder weniger restriktive Maßnahmen gegen Juden, die das Ergebnis einer schon lange währenden Judenfeindschaft sind.

4.–5. Jahrhundert Abschluß des Palästinensischen *Talmud*.

6. Jahrhundert Abschluß des Babylonischen *Talmud*.

636–638 Eroberung Palästinas durch die muslimischen Araber.

711–725 Eroberung der Iberischen Halbinsel durch die Araber. Damit beginnt eine große Blütezeit auch der jüdischen Kultur im muslimischen Machtbereich.

8.–9. Jahrhundert Blüte des Chasarenreiches in Südrußland, dessen Bevölkerung sich zum jüdischen Glauben bekennt.

1096 Aufruf zum ersten Kreuzzug, in dessen Gefolge im westlichen Abendland große Judenverfolgungen beginnen. Auf ihrem Höhepunkt werden Synagogen zerstört, jüdische Viertel verwüstet und viele Juden getötet. In einigen Ländern führt die Judenfeindschaft später sogar zu deren Ausweisung.

1135–1204 Lebenszeit des berühmten spanisch-jüdischen Philosophen Moses Maimonides.

Seit Ende des 13. Jahrhunderts Entstehung von Ghettos (»Judengassen«) in vielen deutschen Städten.

1348 Europäisches Pestjahr führt zur Beschuldigung der Juden, sie hätten die Brunnen vergiftet und andere Maßnahmen gegen die christliche Bevölkerung unternommen. Darauf mehren sich die Judenverfolgungen.

1478 Einführung der Inquisition in Spanien zur Verfolgung von Ketzern und Überprüfung von neubekehrten ehemaligen Juden.

1492 Vertreibung von Juden und Muslims aus Spanien, seit 1497 auch aus Portugal. Viele gehen nach Nordafrika oder in das Osmanische Reich.

Seit dem 16. Jahrhundert bieten viele protestantische Staaten Europas für Juden einen größeren Freiraum. Sie werden unter anderem auch wieder in England zugelassen; viele Juden, darunter besonders portugiesische, wandern auch in die Niederlande ein.

1648/49 Niedermetzelung unzähliger Juden in der Ukraine nach dem großen Kosakenaufstand unter Bogdan Chmielnickij. Danach entstehen messianische Hoffnungen, die zur Bewegung des Schabbetai Zevi (1626–1676) im Osmanischen Reich führen.

18. Jahrhundert Entstehung der Haskalah (»jüdische Aufklärung«): einer ihrer bedeutendsten Vertreter ist Moses Mendelssohn (1729–1786). Damit beginnt gleichzeitig die allmähliche Emanzipation.

Seit 1740 Entstehen des Chassidismus in Osteuropa.

1782 Toleranzedikt von Kaiser Joseph II.

1789 Beginn der Französischen Revolution, in deren Gefolge die Juden in den meisten westeuropäischen Staaten emanzipiert werden (zum Teil nach 1815 zunächst wieder zurückgenommen).

Seit dem 19. Jahrhundert Beginn einer großen Auswanderungswelle in die USA, die später zur Heimstatt des überwiegenden Teils der jüdischen Bevölkerung wird.

1840–1850 Große Auseinandersetzung zwischen der jüdischen Reformbewegung und der Orthodoxie in Deutschland.

1869/71 Gleichberechtigung der Juden in Preußen und im Norddeutschen Bund, ab 1871 im gesamten Deutschen Reich.

1880/81 Pogrome in Osteuropa führen zu neuen Auswandererwellen nach Westeuropa, in die USA und nach Palästina. Begründung des organisierten Zionismus.

1896 Theodor Herzl veröffentlicht sein Buch *Der Judenstaat*.

1917 Deklaration des britischen Außenministers Balfour zur Gründung einer jüdischen nationalen Heimstatt.

1933–1945 NS-Herrschaft in Deutschland und ab 1939 in den eroberten Gebieten West-, Nord- und Osteuropas. Systematische Unterdrückung und Entrechtung der jüdischen Mitbürger. Mit dem Beginn des Zweiten Weltkrieges werden die Juden aus Deutschland nach Osteuropa und Südfrankreich deportiert und später in Vernichtungslager gebracht.

Seit 1941 Systematische Deportation und Vernichtung von schätzungsweise 6 Millionen Juden.

1948 Gründung des Staates Israel. Erster Krieg mit den arabischen Nachbarstaaten.

1950 Gründung des »Zentralrates der Juden in Deutschland«.

1956 Zweiter Krieg Israels mit arabischen Staaten.

1967 Dritter Krieg Israels mit arabischen Staaten. Besetzung des Sinai und der Westbank.

1973 Vierter Krieg Israels mit arabischen Staaten. Nach langjährigen Verhandlungen wird ein Abkommen mit Ägypten über die Rückgabe des Sinai und die Aufnahme diplomatischer Beziehungen geschlossen (1979).

In den 1990er Jahren führen Palästinenserunruhen (»Intifada«) schließlich zu einem Abkommen zwischen Israel und der Palästinenserführung über die langfristig vorgesehene Errichtung eines Palästinenserstaates in den von Israel besetzten Territorien.

Christentum

Religion

Theologie   **Der Glaube**

Gott

Jesus Christus

Heiliger Geist

Ethik

Himmel und Hölle

Theodizee

Religion

Der Begriff »Religion« ist schwer zu fassen, da es zu allen Zeiten und in allen Kulturen Religion gab, jedoch immer mit unterschiedlichen Ausformungen. »Religion« steht für die Auseinandersetzung und Beschäftigung mit den Grundfragen der Menschen: »Wer bin ich? Woher komme ich? Warum lebe ich? Was soll ich tun? Wie kann mein Leben gelingen – über den Tod hinaus?« Das sind Fragen nach dem Überweltlichen, dem Göttlichen, dem, was heilig ist. Wo es aber Heiliges gibt, gibt es auch Profanes: Was nicht zum heiligen, göttlichen Bereich gehört, das ist »profan«: also weltlich, alltäglich, ungeweiht. Das lateinische Wort »profanus« heißt: »vor dem heiligen Bezirk (»fanum«) liegend«. Wer die Welt so einteilt, muß auch Hilfestellungen geben, wie man sich in beiden Bereichen zurechtfinden kann. Der Ursprung des lateinischen Wortes »religio« ist nicht eindeutig nachzuweisen: Manche leiten es von »religari« ab, was »Rückbindung« bedeutet; andere erklären es aus »relegere«, was »sich oft hinwenden, gewissenhaft beobachten« heißt.

Das ganze Leben ist von einer Zufälligkeit geprägt, die schwer zu akzeptieren ist. Die Palette der Möglichkeiten dessen, was alles geschehen kann, scheint unendlich. Dagegen ist alles Können, alles Wissen des Menschen begrenzt. An diesem Punkt setzt die Religion an: Sie stiftet dem, was ist, einen Sinn, – der Welt und dem Leben insgesamt. Sie vermittelt aus der Unzahl der möglichen Verhaltensweisen und Verstehensmuster eine sinnvolle Auswahl. Religionskritiker, wie *Ludwig Feuerbach* (1804–1872), mutmaßten daher: *»Wenn der Tod nicht wäre, gäbe es keine Religion.«*

Das Christentum ist die größte religiöse Bewegung in der Geschichte der Menschheit: 1,75 Milliarden Anhänger werden derzeit geschätzt. Damit ist knapp ein Drittel der Weltbevölkerung christlich. Sie existieren über alle Länder der Erde verstreut, die Mehrheit aber lebt auf der südlichen

Erdhalbkugel. Was jedoch hat ein New Yorker Quäker mit einem Orthodoxen in Sibirien gemein? Was verbindet einen Mormonen im brasilianischen Urwald mit einem Anglikaner in Sydney? Was hat ein Kimbanguist am Kongo mit einem Salutisten in Stockholm zu tun?

Aus einer Innenperspektive werden die jeweiligen Gläubigen kaum Gemeinsamkeiten entdecken können. Von einer Außenperspektive erst sind die Übereinstimmungen offensichtlich: nämlich Welterklärung, Denken und Handeln aus einer christlichen Kultur heraus. Will man grundsätzlich über die Geschichte der Christen reden oder über ihren Glauben, ihre Bräuche und alles, was mit ihnen zu tun hat, so spricht man vom »Christentum«. Kein einheitlicher Block ist das, aber ein kommunizierendes System. In Kamerun trägt das Christentum ein anderes Gesicht als in Korea, selbst in Altötting unterscheidet es sich von Köln oder Cottbus. Grundsätzlich ist also mit Vorsicht von »dem« Christentum oder »den« Christen zu sprechen. Es gilt zu fragen, was all die unterschiedlichen Christen verbindet.

Im Mittelpunkt der christlichen Lehre steht der Glaube an den Einen Gott, der die Welt und die Menschen erschaffen hat. Die Menschen aber entfernten sich durch ihre Egozentrik von ihrem Schöpfer. Ein Abgrund tat sich auf. Versöhnung zwischen Mensch und Gott erreichte der Opfertod Jesu Christi. Damit wurde der Tod an sich besiegt, auch die Sünde – jenes Tun, das einen Menschen von Gott entfernt und trennt. Der Keim zur Sünde aber vererbt sich durch die Generationen. Wie steht der Mensch vor Gott da? Wie kann er sich rechtfertigen? Muß er gute Taten vollbringen, um sich das Heil zu verdienen? Oder bekommt er es geschenkt aus Gnade? – Darüber stritten Generationen von Christen.

Christen glauben, daß Gott durch Jesus von Nazaret in einzigartiger Weise gesprochen und gehandelt hat, so daß die Menschen in ihm Gott begegnen können. Er ist der Sohn Gottes von Anbeginn der Welt an, war aber auf Erden trotz seiner Göttlichkeit ein Mensch wie alle anderen: geboren von einer Frau und sterblich. Zusammen mit Gott, dem Vater, und dem Heiligen Geist gehört er zur Dreifaltigkeit des Einen Gottes. Jesus von Nazaret lebte vor etwa 2.000 Jahren in Palästina, dem damals von den Römern besetzten Land Israel. Er und seine ersten Anhänger waren Juden, ganz in der Religion ihrer Väter und Mütter verwurzelt. Von Jesu Leben, seiner Predigt von der Liebe Gottes zu allen Menschen, von seinem Leiden und Sterben, schließlich seiner Auferstehung von den Toten, geben die Evangelien Zeugnis, Schriftwerke, die auf mündlicher Überlieferung beruhen und sämtlich Jahrzehnte nach Jesu Tod von Autoren verfaßt wurden, die ihn nicht persönlich gekannt haben. Die Evangelien (griechisch für »Frohe Botschaft«) bilden den Hauptteil des Neues Testamentes, der Heiligen Schrift der Christen. Darin finden sich auch Berichte über die Ausbreitung der ersten Gemeinden und Pastoralbriefe der Apostel, vor allem des Paulus.

Paulus gilt als der erste Theologe der Christenheit. Denn er bemühte sich, die verschiedenen Zeugnisse des Glaubens zu systematisieren, sie auf dem Grund des jüdischen Glaubens und der Aussagen der Hebräischen Bibel (dem »Alten [oder Ersten] Testament«, wie die Christen sagen) zu harmonisieren und schließlich diese neue Religion den benachbarten Kulturen seiner Zeit verständlich zu machen. Dieser Prozeß wurde durch die Jahrhunderte weiterverfolgt.

Die Theologie (»Lehre von Gott«) hat immer wieder versucht, den Sinn der Schrift zu durchdringen und die Ereignisse der Zeit im Lichte des Glaubens zu verstehen. Das führte zu verschiedenen, sich mitunter widersprechenden Interpretationen, was schon früh zu kleinen konkurrierenden Glaubensgemeinschaften, später zu Kirchenspaltungen führte. Heute ist das Christentum in vielerlei Gruppierungen aufgeteilt, die grob in die katholische, die protestantische und die orthodoxe Konfession geordnet werden können. Davon verfügt aber jede wiederum über zahlreiche

Richtungen. Allen gemeinsam ist jedoch das Bekenntnis, daß Jesus der Christus ist, der Gesandte Gottes, sein Messias, der alle Menschen zum Heil erlösen wird.

Die Geschichte des Christentums ist eng verflochten mit der Historie Europas. Staatliche Macht wurde christlich legitimiert, Kriege in Gottes Namen geführt, andere Teile der Welt kolonisiert und gleichzeitig missioniert. Mit dem Übergang vom Mittelalter zur Moderne verlor das Christentum an Gewicht. Das Samenkorn der Aufklärung trug seine Früchte, was heute an der weithin fortgeschrittenen Säkularisierung offenkundig ist: Zwar sind viele Bereiche christlich geprägt, der Anteil bekennender Gläubiger läßt aber rapide nach. Dennoch sind in Europa mehr als die Hälfte aller Menschen getauft, die christlichen Kirchen sind daher immer noch die dominierende Religion in Europa. Wohl aber hat diese Religion mit einem gewaltigen Bedeutungsverlust zu kämpfen, den sie noch nicht verarbeitet hat.

Theologie

Wer Aussagen über Gott macht, betreibt bereits »Theologie«. Das Wort bedeutet übersetzt »die Lehre von Gott« (aus griechisch »theos« = Gott und »logos« = Wort, Lehre). Im engeren Sinn meint Theologie jedoch die Wissenschaft, die sich mit Gott beschäftigt. Im Christentum wird sie traditionell in vier Hauptbereiche unterteilt: Bibelwissenschaft, Kirchengeschichte, Dogmatik und Praktische Theologie. Theologie setzt auf die Grundlagen der Offenbarung und der Tradition. Offenbarung meint: Das Göttliche gibt sich den Menschen zu erkennen – in Botschaften für Auserwählte, in der Natur, in Heiligen Schriften, in exemplarischen Menschen, in besonderen Ereignissen und auf anderen Wegen. Unter Tradition ist die Überlieferung zu verstehen, wie eine Sache früher gemacht oder gesehen wurde (aus lateinisch »traditio« = Brauch, Überlieferung). Für die Religionen sind Traditionen wichtig, weil sie Dinge regeln, die den Alltag betreffen, aber in den Heiligen Schriften nicht behandelt sind. Aufgabe der Theologie ist, das Geheimnis Gottes im Lichte der Offenbarung und der Tradition zu deuten: Dabei ist die Einmaligkeit des göttlichen Handelns zu berücksichtigen, die Erfahrungen aller vorausgegangener Theologen und die aktuelle Situation der Menschen in den Grenzen von Zeit und Raum.

Die theologischen Ansätze sind vielschichtig, vor allem im Protestantismus, der nicht – wie der Katholizismus – ein strenges kirchliches Lehramt kennt. Jede Epoche versucht zu begreifen, was unter »Gott« zu verstehen ist. Wenn auch jede theologische Äußerung vorläufig ist, so haben manche doch allgemeine Anerkennung gefunden und sich als verbindlich durchgesetzt: Das sind die Dogmen, die Glaubensgrundsätze. Theologie ist dem Wandel der Zeiten unterworfen: Zeitgenössische Geistesströmungen finden auch im theologischen Denken ihren Widerhall. So entwickelte sich nach der Niederlage des 1. Weltkrieges, die für den national- und fortschrittsorientierten Protestantismus schwer zu verkraften war, die »Dialektische Theologie«: Danach herrscht eine Spannung zwischen der Jenseitigkeit und Souveränität Gottes einerseits und der Diesseitigkeit und Relativität des Innerweltlich-Menschlichen andererseits. Zu dem Gott, der »senkrecht von oben« komme, könne der Mensch gar nicht sprechen – ihn also auch nicht für seine Pläne einspannen (»Gott mit uns«). In den sechziger Jahren versuchte die »Gott-ist-tot-Theologie« dem Gefühl der Abwesenheit Gottes Raum zu geben, in dem man sich der Auslegung des Menschen zuwandte und »Christus als mitmenschliches Ereignis« deutete. Dagegen begriff die »Befreiungstheologie« Christus als politischen Faktor: Im Elend Südamerikas entwickelt, bindet diese Lehre von Gott die religiöse Befreiung des Menschen an seine irdische, also an eine verbesserte Lebenssituation schon hier und jetzt. Eine zeitgenössische Variante ist die »Feministische Theologie«. Sie versteht sich als eine Theologie »von Frauen für Frauen«. Gott ist zwar weder Mann noch Frau, doch in der Kirche haben über Jahrhunderte hinweg Männer den christlichen Glauben geprägt. »Feministische Theologie« untersucht vor allem, welche Rolle Frauen in der Bibel, der Kirche und der Gesellschaft zukommt. Sie will die »weibliche Seite« Gottes deutlich machen und die Sichtweisen und Anliegen von Frauen zur Geltung bringen.

Gott

Das Christentum gründet auf dem Glauben an den Einen Gott. Eine solche Vorstellung nennt man Monotheismus. Auch Judentum und Islam sind monotheitische Religionen. Der Begriff setzt sich zusammen aus den griechischen Begriffen »monos« = eins, allein und »theos« = Gott. Dieser Eine Gott wird als eine unendliche und überweltliche Macht verstanden, die Züge einer »Person« trägt, nämlich über Willen, Gefühle und Vernunft verfügt. Der Gott, an den die Christen glauben, ist allmächtig und allwissend. Er hat die Welt erschaffen und nimmt Anteil an ihrem Lauf, indem er in den Gang der Geschichte hineinwirkt. Von den Menschen läßt sich Gott in Gebet und Kult ansprechen. Gott wünscht das Heil der Menschen, deren Ziel es ist, zu ihm zu kommen. Gott ist nie von einem Menschen gesehen worden und doch verborgen überall gegenwärtig. Der biblische Gottesname »Jahwe« – etwa zu übersetzten mit: »Ich bin der Ich bin da« – spielt im christlichen Alltag keine Rolle. Geläufiger ist die Gleichsetzung Gottes mit der Liebe: »*Gott ist die Liebe und wer in der Liebe bleibt, bleibt in Gott, und Gott bleibt in ihm.*« *(1. Joh 4,16b).*

Der Gott der Christen läßt sich ansprechen. Die Religionen, die einen Gott oder viele Götter verehren, pflegen im »Kult« Umgang mit den verehrten Wesen. In den – meistens festgelegten – Gebeten und Handlungen wird aus den heiligen Schriften gelesen oder es werden Opfer vollzogen. Das lateinische Wort »cultus« bedeutet »Pflege«. Der Kult in den christlichen Kirchen ist die »Liturgie«; damit wird alles das bezeichnet, was mit dem Gottesdienst zu tun hat: seine Feier, seine Ordnung, seine verschiedenen Formen. Es gibt liturgische Personen (Pfarrer), liturgische Bücher, Gegenstände, Kleidung, eine liturgische Sprache usw. Das Wort kommt vom griechischen »Liturgia« und heißt wörtlich übersetzt etwa: »Werk für das Volk, Leistung für den Staat, Dienst des Priesters«. In der Liturgie werden Rituale gefeiert, also Handlungen, die nach einer bestimmten Vorschrift vollzogen werden und so auch immer in gleicher Weise wiederholt werden können. Das lateinische Wort »ritus« bedeutet »religiöser Brauch«. Rituale werden zu allen möglichen Anlässen vollzogen: zu Geburt, Erwachsenwerden, Heirat und Tod. Es gibt tägliche oder wöchentliche Rituale, Rituale im Lauf des Jahres und zu besonderen Gelegenheiten.

Die unmittelbarste Begegnung mit Gott stellt das Gebet her: Die Anrede Gottes mit Worten und Gebärden (Hände falten, Hände ausbreiten, Niederknien, usw.). Das Gebet kann aus einzelnen Sätzen oder Wörtern, aus langen festgelegten Texten oder der freien Rede bestehen. Gläubige beten allein oder in Gemeinschaft, zu festgelegten Zeiten oder vollkommen ungebunden, häufig in Verbindung mit Kulthandlungen (Gottesdienst). Alle Anliegen des Menschen können in das Gebet einfließen: Verehrung Gottes, Lob, Dank, Bitte, Klage. Eine spezielle Form der Kommunikation mit Gott ist die Mystik, die Versenkung in Gott, die verschiedene Formen hat – vom Schweigen bis zur Ekstase.

Gott wird im Christentum oft mit dem Bild des »Vaters« umschrieben. Auf dem gesellschaftlichen Hintergrund der Welt von heute Gott *Vater* zu nennen ist nicht unproblematisch. In der Geschichte des christlichen Glaubens wurden Gott viele Titel gegeben. »Herr« oder »König« drücken dabei die herrschenden, »Richter« und »Retter« die erziehenden, »Hirte« und »Schöpfer« schließlich die fürsorglichen Eigenschaften Gottes aus. Autorität, Pädagogik und liebevolle Zuwendung finden einen angemessenen Ausdruck in der Zusammenfassung »Vater« – zwischen einem unberechenbaren Willkürgott und einem sentimental-harmlosen »lieben Gott«.

Die jüdische Tradition der monotheistischen Religionen hat sich zunächst mit dem Vatertitel schwergetan. Für die außerisraelischen Völker waren die Götter nämlich Väter im geschlechtlichen Sinn. Sie zeugten Nachkommen und vermehrten so die Göttlichkeit. Davon mußte sich Israel, dem Einen Gott verpflichtet, abgrenzen. Nach der einschneidenden Glaubenserfahrung des Auszugs aus Ägypten allerdings nannte sich das Volk Israel selbst »Sohn Gottes«, den Erstgeborenen. Später bekam auch der König diesen Ehrentitel. Und wo ein Sohn ist, da muß es einen Vater geben. In den Schriften der Bibel finden sich Belege für die Titulierung Gottes als Vater. In der Liturgie der Synagoge taucht die Formulierung »unser Vater« als Gebetsruf auf. Die Anrede Gottes als Vater ist also nicht spezifisch christlich. Für die Verhältnisse seiner Zeit war aber anscheinend doch das Wort »Abba« aus dem Munde des Jesus von Nazaret unerhört neu, für Konservative geradezu empörend. Es bedeutet nicht nur Vater, sondern noch vertrauter: *Papa!* Diese Intimität hatte bisher keine Parallele. Sie war nicht einfach zu rechtfertigen durch den Aufruf, das Reich Gottes *wie ein Kind anzunehmen* (Mk 10,13f.). Diese Ansprache eines Einzelnen des sonst eher ehrfürchtig »Adonai (der Herr)« oder »Ewiger« genannten Gottes drückt eine einzigartige Beziehung aus: Wenn Jesus der Christus ist, dann ist er der Sohn Gottes und folglich Gott sein Vater. Wenn Christen dem Christus gleichgestaltet sind, seine Schwestern und Brüder also, dann ist Gott der Vater aller, jedes einzelnen, nicht nur der Gemeinschaft als ganzer.

Das Sprechen von Gott als Vater ist eine analoge Aussage, man muß also eher »wie ein Vater« sagen. Der Vater-Begriff gestattet weder die plumpe Annäherung an Gott in falsch verstandener Vertraulichkeit noch die Identifizierung Gottes mit einer Übervaterfigur. Auch wenn es der Verkündigung gelingt, von Gott als einem guten Vater zu sprechen – im Gegensatz zu den realexistierenden zeitgenössisch-irdischen Vätern – so muß sie sich bewußt sein, daß sie mit Metaphern arbeitet. Wird nämlich das *Vater-Bild* überstrapaziert, interpretieren wir Gott zu anthropozentrisch, d. h. zu sehr vom Menschen her. Das führt am Ende zu einer Geschlechtsidentifikation Gottes mit dem Männlichen schlechthin. Das kann nicht Sinn der Sache sein. Der Gott, an den Christen glauben, hat auch weibliche Züge, eine mütterliche Seite – aber Gott ist weder Frau noch Mann. Gott ist Gott. Und die Menschen sind Geschöpfe, die versuchen, ihn über Gleichnisse zu verstehen. Das Bild des Vaters ist eines, das viele Deutungen in sich trägt und steter Interpretation bedarf.

Aufgefordert sind die Gläubigen dazu schon durch den häufigen Gebrauch des Vater-Titels als Gebetsanrede, vor allem im Vaterunser. Dieses Gebet hat für Christen eine ganz besondere Stellung: Es geht, dem neutestamentlichen Zeugnis nach, auf Jesus Christus selbst zurück (vgl. Matthäus-Evangelium 6,9b-13 und Lukas-Evangelium 11,2b–4). Deswegen wird es in jedem Gottesdienst gesprochen und ist darüber hinaus in der Ökumene der Christen aller Konfessionen der Text, der alle vereint. Gläubige aller Zeiten und Kulturen werden diese wenigen Zeilen zu ihren Worten machen können, weil es grundsätzlich gehalten ist:

»Vater unser im Himmel! Geheiligt werde dein Name. Dein Reich komme. Dein Wille geschehe, wie im Himmel, so auf Erden. Unser tägliches Brot gib uns heute. Und vergib uns unsere Schuld, wie auch wir vergeben unseren Schuldigern. Und führe uns nicht in Versuchung, sondern erlöse uns von dem Bösen. Denn dein ist das Reich und die Kraft und die Herrlichkeit in Ewigkeit. Amen.«

Jesus Christus

Von allen Menschen auf der Welt ist den Christen Jesus der wichtigste. Er sagt ihnen viel über Gott. Das Verhältnis von Jesus zu Gott ist so eng, daß die Christen ihn den »Sohn

Gottes« nennen. Jesus selbst nannte Gott seinen Vater. Jesus von Nazaret ist die zentrale Gestalt des Christentums. Doch was wissen wir von ihm? Noch vor 200 Jahren machte man sich in der Welt der Geistesgelehrten ernsthafte Gedanken darüber, ob es einen Jesus wirklich gegeben habe. Die aufkommende Bibelkritik und die ohnehin durch die Aufklärung hoch im Kurs stehende Religionskritik beflügelte die Forscher zu den kühnsten Thesen: Von der kollektiven Hysterie der Jünger, die sich eine Führergestalt erträumt hätten bis zum ausgeklügelten Priesterbetrug (man habe die Jesus-Story frei erfunden) reichten die Vermutungen. Heute hingegen scheint die Frage um die Historizität des Jesus von Nazaret ausgestanden.

Die außerbiblischen Quellen über diesen Mann sind dürftig, und das wenige, was es gibt, ist wahrscheinlich im Nachhinein christlich gefärbt worden. So schreibt im Jahre 93 der zu den Römern haltende Jude *Josephus Flavius* in den »Jüdischen Altertümern«: *»Um diese Zeit lebte Jesus, ein weiser Mensch, wenn man ihn überhaupt einen Menschen nennen darf. Er war nämlich Vollbringer ganz unglaublicher Taten und der Lehrer aller Menschen, die mit Freuden die Wahrheit aufnahmen. So zog er viele Juden, aber auch viele Heiden an sich. Er war der Christus.«* – Es ist davon auszugehen, daß dieses Zitat nicht authentisch ist; ein Jude würde so nicht schreiben. Und auch die sich im Talmud befindenden Stellen, die »Yeshua von Nazaret« erwähnen, sind zu jung, um nicht als Widerhall christlicher Verkündigung angesehen werden zu müssen.

Es bleibt also nur die Bibel als Quelle. Die moderne Wissenschaft hat versucht, seinen Lebenslauf nachzuvollziehen: Die Evangelien enthalten aber keinen historischen Bericht, vielmehr verkünden sie die Frohe Botschaft Jesu Christi. Trotzdem lassen sich wichtige Daten seines Lebens ermitteln. Noch vor der Zeitenwende wurde Jesus wahrscheinlich in Nazaret geboren. Sein Vater war vermutlich Zimmermann oder Bauhandwerker, vielleicht hat Jesus den gleichen Beruf erlernt. Jesus war ein Jude. Er glaubte wie das Volk, dem er angehörte, an den Einen Gott. Von diesem Gott, der die Menschen erschaffen hat, war Jesus begeistert. Und er war über die anderen Leute traurig, die zwar ihre religiösen Pflichten erfüllten, nicht aber eine liebevolle Beziehung zu Gott hatten. Als Jesus 30 Jahre alt war, ging er von seiner Heimatstadt Nazaret weg und zog zu Fuß durch die Lande. Er erzählte den Menschen von Gottes Liebe. Er sagte ihnen auch: »So wie ihr jetzt lebt, könnt ihr nicht Gottes Freunde sein. Ändert euer Leben!« Einige Freunde schlossen sich ihm an. Gemeinsam gingen sie von Stadt zu Stadt und von Dorf zu Dorf. Überall kamen viele Menschen zusammen, um Jesus zuzuhören. So wie er hatte noch niemand von Gott gesprochen. Er deutete die heiligen Schriften der Juden ganz anders, als es bis dahin immer geschehen war. Ihm ging es darum, dem Einen Gott, der die Menschen grenzenlos liebt, einen Platz im Alltag zu verschaffen. Seine Botschaft von Gottes Freundlichkeit verkündete er nicht nur im Gottesdienst. Er tröstete Traurige, heilte Kranke. Er konnte fasten, und er konnte feiern. Er war gern in fröhlicher Gemeinschaft, und er suchte die Einsamkeit, um zu beten. Er diskutierte mit Gelehrten, und er spielte mit Kindern. Er konnte für alle da sein. So strahlte er Glück aus und konnte andere Menschen glücklich machen.

Viele waren begeistert von Jesus, aber es gab auch einige Mächtige, die sich über Jesus ärgerten. Das waren Leute, die meinten, alles über Gott zu wissen. Jesus predigte dagegen, daß man diese Wichtigtuer nicht nötig habe, um Gottes Freundlichkeit zu erfahren. Die beleidigten Machthaber fürchteten um ihren Einfluß. Sie planten schließlich, Jesus umzubringen. Zur Zeit, als Jesus lebte, war sein Land von den Römern besetzt. Römische Soldaten waren überall und stellten die Herrschaft des Kaisers im fernen Rom dar. Den Besatzern war Jesus unbequem, da sie Angst hatten, er könne einen Aufruhr anstacheln. Den religiösen Führern damals war Jesus ein Dorn im Auge, da sie um ihr Ansehen bei den Menschen bangten. So kam es, daß

Jesus an einem Kreuz umgebracht wurde. Es geschah an einem Freitag im Frühling in Jerusalem. Jesus war etwa 33 Jahre alt. Viele der Freunde Jesu waren nach seinem Tod sehr enttäuscht: Sie hatten in ihm einen politischen Anführer gesehen, gehofft, er würde das Land von den Römern befreien. Es dauerte eine ganze Zeit, bis sie den Tod ihres Idols interpretieren konnten.

Nach christlichem Verständnis hat Jesus sein Leben geopfert, um alle Menschen zu erlösen. Er war wie der »Sündenbock«: Im alten Israel war es üblich, daß der Hohepriester an Jom Kippur (dem Versöhnungstag) einem Bock symbolisch die ganzen Sünden des Volkes auflud. Das Tier wurde dann in die Wüste geschickt und mußte dort sterben – die Israeliten galten dadurch als gereinigt von Schuld. Die Vorstellung des »Sündenbocks«, der stellvertretend die Schuld sühnt, ist von den Christen auf Jesus von Nazaret übertragen worden, der als »Lamm Gottes« die Sünden der Menschheit am Kreuz sühnte. War mit Jesus auch seine Frohe Botschaft gestorben? Christen glauben, daß Gott seinen Sohn vom Tod auferweckt hat. Bei der Auferweckung war keiner dabei. Aber manche der Freundinnen und Freunde haben Jesus lebendig gesehen. Ihnen vertrauen die Christen bis auf den heutigen Tag. Sie sagen: Jesus lebt! Christen sind überzeugt: Jesus ist der Messias, den Gott versprochen hat. Der Messias ist einer, an dem Menschen erkennen können, wer Gott ist und was Gott will. Das griechische Wort dafür heißt Christus. So ist sein Name schon ein Glaubensbekenntnis. Jesus ist der Christus.

Der große evangelische Theologe *Karl Barth* sagte einmal: »*Was wir von Jesus wissen, geht auf eine Postkarte.*« Will sagen: Das gesicherte Wissen ist gering. Der Glaube aber ist groß. Und was von Jesus geglaubt wird, füllt Bibliotheken. In welchem Verhältnis Jesus zu Gott steht, darüber diskutierte die Theologie lange. War Jesus ein Mensch? Oder Gott? Oder beides? Hat der »Vater« den Menschen Jesus als »Sohn« adoptiert? Oder war der irdische Jesus nur eine verdeckte Erscheinungsform des Vaters? Und auch wenn Jesus göttlich ist: Steht der Vater nicht über dem Sohn?

Das Ringen um den rechten Glauben kam zu dem Schluß: Christus war immer bei Gott, also schon vor Erschaffung der Welt. Jesus Christus ist »gezeugt« von Gott, also von der gleichen Art wie er, nicht aber von Gott geschaffen wie der Mensch. Die theologische Formel sagt: Der Christus ist nicht wesensähnlich mit Gott, sondern wesensgleich. Das Fachwort für seine ewige (im Sinne von zeitlose) Existenz ist »Präexistenz« (Vorherdasein): gebildet aus lateinisch »prae« = vor und »existentia« = Dasein. Jesus ist ganz Gott und ganz Mensch. Er ist eine Union – eine Person in zwei Naturen. Menschheit und Göttlichkeit sind in seiner Person »unvermischt und ungetrennt«. Die Wissenschaft unterscheidet zwischen dem »historischen Jesus« und dem »Christus des Glaubens«. Daß Jesus von Nazaret gelebt hat, wird heute kaum noch ernsthaft bestritten. Für was man ihn aber hält - das ist eine Frage des Glaubens.

Heiliger Geist

»Geist« – mit diesem Wort bezeichnen wir in der Alltagssprache ganz unterschiedliche Dinge vom Schloßgespenst bis zu dem, was mit dem Kopf, den Gedanken getan wird. Im religiösen Sprachgebrauch ist der Geist die Kraft, die von Gott Vater und Gott Sohn ausgeht. Die Tradition nennt diesen Geist den »Geist Gottes«, den »Geist des Herrn« oder am häufigsten den »Heiligen Geist«. Christen glauben, diesen Geist könne man nicht sehen, riechen, schmecken, fühlen, hören. Was er aber bewirkt, das sei spürbar: Er macht, daß die Menschen Gutes tun. In verschiedenen Bildern versuchten die Christen immer wieder, den Heiligen Geist darzustellen: als Feuer und Flamme, die alles entzündet; als Taube, die vom Himmel herabkommt; als Wind und Sturm, der alles bewegt; als Atem, der lebendig macht.

Heiliger Geist

Die Bibel erzählt: Zu Beginn der Schöpfung, da war Gottes Geist schon da. Vor allem »begeistert« er Menschen: Der Geist Gottes rührt Menschen an, verändert sie, macht sie bereit, durch ihren Glauben Großes zu tun. So schenkte der Heilige Geist Abraham und Moses Vertrauen, sich ganz auf Gott zu verlassen. Er gab den Propheten Mut, von Gott zu erzählen. Der Mensch, der ganz besonders von Gott begeistert war, war Jesus Christus. Als seine Mutter Maria noch mit ihm schwanger war, kam der Heilige Geist über sie. Als Jesus vom Täufer Johannes im Jordan getauft wurde, erfüllte ihn der Heilige Geist. Als Jesus den Menschen von Gott erzählte, daß er es mit allen gut meint und sie liebt, da sprach der Heilige Geist aus ihm. Jesus versprach seinen Freunden den Heiligen Geist: Er solle sie trösten, wenn er nicht mehr da sei, er solle ihnen Mut und Stärke geben, das zu tun und zu sagen, was Jesus ihnen aufgetragen habe. Nach christlichem Glauben schenkt der Heilige Geist diese Gaben: Weisheit, Einsicht, Rat, Erkenntnis, Stärke, Frömmigkeit und Gottesfurcht.

Das Fest des Heiligen Geistes – Pfingsten – ist der Gegenpol zum Turmbau zu Babel. Die Bibel erzählt dazu eine Geschichte. Die Menschen wollten sein wie Gott. Sie wollten bewundert werden wegen ihrer Stärke. Sie fingen an, einen Turm zu bauen: höher, immer höher, bis in den Himmel hinein. Gott sah den Menschen den Hochmut an. Dann verwirrte er ihre Sprache. Vorher hatten sich alle verstanden, nun redeten (»babbelten«) sie unverständlich durcheinander, und sie konnten sich einander nicht mehr verstehen. Ohne gemeinsame Sprache gab es keine Gemeinschaft. Daraufhin wandten sich die Menschen voneinander ab, sie zerstreuten sich über die ganze Erde. Epochen später kamen von überall her Leute nach Jerusalem: Männer und Frauen aus Israel, aus Ägypten und Arabien, aus Rom und Libyen, von der Insel Kreta und vielen anderen Ländern redeten in ihren verschiedenen Sprachen durcheinander. Es fiel schwer, sich gegenseitig zu verstehen. Aber an jenem Pfingstfest passierte etwas Außergewöhnliches. Zunächst hatten sich die Freunde von Jesus versteckt. Sie hatten Angst, vor allen von ihrem Glauben an Jesus zu sprechen. Doch dann kam der Heilige Geist über sie. Heiß und lodernd wie Feuer war das, sie wußten gar nicht, was da geschah. Aber plötzlich war ihre Furcht verschwunden, mutig traten sie auf den Marktplatz und konnten von ihrem Vertrauen berichten. Und da sprachen sie auf einmal in den verschiedenen Sprachen. Alle konnten sie verstehen. Alle waren eine große Gemeinschaft geworden.

Im Christentum wird der Heilige Geist als »göttliche Person« verehrt. Gott Vater, Gott Sohn (Jesus Christus) und der Heilige Geist bilden gemeinsam die Dreifaltigkeit. Nach christlichem Dogma ist Gott ein Wesen in drei Personen. Was mit dem Verstand nicht zu fassen ist, bildet die Grundlage der Gottesvorstellung. »Im Namen des Vaters und des Sohnes und des Heiligen Geistes« werden die Christen getauft; in diesem Namen beginnen und enden die Gottesdienste. Lange Zeit wurde streng definiert, was Christen glauben müssen, um dazu gehören zu dürfen; wer sich dem amtlich vorgeschriebenen Glauben widersetzte, lief Gefahr, ausgeschlossen zu werden. Die in Worte gegossenen Dogmen waren aber auch ein Instrument, den Glauben über die Jahrhunderte weiterzugeben. Noch heute wird in den christlichen Gottesdiensten das Glaubensbekenntnis aus dem Jahre 381 gesprochen, wenngleich sein Inhalt in unseren Tagen auch anders interpretiert werden mag, als seinerzeit bei der Verlesung auf dem Konzil von Konstantinopel:

»Wir glauben an den Einen Gott, den Vater, den Allmächtigen, der alles geschaffen hat, Himmel und Erde, die sichtbare und die unsichtbare Welt. Und an den einen Herrn Jesus Christus, Gottes eingeborenen Sohn, aus dem Vater geboren vor aller Zeit: Gott von Gott, Licht vom Licht, wahrer Gott vom wahren Gott, gezeugt, nicht geschaffen, eines Wesens mit dem Vater; durch ihn ist alles geschaffen. Für uns Menschen und zu unserem Heil ist er vom Himmel gekommen, hat Fleisch angenommen durch den Heiligen Geist von

der Jungfrau Maria und ist Mensch geworden. Er wurde für uns gekreuzigt unter Pontius Pilatus, hat gelitten und ist begraben worden, ist am dritten Tage auferstanden nach der Schrift und aufgefahren in den Himmel. Er sitzt zur Rechten des Vaters und wird wiederkommen in Herrlichkeit, zu richten die Lebenden und die Toten; seiner Herrschaft wird kein Ende sein. Wir glauben an den Heiligen Geist, der Herr ist und lebendig macht, der aus dem Vater und dem Sohn hervorgeht, der mit dem Vater und dem Sohn angebetet und verherrlicht wird, der gesprochen hat durch die Propheten, und die eine, heilige, katholische/christliche und apostolische Kirche. Wir bekennen die eine Taufe zur Vergebung der Sünden. Wir erwarten die Auferstehung der Toten und das Leben der kommenden Welt. Amen.«*

Ethik

Ethik oder Moral, das ist die Sittenlehre, die den Fragen nachgeht: Was sollen wir tun? Was sollen wir lassen? Christliche Ethik fragt, wie im Lichte der Botschaft Jesu ein »gottgefälliges« Verhalten aussehen und das Leben gestaltet werden kann, damit es für den Einzelnen und für die Gemeinschaft gelingt. Das Dasein wirft eine Unmenge von Fragen auf: Darf ein Mensch einen anderen töten? Wenn ja, unter welchen Voraussetzungen? Wenn nein, wie kann er auf Aggressionen angemessen antworten? Unter welchen Umständen darf ein Krieg geführt werden? Kann es Umstände geben, die Diebstahl oder Lüge erlauben? Wie soll man mit Schuldiggewordenen umgehen? Wie können Menschen Ehe, Familie und Sexualität verantwortlich leben? Welche Rechte stehen jedem zu? Und was kann getan werden, wenn diese Rechte nicht gewährt werden?

Unter der Prämisse, daß der Mensch seiner Freiheit nicht entrinnen kann, sind im Laufe der Jahrhunderte vielerlei theologische Entwürfe entstanden. Die Natur gebe bereits ein natürliches Sittengesetz vor, meinten die Theologen lange Zeit. Die biblische Offenbarung ergänze sie. Nur: Wie sind Natur und Offenbarung zu verstehen? Außerdem waren damit ja nicht alle Schwierigkeiten gelöst; vor allem nicht jene, die aus einer bestimmten Zeit heraus entstanden. Die Bewertung künstlicher Befruchtung oder der Genmanipulierung von Lebensmitteln stand vor zweitausend Jahren noch nicht auf der Tagesordnung. Einige ethische Entwürfe wollen die zu klärenden Fragen ordnen: Individualethik beschäftigt sich mit den Problemen des einzelnen, Sozialethik mit denen der Gesellschaft. Einige Themen – wie die Abtreibung, die Todesstrafe, die Euthanasie – betreffen aber gleichzeitig beide Ebenen.

Immer wieder lag die Versuchung nahe, einem Legalismus zu verfallen, der Idee, für jede ethische Entscheidung stünden feste Regeln zur Verfügung. Die Vielschichtigkeit der Lebenswirklichkeit, die sich nun einmal nicht in ein Regelwerk zwingen läßt, hat die Kasuistik hervorgebracht: ein neues System, das die Ausnahmen von der Regel regelt. Die Gesinnungsethik wertet die Gesinnung höher als die Taten und ihre Folgen (»der gute Wille steht für die Sache«). Die Verantwortungsethik sieht es genau anders herum: Die verantwortbaren Taten sind höher zu bewerten als vielleicht unrealistische Gesinnungen. Nicht aus einem moralischen System, sondern aus einer konkreten Situation heraus will die Situationsethik Entscheidungen treffen. Sie besagt, es gäbe keine absoluten Werte, sondern nur in bestimmten Situationen sei eine Sache gut oder nicht gut.

Die christliche Ethik sieht sich auch in der Verantwortung, für jene die Funktion des Advokaten zu übernehmen, die im ethischen Diskurs keine Stimme haben. Deswegen versucht sie, ihre religiös begründete Moral – beispielsweise die der Zehn Gebote – in allgemein gültige und für jedermann akzeptable Verhaltensregeln zu übertragen. Normen zu finden und zu begründen ist Aufgabe der Ethik. Allgemeine Übereinstimmung gibt es auch innerhalb der Christenheit in nur wenigen Punkten. In den meisten Bereichen ringen die Gläubigen um den rechten Weg, der sich mit dem Glauben in Einklang bringen läßt. Dabei kommen sie bis heute um die Zehn Gebote nicht herum. Nur, wie sie interpretiert und in den Alltag des 21. Jahrhunderts übersetzt werden, das ist stetiger Anlaß für Diskussionen:

»Dann gab Gott dem Volk seine Gebote. Er sagte: Ich bin der Herr, dein Gott! Ich habe dich aus Ägypten herausgeführt, ich habe dich aus der Sklaverei befreit. Du sollst keine anderen Götter neben mir haben. Du sollst dir kein Gottesbild anfertigen. (...) Wirf dich nicht vor fremden Göttern nieder und diene ihnen nicht. (...) Du sollst den Namen des Herrn, deines Gottes, nicht mißbrauchen (...) Halte den Ruhetag in Ehren, den siebten Tag der Woche! Er ist ein heiliger Tag, der dem Herrn gehört. (...) Du sollst deinen Vater und deine Mutter ehren. Dann wirst du lange in dem Land leben, das dir der Herr, dein Gott, gibt. Du sollst nicht morden. Du sollst nicht die Ehe brechen. Du sollst nicht stehlen. Du sollst nichts Unwahres über deinen Mitmenschen sagen. Du sollst nicht versuchen, etwas an dich zu bringen, das deinem Mitmenschen gehört, weder seine Frau noch seinen Sklaven oder seine Sklavin, sein Rind oder seinen Esel noch irgend etwas anderes, das ihm gehört.« (2. Mose 20,1-17, gekürzt)

Himmel und Hölle

Wahrscheinlich war Jesus selbst von einem baldigen Ende der Welt überzeugt. Auch die ersten Christen erwarteten das Ende in naher Zukunft, also noch zu ihren Lebzeiten. Später wurde es in immer weitere Ferne projeziert. Bis heute gehört jedoch das Ende der Zeiten, an dem der Herr wiederkommt, zum Glaubensbekenntnis der Kirche. Dann wird das Gericht stattfinden, Jesus selbst ist Richter. Die Gerechten kommen in den »Himmel«, d. h. zu Gott. Wie es dort sein wird, das umschreibt das Neue Testament nur sehr vorsichtig mit »wie bei einer Hochzeit«. Die Verdammten müssen in die Hölle: Mittelalterliche Phantasien eines feurigen, übelriechenden Folterreiches unter Herrschaft des Satans finden heute kaum noch Anhänger. »Hölle« gilt als Zustand der Gottesferne. Orthodoxe und Katholiken halten ein »Fegefeuer« für möglich, einen Ort der Reinigung nach dem Tode, an dem Buße getan werden kann. Unklar ist, ob das Gericht am Ende der Welt für alle Verstorbenen zur gleichen Zeit stattfindet, oder aber individuell nach dem Tod jedes Einzelnen.

Theodizee

»Wenn Gott allmächtig und die absolute Liebe ist, wie der christliche Glaube eigentlich besagt – warum gibt es dann all die schlimmen Übel in der Welt?« – So fragen Menschen, die einen Widerspruch sehen zwischen dem guten Gott und der Welt voller Leid. Verschiedene Antworten wurden auf dieses Problem gegeben: Gott schickt die Übel als Strafe oder Prüfung; Gott kann das Leiden nicht verhindern, obwohl er es will – er ist eben nicht allmächtig; Gott liebt die Menschen gar nicht; oder auch: Das Leiden ist so schlimm auch wieder nicht... »Theodizee« kann übersetzt werden mit: »Rechtfertigung/Verteidigung Gottes«. Die Frage ist: Wie kann Gott sich rechtfertigen angesichts der Leiden in der Welt? Eine Theodizee, die allgemein akzeptiert ist, gibt es nicht. Die Rolle, die die menschliche Freiheit spielt, wird unterschiedlich eingeschätzt.

Eine Bibliothek

Das Alte Testament **Die Bibel**

Das Neue Testament

Das Buch der Bücher

Eine Bibliothek

Das Wort »Bibel« kommt vom griechischen Wort »biblion«. Das bedeutet einfach: Buch. Dabei befinden sich in der einen Bibel eigentlich viele verschiedene Bücher, sie ist eine ganze Bibliothek voller Erfahrung: Da gibt es spannende Abenteuergeschichten und Kriegsberichte, Erzählungen von Verbrechern oder von Menschen auf der Flucht, aber auch Liebesgeschichten, Legenden und Familienromane sind dabei. In der Bibel liest man Lieder, Gebete und kluge Weisheiten. Sie enthält Reisebeschreibungen und Anweisungen für den Gottesdienst und vieles mehr.

Eines aber ist die Bibel nicht: ein wissenschaftliches Fachbuch. Sie will nicht Dinge beweisen, die wir heute mit Hilfe der Astronomie, Physik, Biologie oder Psychologie erklären können. Die Bibel ist ein Buch des Glaubens. Sie erzählt Geschichten. Dabei bedient sie sich der Mythen. Ein Mythos ist eine Erzählung, die die Welt und ihre Entstehung verstehen hilft und auf göttliches Eingreifen zurückführt. Ein Beispiel ist die Erzählung von der Erschaffung der Welt. Wir wissen heute, daß die Entstehung der Erde nicht sechs Tage, sondern einige Milliarden Jahre gedauert hat. Der »Mythos« will nicht naturwissenschaftlich erklären, sondern eine religiöse Aussage machen. In diesem Beispiel wäre das etwa: »Gott hat die Welt gut geschaffen« – sie ist kein Zufallsprodukt der Evolution, sie ist nicht sinnlos. Das griechische Wort heißt übersetzt »Rede, Erzählung«. Die sogenannte »Entmythologisierung« innerhalb der Bibelwissenschaft bemüht sich, viele Geschichten der Heiligen Schrift ihres mythischen Ballastes zu entledigen. Christen müssen allerdings gar nicht an Mythen glauben, sondern sind eingeladen, die religiöse Aussagen dieser Texte an sich herankommen zu lassen.

In der Bibel steckt die Erfahrung vieler Menschen. An unterschiedlichen Orten und zu unterschiedlichen Zeiten haben sie sich mit den alten Fragen der Menschheit beschäftigt: Woher kommt alles, was ist? Warum gibt es überhaupt das Leben? Wer hat die Erde gemacht? Warum sind die Menschen so, wie sie sind? Was ist gut, was ist böse? Wie können Menschen und Völker in Frieden miteinander leben? Hat das Leben einen Sinn? Warum müssen Menschen sterben? Wer ist Gott? Und: Was hat Gott mit mir und meinem Leben zu tun?

Die Bibel hat nicht ein fleißiger Schriftsteller allein gedichtet, an ihr haben viele mitgeschrieben: Menschen, die Erfahrungen mit Gott gemacht haben. Kein Blatt der Bibel ist vom Himmel gefallen. Alle Bücher darin sind von Menschen verfaßt. Diese Menschen lebten zu einer bestimmten Zeit in einem bestimmten Land. Wer die Bibel liest, muß also immer bedenken, daß sie unter bestimmten Umständen entstanden ist. Christen sind überzeugt, die Menschen, die an der Bibel mitgeschrieben haben, waren von Gottes Geist berührt. Gott sprach durch sie. Und er spricht bis heute durch das Wort der Bibel. In der Bibel kommt Gott zu Wort. Deswegen verehren die Menschen, die an Gott glauben, die Bibel als »Heilige Schrift«. Die Schriftkundigen betreiben Exegese, das bedeutet – aus der griechischen Sprache (»exegesis«) übersetzt: »Auslegung«. Gemeint ist die Kunst, herauszufinden, was der Text der Heiligen Schrift zu bedeuten hat. Jede Zeit hat eigene, neue Fragen an den Text und so wird der Text auch immer neu verstanden. Die Christen lesen in ihren Gottesdiensten aus der Bibel vor. Die Predigt will verständlich machen, was das »Wort Gottes« heute sagen will. Christen sind überzeugt: Auch wenn die Bibel schon sehr alt ist, ihr Inhalt ist immer noch für ihr Leben wichtig.

»Testament« heißen die beiden großen Teile, in die die Bibel unterteilt ist: das Alte Testament und das Neue Testament. »Testament« ist ein lateinisches Wort. Es bedeutet etwa: letzter Wille, Vermächtnis, Bündnis. Die Testamente der Bibel erzählen davon, daß Gott sich mit den Menschen verbündet hat. Im Alten Testament erfahren wir, wie Gott sich vor mehr als 3.000 Jahren das Volk Israel aussuchte. Es soll mit seiner Treue zu Gott allen zeigen: Gott ist der Herr des Himmels und der Erde. Später wurden die Israeliten das Volk der Juden genannt. Die Juden sind die älteren Geschwister der Christen, denn beide vertrauen auf den gleichen Gott. Die Christen glauben: Gott hat sich in besonderer Weise durch Jesus von Nazaret gezeigt. Durch ihn hat Gott allen Menschen seine Freundschaft angeboten. Von diesem neuen Bund mit den Menschen berichtet das Neue Testament. Die Testamente sind feierliche Versprechen zwischen Gott und den Menschen, sich immer aufeinander verlassen zu können.

Das Alte Testament wurde ursprünglich auf Hebräisch (Aramäisch) geschrieben, das Neue Testament auf Griechisch. Schon vor mehr als tausend Jahren übersetzte man die Bibel in die lateinische Sprache. Latein konnten aber nur die studierten Leute verstehen. Später gab es auch deutsche Übersetzungen. Vor etwa 500 Jahren war es Martin Luther, dessen Anliegen es war: Alle Menschen in Deutschland sollen mitbekommen, was Gott durch die Bibel sagen will, auch einfache Leute. Er machte sich mit gelehrten Freunden an die Aufgabe, die ganze Bibel ins Deutsche zu übersetzen. Dafür benutzte er nicht die lateinische Übersetzung, sondern die hebräischen und griechischen Originaltexte. Luthers Bibel hat mitgeholfen, daß die deutsche Sprache einheitlicher wurde und überall verstanden werden konnte. Und doch sprechen wir heute anders als Martin Luther. Die Sprache entwickelte sich weiter. Manche Wörter oder Formulierungen, die man früher benutzte, kennen wir heute kaum noch. Und vieles, was wir heute sagen, hätte man damals nicht verstanden. Jede Zeit hat ihre Sprache. Jede Zeit drückt sich anders aus. Und jede Übersetzung der Bibel ist auch eine Deutung des ursprünglichen Textes. In jeder Zeit bemüht man sich, die beste Übersetzung zu finden, die jeder verstehen kann. In deutscher Sprache gibt es heute ein paar

Dutzend verschiedene Übersetzungen. Alle wollen auf ihre Art die Bibel für Menschen im 21. Jahrhundert verständlich machen.

Das Alte Testament

Das Volk der Israeliten glaubt an einen Gott. Aber dieser Gott unterscheidet sich von den Göttern der Nachbarn des Volkes Israel. Diese anderen Völker beten Götzen aus Stein oder Metall oder sogar die Sonne an. Der Gott Israels aber ist einer, der nicht so leicht zu fassen ist. Er ist ganz anders als die Götzen, er ist auch ganz anders als die Menschen. Und doch hat er eine Stimme und spricht zu den Menschen, hat er Ohren und hört die Gebete, hat er Augen und sieht alles, was auf Erden geschieht, hat er ein Herz und liebt sein Volk. Und weil er sein Volk liebt, hat Gott mit den Israeliten einen Bund geschlossen. Er verspricht, immer für sein Volk zu sorgen, es nicht im Stich zu lassen. Das Volk verspricht, Gott zu folgen und zu tun, was Gott verlangt. Gott zeigt sich den Menschen: nicht, daß man sein Gesicht sehen könnte. Aber er zeigt sich in machtvollen Taten, wenn er sein Volk aus der Not rettet. Er spricht auch durch Menschen, die in seinem Auftrag von ihm reden, durch die Propheten. Die Propheten ermahnen das Volk, wenn es Gott vergißt, sich gegen Gott auflehnt oder ungerecht handelt. Sie drohen Strafen an. Sie versuchen zu begreifen, was Gott will, wenn er lange Zeit schweigt oder Dinge geschehen, die schwer zu verstehen sind.

Manchmal fürchten die Menschen, daß Gott sein Volk verlassen hätte. Dann haben sie Angst, dann kehren sie um zu ihm und versprechen wieder Treue. Davon erzählt das Alte Testament. Es ist die Geschichte der Freundschaft von Gott mit dem Volk Israel. Die ältesten Texte des Alten Testamentes sind etwa 1.200 Jahre vor Christus geschrieben worden, die jüngsten im Jahrhundert vor der Zeitenwende. Über einen Zeitraum von mehr als tausend Jahren also sind diese Schriften entstanden!

Wir unterteilen das Alte Testament mit seinen 39 Schriften in drei Gruppen: 1. die Geschichtlichen Bücher, 2. die Bücher der Dichtung, 3. die Bücher der Propheten.

Die Geschichtlichen Bücher

Die Geschichtlichen Bücher erzählen von der Erschaffung der Welt, von den ersten Menschen Adam und Eva und ihren Söhnen Kain und Abel. Sie erzählen, wie hochmütig und schlecht ihre Nachkommen waren, so daß Gott die Sünde der Welt durch eine große Flut vernichten wollte. Die Geschichtlichen Bücher berichten davon, wie das Volk Israel das Land eroberte, in dem es sich ansiedelte. Wie es – von Hunger getrieben – nach Ägypten auswanderte, dort aber versklavt wurde, wird dort anschaulich erzählt. Und auch, wie Mose mit Gottes Hilfe das Volk wieder in die Freiheit führte. Diese Bücher sind voll von Geschichten über die Könige und Kriege der Israeliten. Siege und Niederlagen erlebten sie. Man verschleppte das Volk aus seiner Heimat nach Babylonien, aber es durfte schließlich heimkehren. Im Mittelpunkt der Geschichtlichen Bücher steht der Bund Gottes mit den Menschen. Er drückt sich in den Treueversprechen Gottes aus und in den religiösen Vorschriften, deren Mittelpunkt die Zehn Gebote bilden.

Zu den Geschichtlichen Büchern gehören: das 1. Buch Mose (Genesis), das 2. Buch Mose (Exodus), das 3. Buch Mose (Levitikus), das 4. Buch Mose (Numeri), das 5. Buch Mose (Deuteronomium), das Buch Josua, das Buch von den Richtern, das Buch Rut, das 1. Buch Samuel, das 2. Buch Samuel, das 1. Buch von den Königen, das 2. Buch von den Königen, das 1. Buch der Chronik, das 2. Buch der

Chronik, das Buch Esra, das Buch Nehemia, das Buch Ester.

Die Bücher der Dichtung

Die Bücher der Dichtung sprechen in künstlerischer Form: Lieder und Gebete, Gedichte und Sprichwörter beschreiben und preisen Gott. Sie belehren durch Lebensweisheit und Erfahrung. So erzählt das Buch Hiob von einem Mann, der trotz schlimmster Leiden an Gott festhält. Das Hohelied dagegen ist eine romantische Liebesgeschichte. Die Psalmen werden »das Gebetbuch der Bibel« genannt.

Zu den Büchern der Dichtung gehören: das Buch Ijob (Hiob), die Psalmen, das Buch der Sprichwörter, das Buch Kohelet (Prediger), das Hohelied.

Die Bücher der Propheten

Die Bücher der Propheten enthalten die Geschichten jener Menschen, die im Auftrag Gottes sprechen. Die größten unter ihnen sind Jesaja, Jeremia und Ezechiel. Die Propheten erinnern das Volk an den Bund mit Gott. Sie klagen das Volk in Gottes Namen an, wenn die Menschen ungehorsam und ungläubig sind. Sie drohen das Gericht Gottes an und daß Gott alle zur Rechenschaft ziehen wird. Sie fordern Gerechtigkeit auf Erden. Doch sie trösten auch und schenken die Hoffnung, daß Gott am Ende alles zum Guten führen wird.

Zu den Büchern der Propheten gehören folgende: der Prophet Jesaja, der Prophet Jeremia, die Klagelieder, der Prophet Ezechiel, das Buch Daniel, der Prophet Hosea, der Prophet Joel, der Prophet Amos, der Prophet Obadja, der

Prophet Jona, der Prophet Micha, der Prophet Nahum, der Prophet Habakuk, der Prophet Zefanja, der Prophet Haggai, der Prophet Sacharja, der Prophet Maleachi.

Das Neue Testament

Da spricht einer von Gott, aber ganz anders als alle anderen zu seiner Zeit. Es ist der Zimmermann Jesus aus der Stadt Nazaret. Er sagt: Nicht die religiösen Pflichten sind das wichtigste, sondern die Liebe. Er sagt: Gott nimmt alle Menschen an, so wie sie sind. Er sagt: Wer sich um Arme und Kranke kümmert, wer sich nicht scheut, auch mit denen umzugehen, die keiner mag, der zeigt dadurch Gott seine Zuneigung. Mit Freunden wandert Jesus von Stadt zu Stadt, von Dorf zu Dorf und predigt diese Botschaft. Was er sagt, macht die Menschen froh. Aber nicht alle: Manche verstehen ihn nicht und meinen, was Jesus behauptet, das beleidige doch Gott. Sie sorgen dafür, daß Jesus umgebracht wird.

Jesus stirbt an einem Kreuz; seine Leiche wird in ein Grab gelegt. Aber viele Menschen, die ihm vertrauten, glauben nicht, daß er für immer tot ist. Sie spüren ihn weiterhin, sie sehen ihn, sie hören seine Worte, sie sind sich sicher, daß er ihnen ganz nahe ist. Sie sagen: Jesus lebt! Er ist auferstanden von den Toten. Die Freunde Jesu begreifen: Jesus ist der, auf den wir immer gewartet haben: der Sohn Gottes. Die Juden warten auf den versprochenen Retter, sie nennen ihn: »Messias«, das heißt: der Gesalbte. Denn Menschen mit einer besonderen Aufgabe wurden früher mit wertvollem Öl gesalbt, als Zeichen der Erwählung durch Gott. Die Juden glauben aber nicht, daß Jesus derjenige war, den Gott angekündigt hat. Die Christen hingegen sagen: Jesus ist der Messias! Die griechische Übersetzung des hebräischen Wortes Messias ist »Christus«. – »Jesus Christus ist die Hoffnung der Welt« – diese Botschaft verbreitet sich über viele Länder. Davon erzählt das

Neue Testament. Es ist die Geschichte der Freundschaft von Gott mit allen Menschen. Die ältesten Texte des Neuen Testamentes sind um das Jahr 50 nach Christus entstanden, die jüngsten am Ende des 1. Jahrhunderts. Die ersten Christen hatten also nicht das ganze Neue Testament zur Hand, sondern nur einzelne Stücke davon.

Wir unterteilen das Neue Testament mit seinen 27 Schriften wieder in drei Gruppen: 1. die Geschichtlichen Bücher, 2. die Briefe der Apostel, 3. das prophetische Buch.

Die Geschichtlichen Bücher

Im Mittelpunkt der *Geschichtlichen Bücher* stehen die vier Evangelien. »Evangelium« ist ein griechisches Wort und bedeutet: Frohe Botschaft oder Gute Nachricht. Das Evangelium erzählt von der Geburt, vom Leben und Sterben und von der Auferstehung des Jesus von Nazaret. Es sagt durch viele Erlebnisse und Ereignisse: Dieser Mann ist der Messias. Er ist derjenige, der allen Menschen das Heil bringt: Jesus Christus. In den ersten Jahren nach Jesu Tod gaben seine Freunde mündlich weiter, was Jesus gesagt und getan hatte: Wie er von Gott sprach, wie er Kranke heilte und Sachen vollbrachte, über die sich die Leute wunderten, was er zu beten lehrte und wie er mit seinen Jüngern das Mahl feierte. Manche schrieben auch kleine Stücke auf, zum Beispiel, wie es war, als Jesus gekreuzigt wurde, und wie dann einige Menschen Zeugen der Auferstehung wurden. Aber erst etwa vierzig Jahre später wurde alles, was man von Jesus berichtete, von vier Männern gesammelt, geordnet und dann der Reihe nach aufgeschrieben. Diese Männer waren Matthäus, Markus, Lukas und Johannes, man nennt sie Evangelisten. Wir wissen kaum etwas über sie. Keiner von ihnen hat Jesus persönlich kennengelernt. Deswegen sind die Evangelien auch keine Reportagen wie aus der Tagesschau. Die Evangelisten fügten das, was sie über Jesus gehört hatten, zu einer großen Geschichte des

Glaubens zusammen. So können alle, die etwas von Jesus wissen wollen, auch heute noch darüber nachlesen.

Der Evangelist Lukas hat noch ein zweites Buch geschrieben: die Apostelgeschichte. Darin steht u. a. geschrieben, wie die Apostel die Botschaft Jesu mit dem jüdischen Glauben in Einklang brachten. Außerdem erfahren wir hier, wie aus dem Christenfeind Saulus durch Gottes Eingreifen Paulus wurde – ein Freund Jesu und großer Apostel des christlichen Glaubens. Die Apostelgeschichte ist ein Zeugnis des Eifers, mit dem die ersten Christen in die Welt hinausgingen, um Jesus Christus überall bekannt zu machen – nach Griechenland, in die heutige Türkei, nach Nordafrika und ins Zentrum des Römischen Reiches, wo der Kaiser thronte: nach Rom.

Zu den Geschichtlichen Büchern gehören: das Evangelium nach Matthäus, das Evangelium nach Markus, das Evangelium nach Lukas, das Evangelium nach Johannes, die Apostelgeschichte.

Die Briefe der Apostel

Die *Briefe der Apostel* sind wie schriftliche Predigten. Man sagt, die meisten habe der Apostel Paulus geschrieben. Aber vielleicht waren es auch andere, die sie geschrieben haben; sie gaben aber als Absender den Namen von Paulus an, um beim Empfänger einen besseren Eindruck zu machen. Einige der Briefe sind an christliche Gemeinden adressiert, zum Beispiel an die Gemeinden in Rom, Korinth (Griechenland) oder Ephesus (in der heutigen Türkei). Andere sind an Verkünder der christlichen Botschaft gerichtet, wie die Briefe an Timotheus oder Titus. Einige Briefe tragen als Titel den Namen der Absender, wie die Briefe des Petrus und des Johannes. Die ersten Briefe sind etwa zwanzig Jahre nach Jesu Tod geschrieben worden, also noch vor den Evangelien. Die letzten wurden etwa um das Jahr 100 verfaßt. Alle verbindet, daß sie die Christen zum rechten Glauben anhalten und vor dem falschen Glauben warnen wollen. Sie wollen helfen, daß man besser verstehen kann, was Jesus meinte. Sie zeigen, wie ein christliches Verhalten in der Gemeinde, in der Familie, im Beruf und im Zusammenleben mit den anderen Menschen aussehen kann.

Zu den Briefen der Apostel gehören: der Brief an die Römer, der 1. Brief an die Korinther, der 2. Brief an die Korinther, der Brief an die Galater, der Brief an die Epheser, der Brief an die Philipper, der Brief an die Kolosser, der 1. Brief an die Thessalonicher, der 2. Brief an die Thessalonicher, der 1. Brief an Timotheus, der 2. Brief an Timotheus, der Brief an Titus, der Brief an Philemon, der Brief an die Hebräer, der Brief von Jakobus, der 1. Brief von Petrus, der 2. Brief von Petrus, der 1. Brief von Johannes, der 2. Brief von Johannes, der 3. Brief von Johannes, der Brief von Judas.

Das prophetische Buch

Das *prophetische Buch* ist die Offenbarung des Johannes. Es wurde um das Jahr 96 geschrieben, als man die Christen verfolgte. Die Offenbarung wendet sich an die Gemeinden und will sie im Glauben ermutigen und stärken. Das Buch beschreibt in traumartigen Bildern, was bis zum Ende der Welt Schlimmes passiert, aber es tröstet auch mit der Hoffnung, daß Gott schließlich alles gut machen wird. Die Offenbarung des Johannes wird manchmal auch »Apokalypse« genannt, das ist das griechische Wort für »Offenbarung« oder »Enthüllung«.

Es gibt nur ein prophetisches Buch im Neuen Testament: die Offenbarung des Johannes.

Das Buch der Bücher

Die Bibel – wie wir sie heute kennen – hat eine lange Entwicklung hinter sich. Schon am Anfang wurden die Bücher immer wieder von Hand abgeschrieben. Dabei ließ aber hier und da jemand etwas weg oder dichtete etwas hinzu. Auch schlichen sich ganz normale Abschreibfehler ein. Mit der Zeit hatte man eine Reihe von Büchern, die den gleichen Namen trugen, sich aber im Inhalt unterschieden. Es war nötig geworden zu beraten, welche Bücher zur Bibel gehörten und welche nicht. Für das Alte Testament wurde das um das Jahr 100 nach Christus festgelegt. Einige Bücher zählte man damals nicht zur Heiligen Schrift. Diese nennt man »Apokryphen«. Das griechische Wort Apokryphen bedeutet »verborgene«, »weggeschlossene« Bücher, die nicht zur eigentlichen Bibel gehörten. Dazu zählen: das Buch Tobit, das Buch Judit, das 1. Buch von den Makkabäern, das 2. Buch von den Makkabäern, das Buch der Weisheit, das Buch Jesus Sirach, das Buch Baruch.

Von den biblischen Büchern ist keines mehr im Original erhalten. Wir haben heute nur Abschriften: manchmal lange Texte, manchmal nur Fetzen mit wenigen Wörtern. Die Bibelwissenschaftler sind immer auf der Suche nach möglichst alten Schriftstücken. 1947 erfreute sie eine große Überraschung: Ein Beduinenjunge suchte in Qumran (einer Wüstenlandschaft in Israel) ein verirrtes Lamm und fand dabei Tonkrüge, in denen sich handgeschriebene Bibeltexte befanden, die weit über zweitausend Jahre alt waren.

Für die Christen ist die Bibel immer aktuell, denn in der Bibel kommt ihr Leben vor: die Sehnsucht nach Liebe, der Hochmut und die Schuld, die Freude an der Welt und die Angst vor dem Tod. Die Bibel erzählt die Geschichte der Menschheit und die jedes einzelnen. Man nennt sie »Das Buch der Bücher«. Es ist ein Buch der Rekorde: Kein anderes Buch wurde häufiger gedruckt und in mehr Sprachen übersetzt. Weltweit wird die Bibel jedes Jahr etwa 21 Millionen mal gedruckt – dazu all die Millionen-Ausgaben der Jahre zuvor – und ist in über 2.200 Sprachen zu lesen.

Anfänge Die Kirchengeschichte

Herrschaftszeiten

Reformation

Moderne

Anfänge

Wenn man die Entwicklung eines Menschen, eines Volkes oder eines Landes betrachtet, spricht man von dessen »Geschichte«. Was in ihr geschieht, kann oft erst im Nachhinein recht verstanden, aufgeschrieben und interpretiert werden. »Heilsgeschichte« meint, daß Gott innerhalb der »profanen« Geschichte für das Heil der Menschen handelt – von der Schöpfung bis zur Vollendung der Welt. Kirchengeschichte betrachtet die Entwicklung der Kirche durch ihre Verstrickungen in die Geschehnisse der jeweiligen Zeit.

Die ersten Jahrhunderte des Christentums waren geprägt vom Ringen um den rechten Glauben und dem Überleben als eigenständige Religion. Die beiden »Apostelfürsten« Petrus und Paulus waren die ersten, die den neuen Glauben in eine fremde Umgebung transferieren mußten: Das Christentum entstand ja in Umgebungen, die bereits religiös geprägt waren. Petrus wurde dem neutestamentlichen Zeugnis nach von Jesus eine besondere Verantwortung für die Leitung der Kirche übertragen; ob diese Beauftragung allerdings nur für ihn persönlich galt oder damit ein Amt geschaffen worden war, das auch seine Nachfolger bevorzugte – das sollte später zu einem gravierenden Streitpunkt werden. Petrus' eigentlicher Name »Simon« wurde also um den Beinamen »Fels« ergänzt, was auf griechisch »petros« und auf aramäisch »kephas« heißt. Zu seiner Aufgabe gehörte, innerhalb der »Mutterreligion« der ersten Christen (also innerhalb des Judentums) den Glauben an Jesus als den Messias zu verteidigen.

Paulus hingegen war durch seine Begegnungen mit der damaligen Welt gezwungen, dem ganzen Glauben ein System zu geben. Als Saulus wurde er geboren, gehörte dann als Jude zur Gruppe der Pharisäer und war ein Gegner der ersten Christen. Er war Träger des römischen Bürgerrechts. Eine mystische Begegnung mit dem auferstandenen Christus machte ihn selbst zu einem Christen: Er wurde sogar zum größten Missionar der frühen Kirche.

Paulus verkündete den christlichen Glauben unter den »Heiden« und löste damit das Christentum aus dem Bereich des Judentums heraus. Er schrieb an viele Gemeinden Briefe, die im Neuen Testament überliefert sind. Seine Reisen führten ihn unter anderem nach Griechenland, Syrien und Rom, wo er um das Jahr 67 hingerichtet wurde.

Rom war im Altertum das Zentrum des römischen Weltreiches. In der Kultur dieses Reiches besaß die römische Religion einen hohen Stellenwert, ein Polytheismus mit zahlreichen Göttern, die ihr jeweils eigenes Aufgabengebiet besaßen. Als »Mittelpunkt« der bekannten Welt im ersten Jahrhundert nach Christus war Rom auch das Reiseziel der Apostel Petrus und Paulus. Sie wollten dort vor dem Kaiser den christlichen Glauben bezeugen und verteidigen. Doch im Römischen Reich hatte niemand auf diesen Glauben gewartet. Man war dort überzeugt, daß alle Bereiche unter göttlichem Einfluß stünden, zum Beispiel des *Sol invictus,* des »Unbesiegbaren Sonnengottes«.

Religion bedeutete für die Römer die genaue Einhaltung von Vorschriften. Viele Angehörige des mächtigen und allgegenwärtigen Militärs wandten sich *Mithras* zu. Mithras ist der persische Name eines Gottes, der übersetzt ursprünglich »Vertrag«, später auch »Freund, Liebe« bedeutet. Bereits im 14. Jahrhundert vor Christus wurde Mithras in verschiedenen Kulturen verehrt. Große Bedeutung erlangte er im 1. Jahrhundert vor Christus, als sein Kult im Römischen Reich zur Religion der Soldaten wurde. Sie trafen sich in unterirdischen Räumen zu geheimen Versammlungen, bei denen sie ein Mahl mit Brot und Wein hielten. Möglicherweise wurde bei diesen Versammlungen ein Stier getötet und verspeist, sein Blut zu einer Art Taufe verwendet. Frauen waren nicht zugelassen.

Die Gebildeten neigten der sogenannten »Gnosis« zu. Dieser griechische Begriff bedeutet »Erkenntnis, Einsicht«. Er steht für eine philosophische Richtung zu der Zeit, als das Christentum entstand. Diese Religion unterschied sich auf mancherlei Weise vom Christentum, hatte aber doch viel mit ihm gemeinsam und bildete so eine ernste Konkurrenz.

Die Anhänger der Gnosis, die Gnostiker, versuchten eine Antwort auf die Frage zu finden, wie das Böse in die Welt gekommen sei. Sie glaubten, daß der Mensch sich seit dem Sündenfall immer weiter von Gott entfernt habe – bis schließlich nur noch ein verborgener göttlicher Funke in jedem Menschen übriggeblieben sei. Der Mensch sei nicht als einzelner ein Sünder, sondern in ihm spiele sich der immerwährende Kampf zwischen Gut und Böse ab. Diesen Kampf zu durchschauen und zu erkennen war das Ziel der Gnosis. Durch Erkenntnis könne der göttliche Funke befreit und damit die Erlösung erreicht werden.

Alle Strömungen wurden letztlich von der römischen Staatsreligion zusammengehalten. Sie äußerte sich in erster Linie im Vollziehen bestimmter Riten, in kultischen Handlungen und dem Befragen von Omen.

Da sich die in Rom zum neuen Glauben bekehrten Christen diesen Bestimmungen, die für alle galten, nicht beugen wollten, kamen sie mit der Herrschaft in Konflikt. Es kam zu Christenverfolgungen. Diese Versuche, den christlichen Glauben zu unterdrücken, indem seine Anhänger benachteiligt, bestraft, gequält oder gar getötet wurden, waren in den ersten zweihundert Jahren relativ gering, da auch die Christen zahlenmäßig kaum ins Gewicht fielen. Erst im 3. Jahrhunderten wurden Christen im Römischen Reich konsequent – also nicht nur auf Anklage – systematisch verfolgt. Die Treffen der Gläubigen waren geheim und fanden in den Katakomben statt, den unterirdischen Begräbnisstätten vor der Stadt. Anfang des 4. Jahrhunderts – im Jahre 311 – lockerte Kaiser Valerian die Verfolgungspraxis. Zwei Jahre später sollte ein Ereignis den Stand der Christen nachhaltig verändern, die sogenannte »*Konstantinische Wende*«. Es heißt, Kaiser *Konstantin* ließ aufgrund einer Eingebung auf die Schilde seiner Soldaten Kreuze malen und errang am 28. Oktober 312 bei der Schlacht auf der milvischen Brücke einen wichtigen militärischen Sieg. Diesen Sieg führte er auf göttlichen Beistand im Namen des Kreuzes zurück. Daraufhin gestand er 313 mit dem »Mailänder Toleranzedikt« dem christlichen Glauben die gleichen Rechte wie den anderen Religionen zu. Zuerst unterdrückt, wurde das Christentum durch Konstantin gefördert, bevorzugt und schließlich zur einzig erlaubten Religion im Römischen Reich erklärt. Aus den Verfolgten wurden nach und nach selbst Verfolger: Die Nicht-Christen hatten im Römischen Reich fortan einen schweren Stand.

Im Jahr 321 führte Kaiser Konstantin den Sonntag als Wochenfeiertag ein, im Jahr 325 berief er ein Konzil – eine Versammlung aller Bischöfe – nach Nizäa ein. Dort und bei weiteren Konzilien wurden Grundfragen des Glaubens geklärt: Welche Stellung hat Jesus Christus? Wie hängen Vater, Sohn und Geist zusammen? Ist Maria die »Mutter Gottes«? In Mehrheitsbeschlüssen, manchmal nach leidenschaftlichen Debatten und auch durch Manipulationen der Versammlungsleitung herbeigeführt, war man geneigt, Gottes Ratschluß zu erkennen. Was das Konzil bestimmte, galt als geoffenbarte Wahrheit des Glaubens.

Mit der Zeit wurde Rom zum Mittelpunkt der christlichen Kirche, obwohl sich in den ersten Jahrhunderten mehrere christliche Zentren (»Patriarchate«) gebildet hatten: neben Jerusalem auch Alexandrien (Ägypten), Antiochien (Syrien) und Byzanz (das spätere Konstantinopel und heutige Istanbul). Rom aber hatte einen Ehrenprimat, den es klug auszubauen verstand. Die Stadt Rom liegt auf sieben Hügeln. Man sagt, dort seien die Häupter von Petrus und Paulus begraben. Seit dem Mittelalter nahmen dort die Päpste ihren Sitz; er wurde vereinfacht »Vatikan« genannt und entwickelte sich zum Verwaltungszentrum der Kirche. (Im Jahr 1929 wurde aus dem Vatikanischen Bezirk durch einen Vertrag mit Italien ein eigener Staat. Der Vatikanstaat ist nur 0,44 Quadratkilometer groß und wird von etwa tausend Menschen bewohnt. Der Papst ist das Staatsoberhaupt. Durch die diplomatische Anerkennung des »Hl. Stuhls« wird er wie Präsidenten oder Könige in anderen Ländern empfangen.) So behielt Rom seine Wichtigkeit auch, nachdem das Römische Reich untergegangen war.

Herrschaftszeiten

Die Kirche konnte sich zunächst rasch ausbreiten. Missionare brachten die Botschaft von Christus als dem Herrn der Welt in alle Himmelsrichtungen: *Patrick* in Irland, *Bonifatius* in Deutschland – viele Männer waren unterwegs und gründeten Bistümer und Klöster. Zentren des Glaubens. *Kyrill* und *Method* waren griechische Brüder aus Saloniki und lebten im 9. Jahrhundert. Die beiden Missionare übersetzten die Bibel in die slawische Sprache. Auf Kyrill geht die kyrillische Schrift zurück, die heute noch in Russland, Bulgarien und Serbien verwendet wird. Die Kirchen Osteuropas, in Griechenland und dem Nahen Osten werden orthodox genannt: »rechtgläubig«. Die orthodoxen Kirchen wollten den Einfluß des Papstes zurückdrängen. 1054 kam es zum Zerwürfnis. Theologisch wird diese erste große Kirchenspaltung mit dem Streit über die Frage legitimiert, von wem der Heilige Geist ausgehe: vom Vater und vom Sohn, wie Rom behauptete, oder nur vom Vater, wie die Orthodoxen meinten?

Die christliche Expansion fand an den Grenzen zum islamischen Herrschaftsbereich ihr Ende. Religiös begründete Kriegszüge, die im Mittelalter von Westeuropa aus gegen die muslimische Herrschaft in Palästina geführt wurden, waren die Kreuzzüge. Die Christen forderten die Wiederherstellung eines freien Zugangs zu den christlichen Stätten im Heiligen Land. Im Jahr 1070 rief der damalige Papst zum Krieg gegen die »Heiden« auf. Begeisterte Massen brachen auf nach Palästina und wurden vernichtet. Ein geordneter Kreuzzug wurde 1096–1099 von Gottfried von Bouillon angeführt. Die teilnehmenden Ritter hefteten ein Kreuz an ihre Rüstung und begaben sich auf den Kriegszug nach Jerusalem. Sie brachten die Stadt in christliche Hand. Jerusalem wurde jedoch hundert Jahre später von den Muslimen zurückerobert. Es gab noch sechs weitere Kreuzzüge, die alle verlustreich und schließlich erfolglos waren. Beim Verlangen, die »Feinde des Christentums« in der Ferne zu schlagen, kamen viele auf die Idee, diese bereits in der Heimat zu beseitigen: So wurden viele europäische Juden Opfer der Kreuzzüge.

Besonders tragisch ist die Geschichte des »Kinderkreuzzuges«. Tausende französische und deutsche Kinder brachen 1212 in religiösem Wahnsinn auf, um Jerusalem wieder christlich zu machen. Von Genua in Italien oder Marseille in Frankreich aus wollten sie es per Schiff erreichen. Doch schon auf dem langen Weg zu den Häfen kamen die meisten an Hunger, Kälte und Krankheit elend um. Und wer die Zielorte erreichte, wurde als Sklave verkauft. Es wurden auch sogenannte Kreuzzüge zur Vernichtung von Ketzern geführt. Ketzer werden diejenigen Christen genannt, die von ihren Glaubenslehren abweichen und daher als Irrlehrer betrachtet werden. Von der Inquisition wurden sie verfolgt und als Staatsfeinde hingerichtet.

Der Begriff Inquisition kommt vom lateinischen Wort »inquisitio«. Es bedeutet »Untersuchung, Verhör«. Seit dem Ende des 12. Jahrhunderts betrieb die katholische Kirche Einrichtungen zur Verfolgung von Menschen, die sie für Ketzer oder »Gotteslästerer« hielt. Bei den Verhören wurde oft Gewalt und Folter angewendet, vor allem bei den Hexenprozessen. Die Bestrafung reichte von Geldbußen bis zur Verbrennung. Besonders streng war die Inquisition in Spanien. Dort war sie eine staatliche Einrichtung. Tausende von Juden, die zum Christentum übergetreten waren, wurden von der Inquisition verfolgt und verurteilt. In einigen Ländern bestand die Inquisition noch bis zum Anfang des 19. Jahrhunderts.

Der christliche Antisemitismus gründete sich auf das unhaltbare Vorurteil, »die Juden hätten Jesus umgebracht«. Auch wenn die genauen Umstände des Prozesses Jesu bis heute ungeklärt sind, und die Frage unbeantwortet bleibt, warum Kinder und Kindeskinder der sogenannten »Täter« Jahrhunderte später dafür büßen müßten – vorgeschobene »Gründe« für die letztlich irrationale Verfolgung von Juden ließen sich immer finden.

Ein trauriges Beispiel ist die Legende vom Ritualmord. Sie geht vom Gedanken aus, die Ermordung eines Menschen sei Bestandteil eines religiösen Rituals. Die Christen beschuldigten zu Unrecht die Juden, solche Verbrechen zu begehen. Wenn ein totes Christenkind gefunden wurde, brachte man das Gerücht in Umlauf, die Juden hätten das Kind ermordet, da sie es für ihre Rituale benützten. Vielerorts wurde damit die christliche Bevölkerung aufgehetzt, die Juden zu foltern und umzubringen. Ganze jüdische Gemeinden wurden vernichtet. Die Ritualmordlüge wurde später sogar von den Nationalsozialisten verwendet, um ihre antisemitische Hetze zu stützen.

Nicht nur religiöse Auseinandersetzungen belasteten die Kirche; sie mußte auch ihre Rolle im Verhältnis zum Kaiser klären. Davon zeugt der sogenannte »*Investitur-Streit*« im 11./12. Jahrhundert. Investitur ist ein lateinisches Wort und bedeutet übersetzt »Einkleidung«. Damit ist die Einführung in ein kirchliches Amt gemeint, zum Beispiel eines Bischofs. Papst *Gregor VII.* und König *Heinrich IV.* stritten darum, wer Investituren vornehmen dürfe: der Papst oder der König. Das Recht der Investitur ist dem Papst verblieben. Der Verlust kirchlicher Einflußnahme auf die weltliche Politik war jedoch nicht mehr aufzuhalten.

Reformation

»Umgestaltung, Verbesserung, Wiederherstellung« – das ist etwa die Bedeutung des Begriffs Reformation. Im Christentum wird jene Bewegung im 16. Jahrhundert so bezeichnet, die die Kirche erneuern und wieder an ihre Quelle – die Bibel – heranführen wollte. Die Reformation führte zu einer Spaltung der Kirche in Gegner und Befürworter. Die Freunde der Reformation schlossen sich schließlich notgedrungen zu einer eigenen Konfession zusammen: dem Protestantismus. Einen Vorläufer hatte der spätere Reformierungsprozeß mit *Jan Hus*. Er lebte von etwa 1370 bis 1415 in Prag und fungierte als Sprecher einer Bewegung, die die katholische Kirche reformieren wollte. Diese Reformbewegung kritisierte Mißstände, vor allem den Reichtum der Kirche und forderte Predigt und Lesung aus der Bibel in der Landessprache (und nicht auf Lateinisch, wie damals üblich). Beim »*Konzil von Konstanz*« (1414–1418) wurde Jan Hus zum Tode verurteilt und 1415 verbrannt, obwohl man ihm zuvor freies Geleit versprochen hatte. Seine Anhänger, die Hussiten, versuchten daraufhin in den Hussitenkriegen die Reformen zu erkämpfen. Ein Teil ihrer Forderungen wurde ihnen schließlich zugestanden.

Die herausragende Persönlichkeit der Reformation ist *Martin Luther* (1483–1546). Er gilt als ihr Begründer und Wortführer. Im 16. Jahrhundert predigte er als Augustiner-Mönch gegen schlechte Sitten in der katholischen Kirche. Dort war man sehr bequem geworden, und einige Gläubige meinten gar, mit Geld Gottes Gnade und Befreiung von Sündenstrafen erkaufen zu können. Martin Luther erkannte aus der Bibel: *Gottes Gnade kann man nicht kaufen. Man kann nur auf Gottes Erbarmen vertrauen.* Er protestierte gegen den Ablaßhandel. Martin Luther übersetzte die Bibel aus der hebräischen und griechischen Sprache ins Deutsche. Er bezeichnete bereits 1524 die Bemühungen, die katholische Kirche zu reformieren, als »evangelisch«. Ziel war, das Evangelium wieder ins Zentrum des Christentums zu stellen. Aufgrund seiner Ansichten – daß beispielsweise der Glaube wichtiger sei als die guten Werke und die Bibel wichtiger sei als die Tradition – gab es Streit mit dem Papst in Rom. Luther wurde mit dem Bann belegt;

er mußte sich verstecken. Die Kirche exkommunizierte ihn. Der Streit wurde erst entkräftet, als sich viele deutsche Landesfürsten auf die Seite Luthers stellten. Damit erlangten auch sie größere Unabhängigkeit vom kirchlichen Einfluß in ihrem Herrschaftsgebiet. Luther – mittlerweile verheiratet mit der ehemaligen Nonne *Catharina von Bora* – versammelte sich weiterhin mit seinen Anhängern, um in der Bibel zu lesen und Gottesdienst zu feiern. Aus dieser Bewegung entwickelte sich die evangelische Kirche.

Auf dem Reichstag zu Speyer 1529 protestierten die evangelischen gegen die katholischen Reichsstände, die an der Verurteilung Martin Luthers festhielten. Sie wurden später »Protestanten« genannt, ihre Bewegung »Protestantismus«. Mit diesem Begriff wurden dann all jene Formen des Christentums zusammengefaßt, die aus der Reformation hervorgegangen sind. Dazu gehört beispielsweise die schweizerische Variante der Reformation, die *Johannes Calvin* vorantrieb, der von 1509 bis 1564 lebte und vor allem in Genf wirkte. Seine Lehre, der Calvinismus, vertrat einige Ansichten über den Glauben, die nicht denen der katholischen Kirche entsprachen und auch von Martin Luther nicht uneingeschränkt geteilt wurden. Dazu gehörte besonders die Lehre der Prädestination, die besagt, Gott bestimme vor, welcher Mensch nach seinem Tod in den Himmel komme und welcher verdammt werde.

Auch in Frankreich gewann die Reformation Anhänger. Sie übernahmen die Lehre des Schweizer Reformators Calvin und wurden darum »Eidgenossen« genannt: Als Eidgenossen bezeichnen sich die Schweizer selbst. Daraus entstand in französischer Aussprache das Wort »Hugenotten«. Diese französischen Protestanten wurden von den katholischen Königen Frankreichs schwer verfolgt. In der sogenannten »*Batholomäusnacht*« 1572 wurden viele Hugenotten wegen ihres evangelischen Glaubens umgebracht. Zahlreiche Hugenotten flohen aus Frankreich und ließen sich in deutschen protestantischen Ländern nieder, zum Beispiel in Brandenburg. Die geschwächte katholische Kirche reagierte mit der Gegenreformation. Ihr Bestreben war, einzelne Christen und ganze Gemeinden wieder zum römischen Glauben zu bekehren, die durch die Reformation Protestanten geworden waren. Die Gegenreformation ging von Spanien aus. Um die katholische Kirche neu zu organisieren, führte man das »*Konzil von Trient*« durch (1545–1563). In den nordischen Ländern und in Teilen Deutschlands hatte die Gegenreformation keinen Erfolg, dort blieben die Menschen überwiegend evangelisch. »Cuius regio, eius religio«, der Kompromiß aus dem Augsburger Religionsfrieden, besagte: *In wessen (Fürsten) Gebiet man lebt, dessen Religion muß man haben.* Der Konflikt zwischen den katholischen und protestantischen Mächten führte schließlich zum »*Dreißigjährigen Krieg*« (1618–1648). Erst im »*Westfälischen Frieden*« (1648) wurde ein Staatskirchentum ohne Gleichheit von Konfession und Fürst, damit eine persönliche Entscheidung eines jeden Christen ermöglicht.

Moderne

Mission wird das Bestreben genannt, den eigenen Glauben unter Anhängern anderer Religionen oder Konfessionen zu verbreiten. Christen schafften das weitgehend in Europa, Nord-, Mittel- und Südamerika, außerdem in Australien. Im Gefolge der Eroberer pflanzten sie ihren Glauben in fremde Kulturen ein. In Afrika war das missionarische Bestreben von mittlerem Erfolg: in Asien und im arabischen Herrschaftskreis konnte es sich nicht durchsetzen. In der Moderne muß sich der christliche Glaube in seiner traditionellen Heimat mit neuen Herausforderungen auseinandersetzen. Im Zuge des Humanismus und der Französischen Revolution wurden Bürger- und Menschenrechte formuliert, die christlichen Ansprüchen entgegentraten.

So bedeutet Religionsfreiheit, daß jeder Mensch das Recht hat, sich zu der Religionsgemeinschaft zu bekennen, zu der er gehören möchte. Er ist frei, seine Religionszugehörigkeit zu wechseln. Es steht ihm natürlich auch frei, keiner Religion anzugehören.

Zur Religionsfreiheit gehört ebenso, daß vom Staat keine Religion bevorzugt oder benachteiligt wird. Die Religionsgemeinschaften sind frei, ihre Angelegenheiten ohne Einmischung zu regeln. Diesem Ansinnen stand die Kirche kritisch bis ablehnend gegenüber. (In demokratischen Ländern wird die Religionsfreiheit heute durch die Verfassung garantiert. In Deitschland ist ein Bürger mit 14 Jahren »religionsmündig«.) Philosophische Vorboten dieser einklagbaren Rechte war die Religionskritik: Wer meint, die Religion helfe dem Menschen nicht zum Leben, stattdessen unterdrücke und verdumme sie ihn, der betreibt »Religionskritik«.

Während der Epoche der Aufklärung waren es vor allem Naturwissenschaftler und Philosophen, die die Religion als altmodisch und unnütz kritisierten. Zu ihren späten Vertretern gehört *Ludwig Feuerbach* (1804–1872), der meinte, nicht Gott habe den Menschen, sondern der Mensch habe Gott geschaffen. *Sigmund Freud* (1856–1939) sah in der Religion eine Art Geisteskrankheit. Und nach *Karl Marx* (1818–1883) ist Religion nur zur Betäubung der Benachteiligten der Welt gut; für ihn war »Religion das Opium des Volkes«. Eine Folge dieses Denkens ist die atheistische Weltanschauung des Existentialismus, die davon ausgeht, daß das Leben sinnlos und voller Leiden ist. Der Mensch ist zur Einsamkeit verdammt und muß seine Existenz, sein Dasein auf Erden, aushalten. Vertreter des Existentialismus waren vor allem die französischen Philosophen und Schriftstewller *Jean Paul Sartre, Simone de Beauvoir* und *Albert Camus*. Auch die traditionellen Glaubenswahrheiten geraten ins Wanken. Wenn verschiedene religiöse Anschauungen vermischt werden, spricht man von »Synkretismus«.

Moderne

Viele Christen haben heute fernöstliche oder indianische Vorstellungen in ihre persönliche Glaubenswelt integriert. Eine kirchliche Reaktion darauf ist die der Fundamentalisten. Ursprünglich war das die Bezeichnung nordamerikanischer Protestanten, die jeden Satz der Bibel wortwörtlich verstanden. Die »fundamentalistische Bewegung« entstand etwa 1875 und stellte den wissenschaftlichen Erkenntnissen über die Entstehung der Welt die biblische Erzählung über die Schöpfung gegenüber. Heute werden mit dem Begriff »Fundamentalismus« in allen Religionen jene Strömungen bezeichnet, die sich allein auf den Wortlaut der heiligen Schriften berufen und ihre Lehre nicht in Auseinandersetzung mit der modernen Welt und ihren Erkenntnissen weiterentwickeln wollen. Im Wort »Fundamentalist« steckt »Fundament«, was aus dem lateinischen »fundamentum« übersetzt etwa »Grundmauer, Grundlage, Unterbau« bedeutet.

Der entgegengesetzte Weg ist der Dialog der Christen mit der Welt von heute. So entstand im 20. Jahrhundert die ökumenische Bewegung, die sich darum bemüht, das zu betonen, was die verschiedenen christlichen Konfessionen verbindet.

Spirituelle Impulse kommen heute nicht nur aus dem fernen Osten, sondern auch aus Taizé, einem Dorf in Frankreich, wo 1940 der evangelische Pfarrer *Roger Schutz* ein Kloster gründete. Die Gemeinschaft der Mönche ist ökumenisch. Das heißt: In Taizé leben evangelische, katholische und orthodoxe Mönche zusammen. »Taizé« ist vor allem für Jugendliche zu einem internationalen Ort der Begegnung geworden.

In den letzten Jahrzehnten ist für das Christentum der Dialog mit den anderen Weltreligionen wichtig geworden.

Die ursprüngliche Verdammung: »Außerhalb der Kirche kein Heil« ging davon aus, daß alle Nicht-Christen »verloren« seien, also ein letztlich sinnloses Leben leben würden, das nach dem Tod im Nichts ende. Erst im

19. Jahrhundert rangen sich die Theologen durch, ethisch vollkommenen einzelnen eine Rettung zuzugestehen, *obwohl* sie nicht Christen seien. Mitte des 20. Jahrhunderts war man bereit, auch die anderen Religionen als mögliche Heilswege anzuerkennen. Das »*2. Vatikanische Konzil*« (1962–1965) wollte schließlich nichts verwerfen, was in den anderen Religionen »wahr und heilig« ist.

Mit Juden und Muslimen verbindet die Christen der Glaube an den Einen Gott, die Lehre von der Schöpfung und vom Ende der Welt. Der Hinduismus geht zwar von vielen Göttern aus, nähert sich aber doch dem göttlichen Geheimnis: Hingabe, Askese, Betrachtung sind dabei Wege, die den Christen nicht fremd sind. Obwohl der Buddhismus ohne Gottesvorstellung auskommt, was ihn vom Christentum trennt, hat in ihm doch das Nachdenken über das Leiden einen hohen Stellenwert, was ihn mit dem Christentum verbindet. Außerdem wird seine Praxis der Meditation als beeindruckend und lehrreich gewürdigt. Chinesische Religionen verfügen über einen Schatz an Einsicht und Weisheit. Mit den sogenannten Naturreligionen lassen sich oft überraschende Übereinstimmungen ausfindig machen, so den Glauben an einen allmächtigen Herrn der Welt, ein Reich der Ahnen und die Verehrung der Erde als heiliger Gabe. Zentrale christliche Glaubenssätze – wie das Vertrauen auf Jesus Christus als Heiland und Retter der Welt – können zwar mit keiner anderen Religion geteilt werden, doch ist man bemüht, wie in der innerchristlichen Ökumene, das Verbindende zu suchen, statt nur das Trennende zu betonen.

Ihre eigene Geschichte betrachtet die Kirche als Gabe und Aufgabe. Sie muß einerseits das wertvolle Erbe bewahren und weitergeben, sich andererseits der Verantwortung für ihre Fehler stellen.

Die Kirche

Eine Kirche – viele Kirchen

Konfessionen

Kirchenraum

Orden

Eine Kirche – viele Kirchen

Unser Wort »Kirche« leitet sich vom griechischen »kyriakon« ab, was »zum Herrn gehörendes Haus« bedeutet. Im Christentum hat das Wort verschiedene Beutungen: Die Gebäude, in denen Christen ihre Gottesdienste feiern, werden »Kirche« genannt. Die Kirche aber besteht nicht nur aus Steinen, sondern aus Menschen. So wird auch die Gemeinschaft aller Christen »Kirche« genannt, ebenso einzelne Gruppen, z. B. katholische oder evangelische Kirche. Christen gibt es in jedem Land auf der Erde. Auch wenn sich ihre Gottesdienste und Gotteshäuser unterscheiden, alle verbindet doch der eine Glaube an Gott den Vater, den Sohn und den Heiligen Geist.

Die Kirche gehört zu ihrem Herrn Jesus Christus. Auch wenn es in ihr Bischöfe gibt und einen Papst, ist der eigentliche Leiter der Kirche Jesus selbst. Mit einer Handvoll Menschen, die ihm nachfolgten, nahm diese Gemeinschaft der Gläubigen vor 2000 Jahren ihren Anfang. Zur Gemeinschaft der Kirche, die Jesus wollte, sind alle Menschen eingeladen, gleich welcher Herkunft, Hautfarbe oder Religion. Diese Kirche ist dann allumfassend (was »katholisch« bedeutet), lebt nach dem Evangelium (das will »evangelisch« sagen) und hat den rechten Glauben (was »orthodox« meint). Die Christen sind aufgerufen, eine gute Gemeinschaft zu werden. Diese ganze Gemeinde ist unterwegs zu Gott wie eine Pilgergruppe. Deswegen wird die Kirche auch »das wandernde Volk Gottes« genannt. Im Neuen Testament gibt es noch ein anderes Bild: Jesus liebe die Kirche so sehr wie ein Bräutigam seine Braut.

Konfessionen

Die Kirche ist die Gemeinschaft aller Gläubigen. Zu bestimmten Fragen aber, was man als Christ glauben und wie man leben soll, gibt es unterschiedliche Meinungen. So kommt es, daß sich mit der Zeit verschiedene Gruppen gebildet haben. Diese Gruppen nennen sich selbst auch »Kirche«. Die bekanntesten sind die katholische Kirche, die evangelische Kirche und die orthodoxe Kirche. Die evangelische und orthodoxe Kirche sind wiederum in vielerlei kleinere Kirchen unterteilt.

Neben der Bibel ist der römisch-katholischen Kirche die Tradition wichtig. Tradition ist das, was man in der Kirche schon immer so getan oder geglaubt hat, auch wenn es nicht ausdrücklich in der Bibel steht. Dazu gehört z. B., daß Priester nicht heiraten dürfen. Tradition ist auch, daß die Mutter von Jesus, Maria, und andere Menschen, die besonders eifrig ihren Glauben lebten, als »Heilige« verehrt werden. Geleitet wird die katholische Kirche vom Papst in Rom. Er sieht sich selbst als Nachfolger des Apostels Petrus. Jesus hatte einst Petrus beauftragt, seine Gemeinde zu führen.

Eine Abspaltung der römisch-katholischen Kirche ist die »altkatholische« Kirche. Sie entstand im Jahr 1870 aus einer Gruppe von Katholiken, die das Dogma von der Unfehlbarkeit, das dem Papst eine besondere Rolle in Glaubensfragen zuerkennt, nicht mittragen wollten. Die altkatholische Kirche ähnelt in vielen Dingen ihrer Mutterkirche, regelt aber ihre Angelegenheiten ohne Rom. Auch hat sie den Zölibat für ihre Priesterinnen und Priester abgeschafft.

Die orthodoxen Kirchen Osteuropas, im vorderen Orient und in Nordafrika (Kopten in Ägypten) sind vom Papst in Rom unabhängig. Die theologischen Grundlagen stimmen mit denen der Katholiken und Protestanten überein. Orthodoxe Kirchlichkeit zeichnet sich vor allem durch eine aufwendige Liturgie aus. Nur Männer sind innerhalb der orthodoxen Kirchen zum Priesteramt zugelassen.

Die evangelische Kirche besteht aus Landeskirchen: den lutherischen, reformierten und unierten. Die »Evangelische Kirche der Union« wurde im Jahr 1817 von dem preußischen *König Friedrich Wilhelm III.* gegründet: Er wollte damit in seinem Reich die lutherische und die reformierte Kirche vereinigen. Der Pietismus ist eine religiöse Bewegung innerhalb der Landeskirchen, die im 17. Jahrhundert entstand. Die Pietisten legen Wert auf eine große Frömmigkeit, die Berufung auch der Laien zur Verkündigung des Evangeliums (»allgemeines Priestertum«) und tätige Nächstenliebe. Der Begriff kommt vom lateinischen Wort »pietas«, was »Frömmigkeit« bedeutet. »Basisgemeinschaften« sind christliche Gemeinden, die sich weitgehend unabhängig von der Leitung ihrer Kirchen organisieren und gesellschaftlich engagieren. Man findet Basisgemeinden vor allem in Südamerika und in anderen Ländern der »Dritten Welt«, aber auch in Europa.

Unabhängig von den Landeskirchen gibt eine Vielzahl von Freikirchen dem Protestantismus seine besonders vielfältige Prägung. Freikirchen sind kirchliche Gemeinschaften, die unabhängig vom Staat (früher: vom König) sein wollen und selbständig ihre Angelegenheiten regeln. Freikirchen ziehen keine Kirchensteuern ein, sondern finanzieren sich aus Beiträgen ihrer Mitglieder, die bis zu 10 Prozent ihres Einkommens abgeben. Wer einer Freikirche betreten will, muß das als Erwachsener »aus freiem Entschluß« tun und kann nicht – wie in der »Volkskirche« – durch die Taufe als Baby aufgenommen werden. Zur Gruppe der Freikirchen gehören beispielsweise die Baptisten. Diese evangelischen Christen legen besonderen Wert auf die freiwillige Entscheidung zum Glauben. Deswegen werden dort nur Erwachsene und keine Kinder getauft. Daher auch der Name, der aus dem griechischen Wort »baptisma« gebildet ist und »Eintauchen, Waschung, Taufe« bedeutet. Die Glaubensbewegung entstand um 1600 in den Niederlanden, in England und später in den USA. Heute gibt es weltweit etwa 30 Millionen Baptisten. Einer der bekanntesten von ihnen war der Pastor *Martin Luther King,* der sich in den USA für die Rechte der Schwarzen einsetzte.

Eine besondere Art der Glaubensverkündigung pflegt die Heilsarmee. Im 19. Jahrhundert rief Pfarrer *William Booth* gemeinsam mit seiner Frau Catherine eine religiöse Hilfsorganisation ins Leben, die sich um die zahlreichen Armen in London kümmerte. Die Gemeinschaft nannte er »Salvation Army«, was übersetzt »Heilsarmee« bedeutet. Die Heilsarmee arbeitet heute weltweit und verbindet missionarische Predigt mit Taten der Nächstenliebe. Besonderes Merkmal der Heilsarmee: Die Mitglieder dieser Freikirche sind wie das Militär gegliedert, und sie tragen im Dienst auf der Straße Uniformen.

Die »Quäker« schließlich sind eine christliche Glaubensgemeinschaft, die im 17. Jahrhundert in England von *George Fox* gegründet wurde. Die Quäker glauben an das »innere Licht Gottes« in jedem Menschen. Sie lehnen ein verfaßtes Glaubensbekenntnis, eine kirchliche Hierarchie und Sakramente ab und versammeln sich stattdessen zu einer schweigenden Andacht. Sie sind Pazifisten. Weltweit gibt es etwa 300.000 Quäker. Ihr Name kommt vom englischen Wort »to quake«, was »zittern« bedeutet: Die ersten Quäker haben in ihren Andachten vor lauter Ergriffenheit gezittert. Der Begriff »Quäker« war ursprünglich ein Spottname. Der offizielle Name lautet: »Gesellschaft der Freunde« (Joh 15,15).

All diese und noch viele andere Kirchen pflegen ihre eigenen Traditionen, sind aber für Kontakte untereinander offen. Das unterscheidet sie von den Sekten. Wenn sich von einer großen Glaubensgemeinschaft eine kleinere Gruppe abspaltet, dann nennt die große Gemeinschaft die kleine Gruppe eine »Sekte«. Das Wort kann aus dem lateinischen »secare« hergeleitet werden, was »zerteilen« bedeutet. Möglich ist auch eine Herleitung aus dem Wort »sequi«, das »folgen« heißt. »Sekte« ist ein wertender Begriff der Theologie, der besagt: »Diese sind von uns unterschieden.« Sekten legen keinen Wert auf theologischen Austausch, sind in der Regel der Meinung, allein die Wahrheit zu besitzen und benutzen häufig zusätzlich zur Bibel andere Quellen der Offenbarung – Schriften oder Inspirationen ihrer Anführer. Will man keine Wertung vornehmen, spricht man stattdessen von »Sondergemeinschaft« oder einfach von »Religionsgemeinschaft«. Aus christlicher Perspektive gehören zum Beispiel die Mormonen zur Gruppe der Sektierer. Mormonen sind Mitglieder der »Kirche Jesu Christi der Heiligen der letzten Tage«. Diese Glaubensgemeinschaft wurde 1830 von *John Smith* in den USA gegründet. Den Mormonen gilt das »Buch Mormon« als der Bibel gleichwertig. Mormonen glauben, dieses Buch habe der »Engel Morini« aufgeschrieben. Weltweit gibt es etwa 6 Millionen Mormonen.

»Zeugen Jehovas« werden die Anhänger einer Religionsgemeinschaft genannt, die 1874 vom Amerikaner *Charles Taze Russell* (1852–1916) gegründet wurde. Die »Zeugen Jehovas« legen die Bibel wörtlich aus, glauben aber nicht an die Dreifaltigkeit Gottes. Aufgrund einer falschen Übersetzung dachte man früher, der Name Gottes in der Hebräischen Bibel sei »Jehova«. So bedeutet die Bezeichnung, die Gläubigen dieser Religion wollen von »Jehova« Zeugnis ablegen. Sie tun das, indem sie an den Straßen stehen und ihre Zeitschriften anbieten (»Der Wachturm«) oder auch an den Haustüren klingeln, um Mission zu betreiben. In Deutschland gehören etwa 360.000 Menschen zu den Zeugen Jehovas, weltweit etwa 4,6 Millionen.

Von allen Christen auf der Erde sind etwas mehr als die Hälfte katholisch, ein Drittel ist evangelisch, der Rest gehört zu anderen Kirchen. Die Gesamtheit der christlichen Kirchen wird »Ökumene« genannt. Ebenso steht der Begriff für alle Bemühungen unterschiedlicher christlicher Kirchen, etwas gemeinsam zu tun, um das Verbindende und den gemeinsamen Ursprung ihres Glaubens zu betonen. Dazu gehören »ökumenische« Gottesdienste, Kirchentage, Diskussionen, etc. Das griechische Wort »oikumene« bedeutet »die bewohnte Erde/Welt«.

Im Ökumenischen Rat der Kirchen sind über 330 verschiedene christliche Kirchen aus allen Erdteilen – evangelische, orthodoxe, altkatholische – zusammengeschlossen. Die Organisation wurde 1948 in Amsterdam gegründet und hat ihren Sitz in Genf (Schweiz). Die Abkürzung lautet: ÖRK. Der ÖRK bemüht sich darum, trotz der Unterschiede seiner Mitgliedskirchen in Dogmatik, Liturgie und Kirchenrecht, zum gemeinsamen Handeln der Kirchen und zur Einheit der Kirchen zu kommen. Die römisch-katholische Kirche gehört dem Ökumenischen Rat der Kirchen nicht an. Es gibt aber Formen der Zusammenarbeit.

Kirchenraum

Die Christen haben, wie die Angehörigen fast aller Religionen, für ihre Zusammenkünfte eigene Gebäude errichtet: die Kirchen. Was den Juden die Synagoge, den Muslimen die Moschee oder den Buddhisten der Tempel, das ist für die Christen die Kirche: Ort der Begegnung mit Gott und miteinander. Es gibt große und kleine Kirchen, Dome und Kapellen. Es gibt alte und neue Kirchen. Deren Architektur ist Ausdruck des jeweils modernen Baustils und der damalig aktuellen Theologie: Die Basiliken beispielsweise entwickelten sich aus den Markt- und Gerichtshallen der Antike; es waren in erster Linie Versammlungsstätten. Barocke Pracht betont den Herrschaftsanspruch der Kirche, die zeitgenössische Funktionalität heutiger Neubauten will ihre Dienstbereitschaft zum Ausdruck bringen. Die Ausstattung von Kirchen sieht überall verschieden aus, die Bedeutung der Dinge ist aber überall ähnlich. So steht meistens der Altar im Zentrum der Kirche. Er soll von überall gut gesehen werden können. Er ist ein großer Tisch aus Stein oder Holz, schön gearbeitet und mit Blumen und Kerzen geschmückt. Auf dem Altar wird das letzte Abendmahl Jesu gefeiert. So ist der Altar an sich ein Zeichen für Christus. Das Wort »Altar« bedeutet: Opfertisch. Seit alter Zeit werden Kirchen übrigens so gebaut, daß der Altar in Richtung Osten steht. Das ist als ein Zeichen zu verstehen:

Die Kirche wendet sich dem aufgehenden Licht zu. Und dieses Licht ist für Christen Jesus Christus, der von sich selbst sagt: »*Ich bin das Licht der Welt!*«

Die Kanzel oder der Ambo ist Ort der Verkündigung: ein erhöht stehendes Lesepult. Von dort aus werden die Lesungen aus den biblischen Schriften vorgetragen, das Evangelium verkündigt und die Predigt gehalten. In jeder Kirche erinnert das Zeichen des Kreuzes an Jesus Christus, der für die Menschen sein Leben opferte. Das Kreuz hängt meistens an der Stirnseite der Kirche oder über dem Altar. Über dem Taufbecken wird die Taufe vollzogen.

Der Tabernakel ist in katholischen Kirchen ein wertvoll verziertes Gehäuse, unter dem sich ein sicherer Panzerschrank befindet: In ihm wird die Kommunion aufbewahrt, die in einer Messe übriggeblieben ist. Die Kniebeuge vor dem Tabernakel gilt also nicht dem Schrank, sondern seinem Inhalt: dem »Brot des Lebens«, wie Katholiken sagen. Die Hostien werden im Tabernakel aufgehoben, um sie bei Bedarf den Kranken zu bringen. »Tabernakel« heißt übersetzt: Zelt oder Hütte.

Das Ewige Licht wird – bis auf den Karfreitag – das ganze Jahr über, Tag und Nacht am Brennen gehalten. Es dient als Zeichen, daß sich im Tabernakel geweihte Hostien befinden, Zeichen der Gegenwart Gottes. Die Weihwasserbecken befinden sich in der Nähe des Eingangs. Die Katholiken, die in die Kirche kommen, nehmen mit einem Finger der rechten Hand etwas Weihwasser und bekreuzigen sich damit. Das erinnert sie an das Geschenk und die Verantwortung ihrer Taufe.

Der Beichtstuhl ist eine Art Kabine, in der das Bußsakrament gespendet wird. Der Priester hat einen Sitz. Der Gläubige kniet quer dazu auf einem Bänkchen und spricht durch eine durchlässige Trennwand. So können sich die beiden flüsternd verständigen. Beichtstühle stehen an den Seiten der Kirche. Viele Priester bieten aber auch an, an einem anderen Ort zu beichten: in der Sakristei oder in einem Seelsorgezimmer.

Vierzehn künstlerisch gestaltete Bilder erinnern an die einzelnen Stationen des Leidenswegs, den Jesus Christus bis zu seiner Kreuzigung zurücklegen mußte. Diese Bilder sind oft an den Wänden der Kirche der Reihe nach aufgehängt und werden Kreuzweg genannt. Er kann stationsweise nachgegangen werden. In jeder Osternacht wird feierlich eine große Osterkerze angezündet, die als Symbol für den auferstandenen Christus ihr Licht spendet. Sie steht im Altarraum auf einem eigenen, besonderen Leuchter und brennt während der Osterzeit bis Pfingsten täglich, außerdem bei Taufen und allen Anlässen, die mit dem Tod zu tun haben. Zwölf Leuchter, für jeden der Apostel einer, hängen an den Wänden der Kirche. Sie befinden sich an den Stellen, an denen die Kirche geweiht wurde. Zu großen Festen und an den Gedenktagen der Apostel werden die Kerzen angezündet.

Maria ist in katholischen Kirchen ein kleiner Altar geweiht: Ein Bild oder eine Statue Marias ist da zu finden, eingerahmt von Blumen. Die Gläubigen haben die Möglichkeit, eine Kerze anzuzünden. Die Orgel gilt als »Königin der Instrumente«. Sie ist wie kein anderes Instrument geeignet, den Gesang der Gemeinde zu unterstützen. Im Turm der Kirche befinden sich die Glocken: Sie hängen hoch, damit ihr Schall weit zu hören ist. Die Glocken sollen die Gläubigen zum Gottesdienst »rufen«. Das war vor allem früher wichtig, als die einfachen Leute noch keine Uhren besaßen. Das Geläut der Glocken kündigt an, daß bald der Gottesdienst beginnt. Die Glocken läuten auch morgens, mittags und abends und laden zum Gebet ein. Noch heute wird in kleineren Gemeinden durch die Totenglocke bekanntgegeben, daß jemand gestorben ist.

Orden

Zu Zentren christlicher Kultur entwickelten sich die Klöster. Die ersten Ordensgemeinschaften entstanden bereits im 5. Jahrhundert und gingen auf Zusammenschlüsse von Eremiten zurück. Eremit heißt, aus der griechischen Sprache übersetzt, »Einsiedler«. Das sind Menschen, die ganz allein in der Einsamkeit des Waldes oder der Wüste leben und dort versuchen, Gott nahe zu kommen. Klöster hingegen sind religiöse Gemeinschaften, deren Mitglieder sich den Gelübden der Keuschheit, der Armut und des Gehorsams unterwerfen.

Der Orden der Benediktiner geht auf den Mönch *Benedikt von Nursia* zurück, der etwa von 480 bis 547 in Italien lebte. Benedikt gründete das Kloster Montecassino und schrieb für seine Mönchsgemeinschaft eine (Lebens-)Regel, die sich später in allen christlichen Ländern verbreitete. Der wichtigste Leitspruch lautet: ora et labora (bete und arbeite).

Benediktiner, Trappisten, Kartäuser und andere Orden kümmern sich in erster Linie um Gebet, Liturgie und Betrachtung, betreiben außerdem Studien und haben in den Jahrhunderten vor Erfindung des Buchdrucks in ihren Schreibwerkstätten Sorge für die Weitergabe der Bibel und theologischer Literatur getragen. Andere Orden – wie Dominikaner oder Jesuiten – sahen ihre Aufgaben im Bereich der Erziehung und der Lehre. Die Franziskaner wurden im 13. Jahrhundert von dem Italiener *Franz von Assisi* gegründet. Franz befahl seinen Anhängern absolute Armut.

Insgesamt gibt es viel mehr weibliche Ordensangehörige als männliche. Aufgrund des allgemein schlechten Zustands in den Klöstern im Zeitalter der Reformation und wegen der nicht ausreichenden biblischen Begründung dieser Lebensform ist in der evangelischen Tradition das Ordensleben weitgehend verschwunden. Luther, zunächst selbst ein Mönch, verließ sein Kloster und heiratete eine Nonne. Im 20. Jahrhundert gab es jedoch einige Neugründungen evangelischer Ordensgemeinschaften. In der orthodoxen Kirche hingegen haben die Orden von jeher einen starken theologischen und liturgischen Einfluß. Weltberühmt ist der Athos, ein Berg, der nur von Mönchen bewohnt wird und nicht von weiblichen Wesen – Menschen wie Tieren – betreten werden darf.

Taufe

Konfirmation

Ehe

Ordination

Buße

Krankensalbung

Abendmahl

Bestattung

Die Feste im Lebenslauf

Sakramente

Die Kirche bezeichnet mit »Sakrament« ein Zeichen des Glaubens: Jesus Christus selbst wird als Ursakrament, die Kirche als Grundsakrament verstanden. Die biblische Begründung der Sakramente im Neuen Testament ist bisweilen schwierig. Deswegen erkennen die Kirchen der Reformation nur Taufe und Abendmahl als Sakramente an. Für Orthodoxe und Katholiken gehören auch Buße, Firmung (Konfirmation), Ehe, Weihe (Ordination) und Krankensalbung dazu. Als Amtshandlungen kennt diese natürlich auch die evangelische Kirche, dazu kommt die Bestattung. Einige der Amtshandlungen sind Passageriten, die wichtige Stationen und Einschnitte im Lebenslauf eines Menschen bezeichnen: Taufe, Firmung, Ehe oder Ordination. Sie können in der Regel nur einmal im Leben empfangen werden. Andere Sakramente dienen der kontinuierlichen Stärkung des Glaubens und werden in unterschiedlicher Intensität empfangen: das Abendmahl (Eucharistie) sonntäglich, die Buße bei Bedarf, und auch die Krankensalbung kann bei jeder schweren Erkrankung gespendet werden. Die Kirche schöpft aus einer Fülle von Symbolen: Farben der Gewänder, Körperhaltungen, Gesten der Hände, Gesang, Tanz und Schweigen; einfache Dinge wie Licht, Wasser, Brot, Wein, Öl werden in einen neuen Zusammenhang gestellt, mit religiöser Deutung ausgestattet.

Taufe

Die Taufe ist das Sakrament, das einen Menschen zum Christen macht. Sie wird gemeinhin von einem Pfarrer in einem Taufgottesdienst, kann aber im Notfall von jedem Menschen gespendet werden, der es in rechter Absicht tut. Der eigentliche Akt ist das Übergießen des Täuflings mit Wasser und die dazu gesprochene Taufformel: »(Name), ich taufe dich im Namen des Vaters und des Sohnes und des Heiligen Geistes. Amen.« In der katholischen Liturgie gesellen sich ausdeutende Riten dazu: Der Täufling wird mit Öl, dem sogenannten »Chrisam«, gesalbt. Mit diesem Öl wurden in früher Zeit Könige gesalbt. Das soll heißen: Der Getaufte hat nun Anteil am Priester-, Propheten- und Königtum Christi. Er trägt ein weißes Kleid als Zeichen der Freude und es wird eine Taufkerze an der Osterkerze angezündet, als Teilhabe an Christus, dem »Licht der Welt«.

Konfirmation

Evangelische Konfirmation und katholische Firmung – beide Begriffe kommen aus dem lateinischen Wort »confirmatio«, das »Befestigung« bedeutet. Die Konfirmation, als Segenshandlung während eines feierlichen Gemeindegottesdienstes vollzogen, hat verschiedene Akzente: Sie erinnert an die Taufe und fordert eine persönliche Entscheidung des heranreifenden Menschen für Christus, sie besiegelt die Mitgliedschaft in der Kirche mit der Erlaubnis, am Abendmahl teilzunehmen, und sie fordert zur Bejahung dieser Mitgliedschaft auf, indem Dienste in der Gemeinde übernommen werden. Wesen und Gestaltung der Konfirmation sind einem starken Wandel unterworfen. Für die Jugendlichen wird anläßlich dieses rituellen Übergangs in das Erwachsensein in der Regel ein großes Fest ausgerichtet.

Die katholische Firmung vermittelt – dem Glauben der Kirche nach – den Heiligen Geist. Zur Firmung zeichnet der Bischof dem Firmling mit Chrisam ein Kreuz auf die Stirn und spricht: »(Name), sei besiegelt durch die Gabe Gottes, den Heiligen Geist.«

Ehe

Die auf Dauer angelegte Ein-Ehe von Frau und Mann ist keine Eigenart der Christen. Für Martin Luther war sie ein »weltlich Ding«. Die evangelische Trauung ist der Segen für die standesamtlich geschlossene Ehe. Die katholische Kirche hat das öffentliche Bekenntnis des Ehebundes als Zeichen des Glaubens akzeptiert: Die Liebe der Eheleute zueinander sei ein Abglanz der Liebe Christi zu seiner Kirche. Das Sakrament der Ehe spenden sich nach katholischer Lehre die Eheleute selbst, das heißt: gegenseitig. Im kirchlichen Ritus ist das Entscheidende die gegenseitige Konsenserklärung: »(Name), vor Gottes Angesicht nehme ich dich an als meine Frau/als meinen Mann.« Die Ehe wird aber kirchenrechtlich erst durch den Beischlaf der Eheleute »vollzogen«.

Ordination

Die Ämter sind in den verschiedenen Kirchen unterschiedlich organisiert. In der katholischen Kirche z. B. gibt es den Pfarrer als Leiter und Prediger einer Gemeinde, den Diakon als Helfer im sozialen Bereich und den Bischof als Leiter einer Landeskirche bzw. eines Bistums. Der Zugang zu den Ämtern der Hierarchie (»heilige Herrschaft«) steht im evangelischen Bereich Frauen und Männern offen; bei Katholiken und Orthodoxen bisher nur Männern. Die evangelische Ordination – darin steckt das lateinische »ordo« für Ordnung – ist eine Segenshandlung, die eine Bestätigung für die Befähigung zum Amt der öffentlichen Verkündigung darstellt. In der katholischen und orthodoxen Kirche hat die Weihe der Amtsträger sakramentalen Charakter.

Buße

Die alte Kirche exkommunizierte schwere Sünder und ließ nach strenger, mehrjähriger Buße nur eine einmalige Wiederaufnahme zu. Im Laufe der Jahrhunderte wurde das Bußsakrament mehrmals und dann immer häufiger gespendet. Heute ist es allerdings in der pastoralen Praxis relativ selten geworden. Das Bußsakrament ist eher unter dem Namen »Beichte« bekannt: Der Gläubige bekenntGott seine Sünden und spricht sie vor einem Priester aus. Dieser sagt dem reuigen Katholiken die Vergebung Gottes zu: »*So spreche ich dich los von deinen Sünden. Im Namen des Vaters und des Sohnes und des Heiligen Geistes.*« Die Feier des Bußsakramentes kann im Beichtstuhl oder als Beichtgespräch an jedem geeigneten Ort stattfinden. Auch die evangelische Kirche bietet die Beichte als pastorales Angebot an.

Krankensalbung

Dem Zeugnis des Neuen Testamentes nach kümmerte sich Jesus von Nazaret sehr um kranke Menschen; u. a. salbte er sie – wie in der Antike üblich – mit Öl. Die Kirche hat sich diese Sorge um Kranke in der Krankensalbung zu eigen gemacht. Dem Kranken werden Stirn und Hände gesalbt. Seit dem 2. Vatikanischen Konzil ist die Salbung eines Schwerkranken nicht mehr als »letzte Ölung« zu verstehen, die in früherer Zeit den nahenden Tod ankündigte. Die Krankensalbung findet ihrer Eigenart nach meist am Krankenbett statt; neuerdings werden aber auch Gottesdienste für alte und kranke Menschen in der Pfarrkirche angeboten. Die evangelische Kirche praktiziert zwar keine Krankensalbung, kennt aber das Krankenabendmahl, das am Bett des Kranken gefeiert werden kann.

Abendmahl

Jesus Christus feierte am Abend vor seinem Tod ein Mahl und forderte seine Freunde auf: »*Tut dies zu meinem Gedächtnis*«. Seitdem feiern die Christen immer wieder in Erinnerung an ihren Herrn das Abendmahl. Wie aber die Worte Jesu – in Brot und Wein könne sein Fleisch und Blut genossen werden – zu verstehen sind, darüber gibt es vielerlei theologische Auseinandersetzungen: In den Gestalten von Brot und Wein sei Gott wahrhaftig anwesend. Die katholische Bezeichnung des Sakramentes ist »Eucharistie«. Eucharistie heißt auf deutsch Danksagung. Die Messe ist eine Feier, die Gemeinschafts- und Gotteserfahrung ermöglichen soll.

Bestattung

Die kirchlichen Bestattungsriten sind kein Sakrament, denn ein solches kann einem Toten nicht gespendet werden. Die Trauerfeiern dienen der Fürbitte für den Verstorbenen, der Tröstung der Hinterbliebenen, der Stärkung des Glaubens an die Auferstehung und der Mahnung, stets der Endlichkeit des irdischen Lebens zu gedenken. So wird für denjenigen gebetet, der als Nächster dem Verstorbenen vor Gottes Angesicht folgen wird. Die Trauerfeier verläuft in der Regel in mehreren Stationen: Manchmal wird in der Kirche ein Gottesdienst gehalten. Zweite Station ist eine kurze Andacht in der Friedhofskapelle, wo sich normalerweise der geschlossene Sarg oder die Urne befindet. Dieser wird dann in einer Prozession zum Grab geleitet. Dort findet die eigentliche Beisetzung statt. Angehörige und Freunde lassen eine Beerdigung meist mit einer kleinen gemeinsamen Mahlzeit ausklingen. Ziel dieser Treffen ist, die Erfahrung zu machen: Das Leben geht weiter.

Das Kirchenjahr

Sonntag

Advent

Weihnachten

Passionszeit

Palmsonntag

Gründonnerstag

Karfreitag

Osternacht

Christi Himmelfahrt

Pfingsten

Trinitatis

Reformationsfest

Allerheiligen

Allerseelen

Buß- und Bettag

Heilige Zeiten

Feste sind eine Unterbrechung des Alltags. In persönlichen Festen wird die Wichtigkeit einer Lebenssituation verdeutlicht. Regelmäßig wiederkehrende Feste erinnern an Ereignisse der Heilsgeschichte und werden so gefeiert, als ob das Vergangene wieder Gegenwart sei. Der wöchentliche Feiertag stärkt die Gemeinschaft und ernährt den Glauben. Das Kirchenjahr entspricht dem Wunsch, das Leben des Jesus von Nazaret historisierend zu fassen. Profangeschichte, in der historisch Faßbares geschah, wird als Heilsgeschichte betrachtet: Das Geschehene war Gottes Eingreifen in die Welt. Das wird symbolisch dargestellt.

Sonntag

Es war der erste Tag der jüdischen Woche, als Frauen in Jerusalem das Grab Jesu leer vorfanden. So hat sich der Sonntag als besonderer Gedenktag der Auferweckung Christi herausgebildet. Schon die ersten Generationen der Christen trafen sich am Sonntag zum gemeinsamen Mahl, zum Hören der Worte der Heiligen Schrift. Heute teilt sich die Christenheit in viele Kirchen und Gemeinschaften. Alle verbindet aber über die Grenzen der Konfessionen und Kontinente hinweg der Glaube an den Einen Gott. An jedem Sonntag wird dieser Glaube im Gottesdienst mit Gebeten, Liedern und Verkündigung des Evangeliums gefeiert. Das stärkt die Christen untereinander und verbindet sie mit Gott, dem Grund ihres Glaubens.

Advent

Das aus dem Lateinischen kommende Wort Advent wird mit »Ankunft« übersetzt. Es geht um die Ankunft des Herrn, wobei die Bedeutung von Advent sowohl »wird kommen« als auch »ist gekommen« umfaßt.

Advent

Die Adventszeit hat drei Dimensionen: Zum einen werden die Christen in die Lage der Menschen vor mehr als 2.000 Jahren versetzt, die das Kommen des verheißenen Messias erwarteten. Die Sehnsucht nach dem Erlöser, der von Propheten angekündigt wurde, drückt sich beispielsweise in vielen Liedern dieser Zeit aus. Für Christen ist der Retter bereits erschienen, und doch warten sie noch auf die Vollendung der neuen Welt. Sie wird geschehen, wenn der Christus wiederkehrt. Die Erinnerung daran ist der zweite Aspekt des Advents. Die ersten Generationen der Christen waren übrigens von einer nahe bevorstehenden Wiederkehr Jesu Christi überzeugt. In den urchristlichen Abendmahlsliturgien beteten sie »Maran atha« (aramäisch): Unser Herr, komm! (siehe 1. Kor 16,22 und Offb 22,20) Schließlich lädt der Advent ein, sich innerlich auf das nahende Weihnachtsfest vorzubereiten und den lebendigen Gott wieder neu in das konkrete Leben einzulassen.

Die knapp vierwöchige Adventszeit hat sich erst im Laufe der Jahrhunderte herausgebildet. Sie ist einerseits vom Bußcharakter geprägt, andererseits eine Phase freudiger Erwartung. Mit dem ersten Advent beginnt ein neues Kirchenjahr: Auftakt für die Abfolge der gemeinschaftlichen Erinnerung an die Lebensstationen und Heilstaten Christi.

Die Vorbereitungszeit auf Weihnachten hat eine Reihe von Bräuchen hervorgebracht. Neben lokalen Traditionen hat sich vor allem der Adventskranz durchgesetzt. Die genaue Herkunft des Adventskranzes ist nicht völlig geklärt. Sehr wahrscheinlich geht er auf einen Brauch zurück, der im »Rauhen Haus« in Hamburg, dem Zentrum der evangelischen Diakonieanstalt der »Inneren Mission«, zwischen den Weltkriegen entstanden ist. Dort steckte man auf ein Wagenrad vierundzwanzig Kerzen und zündete im Dezember jeden Tag eine mehr an. Dieser Brauch wurde von anderen aufgegriffen und verändert: nur vier Kerzen für die Adventswochen, statt für jeden Tag eine; ein geflochtener Kranz statt des Rades. Wie auch immer: Der

Adventskranz ist also noch relativ jung. Er verbindet religiöse und praktische Elemente. Der gewundene Kranz (von lat. corona = Krone) gilt als Symbol der Huldigung und weist auf den kommenden König hin. Die vier Kerzen, Sonntag für Sonntag eine mehr angezündet, sind zum einen als das aufgehende, heller werdende Licht zu deuten; dieses Lichtmotiv findet dann Weihnachten seinen Höhepunkt. Zum anderen sind die Kerzen als einfaches Zählmittel gedacht, das auch die kleinsten Kinder problemlos verstehen: Je mehr Kerzen brennen, umso näher ist das Fest.

Eher zufällig fällt in den Advent der Gedenktag des Bischofs *Nikolaus von Myra* am 6. Dezember. Die Tradition, am Vorabend Stiefel aufzustellen, damit Nikolaus sie über Nacht mit guten Gaben fülle, stammt schon aus dem Mittelalter und geht auf die Legende zurück, nach der Nikolaus drei armen Mädchen zu einer Mitgift und damit zur gewünschten Ehe verholfen hat. Die Reformation verlegte dann den Schenktermin vom Nikolaustag auf Weihnachten: Nicht der Nikolaus bringe die Gaben, sondern der Heilige Christ. Dieses theologische Ansinnen wurde zum Christkind, das beschert, verniedlicht. Später, gänzlich säkularisiert, entstand unter Beibehaltung des Schenkens und in Anlehnung an Nikolaus der Weihnachtsmann. Dieser verquickt in sich sowohl die kinderschreckende Sagengestalt Knecht Ruprecht als auch die Naturpersonifikation Väterchen Frost.

Weihnachten

Weihnachten ist das christliche Fest schlechthin, obwohl es theologisch betrachtet eigentlich erst den zweiten Rang hinter Ostern einnimmt. Der Festinhalt ist die Geburt Gottes als Mensch auf Erden. Die ersten Generationen der Christen kannten das Weihnachtsfest noch nicht; als Jahresfest wurde nur Ostern begangen. Für die zweite Hälfte des 4. Jahrhunderts gibt es erste Quellen, die eine Feier der Geburt Jesu in Rom bezeugen. Von dort aus setzte sich das Fest rasch im Abendland durch. Warum wir Weihnachten am 25. Dezember begehen, wird sich heute nicht mehr mit der Berechnungshypothese belegen lassen, mit der man einst versuchte, anhand von abenteuerlicher Zahlenakrobatik den Geburtstag Jesu genau auszurechnen. Durchgesetzt hat sich die Ansicht, daß die Christen den Feiertag der Menschwerdung ihres Herrn bewußt auf das Fest des unbesiegten Sonnengottes gelegt haben: Der römische Kaiser *Aurelian* hatte im Jahre 274 offiziell das Fest »*natale solis invicti*« eingeführt und auf die Nähe der Wintersonnenwende gelegt. Die frühen Christen wollten mit der bewußten Wahl dieses Termins verdeutlichen, daß der Messias größer ist als der römische Sonnengott. In den östlichen Provinzen der Kirche entwickelte sich übrigens parallel zum Westen ein anderer Termin für die Feier der Geburt des Herrn, nämlich der 6. Januar. Es kam zwischen den Kirchen zu einem Austausch der Feste, so daß die römische Kirche heute beide Tage feierlich begeht. Streng betrachtet thematisiert Weihnachten das Kommen des Erlösers zu seinem auserwählten Volk, dem Volk Israel. Der 6. Januar heißt Epiphanie, die Erscheinung des Herrn: Christus ist der Messias aller Menschen, auch der »Heiden«, für die die Könige unterschiedlicher Hautfarbe als Symbol dienen. In den orthodoxen Kirchen ist der 6. Januar als *der* große Feiertag Tradition geworden, im Westen ist es der Dezembertermin geblieben. Weihnachten bedeutet soviel wie »geweihte Nächte« und wird bis zum 1. Januar gefeiert.

Noch bis vor ein paar Jahrzehnten hielt man gemeinhin die biblische Erzählung des Weihnachtsgeschehens für einen Tatsachenbericht. Diese Vorstellung läßt sich wissenschaftlich nicht halten. Das heißt jedoch keineswegs, die Heilige Schrift würde lügen: Auch eine komponierte Geschichte kann Wahres ausdrücken. Dem Verfasser des Lukasevangeliums ging es darum, etwas über die Menschwerdung Jesu Christi auszusagen, nicht darum, Details mitzuteilen. Diese fromme Dichtung auch dem Schriftunkundigen darzulegen (als »*biblia pauperum*« = Bibel für die Armen), sie außerdem sinnfällig sichtbar zu machen, war und ist bis heute Absicht der figürlichen Weihnachtskrippen bzw. der Krippenspiele. Eine erste Erwähnung einer Krippe findet sich für das 8. Jahrhundert in der römischen Kirche Santa Maria Maggiore. Breitenwirkung hatte das im Jahre 1223 von Franz von Assisi in Greccio angeleitete Krippenspiel mit Armen und Bettlern aus der Umgebung. Krippendarstellungen in Kirchen wurden seither selbstverständlich; wiederum erst ab dem 18. Jahrhundert war das Aufstellen von Krippen auch in Privatwohnungen Mode geworden.

Genau läßt sich das Auftauchen des Christbaums nicht datieren. Schon im Mittelalter meinte der Volksglaube, Tannengrün schütze vor Dämonen. Es wurden dann ganze Tannen mit dem Stamm an der Decke aufgehängt; übrigens drehte man sie erst um, als im 18. Jahrhundert Kerzen an die Bäume kamen. Die Christen haben es verstanden, an sich heidnisches Brauchtum zu verchristlichen, das heißt, ihm eine christliche Deutung beizugeben: Der Christbaum steht mit seinen Kerzen für Christus, das Licht der Welt, erinnert mit seinen immergrünen Nadeln an das nie erlöschende Leben in Christus, symbolisiert sowohl den Paradiesbaum (Baum des Lebens) als auch das Holz des Kreuzes.

Ein in den letzten Jahren auch in städtischen Gebieten wieder aufblühender Brauch ist das Sternsingen: Am oder um den 6. Januar gehen als Drei Könige verkleidete Kinder von Haus zu Haus und segnen die Wohnung. Dazu schreiben sie auf den Balken der Eingangstür die Formel: C+M+B, umrahmt von der jeweiligen Jahreszahl. Die Buchstaben kürzen das lateinische 'Christus mansionem benedicat' ab: Christus segne dieses Haus. Das 2. Kapitel des Matthäusevangeliums spricht von einer unbestimmten Zahl Sterndeuter. Die fromme Legende schloß aus den erwähnten drei Gaben (Gold, Weihrauch und Myrrhe) auf drei Könige. Deren Namen wiederum wurden von der erwähnten Segensformel abgeleitet: C für Caspar, M für Melchior, B für Balthasar. Die Sternsingeraktionen werden heute mit Kollekten für Kinder in armen und bedrohten Lebensverhältnissen verbunden.

Passionszeit

Die Passionszeit gilt der Vorbereitung auf Ostern. Doch noch davor hat sich im Laufe der Jahrhunderte eine andere Phase herausgebildet: Fasching bzw. Karneval, den man im Rheinland gar die »fünfte Jahreszeit« nennt.

Die Wortdeutungen beider Begriffe sind unklar. »Fasching« leitet sich vom mittelhochdeutschen »vaschanc« oder »vassang« ab und heißt wohl: »Ausschank des Fastentrunkes«. Zusammenhängend damit wird »Fastnacht« als »die Nacht vor dem Fasten« gedeutet. »Fasten« stammt vom althochdeutschen »fasti«, was »fest, stark, beständig« bedeutet; »fasten« hieße also »fest bleiben«. Die Fastnacht ist schon lange vor der Christianisierung als Vorfrühlings- und Fruchtbarkeitsfest gefeiert worden, was sich vielerorts noch im ländlichen Brauchtum zeigt, etwa in der Austreibung des Winters. Erst im 12. Jahrhundert begrenzte die Kirche diese Feiern auf den Zeitraum vor der Fastenzeit. Das Wort »Karneval« stammt aus dem 17. Jahrhundert und leitet sich aus dem lateinischen »carnevale« her, dessen Herkunft ungeklärt ist. Möglicherweise stammt es vom lateinischen »carrus navalis« (= Schiffskarren). Die Zeit der Schiffahrt war in der römischen Antike auf die Frühlings- und Sommermonate beschränkt. Zur Saisoneröffnung Mitte März führte man festliche Umzüge durch, in denen solche schiffsförmigen Prunkwagen mitgeführt wurden. Wahrscheinlicher ist aber die Ableitung vom lateinischen »carne«, (= Fleisch) und »levare« (= wegnehmen), oder von »carne vale« (etwa: Fleisch, lebe wohl!).

Und so war es denn auch: Karneval war der letzte große Schmaus vor der Zeit, in der kein Fleisch gegessen werden durfte. Das Narrentreiben beruht auf dem Brauch der »verkehrten Welt«, den es in vielen Kulturen gibt: Für eine bestimmte, festgelegte Zeit, werden die Machtverhältnisse umgekehrt. Die Kleinen beherrschen und verhöhnen die Großen. Noch heute werden vielerorts am Donnerstag vor Aschermittwoch (dem »Altweiberdonnerstag«) die Rathäuser »gestürmt«. »Narrenfreiheit« heißt also, alles aussprechen zu dürfen, auch die Wahrheit, ohne dafür zur Verantwortung gezogen zu werden. Dem liegt der Gedanke zugrunde, daß jemand, der »närrisch«, nicht bei Verstand, ist, nicht bestraft werden darf. Auffälligerweise feiern viel mehr Menschen Karneval und Fasching, als anschließend auch fasten ...

Ein vierzigtägiges Fasten ist seit dem Ende des 4. Jahrhunderts bezeugt. Die Zahl Vierzig besitzt in der jüdisch-christlichen Tradition einen hohen Symbolwert. Vierzig Tage und Nächte nämlich währte die Sintflut, der nur Noah samt seiner Arche entkam. Vierzig Tage war Elija zum Berg Horeb unterwegs und Mose auf dem Berg Sinai anwesend, um das Gesetz zu erhalten. Vierzig Jahre gar dauerte die Wüstenwanderung des erwählten Volkes der Israeliten. Jona predigte den Untergang der Stadt Ninive in vierzig Tagen. Schließlich weilte Jesus solange in der Wüste. Die Vierzig ist jeweils nicht als konkreter Zahlenwert zu verstehen, sondern als Zeichen. Sie steht symbolisch für Zeiten des Übergangs. Da am Sonntag als dem Tag der Auferstehung des Herrn nicht gefastet wird, ergab sich der Mittwoch vor dem 6. Sonntag vor Ostern als Beginn der Fastenzeit. Wir kennen den Tag als Aschermittwoch.

Schon fast tausend Jahre lang gibt es den Brauch, sich am ersten Tag der Fastenzeit Asche aufs Haupt zu streuen bzw. mit Asche ein Kreuz auf die Stirn zeichnen zu lassen. Asche ist in der Religionsgeschichte ein häufig vorkommendes Bild für Vergänglichkeit, ein Zeichen der Trauer, Buße und Reinigung. Israeliten und Ägypter, Griechen und Araber kennen das Symbol der Asche; es hat sich in unserer Zeit nur noch als Redewendung erhalten (»In Sack und Asche gehen«), weist jedoch damit auf die religiösen Wurzeln hin. Neben diesem Ausdruck der Buße erinnert die Asche an die Vergänglichkeit des irdischen Lebens, dem die Christen nicht verhaftet sein sollen: »*Bedenke, Mensch, daß du Staub bist und wieder zum Staub zurückkehren wirst*«, spricht in der katholischen Liturgie des Aschermittwochs der Spender. Die Asche wird aus jenen Palmzweigen hergestellt, die am Palmsonntag des Vorjahres das Kruzifix geschmückt haben. Sie werden verbrannt, gesegnet und mit Weihwasser gemischt.

In der frühen Kirche und im Mittelalter regelte die Tradition, wie und wann gefastet wurde. Auf Fleisch und Wein verzichtete man die gesamten vierzig Tage lang, nach der Halbzeit kamen auf die Verbotsliste Milch und daraus gewonnene Erzeugnisse wie Butter und Käse, dazu, außerdem Eier. Kirchliche Vorschrift ist heute nur noch das Vollfasten am Aschermittwoch und Karfreitag. Das heißt: An diesen Tagen soll eine Mahlzeit genügen. Kinder, Alte, Kranke, Schwangere und Menschen, die schwer arbeiten müssen, sind davon nicht betroffen.

Palmsonntag

Auftakt der ereignisreichen Woche vor dem Osterfest ist der Palmsonntag. Er erinnert an den Einzug Jesu in Jerusalem. Diese Begrüßung wird in der katholischen Kirche sinnfällig nachgespielt: Vor der Kirche werden Palmzweige – in unseren Breitengraden wird meistens Buchsbaum verwendet – gesegnet. In feierlicher Prozession zieht die Gemeinde in das Gotteshaus. Palmzweige sind ein altes Attribut der Könige, ebenso ein Symbol des Friedens. »*Palmarum*« (wie die evangelische Bezeichnung offiziell lautet) ist jedoch nur die Einleitung zum eigentlichen Hauptthema: Das Christusgeheimnis läßt sich nicht auseinanderdividieren in einzelne Schritte oder voneinander unabhängige Geschehnisse – Leiden, Tod und Auferstehung des Herrn gehören zusammen wie die Feiertage Gründonnerstag, Karfreitag und die Osternacht.

Gründonnerstag

Schon die frühe Kirche feierte am Gründonnerstag einen Gottesdienst. Höhepunkt war die Wiedereingliederung reuiger Sünder durch den Bischof. Wahrscheinlich kommt der Name des Tages, der seit dem 13. Jahrhundert so genannt wird – mittelhochdeutsch »grüene donerstac« –, von dem weitverbreiteten Brauch, an diesem Tag grüne Heilkräuter und grünes Gemüse zu essen. Im kirchliches Sprachgebrauch bedeutete »grün« vereinzelt auch »frisch, erneuert, sündlos«. Sehr zweifelhaft ist die Herleitung vom althochdeutschen »grun«, »Jammer, Unglück« oder von »grinan«, »den Mund verziehen, lachend oder weinend«. Die um Verzeihung bittenden Tränen der Schuldiggewordenen mischen sich mit der Freude der aufnehmenden Gemeinde. So nannte man den Tag auch »Antlaßtag« – Tag des Sündenerlasses –, Großer, Guter oder Hoher Donnerstag. Die lutherische Kirche nennt ihn »Tag der Einsetzung des Heiligen Abendmahls«.

Der Tag verbindet zwei Inhalte. Im ersten Teil des Gottesdienstes wird die Geschichte der Fußwaschung Jesu verlesen. Danach wäscht der zelebrierende Priester zwölf Gemeindemitgliedern die Füße. Diese Sitte hat sich im 7. Jahrhundert durchgesetzt. Der zweite Teil, die eigentliche Eucharistiefeier, ist die Vergegenwärtigung des letzten Abendmahles Jesu mit seinen Freunden.

Gründonnerstag und Karfreitag vermitteln den Eindruck, es gäbe eine eindeutige Chronologie der realen Ereignisse vor knapp 2.000 Jahren. Zwar berichten die Evangelien übereinstimmend vom Tod Jesu am Kreuz. Doch dieses historische Geschehen wird in theologische Entwürfe hineinkomponiert. Matthäus, Markus und Lukas, die Synoptiker, weichen in ihren zeitlichen Abläufen von Johannes ab. War nun das Abendmahl Jesu ein jüdisches Pessachmahl, wie es die Synoptiker darstellen? Johannes wählt eine andere Deutung. Nach seiner Terminierung wird Jesus exakt zu dem Zeitpunkt hingerichtet, als man im Tempel die Pessachlämmer schlachtet: Jesus ist nach ihm das »wahre Lamm«. Die Liturgie thematisiert ihrem Wesen nach solche Fragen nicht.

Karfreitag

»Kara« ist das althochdeutsche Wort für »Kummer«, »karon« heißt »wehklagen«. Der Karfreitag steht ganz im Zeichen der Besinnung auf den Tod Jesu. Doch er ist nicht nur ein Tag der Trauer. Christen sind überzeugt, daß das Kreuz nicht allein ein Zeichen der enttäuschten Hoffnung, des vernichteten Lebens ist, sondern auch das des Heils. Dabei steht hier keine Leidensverherrlichung auf dem Programm. Wirklich »begreifen« läßt sich das Mysterium des Glaubens kaum, herantasten kann man sich erst aus österlicher Perspektive. In der protestantischen Tradition gilt der Karfreitag als höchster Feiertag. Der Gottesdienst wird mit Abendmahl gefeiert und kirchenmusikalisch reich ausgestattet. In der katholischen Kirche beginnt der Gottesdienst um 15 Uhr – der Tradition zufolge die Sterbestunde Jesu – und strahlt andächtige Würde aus: Orgel und Glocken schweigen.

Der Tag vor Ostern heißt nicht Ostersamstag, wie häufig irrtümlich gesagt wird, sondern Karsamstag. Er erinnert an die Grabesruhe des Herrn. Der Karsamstag ist ein stiller Tag ohne Gemeindegottesdienst.

Osternacht

Übergang von der Karwoche zum Osterfest ist der Osternachtsgottesdienst, der entweder am Karsamstagabend oder am Ostersonntag in der Frühe stattfindet. Traditionell begann er, wie die Christmette, um Mitternacht. Weil das in den Gemeinden kaum praktizierbar ist, hat sich dieser Brauch nur noch in den Klöstern gehalten. Die Osternacht wird von der Lichtsymbolik bestimmt: Christus ist das wahre Licht, das die Nacht des Todes erhellt. Schon *Bonifatius* stieß auf germanische Frühlingsfeuer, die vom Sieg des Lichtes über die Dunkelheit zeugten. Draußen vor der Kirche versammeln sich die Gläubigen. An einem Feuer wird die Osterkerze entzündet. Die Osterkerze wird unter dem Wechselgesang »Christus, das Licht!« – »Dank sei Gott!« in die dunkle Kirche getragen. Im anschließenden Wortgottesdienst läßt man in bis zu neun Lesungen die gesamte Heilsgeschichte Revue passieren: angefangen von der Erschaffung der Welt über den Auszug des Volkes Israel aus Ägypten bis hin zum Evangelium vom leeren Grab. Glockengeläut und Orgelspiel zum Gloria betonen die Festlichkeit dieses Hauptgottesdienstes des Jahres. Taufanwärter wurden in alter Zeit zu Ostern getauft. Heute noch können in der Osternacht Taufen stattfinden, doch auch wenn niemand getauft wird, segnet man Wasser und verteilt es durch Besprengung der Gläubigen; das Taufversprechen wird so erneuert. Eine festliche Eucharistiefeier mit häufigen Halleluja-Rufen, die erstmals seit Aschermittwoch wieder erschallen, beendet die Messe.

Ostern war zwar immer schon das höchste Fest der Christen, doch in den ersten Jahrhunderten entbrannte ein heftiger Streit um den richtigen Termin. Die Kirchen Europas, Kleinasiens und Nordafrikas richteten sich nämlich nach unterschiedlichen Berechnungsmethoden. Manche hielten sich an das jüdische Pessachdatum, den 14. Nisan. Das jüdische Jahr hat jedoch einen eigenen Kalender, so fiel Ostern nicht immer auf einen Sonntag. Darauf jedoch legten andere Kirchen großen Wert. Auf besonderen Wunsch Kaiser Konstantins regelte das Konzil von Nizäa im Jahre 325 die Frage: Ostern sei immer am Sonntag nach dem ersten Frühlingsvollmond. So ist es heute noch. Während sich die Bezeichnung des Festes in anderen europäischen

Sprachen eindeutig am jüdischen Pessach orientiert (französisch: Páques, italienisch: Pasqua, dänisch: Paaske, etc.), ist die Herleitung des deutschen Wortes Ostern umstritten. Ob sie mit einer Frühlingsgöttin Ostara zusammenhängt, ist fraglich. Eventuell stammt das Wort von »Osten«, also dem Tagesanbruch, der das Licht bringt.

Aus verschiedenen Ursprüngen stammen die beliebtesten Osterattribute Ei und Hase, die sich in unseren Breiten längst zum eierbringenden Osterhasen verschmolzen haben. Beides sind Fruchtbarkeitssymbole. Schon vor 5.000 Jahren aßen Ägypter und Perser zu ihren Frühlingsfesten bunt bemalte Eier. Und die Germanen brachten ihrer Frühlingsgöttin bunte Eier als Opfergabe dar. Eier dienten im Mittelalter als Zahlmittel für Pacht und Zins; Zahltag war neben St. Martin das Osterfest. Das Lehramt der Kirche hat sich die Eiersymbolik nie zu eigen gemacht, aber die Volksfrömmigkeit hatte keine Berührungsängste mit dem heidnischen Relikt.

Symbolik und Verzehr des Hasen haben eine lange Geschichte, die eng mit seiner wohlbekannten Fruchtbarkeit zusammenhängt. Schon im alten Griechenland war der Hase der Jagdgöttin Artemis heilig, und der Aphrodite, für die Liebe zuständig, wurde er als Fruchtbarkeitsopfer dargebracht. Die Römer versprachen sich vom Verzehr des Tieres ein Übergehen von dessen Fruchtbarkeit auf sie selbst. Die alten Germanen wiederum opferten Märzhasen bei ihren Riten.

Christi Himmelfahrt

In den ersten Jahrhunderten beging die Christenheit noch kein eigenes Fest der Himmelfahrt Christi. Sie wurde zu Ostern gefeiert, wie auch Markus in seinem Evangelium Ostern und Himmelfahrt als einheitliches Ereignis sieht. Bereits um das Jahr 380 ist aber ein Himmelfahrtsfest bezeugt. Mit der Zeit wurde der Festtermin für Himmelfahrt – der lukanischen Tradition folgend – auf den 40. Tag nach Ostern verlegt. Die Frage ist nicht, wann genau Jesus zum Vater heimkehrte, sondern der Glaubenssatz, daß er es tat. Heute wird der Gedanke der Himmelfahrt als eine zeitbedingte Ausdrucksweise für die Auferstehung Jesu interpretiert. Die Himmelfahrt will als »Erhöhung« Jesu einen Gegenpol zu seiner »Erniedrigung« durch den Verbrechertod darstellen.

Pfingsten

Unser deutsches Wort »Pfingsten« leitet sich vom griechischen »pentekoste« ab, was »der 50. Tag« bedeutet. An diesem 50. Tag nach Ostern, dem jüdischen Wochenfest, empfingen die Freunde Jesu und seine Mutter Maria, dem zweiten Kapitel der Apostelgeschichte nach, den Heiligen Geist. Derart gestärkt wagte sich die zuvor verschreckte Gruppe wieder unter die Leute und begann, der versammelten Schar der Festtagspilger in Jerusalem die gute Nachricht zu verkünden: Jesus ist der erwartete Retter, der Messias. Dieses erste öffentliche Bekenntnis empfindet die Kirche als ihre Geburtsstunde – somit wird Pfingsten zum Geburtstag der Kirche.

Trinitatis

Das Bekenntnis zur Dreifaltigkeit (lat. Trinität) gehört zu den grundlegenden Dogmen des christlichen Glaubens. Dabei hat sich der Glaube an Gott, den Vater, den Sohn und den Heiligen Geist erst entwickelt und ist biblisch nicht eindeutig belegt. Die frühen Christen, die sich zu Jesus als den Messias bekannten, mußten die Frage klären, in welchem Verhältnis der Christus zu Gott steht. Während der Priester Arius und seine Anhänger, die Arianer, behaupteten: Jesus, das »Wort« Gottes, sei von Gott geschaffen und stünde als Teil der Schöpfung unter Gott, entschieden die Konzilien von Nizäa im Jahr 325 und Konstantinopel 381: Der Sohn ist »wesensgleich« mit dem Vater – also von göttlicher Natur. In der Ostkirche betet man bis heute zu Gott, dem Vater durch Christus im Hl. Geist, während Katholiken und Protestanten ihr Gebet im Namen der drei göttlichen »Personen« vollziehen: im »Namen des Vaters und des Sohnes und des Heiligen Geistes«.

Reformationsfest

Am 31. Oktober 1517, dem Vortag von Allerheiligen, folgte Martin Luther einem akademischen Brauch und schlug an der Schloßkirche zu Wittenberg ein Thesenpapier an. Seine 95 Thesen zu Ablaß und Buße sollten zur Diskussion unter den Gelehrten der Stadt anregen. Dieses Ereignis wurde später als eigentlicher Auslöser der Reformation betrachtet. Schon im Reformationsjahrhundert entstand der Wunsch, das mit einem Jahrestag zu begehen. Kurfürst *Georg II. von Sachsen* ordnete im Jahre 1667 den 31. Oktober für sein Land an, die anderen Länder zogen bald nach. In Gottesdiensten und anderen Veranstaltungen besinnen sich die evangelischen Gemeinden auf ihr reformatorisches Erbe.

Allerheiligen

Das Apostolische Glaubensbekenntnis spricht von »der Gemeinschaft der Heiligen« und meint damit die Gemeinschaft aller, die von Gott aus Gnade geheiligt wurden. Dennoch kennt die Kirche die Verehrung von Menschen, die sich durch außergewöhnliche Eigenschaften, wie Ausdauer, Mut, Großzügigkeit, Askese, Frömmigkeit oder Leidensbereitschaft, zu Vorbildern für alle Christen gemacht haben. Sie wurden nicht als Heilige geboren, sondern sind in der Regel über lange Jahre hinweg zu heiligen Persönlichkeiten gereift. Ihre Lebensbeschreibungen sind oft von

Legenden überwuchert, die modernen Menschen die Heiligen eher fremd erscheinen lassen. Zudem neigen sie dazu, die Schwächen und Fehler der Heiligen zu verschweigen. Dabei kam ihre vorbildliche Motivationsfunktion eher zum Zuge, wenn sie uns als Menschen »wie du und ich« vorgestellt wurden, die jedoch all ihre Kräfte zusammennahmen und so über das Mittelmaß hinausgelangten.

Ein Allerheiligentag kam im 8. Jahrhundert von Irland und England zum Festland, verbreitete sich rasch und wurde im 9. Jahrhundert für die römische Kirche verbindlich vorgeschrieben. Termin ist der 1. November. Den Heiligen gilt die Verehrung der Christen, nicht aber ihre Anbetung, die allein Gott gebührt, von dem alle Heiligkeit ausgeht und zu dem sie wieder hinführt.

Allerseelen

Dem Bedürfnis, sich des Auferstehungsglaubens für die konkreten Verstorbenen zu vergewissern, kommt der Allerseelentag entgegen. Es wird an diesem Tag für alle Verstorbenen, vor allem für jene des vorausgegangenen Jahres, gebetet. Liturgie und Verkündigung stellen die Botschaft der Auferstehung und Vollendung durch Christus in den Mittelpunkt. Der katholische Totenkult der Gläubigen ist regional unterschiedlich; allen gemein ist das Anzünden von Lichtern auf den Gräbern, die an diesem Tag mit Weihwasser gesegnet werden. Aus praktischen Gründen (Allerseelen, am 2. November, ist kein gesetzlicher Feiertag) wird die Gräbersegnung in den meisten Fällen am Nachmittag von Allerheiligen vorgenommen.

Am letzten Sonntag im Kirchenjahr gedenken die evangelischen Christen der Toten. Im Gottesdienst werden die Namen der Verstorbenen des letzten Jahres verlesen; es kann auch auf dem Friedhof eine Andacht stattfinden. Die Gräber sind geschmückt. Der Totensonntag – kirchenoffiziell wird er Ewigkeitssonntag oder Gedenktag der Entschlafenen genannt – geht auf eine Anordnung des preußischen Königs *Friedrich Wilhelm II.* aus dem Jahre 1816 zurück und ist eine Art protestantisches Gegenstück zum Allerseelentag.

Buß- und Bettag

Bußtage trugen ursprünglich öffentlichen Charakter: Alle Gläubigen wurden angesichts von Gefahren oder Notständen zu Umkehr und Reue aufgerufen. Mit der Zeit wurde der Bußgedanke individualistischer ausgerichtet; der Einzelne steht selbstprüfend vor Gott. Seit 1893 wird der Buß- und Bettag von den meisten evangelischen Landeskirchen am Mittwoch vor dem letzten Sonntag nach Trinitatis begangen. Traditionell wird ein Abendmahlsgottesdienst gefeiert. 1995 fiel dieser staatlich anerkannte Feiertag (außer in Sachsen) der Finanzierung der Pflegeversicherung zum Opfer.

Franz von Assisi

Martin Luther King

Mutter Teresa

Persönlichkeiten des Glaubens

Franz von Assisi

Franz von Assisi gilt als eine der faszinierensten Gestalten der Kirche, zeigt er doch mit seiner Geschichte, zu welch dramatischer Wendung des Weges und beeindruckendem Lebensstil ein Mensch fähig ist, wenn er sich von Gott berühren läßt. Im Jahr 1181 (oder 1182) wurde er als Giovanni (Johannes) Bernadone im umbrischen Assisi geboren. Weil seine Mutter Französin war, nannte man ihn schon als Kind »Francesco« – der kleine Franzose. Der Vater war ein wohlhabender Tuchhändler, und so lebte Franz ein ausschweifendes Leben. Die Begeisterung für das Ritterleben führte ihn 1202/03 in den Krieg mit der Nachbarstadt Perugia; dort wurde er allerdings ein Jahr gefangen gehalten und kehrte verändert heim.

Im Alter von 25 Jahren erlebte Franz seine religiöse Wende, brach mit seinem Elternhaus und lebte fortan in radikaler Armut. Zunächst verbrachte er zwei Jahre als Einsiedler, dann schlossen sich ihm Gleichgesinnte an; die »Gemeinschaft der Minderen Brüder« entstand 1209 und breitete sich rasch aus. Die Brüder waren missionarisch aktiv und kamen 1219 sogar bis nach Ägypten. Das franziskanische Programm hat immer wieder Glaubende fasziniert, aber auch Menschen überzeugt, die seine religiöse Grundlage des absoluten Vertrauens in Gott nicht teilten: Armut – um ganz frei zu sein, Pazifismus – weil Gewalt keine Probleme löst und schließlich die Verbundenheit mit der Umwelt – weil wir die Erde brauchen. Dieser Aspekt wurde vor allem im 20. Jahrhundert betont. So ist Franziskus zu einem Patron der Ökologiebewegung geworden und hat ökologische Fragen zu innerkirchlichen, ja religiösen Themen gemacht. »Schon 1228 sprach man Franziskus heilig, der über die konfessionellen Grenzen der katholischen Kirche hinweg als Beispiel der Nachfolge Christi Anerkennung findet.«

Martin Luther King

Als Sklaven waren afrikanische Frauen und Männer vor über 350 Jahren nach Nordamerika verschleppt worden. Sie wurden von Sklavenhaltern wie ein Gegenstand gekauft, mußten ohne Lohn für sie arbeiten und hatten keinerlei persönliche Freiheit. In der Mitte des 19. Jahrhunderts war die Sklaverei zwar offiziell abgeschafft, doch wurden »Schwarze« von den »Weißen« noch hundert Jahre danach unterdrückt. Im Linienbus mußten sie hinten einsteigen und Weißen den Sitzplatz räumen. Im Park gab es getrennte Bänke für Weiße und Schwarze. Die Schulen waren getrennt in schwarz und weiß, sogar im Kino die Toiletten ...

Gegen diese Ungerechtigkeiten erhob ein junger Mann seine Stimme, der selbst betroffen war: der evangelische Pastor Martin Luther King (geboren am 15. 1. 1929). Natürlich war er nicht der einzige, der etwas verändern wollte. Aber sein Weg war außergewöhnlich. Wie der Inder Mahatma Gandhi wollte er ohne Gewalt die Rechte unterdrückter Menschen durchsetzen. Er organisierte große Demonstrationen – mit bis zu 250.000 Teilnehmern! – und rief unermüdlich zur Gewaltfreiheit auf. 1964 ehrte man seinen friedlichen Einsatz für die Gerechtigkeit mit dem Friedensnobelpreis. Seine Mühen trugen schließlich Früchte. Viele begannen sich dafür einzusetzen, daß schwarze und weiße Bürger die gleichen Rechte erhielten, wenngleich sich die Umsetzung schwierig gestaltete. In der Sache hart, im Umgang versöhnlich: Trotzdem wurde Martin Luther King ein Opfer seiner Gegner. Am 4. April 1968 erschoß ihn ein Weißer. Der Mann, der zum »Symbol der Brüderlichkeit« geworden war, starb im Alter von 39 Jahren. Heute ist sein Todestag in den USA ein Staatsfeiertag.

Mutter Teresa

Sie wurde schon zu Lebzeiten wie eine Heilige verehrt; Katholiken und Christen anderer Konfession, sogar Nicht-

Christen bewunderten ihren Einsatz für die »Ärmsten der Armen«. Was diese Frau geschafft hat, ist bemerkenswert: 1910 wurde sie in einer makedonischen Bauernfamilie in Skopje geboren. Als Achtzehnjährige trat sie in Indien in einen Schwesternorden ein, verließ das wohlbehütete Kloster jedoch nach Jahren wieder, um sich in den Straßen Kalkuttas um die Sterbenden kümmern zu können. 1950 gründete sie ihren eigenen Orden, die »Missionarinnen der Nächstenliebe«. Dazu gehören mehrere tausend Frauen aus aller Welt, Krankenschwestern, Ärztinnen, Hebammen, Lehrerinnen und andere. Sie sind da, wo Not herrscht: Aus den Mülltonnen werden die verstoßenen Kinder geborgen, Rauschgiftsüchtigen bieten sie Hilfe an, geben Hungernden etwas zu Essen und Nichtseßhaften ein Dach über dem Kopf. Tätig sind die Schwestern in vielen Ländern, auf Kuba und in Berlin, genauso wie in New York und natürlich in Indien, wo die Gemeinschaft ihren Sitz hat. Mutter Teresa fragte einmal bei einem Vortrag in Europa ihr Publikum: »*Kennt Ihr die Armen eurer Stadt?*« Die Friedensnobelpreisträgerin vom Jahre 1979 war eine tiefreligiöse Frau. Aus dem täglichen Gebet und der Feier der Messe schöpfte sie Kraft für ihren Dienst. Sie erwartete von ihren Mitschwestern das, was sie selbst zu geben bereit war: vollkommene Hingabe. Die Selbstlosigkeit dieser 1997 gestorbenen Frau fand nicht nur Anerkennung, sondern wurde auch kritisiert. Ihr Zeugnis aber bleibt.

Anmerkungen zu Umschrift und Aussprache:

' Kehlkopfverschlusslaut wie in *be'enden* oder *be'urlauben*
' typisch arabischer Reibelaut, Aussprache im Zweifelsfall wie '
ch wie in Bach, nie wie in *ich*
dh wie stimmhaftes *th* in englisch *the*
ğ wie stimmhaftes *dsch* in *Dschungel*
gh wie *r* in französisch *merci*
h immer hörbar
q in der Kehle gesprochenes *k*
s stimmloses *s* wie in *fassen*
š wie stimmloses *sch* in *Schiff*
th wie stimmloses *th* in englisch *think*
z stimmhaftes *s* wie in *summen*

Im modernen Türkisch sind zwei Zeichen zu beachten:
ı dumpfes *i*, etwa wie *e* in *Beginn*,
ş wie *sch* in *Schiff*.

Die Koranzitate folgen der Übersetzung von Adel Theodor Khoury: Der Koran, Gütersloh 1987.

Die Entstehung des Islams **Die Grundlagen**

Die Glaubenslehren des Islams

Die Entstehung des Islams

Muhammad und der Koran

Der Islam geht auf die Verkündigung des Propheten Muhammad zurück, der um das Jahr 570 n. Chr. in Mekka auf der arabischen Halbinsel geboren wurde. Im Vergleich mit anderen Religionsstiftern ist man über sein Leben relativ gut unterrichtet. Neben dem Koran, der einige biografische Hinweise über Muhammad enthält, geben zahllose Überlieferungen seiner Worte und Handlungen, die seine Gefährten sammelten, um seine vorbildliche Lebensweise zu dokumentieren, sowie die Biografie des Muhammad ibn Ishaq (um 704 in Medina geboren) Aufschluss über sein Leben und Wirken.

So ist bekannt, dass Muhammad nach dem frühen Tod seiner Eltern zunächst bei seinem Großvater Abdalmuttalib und dann bei seinem Onkel Abu Talib aufwuchs. Seine Familie lebte wie die ganze Stadt vom Handel und der junge Muhammad wuchs in der Welt der Händler und Kaufleute des wohlhabenden Mekka auf. Erwachsen trat er in den Dienst der reichen Kaufmannswitwe Chadiǧa, deren Karawanen er führte und die ihn später heiratete.

Neben ihrer Bedeutung als wichtige Handelsmetropole war Muhammads Heimatstadt gleichzeitig religiöses Zentrum und Wallfahrtsort für die arabischen Stämme der Halbinsel. Diese Bedeutung rührt von einem bis heute erhaltenen großen würfelförmigen Gebäude her, Ka'ba genannt, das die Araber als ältestes Gotteshaus der Menschheit betrachteten und das die Muslime bis auf den heutigen Tag verehren. Die vorislamische Religion der Araber zur Zeit Muhammads lässt sich zutreffend als eine Form des *Polytheismus,* der Vielgötterei, bezeichnen. In der Ka'ba waren die Standbilder und Symbole der vielen Götter und Gottheiten aufgestellt, die im Leben der Mekkaner von Bedeutung waren. Neben männlichen Göttern gab es auch weibliche. Verwandtschaftliche Beziehungen zwischen beiden waren nicht ungewöhnlich. Kenntnisse über die

Glaubensvorstellungen der Mekkaner bieten zum einen archäologische Funde aus jener Zeit und zum anderen die entsprechenden Aussagen des Korans und der islamischen Überlieferung, die diese Zeit als ğahiliya, als (Zeit der) Unwissenheit, kennzeichnen.

Inmitten der Vielgötterei der Araber gab es jedoch eine Erscheinung, die man als Entwicklung hin zum *Monotheismus*, dem Glauben an einen Gott, verstehen kann. Zu der als *Hanifen* bezeichneten Gruppe gehören jene Zeitgenossen Muhammads, die auf der Suche nach dem einen Gott eine Abkehr von der Verehrung der vielen Gottheiten vollzogen hatten. Ohne das Bekenntnis der Juden oder Christen ausdrücklich zu teilen, scheinen sie in dieser Hinsicht manches mit ihnen gemeinsam gehabt zu haben. Der Koran hat diese Glaubensvorstellung für Abraham reklamiert, von dem es heißt: *Abraham war weder Jude noch Christ, sondern er war Anhänger des reinen Glaubens, ein Gottergebener, und er gehörte nicht zu den Polytheisten.* (3,67)

Sowohl Juden als auch Christen waren als religiöse Minderheiten in Muhammads Umgebung bekannt. Während Juden sich in größerer Zahl und als mehr oder weniger geschlossene Gruppen in verschiedenen Ortschaften niedergelassen hatten, lebten Christen nur vereinzelt als Händler oder als Sklaven unter den Arabern. Christliche Gemeinden gab es jedoch im Süden der arabischen Halbinsel sowie in Abessinien. Die religiösen Verhältnisse zu Muhammads Zeiten waren somit von der altarabischen Volksreligion als vorherrschender Kraft und von verschiedenen monotheistischen Strömungen mit untergeordneter Bedeutung geprägt. In diesem Klima verbrachte Muhammad die ersten vierzig Jahre seines Lebens. Wenig Nennenswertes war dabei bis zu jenem Tag geschehen, der mit einem Schlag alles verändern sollte.

Im Alter von vierzig Jahren hielt Muhammad sich zum Beten und Fasten auf dem Berge Hira auf, als sich plötzlich seine Berufung zum Propheten ereignete. Der islamischen

Überlieferung zufolge trat der Erzengel Gabriel an ihn heran und forderte ihn auf, die auf einem Brokattuch aufgezeichneten Zeilen vorzulesen. Der derart überraschte Muhammad weigerte sich zunächst und gab dem Drängen des Boten nur zögernd nach. Als er keinen Ausweg mehr sah, willigte er schließlich ein und las die folgenden Worte: *Lies im Namen deines Herrn, der erschaffen hat, den Menschen erschaffen hat aus einem Embryo. Lies. Dein Herr ist der Edelmütigste, der durch das Schreibrohr gelehrt hat, den Menschen gelehrt hat, was er nicht wußte.* (96,1–5) Das Entscheidende an diesen Worten ist aus islamischer Sicht, dass es sich weder um die Worte Muhammads noch um die des Engels handelte, sondern vielmehr um Gottes Worte. Als Verkünder dieser Worte fühlte Muhammad sich von jener Stunde an berufen. Von nun an bis zu seinem Lebensende wiederholten sich derartige Ereignisse, die darin gipfelten, dass göttliche Botschaften an ihn herabgesandt wurden.

Das Wort *Koran* bedeutet Lesung, Vortrag oder Rezitation und das Buch gleichen Namens beinhaltet diese vom Propheten Muhammad im Verlauf der nächsten zweiundzwanzig Jahre empfangenen und vorgetragenen göttlichen Botschaften. Dem Inhalt nach kreisen sie alle um das eine Thema, das der erste Teil des islamischen Glaubenszeugnisses prägnant mit den folgenden Worten zum Ausdruck bringt: *Es gibt keinen Gott außer Gott.* Sie entfalten dieses Thema der Einzigartigkeit Gottes in vielen Variationen und mit vielen Akzenten. Hierzu gehören als wesentliche Aussagen, dass Gott der Schöpfer und Erhalter allen Lebens ist, dass er die Menschen am Ende der Zeiten nach ihrem Glauben und ihren Taten richten wird und schließlich, dass es neben und außer ihm keine anderen Götter und göttlichen Wesen geben kann. Die Verkündigung dieser Botschaft schließt daher notwendigerweise eine Abkehr und Umkehr vom hergebrachten Glauben der Väter ein.

Darüber hinaus geben viele Suren des Korans Erzählungen biblischen Inhalts wieder, die allerdings im Einzelnen dem besonderen Akzent der Verkündigung Muhammads entsprechen und somit signifikante Veränderungen gegenüber der jüdischen oder christlichen Lesart bedeuten. So mündet die Josefserzählung im Koran in einem eindringlichen Bekenntnis zur Einzigkeit Gottes (12,37+38). Besonders die Suren jüngeren Datums, d. h. jene aus der Zeit Muhammads in Medina (622–632 n. Chr.), haben konkrete Themen des religiösen oder gesellschaftlichen Lebens der muslimischen Gemeinde zum Inhalt.

Einem Nichtmuslim fällt die Lektüre des Korans besonders schwer, da die einzelnen Suren nicht in ihrer chronologischen Reihenfolge angeordnet sind, sondern vielmehr nach ihrer ungefähren Länge. Nach der Eröffnungssure, der *fatiha*, folgen den ganz langen Suren die weniger langen, bis schließlich am Ende ganz kurze Suren stehen. Jeder Sure ist nachträglich eine Angabe vorangestellt, ob sie in Mekka oder Medina offenbart wurde, sowie eine Kurzbezeichnung. Die zweite Sure trägt etwa den Namen *al-baqara* (Die Kuh), die neunzehnte Sure heißt *Maryam* (Maria) usw. Bis auf die neunte beginnt jede Sure mit der Formel *Im Namen Gottes, des Erbarmers, des Barmherzigen*. Die Zusammenstellung und Redaktion der einzelnen Offenbarungstexte erfolgte in der Regierungszeit des Kalifen Uthman (644–656 n. Chr.). Die bis dahin mündlich tradierten oder aufgeschriebenen Bestandteile der Verkündigung Muhammads wurden auf seine Anordnung hin zu einem Ganzen zusammengefügt.

Muhammad machte von seinem Berufungserlebnis wenig Aufhebens und teilte das Geschehene zunächst nur den Personen in seiner unmittelbaren Umgebung mit. Zu seinen ersten Anhängern gehörten seine Ehefrau Chadiǧa und sein Cousin Ali. Mit der Zeit verbreitete sich die Kunde von seiner eigentümlichen Sendung unter den Bewohnern Mekkas und traf auf allgemeine Ablehnung. Trotz seines gesellschaftlichen Ranges als Angehöriger einer der bedeutenden Familien der Stadt und seines vorbildhaften Lebenswandels schenkten ihm nur wenige seiner Landsleute Glauben. Sein Aufruf zum Glauben an den einen Gott und zur Abkehr von den gewohnten religiösen Vorstellungen stellte eine Herausforderung dar, der die meisten Mekkaner nicht zu folgen bereit waren. Dies war um so mehr der Fall, als sie mit seiner Verkündigung nicht nur die religiösen Grundlagen, sondern auch die wirtschaftlichen Voraussetzungen ihres Wohlstandes gefährdet sahen. Die Bedeutung Mekkas als Zentrum des Handels und der Wallfahrt bedingte eine Verknüpfung beider Aspekte. Je mehr Anhänger Muhammad daher um sich sammelte, desto gefährlicher erschien er der herrschenden Schicht Mekkas. Sie beließ es nunmehr nicht dabei ihn schlichtweg zu ignorieren oder zu verspotten, sondern begann mit der Ausübung von Druck und der Anwendung von Gewalt auf die Destabilisierung ihres Glaubens zu reagieren. Hiervon war der Prophet weniger unmittelbar selbst betroffen, als vielmehr seine Anhänger aus den unteren sozialen Schichten. Zu deren Schutz entschloss er sich, einen Teil von ihnen im Jahre 615 nach Abessinien auswandern zu lassen und sie dem dortigen christlichen Herrscher anzuvertrauen. Tatsächlich gewährte dieser ihnen Schutz und ließ eine Delegation der Mekkaner, die sich reich bepackt mit Geschenken um Auslieferung der Ausgewanderten bemüht hatte, unverrichteter Dinge wieder zurückkehren.

In Mekka selbst versuchten die Gegner Muhammads ihn und seine verbliebenen Anhänger durch einen regelrechten Boykott in die Knie zu zwingen. Weniger diese Maßnahme als vielmehr persönliche Rückschläge führten in den nun folgenden Jahren zu einer Verschlechterung der Situation Muhammads. Mit dem Tod Chadiǧas und seines Onkels Abu Talib verlor der Prophet zwei bedeutende Personen aus seinem unmittelbaren Umfeld. Der Verlust Abu Talibs, eines der führenden Männer Mekkas, war insofern für Muhammad folgenschwer, als er bislang dessen persönlichen Schutz gegenüber den Anfeindungen seiner Gegner genossen hatte. Angesichts dieser Lage erscheint es folgerichtig, dass er nach einer Gelegenheit suchte, sich den nun zu befürchtenden Auseinandersetzungen und Gefahren zu entziehen.

Diese Gelegenheit zeigte sich schon bald aufgrund bestehender Kontakte zu den Bewohnern der nördlich von Mekka gelegenen Oasenstadt Yathrib. Die Bewohner von Yathrib waren nicht nur gewillt Muhammads Botschaft anzunehmen, sondern boten ihm darüber hinaus ihren Schutz an und luden ihn ein zu ihnen überzusiedeln. Von diesem Angebot machte der Prophet im Jahre 622 Gebrauch und verließ zusammen mit seinen Anhängern seine Heimatstadt. Die Stadt Yathrib erhielt aufgrund dieses Ereignisses später den Namen Medina, d. h. Stadt (des Propheten).

Die Auswanderung Muhammads von Mekka nach Medina markiert den Anfang der islamischen Zeitrechnung. Muslime beginnen ihren Kalender folglich weder mit der Geburt Muhammads 570 noch mit seiner Berufung zum Propheten 610, sondern vielmehr mit dem als *higra* bezeichneten Ereignis seiner Auswanderung im Jahre 622. Der Grund für diese Datierung liegt darin, dass damit gleichsam die Entstehung der ersten islamischen Gemeinde verbunden war. Dieser Zusammenhang ergibt sich nicht allein dadurch, dass die Zahl der Anhänger Muhammads nun zunahm, weil sich zu den Auswanderern aus Mekka, den *muhagirun*, die als Helfer *(ansar)* bezeichneten Bewohner Medinas hinzugesellten, sondern vor allem durch ein gewandeltes Selbstverständnis. In Mekka hatte die junge Gemeinschaft unter dem ständigen Druck der ungläubigen Mekkaner gestanden, die jede Form der öffentlichen Ausübung des neuen Bekenntnisses unmöglich gemacht hatten. So mussten sich die Anhänger Muhammads zum Beten vor die Tore der Stadt schleichen oder ihren religiösen Verpflichtungen im Schutz des Hauses nachkommen.

Mit der Auswanderung nach Medina änderte sich dieser Zustand nachhaltig. Bereits auf dem Wege dorthin konnte Muhammad zusammen mit seinen Begleitern in

Quba das erste öffentliche Freitagsgebet verrichten. In Medina angekommen wurde es zur Verpflichtung für die Gemeinschaft. Im Hofe von Muhammads dortigem Haus entstand ferner die erste Gebetsstätte der Muslime. Das arabische Wort *masğid*, wovon sich das Wort *Moschee*, ableitet, bezeichnet den Ort zur Niederwerfung beim Gebet. Die erste Moschee war nichts weiter als ein freier und umzäunter Platz, auf dem die Muslime sich zum gemeinsamen Gebet einfanden. Der Prophet stand auf dem Stumpf einer Palme, um von dort seine Predigt zu halten. Der nunmehr öffentliche Charakter seines Wirkens zeigte sich weiterhin darin, dass er den Beginn der fünf täglichen Gebetszeiten durch einen Rufer, den Muezzin, verkünden ließ. Diese und weitere Beispiele vermögen den Wandel zu verdeutlichen, der sich mit der Auswanderung nach Medina im Bewusstsein des Propheten und seiner Anhänger vollzogen hatte. Die in Medina verkündeten Korantexte enthalten daher wesentlich mehr konkrete Anleitungen für das religiöse und soziale Leben der Muslime, als dies in den Verkündigungen in Mekka der Fall gewesen ist. Demzufolge wandelte sich auch die Stellung des Propheten selbst, der über seine primär religiöse Funktion als Prophet jetzt zunehmend die Aufgaben als weltliches Oberhaupt der Gemeinschaft übernahm. Die unter seiner Leitung ausgehandelten Bedingungen für das Zusammenleben der *muhağirun* mit den *ansar* und den Juden von Medina finden ihren Ausdruck in der *Gemeindeordnung von Medina*.

Über diese beiden Funktionen hinaus fiel Muhammad sehr bald zusätzlich die Ausgabe eines Feldherrn zu, da es zu bewaffneten Auseinandersetzungen mit den Mekkanern kam. Seine ursprünglich pazifistische Grundhaltung machte in dieser Phase einer militanten Haltung Platz, die jedoch entscheidend vom Überlebenskampf seiner Gemeinschaft gegenüber den Anfeindungen seiner Gegner bestimmt ist. Angesichts der Vertreibung aus der Heimat erscheint die Anwendung von Gewalt zur Verteidigung der islamischen Gemeinschaft legitim. Dabei darf man allerdings nicht verschweigen, dass die Beute der diversen Raubzüge auch dem Lebensunterhalt der Anhänger Muhammads diente. Nach mehreren kleinen Scharmützeln kam es im Jahre 624 zur großen Schlacht von Badr, aus der die Muslime trotz zahlenmäßiger Unterlegenheit siegreich hervorgingen. Ein Jahr später mussten sie in der Schlacht von Uhud jedoch eine empfindliche Niederlage gegen die Mekkaner hinnehmen. Wenige Jahre später kam es 627 zu einer groß angelegten Belagerung Medinas durch ein gewaltiges Heer der Mekkaner. Diese Auseinandersetzung ist unter dem Namen *Grabenkrieg* in die islamische Geschichte eingegangen, da die Muslime rund um die Stadt Medina einen Graben zu ihrer Verteidigung aushoben und somit die Bedrohung erfolgreich abwenden konnten.

In diese Jahre fallen zusätzliche Auseinandersetzungen mit den drei in Medina ansässigen jüdischen Stämmen. Obwohl sie durch die Gemeindeordnung ein Teil der politischen Gemeinschaft waren, ließ sich das Bündnis mit ihnen nicht lange aufrecht erhalten. Während Muhammad zwei von ihnen vertreiben ließ, wurde der dritte gewaltsam vernichtet. Der Grund dafür ist darin zu sehen, dass die Juden dieses Stammes sich im Zusammenhang mit dem Grabenkrieg an einer Intrige gegen die Muslime beteiligt hatten.

Die erfolglose Belagerung Medinas kann als Wende in der Auseinandersetzung mit den ungläubigen Mekkanern betrachtet werden. Im Jahre 628 willigte Muhammad durch das Abkommen von Hudayba in einen auf zehn Jahre befristeten Waffenstillstand mit seinen Gegnern ein. Aufgrund dieses Abkommens war ihm und seinen Anhängern eine zeitweilige Rückkehr nach Mekka zum Vollzug der Wallfahrt gestattet. Dieser Friedensvertrag ermöglichte Muhammad darüber hinaus eine Ausdehnung seines Machtbereichs über Medina hinaus. In die beiden folgenden Jahre fallen daher militärische Expeditionen im Norden der arabischen Halbinsel. Bereits 630 kam jedoch der vereinbarte Waffenstillstand durch das unvorsichtige

Handeln der Mekkaner an ein Ende. Muhammad zog mit einem gewaltigen Heer gegen die Stadt, die er bald fast kampflos einnehmen konnte. Nach seinem erfolgreichen Einzug stellte er in der Ka'ba als dem zentralen Heiligtum Mekkas die Verehrung des einen und einzigen Gottes her, indem er die Kultobjekte und Bildnisse der heidnischen Gottheiten und Götzen zerstörte. Der folgende Koranvers ließ sie alle zu Staub zerfallen: *Die Wahrheit ist gekommen, und das Falsche schwindet dahin. Das Falsche schwindet ja schnell dahin.* (17,81)

Im darauf folgenden Jahr, dem *Jahr der Delegationen*, nahm Muhammad die Huldigungen von zahlreichen arabischen Stämmen entgegen, die von überall auf der arabischen Halbinsel nach Medina gezogen waren, um sich seiner Herrschaft zu unterwerfen.

Noch einmal vollzog Muhammad danach die Riten der Wallfahrt nach Mekka, bevor er im Jahre 632 an den Folgen eines Fiebers in den Armen seiner Lieblingsfrau A'yša verstarb. Man bestattete ihn am folgenden Tag nur in Leinentücher gewickelt nach einem Totengebet in seinem Haus. Im Alter von zweiundsechzig Jahren fand er nach der Vollendung seines Lebenswerkes seine letzte Ruhe dort, wo sich heute die Prophetenmoschee von Medina erhebt.

Die rechtgeleiteten Kalifen

Der Tod Muhammads erfüllte seine Gemeinde mit Trauer und tiefer Bestürzung, sah sie sich doch plötzlich ihres geistlichen und weltlichen Oberhauptes beraubt. Darüber hinaus bedeutete sein Heimgang den definitiven Abschluss des Offenbarungsgeschehens; nicht umsonst bezeichnet der Koran ihn als das *Siegel der Propheten* (33,40). Inmitten dieser trostlosen Situation mag eine Aussage Abu Bakrs, der dem Propheten bald als Kalif in der Leitung der Gemeinschaft nachfolgen sollte, für die weitere Zukunft maßgebend gewesen sein: *Wenn jemand Muhammad anbetet,*

Muhammad ist tot! Wenn jemand Gott anbetet, Gott lebt und wird nie sterben! Mit diesen Worten machte er deutlich, dass Gott der wesentliche Bezugspunkt im Leben der Muslime ist und der Prophet trotz seiner Verdienste und seiner herausragenden Bedeutung eben doch nur ein Gesandter Gottes bleibt und in keinen übermenschlichen Rang aufsteigt. So einmalig und unwiederholbar seine Sendung im Einzelnen auch gewesen ist, so bleibt er doch seiner prophetischen Berufung und menschlichen Bestimmung verhaftet. Dieses Verständnis bringt auch der zweite Teil des islamischen Glaubenszeugnisses zum Ausdruck, in dem es heißt: *Und Muhammad ist der Gesandte Gottes.* Daraus folgt, dass Muslime eben nicht an die Person Muhammads glauben, sondern vielmehr allein an seine prophetische Sendung. Daher ist es auch nicht angebracht, sie als *Mohammedaner* zu bezeichnen, da dies den Glauben an den Propheten impliziert, so wie Christen sich durch ihren Glauben an Christus auszeichnen. Die Bezeichnung *Muslime* hingegen entspricht ihrem Selbstverständnis, da sie zutreffend ihre gläubige Hingabe oder Unterwerfung unter Gottes Willen zum Ausdruck bringt.

Wie es nun nach Muhammads Tod mit der Gemeinschaft der Muslime weitergehen sollte, war eine spannende Angelegenheit. Dabei stand zunächst außer Zweifel, dass seine prophetische Sendung mit seinem Tod erloschen war und es sich bei der Frage der Nachfolge allein um die Leitung der islamischen Gemeinschaft handeln konnte. Der Prophet hatte dazu weder männliche Nachkommen hinterlassen noch hatte er sich in dieser Frage verbindlich geäußert. Innerhalb der Gemeinschaft konnten sich diejenigen durchsetzen, die für die Wahl einer Person aus dem Kreis der unmittelbaren Prophetengefährten waren. Sie behaupteten sich damit gegen diejenigen, die den Anspruch eines Familienangehörigen des Propheten und seiner Nachkommen verfochten. Letzteren galt Ali, der Cousin und Schwiegersohn des Propheten Muhammad, als der ideale Kandidat für die Nachfolge. Unter der Bezeichnung der Partei Alis, der *šiʿa*, woraus sich die Bezeichnung *Schiiten* ableitet, entwickelten sie sich zu einer der beiden bedeutenden Ausrichtungen innerhalb des Islams, wovon noch an anderer Stelle die Rede sein soll. Doch zunächst kamen diejenigen zum Zuge, die später die Bezeichnung *Sunniten* für sich in Anspruch nahmen. Damit bringen sie zum Ausdruck, dass sie sich in besonderer Weise dem Vorbild des Propheten verpflichtet fühlen, wie es ihnen durch seine unmittelbaren Gefährten vermittelt ist. An der Frage der Nachfolge des Propheten nahm demnach die Spaltung der Muslime in Sunniten und Schiiten ihren Ausgang.

Zum ersten Kalifen wählte die Gemeinschaft den bereits erwähnten Abu Bakr, der zu den ersten Personen gehört hatte, die Muhammads Ruf zur Annahme des Islams gefolgt waren. Abu Bakr regierte von 632 bis 634. Ihm folgte Umar ibn al-Chattab (634–644), der den islamischen Herrschaftsbereich weit ausdehnte. Im Zusammenhang dieser Expansionen bestimmte er auf der Grundlage von Koran und den Überlieferungen aus dem vorbildhaften Leben des Propheten, der Sunna, Verhaltensregeln für den Umgang mit den besiegten Völkern. Ferner war er es, der den Beginn der islamischen Zeitrechnung offiziell mit der *hiğra* festlegte. Der besondere Verdienst des dritten Kalifen Uthman ibn Affan (644–656) lag darin, dass er die Redaktion des Korans in Auftrag gab. Er ließ alle bekannten Verse und Abschnitte des Offenbarungsgutes sammeln, sichten und zu einem Buch zusammenstellen, das in seinem Textbestand bis heute unverändert vorliegt. Wenige Jahre nach dem Tod des Propheten kann die Redaktionsgeschichte der von ihm verkündeten Offenbarungstexte daher als abgeschlossen betrachtet werden.

Wie sein Vorgänger Umar starb auch Uthman eines gewaltsamen Todes während der Lektüre des Korans. Mit der darauf folgenden Wahl Ali ibn Abu Talibs zum Kalifen (656–661) schienen sich die Erwartungen seiner Anhänger zu erfüllen. Doch bestritten die Angehörigen Uthmans sowie die Prophetenwitwe Aʾyša von vornherein das Kalifat

Alis. Nach einem Sieg über A'yša in der so genannten Kamelschlacht stellte sich Ali den Truppen des syrischen Statthalters Mu'awiya, eines Verwandten Uthmans. Seine Bereitschaft, einem Schiedsspruch über die Rechtmäßigkeit seines Kalifats zuzustimmen, kostete ihn die Unterstützung vieler Anhänger und führte dazu, dass Mu'awiya sich zum Kalifen ausrufen ließ. Ali selbst fiel 661 einem Anschlag zum Opfer, als er die Moschee zum Gebet betreten wollte. Damit konnte Mu'awiya sich endgültig durchsetzen. Er bestimmte seinen Sohn Yazid zu seinem Nachfolger und bewirkte damit eine Umwandlung der Institution des Kalifats in eine Erbfolge. Mit dem Tod Alis endete die Zeit der so genannten *rechtgeleiteten Kalifen,* die den Muslimen zusammen mit der Lebenszeit des Propheten als *goldenes Zeitalter* gilt. Die Namen der vier rechtgeleiteten Kalifen finden sich zusammen mit dem Gottesnamen Allah, dem Namen des Propheten Muhammad und denen seiner beiden Enkel Hasan und Husayn, der beiden Söhne Alis, in kalligraphischer Schönschrift auf runden Tafeln, die in den Moscheen links und rechts von der Gebetsnische angebracht sind. Auf diese Weise bleibt ihr Andenken den dort Betenden erhalten.

Der Begriff *chalifa* bezeichnet in der Sprache des Korans eigentlich die Statthalterschaft des Menschen auf Erden, dem Gott die Verfügungsgewalt über seine Schöpfung übertrug (2,30). Demnach ist ein jeder Mensch als Statthalter Gottes auf Erden eingesetzt. In einem übertragenen Sinne bezeichnet der Begriff sodann die Nachfolger des Propheten Muhammad in der Leitung der islamischen Gemeinschaft. Als *chalifatu rasuli-llah,* als Statthalter des Gesandten Gottes, standen sie der Gemeinschaft der Muslime über Jahrhunderte weltweit vor. Mit der Übernahme des Kalifats durch die Umayyaden (661–750) und danach durch die Abbasiden (750–1258) vollzog sich eine entscheidende Umwandlung dieser Institution in eine dynastische Erbfolge. Auf dem Höhepunkt ihrer Macht gingen die Abbasiden sogar so weit, sich in ihrem Selbstverständnis nicht mehr nur noch als die Statthalter des Propheten zu betrachten, sondern vielmehr als *Schatten Gottes auf Erden*. Aufgrund dieser Entwicklungen sahen die Muslime mit dem Tod des vierten Kalifen tatsächlich das Ende der normativen Epoche des Islams gekommen.

Die Glaubenslehren des Islams

Im Mittelpunkt der Verkündigung Muhammads stand der Aufruf zum Glauben an den einen Gott. Dieser Glaube kommt im Glaubenszeugnis *Ich bezeuge, es gibt keinen Gott außer Gott* zum Ausdruck. Von diesem Bekenntnis her erfährt der Islam seine Ausrichtung und Prägung. Darüber hinaus gehören weitere Artikel zum Glauben der Muslime, wie sie das folgende Glaubensbekenntnis in Anlehnung an Sure 2,285 formuliert: *Ich glaube an Gott und seine Engel, seine Bücher und seine Gesandten, an den Jüngsten Tag, die Auferstehung nach dem Tode, die Vorherbestimmung seitens Gottes – die gute wie die schlimme –, an das Gericht, die Waage, das Paradies und das Höllenfeuer – das alles ist Wahrheit*. Eine beliebte kalligraphische Darstellung des Glaubensbekenntnisses ist das so genannte *Schiff des Glaubens*, bei dem die einzelnen Glaubensartikel als Ruder eines Schiffes dargestellt sind. Ihre Hinordnung auf das Zentrum islamischen Glaubens ergibt sich jedoch daraus, dass der Glaube an Gott das Schiff steuert. Wenn denn die einzelnen Artikel im Folgenden nacheinander behandelt werden, darf dieser Wesenszug des Islams nicht aus dem Blick fallen.

Der Glaube an Gott

Gott – der Eine und Einzige

Die entscheidende Aussage des Korans ist das Bekenntnis zur Einheit und Einzigkeit Gottes, wie es in Sure 2,163 und an vielen weiteren Stellen zum Ausdruck kommt: *Und euer Gott ist ein einziger Gott, es gibt keinen Gott außer Ihm, dem Erbarmer, dem Barmherzigen.* Diese Aussage ist nach islamischem Verständnis sowohl gegen die Vielgötterei der Mekkaner als auch gegen die Inkarnations- und Trinitätslehre der Christen gerichtet. Der Glaube an den einen Gott schließt aus, dass es neben ihm andere Götter geben oder ihm irgendein Wesen beigesellt werden kann. Damit verwirft der Koran zunächst den Glauben der heidnischen Mekkaner.

Dieser Glaube bestand darin, dass die Mekkaner Gott andere göttliche Wesen zur Seite stellten (43,15), mit denen er eine verwandtschaftliche Beziehung eingegangen sei (37,158) oder Kinder gezeugt habe (37,152) und daher Söhne und Töchter habe (6,100). Als Argument gegen diese Vorstellungen führt der Koran an, dass die Existenz mehrerer Götter ein Widerspruch in sich ist, weil das zu einer unheilvollen Konkurrenz unter den Göttern führen würde (17,42; 21,22). Dagegen spricht auch, dass Gott auf kein anderes Wesen angewiesen ist, weil ihm allein alles gehört (10,68). Er hat daher keine Gefährtin (6,101) und erschafft nicht durch Zeugung, sondern durch sein schöpferisches Wort (19,35). Die Götter der Mekkaner sind demgegenüber bedeutungslos, weil sie nichts von all dem vermögen, was Gott kann (30,40). Weder können sie etwas erschaffen (10,34), noch vermögen sie es am Leben zu erhalten (16,73). Auch sind sie nicht in der Lage, etwas gegen Gottes Willen zu verrichten (39,38), die Menschen rechtzuleiten (10,35) oder ihnen beim Gericht beizustehen (28,62–64). Aus all dem ergibt sich daher, dass der Glaube der Mekkaner jeder Grundlage entbehrt und sich nur auf unwahre Behauptungen stützt.

In zweiter Linie richtet sich der Koran auch gegen die Gottesvorstellungen der Christen. Seine Glaubenslehre der Einheit und Einzigartigkeit Gottes schließt die Vorstellung der Menschwerdung Gottes in Jesus von Nazareth radikal aus. Jesus ist nach islamischer Vorstellung nur ein Mensch. Was der Koran von ihm denkt, bringt Sure 4,171 zusammenfassend zum Ausdruck: *Christus Jesus, der Sohn Marias, ist doch nur der Gesandte Gottes und sein Wort, das er zu Maria hinüberbrachte, und ein Geist von Ihm. So glaubt an Gott und seine Gesandten. Und sagt nicht: Drei. Hört auf, das ist besser für euch. Gott ist doch ein einziger Gott. Gepriesen sei Er und erhaben darüber, daß Er ein Kind habe.* Auch wenn der Koran Jesus als den *Christus* oder als *Wort Gottes* und *Geist Gottes* bezeichnet, sind diese Begriffe ausschließlich im Rahmen des islamischen Jesusbildes zu verstehen. Demnach zeichnet sich Jesus durch seine wundersame Geburt von der Jungfrau Maria, durch das Wirken von Wundern und durch seine prophetische Sendung vor den Menschen aus (3,45–51). Aber all das ist nur im Zusammenhang seiner Bestimmung zu sehen, die Menschen zum Glauben an den einen Gott aufzurufen: *Ich habe ihnen nichts anderes gesagt als das, was Du mir befohlen hast, nämlich: »Dienet Gott, meinem Herrn und eurem Herrn.«* (5,117) Gerade dass die Begriffe so ähnlich sind, macht die Diskussion so schwierig. Sowohl Christentum wie Islam glauben an die jungfräuliche Geburt Jesu – die Konsequenzen, die sie daraus ziehen, sind jedoch diametral entgegengesetzt. Sure 112, die den Namen *Der aufrichtige Glaube* trägt, bringt die muslimische Position in dieser Frage treffend zum Ausdruck: *Sprich: Er ist Gott, ein Einziger, Gott, der Undurchdringliche. Er hat nicht gezeugt, und Er ist nicht gezeugt worden, und niemand ist Ihm ebenbürtig.* Sofern die Christen an ihrem Glauben festhalten, ziehen sie sich ein hartes Urteil des Korans zu: *Ungläubig sind diejenigen, die sagen: »Gott ist Christus, der Sohn Marias«, wo doch Christus gesagt hat: »O ihr Kinder Israels, dienet Gott, meinem Herrn und eurem Herrn.« ... Ungläubig sind diejenigen, die sagen: »Gott ist der Dritte von dreien«, wo es doch keinen Gott gibt außer einem einzigen Gott.* (5,72+73)

Der zweite der beiden Verse macht deutlich, dass der Koran konsequenterweise auch den christlichen Glauben an die Dreifaltigkeit Gottes ablehnt. Sowenig, wie Gott nach islamischer Vorstellung einen Sohn haben kann, sowenig kann er ein Gott in drei Personen sein. Liest man die wenigen Aussagen des Korans über die Dreifaltigkeit mit Aufmerksamkeit, muss man zu dem Ergebnis gelangen, dass er in seinem Urteil einem gewaltigen Missverständnis erlegen ist. In Sure 5,116 wird Jesus beim Endgericht zum Zeugnis gegen die Christen bemüht und nach seiner Lehre befragt: *O Jesus, Sohn Marias, warst du es, der zu den Menschen sagte:* »*Nehmt euch neben Gott mich und meine Mutter zu Göttern?*« Demnach stellt der Koran sich die Trinität des christlichen Glaubens als eine göttliche Familie vor, die aus Gott, Jesus und seiner Mutter Maria besteht. Islamwissenschaftler und christliche Theologen haben viel darüber nachgedacht, was hinter dieser Vorstellung stehen mag, die der christlichen Lehre des einen Gottes in drei Personen in keiner Weise entspricht. Dabei gelangten sie zu folgenden Ergebnissen: Zur Zeit Muhammads gab es tatsächlich christliche Sekten, die einer solchen Vorstellung anhingen. Da sie sich damit außerhalb der verbindlichen Lehrmeinung der Kirche und ihrer Konzilien stellten, mussten sie sich wahrscheinlich in den Randgebieten des byzantinischen Reiches aufhalten. Es ist daher nicht ausgeschlossen, dass der Koran sie in der betreffenden Aussage im Blick hat. Auf der anderen Seite kann auch die intensive Marienverehrung mancher Christen zu einem derartigen Missverständnis geführt haben. Nach islamischer Überlieferung soll sich auch in der Ka'ba eine Mariendarstellung befunden haben. Wenn nun Christen in diesem Gotteshaus vor dem Bild der Gottesmutter mit dem Jesuskind gebetet haben, konnten die sie beobachtenden Araber zu einer entsprechenden Auffassung gelangen. Schließlich ist auch daran zu denken, dass ein rein biologisches Verständnis von der Gottessohnschaft dazu führen konnte, eine Mutter dazuzuzählen, wie es den Vorstellungen der heidnischen Araber damals durchaus entsprach. Nun sollte man sich allerdings nicht von der Illusion leiten lassen, dass eine Aufklärung dieses Missverständnisses zu einer theologischen Annäherung zwischen Christen und Muslimen führen würde. Auch das, was die Trinität aus christlicher Sicht tatsächlich theologisch bedeutet, widerspricht den Vorstellungen des Korans zutiefst. Der katholische Theologe Hans Zirker kommt daher zu dem Ergebnis, *daß zwar einerseits die Dreiheit Gottes und die Gottessohnschaft Jesu, wie sie im Koran abgelehnt werden, dem christlichen Bekenntnis nicht entsprechen und daß deshalb das, was Christen mit ihrem trinitarischen Gottesbild meinen, im Koran nirgends auch nur andeutungsweise im Blick ist; daß aber andererseits die Verkündigung des Koran trotzdem der christlichen Lehre vom dreifaltigen Gott prinzipiell entgegensteht; eine versöhnende Vermittlung ist nicht in Sicht. Nach wie vor ist für islamische Theologie die christliche Trinität im Verhältnis zur polytheistischen »Vielheit« nur »eine Begrenzung der Götter auf drei«.*

Gott – der Schöpfer

Wesentlich zum Gottesbild des Islams gehört auch die Feststellung, dass Gott der Schöpfer ist. Nach Aussagen des Korans hat er die Welt und alles in ihr erschaffen und ins Dasein gerufen (29,44). Demnach haben alle Erscheinungen in der Welt den Charakter von Geschöpfen und können nicht den Anspruch auf göttliche Verehrung erheben. Dies wird in einer Erzählung deutlich, in der Abraham auf seiner Suche nach Gott zunächst einen Stern, den Mond und die Sonne verehrte, bis er erkannte, dass es sich dabei nur um geschaffene Objekte handelt, und er sich schließlich dem zuwandte, der hinter allem steht, und in ihm den wahren Gott erkannte (6,74–79). Die Schöpfung selbst ist somit ein Zeichen für den aufmerksamen und verständigen Menschen, das auf die Existenz Gottes verweist und zum Glauben an ihn führt (16,11–13.65–67.79).

Den Vorgang der Schöpfung umschreibt der Koran damit, dass Gott etwas gestaltet oder formt (21,30–33) oder aber durch sein Wort ins Dasein ruft: *Er ist der Schöpfer der Himmel und der Erde. Wenn Er eine Sache beschlossen hat, sagt Er nur zu ihr: Sei!, und sie ist.* (2,117) Dabei wird die Schöpfung nicht als ein einmaliger und abgeschlossener Vorgang verstanden, sondern vielmehr als ein beständiges und kontinuierliches Wirken Gottes in der Welt (16,78–81). Wie den ersten Menschen, den Gott aus Erde formte und dem er dann von seinem Geist einhauchte, so dass er zum Leben erwacht (15,28+29), so ruft Gott jeden einzelnen Menschen ins Dasein und erhält ihn am Leben (22,5). Innerhalb der ganzen Schöpfung kommt dem Menschen eine besondere Rolle zu, da er zum Stellvertreter oder Statthalter Gottes auf Erden eingesetzt ist (2,30–34). Gegenüber allen anderen Geschöpfen, auch den Engeln, ist der Mensch bevorzugt, weil Gott ihm die Verantwortung für die Schöpfung übertragen hat. Indem Gott ihn die Namen aller Geschöpfe lehrt, teilt er ihm Verfügungsgewalt über sie mit. Im Unterschied zur biblischen Parallele in Genesis 2,19 benennt der Mensch die Wesen und Dinge der Schöpfung nicht selbst, sondern bekommt ihre Namen von Gott mitgeteilt, woraus sich ein etwas anderes Verständnis seiner Rolle ergibt. *Er hat keinen Spielraum, sich die Welt – seine Welt – zu entwerfen, sondern kann sie nur als ihm zugeteilte übernehmen*, urteilt Hans Zirker.

Gott – der Barmherzige
Eine der wesentlichen Aussagen des Korans über Gott ist die seiner Barmherzigkeit. Außer der neunten Sure beginnen alle 114 Suren mit der Formel *Im Namen Gottes, des Erbarmers, des Barmherzigen*. Daneben findet sich die Formel an fünf weiteren Stellen im Koran (1,3; 2,163; 27,30; 41,2; 59,22). Die Kombination der Begriffe *der Erbarmer* (ar-rahman) und *der Barmherzige* (ar-rahim) ist nicht einfach als Doppelung zu verstehen, sondern bringt vielmehr eine Qualifikation zum Ausdruck. Während das Wort *Erbarmer* auf konkrete Taten des Erbarmens als einer aktiven Eigenschaft hinweist, bezeichnet das Wort *barmherzig* einen beständigen Habitus als Ursprung der aktuellen Barmherzigkeit. Die Barmherzigkeit ist damit eine beständige

Eigenschaft Gottes, die sich in vielen Taten seines Erbarmens erweist.

Darüber hinaus verwendet der Koran die Begriffe *Erbarmer* 51-mal und *barmherzig* 113-mal allein. Diese Fülle von Belegen macht deutlich, dass die Barmherzigkeit im Verständnis des Korans eine Wesenseigenschaft Gottes bezeichnet. Sie konkretisiert sich u. a. darin, dass Gott den Menschen erschaffen hat und am Tag der Auferstehung zum Leben erwecken wird (23,12–16); dass er die Welt für den Menschen bewohnbar gemacht hat (2,164) und ihn mit allem versorgt, was er zum Leben braucht (16,80+81); dass er die Gläubigen für ihren Glauben, ihre guten Werke und Entbehrungen belohnen wird (4,152; 19,96; 2,153–157) und ihnen in der Bedrängnis seine Unterstützung zukommen lässt (9,117); dass er den Ungläubigen verzeiht, wenn sie sich zu ihm bekehren (9,5; 5,74); dass er den Menschen ihre Schuld vergibt, wenn sie ihn um Vergebung bitten (4,110) oder einander ihre Schuld vergeben (64,14); dass Gott sich den Gläubigen in Liebe zuwendet (3,31).

Gott und seine Namen

Der Koran spricht in Sure 59,24 davon, dass Gott die schönsten Namen gehören und fordert die Menschen auf, ihn mit diesen Namen anzurufen: *Er ist Gott, der Schöpfer, der Erschaffer, der Bildner. Sein sind die schönsten Namen. Ihn preist, was in den Himmeln und auf der Erde ist. Und Er ist der Mächtige, der Weise.* (siehe auch 7,180; 17,110; 20,8) Die islamische Tradition hat nun die verschiedenen Namen und Bezeichnungen Gottes in den Aussagen des Korans gesammelt und zu einer Liste von 99 Namen zusammengestellt. Dem Inhalt nach lassen sich diese Namen in sechs Gruppen unterteilen:

- 7 Namen beziehen sich auf die Einheit und Absolutheit Gottes;
- 5 auf seine Schöpfertätigkeit;
- 36 auf seine Macht und Souveränität;

- 4 auf seine Rolle als sittliche Norm und Richter;
- 5 auf seine Strenge und Strafe;
- 24 auf seine Barmherzigkeit und Gnade.

Die Verwendung und das Verständnis dieser Namen hat die islamische Theologie aber vor schwer wiegende Probleme gestellt. Der Glaube an die äußere Einheit und Einzigkeit Gottes setzt seine innere Wesenseinheit voraus. Diese Wesenseinheit sah man durch die Verwendung positiver Prädikate für Gott gefährdet, da die Zuschreibung bestimmter Eigenschaften zu einer Aufspaltung des inneren Wesens Gottes in diese Eigenschaften führen könnte. Demgegenüber bestanden keine Bedenken bei der Verwendung negativer Prädikate für Gott, da sie nur verneinen, was mit dem inneren Wesen Gottes unvereinbar ist, und daher seiner inneren Wesenseinheit nicht widersprechen *(Er hat nicht gezeugt, und Er ist nicht gezeugt worden, und niemand ist Ihm ebenbürtig.* 112,3+4). Die Lösung des Problems lag darin, die positiven Prädikate als eine nähere Qualifikation zum Wesen Gottes zu verstehen. Die in ihnen ausgedrückten Eigenschaften machen also nicht das Wesen Gottes selber aus, sondern kommen seinem Wesen hinzu. Wenn daher in der Sprache des Korans vom Wissen oder der Macht Gottes die Rede ist, dann ist damit gemeint, dass Gott Wissen oder Macht hat, wodurch er wissend oder mächtig ist. So verstanden, haben diese Prädikate nur die eine Funktion: *Sie verdeutlichen den überaus großen Reichtum des göttlichen Wesens.* (Adel Theodor Khoury)

Die 99 schönsten Namen Gottes spielen im religiösen Leben frommer Muslime eine große Rolle. Sie meditieren Größe und Wesen Gottes, indem sie die Namen Gottes mit Hilfe eines Rosenkranzes von 33 Perlen und einer großen Perle rezitieren. Auch die Sufis bedienen sich der Namen Gottes, um in ihrem mystischen Gebet dem Wesen Gottes durch Meditation und Rezitation der Namen näher zu kommen.

Der Glaube an die Engel

Wenn im Folgenden vom Glauben an die Engel die Rede sein soll, dann ist damit keine Verehrung der Engel in einem Sinne gemeint, wie sie Gott allein zukommt. Die Engel sind keine gottähnlichen Wesen, sie verdanken ihre Existenz vielmehr der Allmacht Gottes, der sie ins Dasein gerufen hat. Wie alle anderen Geschöpfe werden auch sie am Ende der Zeiten vergehen und wieder zum Leben erweckt werden. Ihre besondere Bedeutung besteht einfach darin, dass sie als Boten Gottes mit bestimmten Aufgaben ausgestattet sind. Wenn sie dem Menschen auch in vielerlei Hinsicht überlegen sind, weil sie aus Lichtsubstanz erschaffen wurden und sich in der Nähe Gottes aufhalten dürfen, ist doch bemerkenswert, dass Gott den Engeln befohlen hat, vor dem ersten Menschen niederzufallen (2,30–34). Schließlich hat er keinen Engel zu seinem Statthalter auf Erden eingesetzt, sondern den Menschen, dem er die Namen aller geschaffenen Wesen und Dinge lehrte. Somit zeichnet dieser sich gegenüber den Engeln mit einem Wissen aus, worüber sie nicht verfügen. Der Glaube an die Engel meint daher in erster Linie die Anerkennung ihrer Existenz sowie ihrer dienenden Funktionen.

Eine herausragende Rolle unter den Engeln nimmt Gabriel ein, der sich im Islam wie im Christentum als Überbringer göttlicher Botschaften auszeichnet. In Sure 2,97+98 heißt es von ihm und dem Erzengel Michael: *Wenn einer dem Gabriel ein Feind ist – denn er hat ihn [d. h. den Koran, Th. L.] auf dein Herz herabkommen lassen mit der Erlaubnis Gottes als Bestätigung dessen, was vor ihm vorhanden war und als Rechtleitung und Frohbotschaft für die Gläubigen –, wenn einer ein Feind ist Gott und seinen Engeln und seinen Gesandten, und Gabriel und Michael, dann ist Gott den Ungläubigen ein Feind.*

Ein weiterer wichtiger Engel ist Israfil, der Engel, der die Posaune zum Ende der Welt und zur Auferstehung der Toten blasen wird. Auf sein Signal hin erheben sich die

Menschen aus ihren Gräbern und versammeln sich zum Gericht.

Der Koran erwähnt ferner einen Todesengel, dem die islamische Überlieferung den Namen 'Izra'il gibt: *Abberufen wird euch der Engel des Todes, der mit euch betraut ist. Dann werdet ihr zu eurem Herrn zurückgebracht.* (32,11) Dieser Engel tritt in der Todesstunde an den Menschen heran und scheidet die Seele vom Körper, so dass er stirbt. Er bringt sie sodann zu einem Zwischengericht in den Himmel.

Im Zusammenhang der Jenseitsvorstellungen des Islams tauchen eine Reihe weiterer Engel auf, deren Bedeutung vor allem die islamische Tradition weiter entfaltet hat. Zu nennen sind hierbei vor allem die beiden Engel Munkar und Nakir, die die Befragung der Verstorbenen im Grab durchführen. Ihre Namen (Verwerflich und Grässlich) bringen schon zum Ausdruck, dass sie den Toten peinigen und strafen, wenn er ihre Fragen nach seinem Glauben nicht richtig beantworten kann. Demgegenüber treten die beiden Engel Mubaššar und Bašir (Verkünder froher Botschaft und Freudenbote) auf, wenn der Verstorbene richtig geantwortet hat und trösten ihn, worauf der folgende Koranvers sich vielleicht bezieht: *Auf diejenigen, die sagen: »Unser Herr ist Gott«, und sich dann recht verhalten, kommen die Engel herab: »Fürchtet euch nicht, seid nicht traurig und freut euch auf das Paradies, das euch immer wieder versprochen wurde.«* (41,30) Ferner sind neunzehn Engel zu Wächtern über die Hölle bestellt (74,30+31), deren Anführer Malik den Höllenbewohnern zuruft: *Ihr werdet (hier) bleiben.* (43,77) Ein jeder Mensch hat schließlich auf seinen Schultern je einen Engel sitzen, von denen einer die guten und der andere die schlechten Taten zu Lebzeiten in einem Buch aufzeichnet. Dieses Buch wird dem Verstorbenen im Grab um den Hals gehängt, um es beim Endgericht zur Urteilsfindung hervorzuholen. Von diesen beiden *Edlen Schreibern* berichtet eine mystische Erzählung: *Es heißt, daß ein jeder Mensch zwei Engel bei sich habe. Der eine auf seiner Rechten schreibt seine guten Taten ohne das Zeugnis des anderen nieder. Der zweite auf seiner Linken schreibt seine schlechten Taten nieder; doch der auf der Linken schreibt sie nur auf Bezeugung des rechten Gefährten nieder. Wenn ein Mensch sich niedersetzt, so befindet sich einer der Engel auf seiner Rechten und der andere auf seiner Linken. Wenn ein Mensch geht, dann geht der eine vor ihm und der andere hinter ihm. Wenn ein Mensch schläft, wacht der eine an seinem Kopfe und der andere an seinen Füßen.* Einige Gelehrte sind der Meinung, dass der Friedensgruß am Ende eines jeden Gebetes, wobei man sein Gesicht über die rechte und die linke Schulter wendet, diesen beiden Engeln gilt.

Als ausdrücklicher Feind des Menschen erscheint im Koran hingegen der Teufel, Iblis genannt. Er gehörte ursprünglich zu den Engeln. Weil er sich der Aufforderung widersetzte, sich vor dem Menschen niederzuwerfen, verbannte ihn Gott mit seinen Anhängern aus dem Paradies (2,34). Nunmehr ist er damit befasst dem Menschen auf seinem Weg aufzulauern, ihm Unheil zuzufügen und ihn ins Unglück zu stürzen. Angesichts dieser Bedrohung kann der Mensch seine Zuflucht allein bei Gott suchen, wozu die letzte Sure des Korans eindringlich aufruft: *Ich suche Zuflucht beim Herrn der Menschen, dem König der Menschen, dem Gott der Menschen, vor dem Unheil des Einflüsterers, des Heimtückischen, der da in die Brust der Menschen einflüstert, sei es einer von den Djinn oder von den Menschen.*

Die Ǧinn wiederum sind eine Kategorie von Geschöpfen, die zwischen den Engeln und den Menschen stehen. Sie sind aus Feuer geschaffen und besitzen einen sterblichen Körper. Wie die Menschen sind sie zur Annahme oder zur Verweigerung des Glaubens befähigt und stehen daher genau wie diese unter der Verantwortung vor dem Endgericht. Demnach gibt es auch unter ihnen Gläubige und Ungläubige (72,1–17).

Der Glaube an die Bücher und die Gesandten

Zum Selbstverständnis der Muslime gehört wesentlich der Glaube an die Offenbarungsschriften und die Propheten. Da beide Artikel untrennbar miteinander verbunden sind, werden sie im Folgenden gemeinsam behandelt.

Der Koran bezeichnet Juden und Christen als *Leute der Schrift (ahlu-l-kitab)* und bringt damit zum Ausdruck, dass sie wie die Muslime eine heilige Schrift empfangen haben. Er nennt vier Bücher namentlich: Die Tora, die Psalmen, das Evangelium und den Koran. Darüber hinaus kennt er eine Vielzahl von Propheten, die Gott im Laufe der Zeit als seine Gesandten zu den Menschen schickte. Eine Zusammenfassung dieser Prophetengeschichte findet sich in Sure 4,163–165: *Wir gaben dir eine Offenbarung, wie Wir Noach und den Propheten nach ihm offenbart haben. Und Wir offenbarten (auch) Abraham, Ismael, Isaak, Jakob und den Stämmen, Jesus, Ijob, Jonas, Aaron und Salomo. Und Wir ließen David eine Schrift zukommen. Und (Wir schickten) Gesandte, von denen Wir dir früher erzählt haben, und (auch) Gesandte, von denen Wir dir nicht erzählt haben – und Gott hat mit Mose wahrhaftig gesprochen –, Gesandte als Freudenboten und Warner, damit die Menschen nach dem Auftreten der Gesandten keinen Beweisgrund gegen Gott haben.* Das Entscheidende dabei ist, dass der Glaube an alle diese Propheten und an die von ihnen verkündeten Offenbarungsschriften nach Aussagen des Korans wesentlich zum Islam dazugehört. So fordert er die Muslime in Sure 2,136 mit folgenden Worten zum Glauben auf: *Sprecht: Wir glauben an Gott und an das, was zu uns herabgesandt wurde, und an das, was herabgesandt wurde zu Abraham, Ismael, Isaak, Jakob und den Stämmen, und an das, was Mose und Jesus zugekommen ist, und an das, was den (anderen) Propheten von ihrem Herrn zugekommen ist. Wir machen bei keinem von ihnen einen Unterschied. Und wir sind Ihm ergeben.*

Um diese Aussage in ihrer Bedeutung richtig zu verstehen, ist der theologische Gesamtzusammenhang des

Offenbarungsgeschehens vom Anfang der Schöpfung bis zu Muhammads Verkündigung des Korans in den Blick zu nehmen.

Der Ausgangspunkt ist dabei die Vorstellung einer Uroffenbarung, die zu Beginn der Schöpfung an den ersten Menschen erging und in der Stiftung einer Urreligion bestand. Der Mensch folgt in ihr seiner wesensmäßigen Anlage zur ausdrücklichen Anerkennung Gottes und unterwirft sich seinem Willen. Nichts anderes bedeutet der Begriff *Islam – Hingabe* oder *Unterwerfung* unter Gottes Willen. Der Koran kann daher folgerichtig sagen: *Die Religion bei Gott ist der Islam.* (3,19) Durch seinen Glauben und seine gehorsame Hingabe erfüllt der Mensch seine Bestimmung. Dies ist nach Ansicht des Korans in der Schöpfung grundgelegt: *Und richte dein Gesicht auf die Religion als Anhänger des reinen Glaubens. Das ist die Schöpfung Gottes, die Er für die Menschen festgelegt hat. Die Schöpfung Gottes kann nicht abgeändert werden. Das ist die richtige Religion.* (30,30)

Adel Theodor Khoury bezeichnet diesen Zusammenhang als *Urpakt*, den Gott mit den Menschen am Beginn der Schöpfung eingegangen ist und den er am Tag der Auferstehung wieder einlöst, indem er die Menschen für ihren Glauben oder Unglauben zur Rechenschaft ziehen wird. Dementsprechend heißt es im Koran: *Und als dein Herr aus den Lenden der Kinder Adams ihre Nachkommenschaft nahm und gegen sich selbst zeugen ließ: »Bin Ich nicht euer Herr?« Sie sagten: »Jawohl, wir bezeugen es.« (Dies), damit ihr nicht am Tag der Auferstehung sagt: »Wir ahnten nichts davon«, oder auch nicht sagt: »Unsere Väter waren doch zuvor Polytheisten, und wir sind nur eine Nachkommenschaft nach ihnen. ...« So legen Wir die Zeichen im einzelnen dar, auf daß sie umkehren.* (7,172–174)

Alle Menschen sind damit auf Gott ausgerichtet und zum Glauben an ihn aufgerufen. Diese Bestimmung hat sich jedoch nicht verwirklichen lassen, weil die Menschen im Laufe der Geschichte immer wieder von diesem Bekenntnis abgekommen sind und sich falschen Göttern zugewandt haben. Aus diesem Grunde sah Gott sich veranlasst, seine Gesandten den verschiedenen Völkern zu schicken und sie zum Glauben an ihn zurückzurufen. Die Menschheitsgeschichte durchzieht eine lange Kette von Propheten, deren Namen und Schicksal den Muslimen aus dem Koran weitgehend bekannt sind. Der Inhalt ihrer Verkündigung ist dabei stets gleich, alle Propheten rufen die Menschen zum Glauben an Gott auf: *Und Wir haben keinen Gesandten vor dir [d. h. Muhammad, Th. L.] geschickt, dem Wir nicht offenbart hätten: »Es gibt keinen Gott außer Mir, so dienet Mir.«* (21,25) Von Adam bis Muhammad sind alle Gesandten Zeugen der einen Wahrheit.

Der Islam unterscheidet jedoch zwischen den Gesandten, die nur eine Botschaft Gottes verkünden, und denen, die zusätzlich ein Buch empfangen haben. Letztere markieren die Höhepunkte innerhalb der Offenbarungsgeschichte, weil ihre Sendung und Verkündigung zur Entstehung von Religionsgemeinschaften führte, deren Anhänger sich auf einen Propheten, seine Botschaft und sein Buch beziehen. Der Koran nennt vier Propheten als Empfänger von Büchern: Mose verkündete die Tora, David den Psalter, Jesus das Evangelium und Muhammad den Koran. Bis auf David zählt er sie nacheinander in Sure 5,44–48 auf: *Wir haben die Tora hinabgesandt, in der Rechtleitung und Licht enthalten sind, damit die Propheten, die gottergeben waren, für die, die Juden sind, (danach) urteilen, und so auch die Rabbiner und die Gelehrten, aufgrund dessen, was ihnen vom Buche Gottes anvertraut wurde und worüber sie Zeugen waren. ... Und Wir ließen nach ihnen Jesus, den Sohn Marias, folgen, damit er bestätige, was von der Tora vor ihm vorhanden war. Und Wir ließen ihm das Evangelium zukommen, das Rechtleitung und Licht enthält und das bestätigt, was von der Tora vor ihm vorhanden war, und als Rechtleitung und Ermahnung für die Gottesfürchtigen. ... Und Wir haben zu dir [d. h. Muhammad, Th. L.] das Buch mit der Wahrheit hinabgesandt, damit es bestätige, was vom Buch vor ihm vorhanden war, und alles, was darin steht, fest in der Hand habe.*

Diese Aufeinanderfolge ist von einer Vorstellung geprägt, die Hans Zirker als die *Restauration der verderbten Ordnung* bezeichnet. Demnach durchzieht das immer gleiche Modell von Rechtleitung und Verfehlung die Menschheitsgeschichte. Die Gesandten Gottes rufen die Menschen zunächst zum Glauben an Gott auf und diese wenden sich sodann wieder davon ab. Somit handelt es sich bei den genannten Epochen der Prophetengeschichte nicht um Ereignisse gleicher Bedeutung, sondern vielmehr um eine qualitative Reihenfolge im Sinne von Rechtleitung und Verfehlung, die auf Muhammads Verkündigung des Korans als Höhepunkt und Abschluss des Geschehens hinausläuft. Die verschiedenen Offenbarungsereignisse sind zwar prinzipiell identisch und bestätigen einander, sie stellen aber gleichzeitig eine Korrektur der vorausgehenden religiösen Überzeugungen dar, insofern sie die Menschen wieder zum wahren Glauben an Gott zurückführen. Muhammads Verkündigung des Korans bringt daher keine neue Religion hervor, wie es folgerichtig in Sure 46,9 heißt: *Sprich: Ich bin keine Neuerscheinung unter den Gesandten,* sondern stellt die von Anbeginn der Schöpfung an offenbarte Religion wieder her.

Demnach hat Gott das *Buch mit der Wahrheit* auch an Juden und Christen herabgesandt, bevor sie sich davon wieder entfernt haben. Die Vorhaltungen gegenüber den Juden reichen vom Undank gegenüber Gottes Gnade (2,47–61) bis zum Vorwurf der Verheimlichung der Schrift (2,159), ihrer Verfälschung (2,75) oder ihrer willkürlichen Auslegung (2,85). Hinzu kommt der Vorwurf des ungerechten Verhaltens gegenüber den Mitmenschen, was in Zinsnehmen und Betrug zutage trete (4,161). Darüber hinaus greift der Koran in Sure 9,30 heftig eine Gott gleiche Verehrung des Propheten Esra an: *Die Juden sagen: »'Uzayr ist Gottes Sohn.«*

Daher schickte Gott Jesus mit dem Evangelium, um die Menschen erneut zum rechten Glauben zurückzuführen (5,46). Wie bereits erwähnt, macht der Koran den Christen den Vorwurf, durch ihre Lehren der Menschwerdung Gottes und der Dreifaltigkeit vom wahren Glauben, den sie durch die Verkündigung Jesu empfangen haben, abgewichen zu sein.

Zur Wiederherstellung des wahren Glaubens sandte Gott deshalb den Propheten Muhammad, dem er durch den Erzengel Gabriel den Koran offenbarte (5,48). Seine Sendung bestand darin, die Menschen zum Glauben an den einen Gott aufzurufen: *Sprich: O Menschen, ich bin an euch alle der Gesandte Gottes, dem die Königsherrschaft der Himmel und der Erde gehört. Es gibt keinen Gott außer Ihm. ... So glaubt an Gott und seinen Gesandten, den ungelehrten Propheten, der an Gott und seine Worte glaubt, und folgt ihm, auf daß ihr die Rechtleitung findet.* (7,158) Indem Muhammad die Menschen zum Glauben an Gott aufruft, führt er sie zu ihrer ursprünglichen Bestimmung zurück. Als Zusammenfassung seines Wirkens ist in Sure 5,3 zu lesen: *Heute habe Ich [d. h. Gott, Th. L.] euch eure Religion vervollkommnet und meine Gnade an euch vollendet, und Ich habe daran Gefallen, daß der Islam eure Religion sei.* Die Offenbarungsgeschichte ist damit an ihren Anfang zurückgekehrt und gleichzeitig an ihr Ende gelangt. Nach Muhammad kann es keine weiteren Propheten mehr geben, weshalb der Koran ihn als *Siegel der Propheten* (33,40) bezeichnet. Der Grund dafür liegt darin, dass die Muslime ihrem Selbstverständnis nach nicht von seiner Botschaft abgewichen sind und sie den Koran bis auf den heutigen Tag unverändert bewahrt haben. So lobt der Koran sie in Sure 3,110: *Ihr seid die beste Gemeinschaft, die je unter den Menschen hervorgebracht worden ist. Ihr gebietet das Rechte und verbietet das Verwerfliche und glaubt an Gott.*

Genau dieser Zusammenhang prägt aus islamischer Sicht die historische und theologische Beziehung zum Judentum und Christentum. So bekennen Muslime sich zu den Büchern und den Propheten der beiden vorhergehenden Religionsgemeinschaften als Bestandteile ihres eigenen Glaubens. Gleichwohl verstehen und bewerten sie diese aus ihrer koranischen Sicht und fordern Juden und Christen auf, zu ihrem ursprünglichen Bekenntnis zurückzukehren: *Sprich: O ihr Leute des Buches, ihr entbehrt jeder Grundlage, bis ihr die Tora und das Evangelium und das, was zu euch von eurem Herrn herabgesandt wurde, einhaltet.* (5,68)

Der Glaube an den Jüngsten Tag und die Auferstehung

Wie Gott derjenige ist, der alles ins Dasein gerufen hat, so ist er auch derjenige, der allem einst ein Ende bereitet. Am Ende der Zeiten wird die ganze Schöpfung vergehen, die Toten werden auferweckt und für ihren Glauben und ihre Taten zur Rechenschaft gezogen (69,13-37). Der Koran erwartet das Ende der Welt, wie er es in seiner eindrucksvollen Sprache formuliert, als eine gewaltige kosmologische Katastrophe, bei der nichts und niemand verschont bleibt (75,7-13; 81,1-14; 82,1-5).

Gegenüber der Vorstellung der heidnischen Mekkaner, die das jenseitige Leben leugnen: *Wir sterben, und wir leben (hier), und wir werden nicht auferweckt* (23,37), behauptet der Koran mit Nachdruck die Auferstehung der Toten: *Dies, weil Gott die Wahrheit ist, und weil Er die Toten lebendig macht und weil Er Macht hat zu allen Dingen, und weil die Stunde kommt – an ihr ist kein Zweifel möglich –, und weil Gott (all) die erwecken wird, die in den Gräbern sind.«* (22,6+7)

Nach der Auferstehung versammeln sich die Menschen zum Gericht. Dabei wird jeder Mensch aus einem Buch vorlesen, in dem zwei Engel seine guten und schlechten Taten zu Lebzeiten verzeichnet haben (Sure 45,28+29). Nach dem Tod haben die Engel dem Verstorbenen das Buch im Grab um den Hals gehängt. Die Gerechten werden es dann in ihrer rechten Hand halten, die Ungerechten in der linken und die Ungläubigen hinter dem Rücken (69,19+ 25; 84,10). Zur Urteilsfindung dient auch eine Waage, auf der die guten Taten gegen die schlechten Taten eines Menschen aufgewogen werden (101,6–9). Schließlich gibt es noch die Vorstellung einer Brücke, die über das Höllenfeuer zum Paradiesesgarten führt und die die Menschen überqueren müssen (37,22–24). Beim Überqueren der Brücke stürzen die ungläubigen und ungerechten Menschen ins Höllenfeuer hinab, während die gläubigen und gerechten Menschen in den Paradiesesgarten gelangen. Nach Gericht und Urteil kommen die Verdammten in die Hölle und die Gerechten ins Paradies (43,68–74). Daneben gibt es nach Aussagen der Tradition noch einen dritten Ort zur Läuterung und zeitlich begrenzten Strafe derjenigen, deren gute und böse Taten sich gegenseitig aufheben. Die Hölle stellt man sich als ein nie endendes Feuer vor, in dem die Verdammten brennen und von Strafengeln gequält werden. Das Paradies ist hingegen ein freudenreicher und sinnlich erfahrbarer Garten, dessen zukünftigen Bewohnern der Koran die folgende Verheißung gibt: *Ihr Lohn bei ihrem Herrn sind die Gärten von Eden, unter denen Bäche fließen; darin werden sie auf immer ewig weilen. Gott hat Wohlgefallen an ihnen, und sie haben Wohlgefallen an Ihm. Das ist für den bestimmt, der seinen Herrn fürchtet.* (98,8)

Das Gericht Gottes besteht letztlich darin, dass Gott jedem Menschen für sein irdisches Leben vergilt: *Dann wird jeder Seele voll zurückerstattet, was sie erworben hat. Und ihnen wird nicht Unrecht getan.* (2,281)

Der Glaube an die Vorherbestimmung

Eines der Probleme, vor das die islamische Theologie sich gestellt sah, war die Frage nach dem Verhältnis zwischen dem Willen und der Allmacht Gottes auf der einen und dem menschlichen Handeln und der menschlichen Willensfreiheit auf der anderen Seite. Der Koran antwortet darauf, dass Gott in seinem Willen und Wissen alles umfasst und es für sein Handeln daher keiner Begründung bedarf: *Er wird nicht zur Verantwortung gezogen für das, was Er tut; sie aber werden zur Verantwortung gezogen.* (21,23) Aufgrund seiner Allmacht ist Gott in seinem Handeln souverän und braucht sich dafür nicht zu rechtfertigen, wohingegen der Mensch für sein Tun Gott stets Rechenschaft schuldig ist.

Dass Gottes Willen dem Menschen unergründlich ist und doch einen ihm verborgenen Sinn hat, kommt in einer Erzählung in Sure 18,65–82 zum Ausdruck: Moses bittet einen nicht näher benannten Diener Gottes ihn ein Stück des Weges begleiten zu dürfen, um von ihm zu lernen. Dieser stimmt unter der Voraussetzung zu, dass Moses ihn nicht über sein Tun befragen darf. Unterwegs bohrt der Diener Gottes zunächst ohne einen ersichtlichen Grund ein Loch in ein Boot, erschlägt dann einen unschuldigen Jungen und baut die Mauer einer Stadt auf, deren Einwohner ihnen zuvor Nahrung verweigert hatten. Das Tun des Gottesdieners fordert jeweils den Protest des Moses heraus, der eine Erklärung dafür verlangt. Schließlich erläutert der Gottesdiener ihm den Grund für sein Tun und verurteilt damit dessen Ungeduld: Das Boot wurde beschädigt, um nicht in die Hand eines gewalttätigen Königs zu fallen. Der Junge wurde getötet, um nicht seinen gläubigen Eltern durch Frevel und Unglauben Sorge zu bereiten. Die Mauer wurde aufgebaut, um einen darunter liegenden Schatz für zwei Waisen zu verbergen. Die Handlungen des Gottesdieners, der mit Gottes Barmherzigkeit und Wissen ausgestattet ist (18,65), haben daher eine tiefer liegende Dimension, die vordergründig nicht zu erkennen ist, aber auch nicht hinterfragt werden darf. So hatte der Gottesdiener dem Moses vorher gesagt: *Wie willst du das aushalten, wovon du keine umfassende Kenntnis hast?* (18,68) Das letztlich hinter allem Gottes Willen steht, kommt in der abschließenden Aussage des Gottesdieners zum Ausdruck: *Ich tat es ja nicht aus eigenem Entschluß.* (18,82)

Auch auf die Frage nach dem Sinn des Leidens in der Welt hat der Koran eine Antwort. Es gibt demnach drei verschiedene Ursachen dafür:

1. Zum einen kann Leiden als Folge des Bösen in der Welt verstanden werden. Aufgrund der Vertreibung aus dem Paradies lauern der Teufel und seine Dämonen den Menschen auf und bewirken Unheil (15,26–40). So gibt der Koran die Reaktion des Teufels auf seine Vertreibung wieder: *Weil Du mich hast abirren lassen, werde ich, ich schwöre es, ihnen auf deinem geraden Weg auflauern. Dann werde ich zu ihnen treten von vorn und von hinten, von ihrer rechten und von ihrer linken Seite.* (7,16+17) Angesichts dieser Bedrohung kann der Mensch nur seine Zuflucht bei Gott suchen (41,36).
2. Auf der anderen Seite verursacht der Mensch selbst Unheil und Leiden. Seine schlechten Eigenschaften und Sünden bringen Leid für ihn und andere hervor: *Und was dich an Schlechtem trifft, ist von dir selbst.* (4,79) Zur Abwendung dieses Unheils ist daher die Abkehr vom schlechten Verhalten und von der Sünde notwendig (30,41).
3. Schließlich ist auch daran zu denken, dass Leiden von Gott selbst kommen können. Gott gibt dem Menschen nicht nur das Gute im Leben, sondern auch Leiden und Krankheit, und jeder Mensch ist für den Tod bestimmt (21,34+35). Für unerklärliches Leiden gibt es daher keine andere Begründung, als dass es von Gott so gewollt ist: *Sprich: Uns wird nur das treffen, was Gott uns bestimmt hat.* (9,51) Gott kann jedoch auch Leid zulassen, um den Menschen in seinem Glauben und seiner Standhaftigkeit zu prüfen und ihn anschließend zu belohnen (2,155–157).

Abschließend ist noch zu fragen, ob die Vorherbestimmung Gottes dabei so weit reicht, dass der Mensch in seinem Handeln vollkommen eingeschränkt ist, oder ob ihm doch eine freie Willensentscheidung zusteht. Die Aussagen des Korans dazu sind widersprüchlich. Auf der einen Seite finden sich Aussagen, die auf eine absolute Vorherbestimmung des Menschen durch Gott schließen lassen: *Wen Gott irreführt, der hat niemanden, der ihn rechtleiten könnte* (7,186), heißt es, oder: *Wie könnt ihr denn das verehren, was ihr selbst meißelt, wo doch Gott euch und das, was ihr tut, erschaffen hat?* (37,95+96) Demgegenüber stehen Aussagen, die den Menschen deutlich zu einer Willensentscheidung herausfordern: *Wer nun will, möge glauben, und wer will, möge ungläubig sein.* (18,29) Nach Auffassung von Adel Theodor Khoury sind bei der menschlichen Handlung zwei Ebenen zu unterscheiden: *Auf der menschlichen Ebene bringt der Mensch seine Taten frei zustande und ist folglich für sie verantwortlich. Auf der Ebene der göttlichen Wirkung ist alles von Gott vorherbestimmt und wird auch von ihm unbeachtet der Mitwirkung des Menschen ausgeführt.* Die islamische Theologie hat diese Spannung aufzulösen versucht, indem sie zwischen dem Zustandekommen einer Tat und der moralischen Verantwortung dafür unterschied. Demnach ist jede menschliche Tat bereits von Gott gewollt und wird vom Menschen in der Zeit hervorgebracht, der dann die Verantwortung dafür übernimmt.

Das Glaubensleben des Islams

Die Lebenspraxis

Einheit und Vielfalt im Islam

Das Glaubensleben des Islams

Der Islam ist seinem Selbstverständnis nach nicht nur eine Religion, die den Menschen zum rechten Glauben führen will, sondern darüber hinaus auch zu einer entsprechenden Lebensführung. Aus dem Glauben an den einen Gott und an die Sendung Muhammads soll eine Lebensweise erwachsen, die im göttlichen Gebot und dem vorbildlichen Verhalten des Propheten ihre Begründung findet. Innerhalb der zahlreichen Verhaltensweisen der Muslime, die sich auf nahezu alle Bereiche menschlichen Lebens erstrecken, lassen sich fünf religiöse Grundhandlungen von herausragender Bedeutung feststellen. Sie sind in einem Ausspruch Muhammads mit den folgenden Worten zusammengefasst: *Der Islam basiert auf fünf grundlegenden Pflichten: Dem Glaubensbekenntnis – »Es gibt keinen Gott außer Gott, und Muhammad ist der Gesandte Gottes« –, dem Gebet, der gesetzlichen Abgabe, der Wallfahrt sowie dem Fasten im Ramadan.* Diese fünf religiösen Grundpflichten stellen die so genannten Säulen des Islams dar, auf denen das religiöse Leben der Muslime beruht.

Das Glaubenszeugnis *(Šahada)*

Wie bereits dargelegt, gehören zum Glaubensbekenntnis eigentlich die genannten Glaubensartikel der Muslime, so dass man in diesem Fall besser vom Glaubenszeugnis spricht. Von frühesten Zeiten an dokumentiert es die Zugehörigkeit zur islamischen Gemeinschaft. Indem man sich in Gegenwart von zwei muslimischen Zeugen zum Glauben an den einen Gott und zur Sendung Muhammads bekennt, ereignet sich der Eintritt in den Islam oder besser die Rückkehr zu ihm. Einem Wort des Propheten zufolge werden alle Menschen zunächst als Muslime geboren und durch die Entscheidung ihrer Eltern danach zu Juden, Christen oder Anhängern anderer Religionen. Diese Aussage entspricht der Vorstellung, dass alle Menschen aufgrund ihrer schöpfungsgemäßen Veranlagung auf den Islam als die ursprüngliche Religion der Menschheit hingeordnet sind. Daher gibt es eigentlich keinen besonderen Initiationsritus der Muslime. Wenn man dem neugeborenen Kind das Glaubenszeugnis ins Ohr spricht, macht man es damit nicht zum Muslim, sondern bestätigt vielmehr seinen natürlichen Status als Muslim. Der bewusste Eintritt in den Islam durch das Aussprechen des Glaubenszeugnisses ist ein irreversibler Schritt, dessen Widerruf schwer wiegende Konsequenzen zur Folge haben kann.

Ursprünglich geschah die Aufnahme in den Islam durch die Teilnahme am gemeinsamen Gebet am Freitag zur Mittagszeit und durch die Zahlung der gesetzlichen Abgabe. Diese beiden Verfahren scheinen der kollektiven Eingliederung von Gruppen in der Anfangszeit des Islams gedient zu haben. Umgekehrt kündigten einzelne Stämme nach dem Tod des Propheten ihre Zugehörigkeit auf, indem sie dem gemeinsamen Gebet fernblieben und die Zahlung der Abgabe einstellten. Die Aufnahme einzelner Personen scheint demgegenüber mit der Ablegung des Glaubenszeugnisses erfolgt zu sein. Die ursprünglich eingliedrige Formel fand eine Erweiterung um das Bekenntnis zur Sendung Muhammads, um so bei der Bekehrung von Juden und Christen keinen Zweifel an ihrem Willen zum Übertritt zum Islam aufkommen zu lassen.

Das Glaubenszeugnis hat darüber hinaus eine große Bedeutung im Leben eines jeden Muslims. Es sind die ersten Worte, die man einem Neugeborenen ins Ohr spricht. Es sind die letzten Worte, die ein Sterbender in seinem irdischen Dasein vernimmt, und schließlich sind es jene Worte, mit denen man den Toten in sein Grab bettet. Vom Anfang bis zum Ende seines Lebens und darüber hinaus begleiten diese Worte den gläubigen Muslim. Da sie ein fester Bestandteil des Gebetsrufes sind, hört er sie mindestens fünfmal täglich zu den festgelegten Gebetszeiten und wiederholt sie, wenn er den Gebetsruf leise mitspricht.

Der Religionswissenschaftler Adel Theodor Khoury fasst die Bedeutung des Glaubenszeugnisses im Leben der Muslime mit den folgenden Worten zusammen: *Zum Wesen des islamischen Glaubens gehört es, dass er ein Zeugnis ist, ein Zeugnis für die Wahrheit Gottes und seiner Botschaft, die er durch seine Gesandten den Menschen kundgetan hat. So wie die Menschen auf die Uroffenbarung durch das Zeugnis ihres Glaubens antworteten (»Jawohl, wir bezeugen es« Sure 7,172), so bezeugt der Moslem erneut und immer wieder die Einzigkeit Gottes und die Wahrheit der prophetischen Botschaft.*

Der Glaube an Gott und seine Einzigkeit ist bereits an anderer Stelle ausführlich dargelegt worden. Zur Bedeutung des Propheten für das Leben der Muslime ist hingegen noch ein wichtiger Aspekt zu ergänzen.

Der Prophet Muhammad ist in den Augen der Muslime nicht nur der Empfänger und Verkünder der göttlichen Offenbarung, sondern er ist gleichzeitig deren authentischer Interpret. Niemand anders ist den Worten Gottes so nahe, wie derjenige, der sie den Menschen mitgeteilt hat. Es ist daher nicht abwegig zu behaupten, dass Muhammad den Koran im wahrsten Sinne des Wortes verinnerlicht hat. Diese enge Beziehung zwischen der Botschaft und dem Boten bringt die wechselseitige Autorität beider zum Vorschein. Wie der Koran die Sendung des Propheten legitimiert, so interpretiert dieser umgekehrt dessen Verkündigung. Letzteres ergibt sich unmittelbar aus dem Koran, wo es immer wieder heißt: *Ihr Gläubigen! Gehorchet Gott und seinem Gesandten!* Dabei findet der Koran seine unmittelbare Auslegung im Leben des Propheten, welches er seinerseits den Gläubigen als ein nachahmenswertes Vorbild vor Augen führt: *Ihr habt im Gesandten Gottes ein schönes Vorbild.* (33,21) Daraus ergibt sich eine Autorität des Propheten, die weitreichend ist: *Er befiehlt ihnen das Rechte und verbietet ihnen das Verwerfliche, er erlaubt ihnen die köstlichen Dinge und verbietet ihnen die schlechten, und er nimmt ihnen ihre Last und die Fesseln, die auf ihnen lagen, ab.* (7,157)

Das Vorbild des Propheten, *Sunna* genannt, ist daher nach dem Koran die zweitwichtigste Autorität im Leben der Muslime. Der Koran als Gottes Wort und die Sunna als Sammlung der Worte und Handlungsweisen Muhammads bilden die beiden Hauptquellen, aus denen das islamische Recht schöpft. Aufgrund dieser immensen Bedeutung des prophetischen Vorbilds ist es verständlich, dass sich die Prophetengefährten um eine möglichst vollständige Sammlung der Aussprüche und Begebenheiten aus dem Leben des Propheten bemühten. Sie trugen dabei möglichst viele Berichte, *hadith* genannt, zusammen, die sie auf ihre Echtheit hin überprüften und thematisch anordneten. Dabei besteht jedes Hadith aus zwei Teilen, einer Kette der Überlieferer *(isnad)* und dem eigentlichen Inhalt der Überlieferung *(matn)*. Neben der Prüfung des Inhalts war vor allem die der Überlieferungskette sehr wichtig, um anhand der genannten Personen und ihrer Glaubwürdigkeit auf die Authentizität der jeweiligen Überlieferung schließen zu können. Dieses Verfahren war von großer Bedeutung, da davon auszugehen war, dass miteinander verfeindete oder in religiösen Fragen divergierende Gruppen zur Rechtfertigung ihrer Position entsprechende Hadithe heranziehen werden. So lehnen die Schiiten einen erheblichen Teil der Überlieferungen ab, weil sie die Integrität der Tradenten anzweifeln. Da die meisten Prophetengefährten den Anspruch Alis auf das Kalifat nicht unterstützt hatten, sind sie aus schiitischer Sicht nicht glaubwürdig. Demgegenüber messen sie den von Ali, seinen Angehörigen und seinen Anhängern übermittelten Überlieferungen eine hohe Bedeutung bei.

Die Sichtung des gewaltigen Überlieferungsmaterials brachte als eine eigene Wissenschaft die Traditionskritik hervor. Ihr gelang es eine Unterscheidung in echte und authentische *(sahih)*, schöne, aber nicht zweifelsfrei zuverlässige *(hasan)* und schwache, also unzuverlässige *(da'if)* Überlieferungen vorzunehmen. Die als authentisch befundenen Hadithe wurden in großen Sammelwerken zusammengestellt. Die sechs wichtigsten sind die von Al-Buchari, Muslim, Abu Daud, Nasa'i, Tirmidhi und Ibn Maǧa vorgenommenen Sammlungen.

Welche Bedeutung die Überlieferung des prophetischen Vorbilds für den einzelnen Muslim haben kann, mag man daran abschätzen, dass sich viele Einzelheiten der Religionsausübung darauf stützen. So wie der Prophet betete, sollen auch die Muslime das Gebet verrichten, wie er die Wallfahrt nach Mekka vollzog, sollen auch sie es tun. Gerade für den Vollzug der religiösen Grundpflichten sind die Vorgaben der Sunna unerlässlich und daher im Folgenden stets zu berücksichtigen.

Das rituelle Gebet *(salat)*

Das Gebet ist für die Gläubigen eine für bestimmte Zeiten festgesetzte Vorschrift, heißt es in Sure 4,103. Mit dem Gebet ist dabei das rituelle Pflichtgebet *(salat)* gemeint, von dem im Folgenden die Rede ist. Daneben kennt der Islam noch freiwillig zu verrichtende Bittgebete *(du'a)* sowie das mystische Gottesgedenken *(dhikr)*.

Die Zahl von fünf täglichen Gebeten erklärt die islamische Tradition mit einer Begebenheit während der Himmelsreise des Propheten Muhammad. Der Überlieferung nach wurde er während seines Aufenthalts im Himmel vom Erzengel Gabriel zu Gott geführt, der ihm die Verpflichtung zum Gebet auftrug: *So geschah es, bis wir zum siebenten Himmel gelangten und er mich schließlich zu meinem Herrn brachte, der mir für jeden Tag fünfzig Gebete zur Pflicht machte. Als ich dann auf dem Rückweg wieder bei Moses vorbeikam ... fragte er mich: »Wie viele Gebete sind dir auferlegt worden?« »Fünfzig jeden Tag«, erwiderte ich, worauf er sprach: »Das Gebet ist eine schwere Last, und dein Volk ist schwach. Gehe zurück zu deinem Herrn und bitte Ihn, Er möge dir und deinem Volke diese Last erleichtern!« Ich tat, wie er mir geheißen hatte, und mein Herr ließ mir zehn Gebete nach, doch als ich wieder bei Moses vorüberkam, sagte er mir nochmals das gleiche, und Gott erließ mir weitere zehn Gebete. So ging es fort, bis nur noch fünf Gebete übrig waren. Als ich dann wieder zu Moses kam und er mir erneut riet, Gott um Erleichterung zu bitten, sprach ich zu ihm: »Ich bin nun so oft zu meinem Herrn zurückgekehrt und habe Ihm diese Bitte vorgetragen, daß ich mich jetzt schäme und es nicht nochmals tun werde.« Seinen Zuhörern aber versprach der Prophet: »Jedem von euch, der diese fünf Gebete gläubig und ergeben verrichtet, werden sie wie fünfzig Gebete vergolten werden.«*

Die Verpflichtung zum Gebet beginnt mit dem Eintritt in die Pubertät. Sie besteht nicht für diejenigen, die aus körperlichen oder gesundheitlichen Gründen nicht zum Beten in der Lage sind. Ausdrücklich nicht beten dürfen diejenigen, denen aus Gründen der rituellen Unreinheit das Beten versagt ist, bis sie die rituellen Waschungen vollzogen haben. Dementsprechend ist im Koran zu lesen: *O ihr, die ihr glaubt, kommt nicht zum Gebet, während ihr betrunken seid, bis ihr wißt, was ihr sagt, und auch nicht sexuell verunreinigt (...), bis ihr euch gewaschen habt. Und wenn ihr krank oder auf Reisen seid, oder wenn einer von euch vom Abort kommt oder wenn ihr die Frauen berührt habt und ihr kein Wasser findet, (...). (4,43)*

Wie der eingangs zitierte Koranvers bereits deutlich machte, ist das Pflichtgebet zu bestimmten Zeiten des Tages zu verrichten. Die vorgeschriebenen Gebete sollen daher morgens, mittags, nachmittags, abends und nachts stattfinden. Wichtig ist allerdings, dass es sich bei diesen Gebetszeiten nicht um Zeitpunkte handelt, sondern vielmehr um Zeitabschnitte im Tagesverlauf, innerhalb derer man das betreffende Gebet verrichten muss. Im Einzelnen handelt es sich dabei um folgende Zeiträume:

1. *Das Frühgebet:* Es dauert vom ersten Morgenlicht bis zum Sonnenaufgang.

2. *Das Mittagsgebet:* Es beginnt, wenn die Sonne im Zenit steht und dauert bis zu dem Zeitpunkt, bei dem der Schatten eines Gegenstandes seiner Länge entspricht.

3. *Das Nachmittagsgebet:* Es beginnt mit dem Ende der Zeit des Mittagsgebetes und dauert bis Sonnenuntergang.

4. *Das Abendgebet:* Es dauert vom Sonnenuntergang bis zum Verschwinden der Abendröte.

5. *Das Nachtgebet:* Es beginnt mit dem Verschwinden der Abendröte und dauert bis zum Beginn des Frühgebetes.

Auch die Festlegung dieser Gebetszeiten erklärt die islamische Überlieferung mit einer Begebenheit aus dem Leben des Propheten Muhammad, wonach der Erzengel Gabriel ihm diese Gebetszeiten an zwei Tagen vorgebetet hat: *Nachdem dem Propheten die Verpflichtung zum Gebet auferlegt worden war, kam Gabriel zu ihm und betete mit ihm das Mittagsgebet, als die Sonne sich zu neigen begann, dann das Nachmittagsgebet, als sein Schatten so lang war wie er selbst, dann das erste Abendgebet, als die Sonne unterging, dann das zweite Abendgebet, als das Abendrot verging, und dann das Morgengebet, als die Dämmerung anbrach. Und wieder kam Gabriel zu ihm und betete mit ihm das Mittagsgebet, als sein Schatten so lang war wie er selbst, dann das Nachmittagsgebet, als sein Schatten die doppelte Länge hatte, dann das erste Abendgebet, als die Sonne unterging zur gleichen Zeit wie am Vortage, dann das zweite Abendgebet, als das erste Drittel der Nacht verstrichen war, und dann das Morgengebet, als es schon hell war, aber noch vor Sonnenaufgang. Sodann sprach Gabriel: »O Mohammed, die täglichen Gebete sollen jeweils innerhalb der Zeiten verrichtet werden, an denen du heute und gestern gebetet hast.«*

Wenn die Gebetszeiten sich nach dem Stand der Sonne richten, dann heißt das auch, dass sie sich im Laufe des Jahres entsprechend dem Aufgang und Untergang der Sonne verschieben. Demzufolge finden die Gebete jeden Tag zu anderen Zeiten statt und bewegen sich jeweils um einige Minuten nach vorne oder nach hinten. Diese variierenden Gebetszeiten sind für die Muslime in so genannten Gebetszeitenkalendern festgehalten. In islamischen Ländern wird der Beginn einer Gebetszeit durch einen Gebetsruf vom

Minarett der Moscheen verkündet. Da dieser Ruf mittlerweile auch in verschiedenen deutschen Städten öffentlich ausgerufen werden kann und es darüber teilweise zu erheblichen Auseinandersetzungen gekommen ist, sei die deutsche Übersetzung dieses Gebetsrufes hier wiedergegeben:
Gott ist größer. (viermal)
Ich bezeuge, es gibt keinen Gott außer Gott. (zweimal)
Ich bezeuge, Muhammad ist der Gesandte Gottes. (zweimal)
Auf zum Gebet. (zweimal)
Auf zum Heil. (zweimal)
[Morgens: *Das Gebet ist besser als der Schlaf.*]
Gott ist größer. (zweimal)
Es gibt keinen Gott außer Gott.
Wenn man den Ruf hört, soll man ihn leise mitsprechen. Unmittelbar vor dem Beginn des Gebetes in der Moschee wird dort noch ein zweiter Gebetsruf, die *iqama*, gesprochen, bei der zusätzlich die Worte *das Gebet beginnt* in den Gebetsruf eingefügt werden.

Um das Gebet gültig und richtig vollziehen zu können, hat der Beter sich selbst in einen Zustand der rituellen Reinheit vor Gott zu bringen. Dazu ist vor dem Gebet eine rituelle Waschung zu vollziehen. Der Mensch wird unrein durch die Berührung mit unreinen Substanzen, wie z. B. Blut, Alkohol, Erbrochenem, Urin, Kot, oder aber durch unreine Ereignisse und Handlungen, wie z. B. Menstruation, Wochenfluß, Geschlechtsverkehr, Samenerguß. Entsprechend dem Grad der Verunreinigung ist entweder eine Teilwaschung oder eine Ganzwaschung vorzunehmen. Die Ganzwaschung ist Pflicht nach dem Ende der Menstruation und des Wochenflusses, nach Geschlechtsverkehr und Samenerguß. Sie ist ferner vor dem Freitagsgebet, den Festgebeten und vor der Wallfahrt vorgeschrieben und besteht darin, dass der ganze Körper einmal mit Wasser gewaschen wird. Ansonsten genügt eine Teilwaschung, bei der bestimmte Körperteile mit Wasser gewaschen werden. Diese Körperteile sind: Gesicht, Kopf, Mund, Nase, Ohren,

Hände, Arme und Füße. Die Waschung vor dem Gebet ist dem Koran zufolge eine Verpflichtung: *O ihr, die ihr glaubt, wenn ihr euch zum Gebet hinstellt, so wascht (vorher) euer Gesicht und eure Hände bis zu den Ellbogen und streicht euch über den Kopf, und (wascht) eure Füße bis zu den Knöcheln. Und wenn ihr sexuell verunreinigt seid, dann reinigt euch. Und wenn ihr krank oder auf Reisen seid, oder wenn einer von euch vom Abort kommt, oder wenn ihr die Frauen berührt habt und ihr kein Wasser findet, dann sucht einen sauberen Boden und streicht euch davon über das Gesicht und die Hände. Gott will euch keine Bedrängnis auferlegen, sondern Er will euch rein machen und seine Gnade an euch vollenden, auf daß ihr dankbar seid.* (5,6) Neben diesem Koranvers weiß die islamische Überlieferung noch davon zu berichten, dass der Erzengel Gabriel dem Propheten Muhammad die Handlungen der rituellen Waschung vormachte: *Als dem Propheten die Verpflichtung zum täglichen Gebet auferlegt wurde, kam Gabriel auf den Höhen von Mekka zu ihm und grub mit der Ferse ein Loch an einer Stelle am Wadi, worauf dort eine Quelle hervorsprudelte. Während der Prophet ihm zusah, vollzog Gabriel die Waschung, um ihm zu zeigen, wie die Reinigung für das Gebet durchzuführen sei, und darauf wusch sich Mohammed, wie er es von Gabriel gesehen hatte. Dann erhob sich der Engel mit ihm zum Gebet, und der Prophet betete wie er. Nachdem Gabriel wieder entschwunden war, ging Mohammed zu Chadidscha und verrichtete vor ihr Waschung und Gebet, um es ihr zu zeigen, und Chadidscha tat es ihm nach.*

Über die reinigende und zugleich sühnende Wirkung der rituellen Waschung ist folgende Aussage des Propheten Muhammad überliefert: *Wenn der muslimische Gläubige sich bei den Waschungen das Gesicht wäscht, entfernt sich von seinem Gesicht mit dem Wasser bzw. mit den letzten Wassertropfen jede Sünde, die er mit den Augen begangen hat. Und wenn er sich die Hände wäscht, entfernt sich von seinen Händen mit dem Wasser bzw. mit den letzten Wassertropfen jede Sünde, die er mit den Händen gewalttätig verübt* hat. *Und wenn er sich die Füße wäscht, so entfernt sich von seinen Füßen mit dem Wasser bzw. mit den letzten Wassertropfen jede Sünde, zu der er mit seinen Füßen gelaufen ist. So kommt er aus der Waschung rein von Schuld heraus.*

Außer dem Beter selbst soll auch der Platz des Gebetes rituell rein sein. Daher ist es üblich, dass Muslime zum Beten einen eigenen Gebetsteppich vor sich ausbreiten, um auf ihm das Gebet zu vollziehen und nicht auf dem blanken Boden oder dem Wohnzimmerteppich zu beten. Die Innenräume der Moscheen selbst sind mit Teppichen ausgelegt, um auf ihnen zu beten. Um die rituelle Reinheit dieses Gebetsraumes zu erhalten, zieht man daher die Schuhe vor dem Betreten der Moschee aus.

Zur Verrichtung des Gebetes ist es ferner notwendig, dass der Beter sich selbst mit seinem Gesicht in eine ganz bestimmte Richtung stellt, nämlich in Richtung der Ka'ba in Mekka. Diese Ausrichtung zum Gebet ist ihm durch einen Koranvers vorgeschrieben: *So werden Wir dir eine Gebetsrichtung festlegen, mit der du zufrieden sein wirst. Wende also dein Gesicht in Richtung der heiligen Moschee. Und wo immer ihr seid, wendet euer Gesicht in ihre Richtung.* (2,144) Diese Gebetsrichtung, die *qibla*, wird in den Moscheen durch eine Gebetsnische, *mihrab* genannt, angezeigt, vor der sich dann die Beter in Reihen hintereinander aufstellen. Beim persönlichen Gebet außerhalb der Moschee versucht der Beter die Gebetsrichtung durch die Beobachtung der Himmelsrichtungen zu ermitteln. Ansonsten kann er auch einen Kompaß zu Hilfe nehmen, der ihm dann die Ausrichtung nach Mekka anzeigt. Anzumerken ist nur noch, dass die Muslime ursprünglich ihr Gebet in Richtung Jerusalem verrichteten, bis der Koran nach Muhammads Ankunft in Medina die Änderung der Gebetsrichtung nach Mekka vorschrieb (2,142–145).

Das Gebet selbst besteht aus einer genau festgelegten Abfolge von Handlungen, während derer man bestimmte Texte spricht. Im Einzelnen lässt sich folgender Ablauf beschreiben:

1. Der Beter fasst in Worten oder Gedanken die Absicht zum Gebet.
2. Er hebt die Hände bis in Höhe der Ohren und spricht dabei: *Gott ist größer!*
3. Er steht aufrecht und legt in Höhe des Nabels die rechte Hand über die linke.
4. Der Beter spricht das Eröffnungsgebet: *Gepriesen bist Du, oh Gott, gesegnet ist Dein Name und erhaben bist Du. Es gibt keinen Gott außer Dir.* Danach spricht er: *Ich suche Zuflucht bei Gott vor dem verfluchten Satan.* Und: *Im Namen Gottes, des Erbarmers, des Barmherzigen.*

Nach dieser Eröffnung des Gebetes beginnt die erste Gebetseinheit:

5. Der Beter rezitiert die Eröffnungssure des Korans: *Im Namen Gottes, des Erbarmers, des Barmherzigen. Lob sei Gott, dem Herrn der Welten, dem Erbarmer, dem Barmherzigen, der Verfügungsgewalt besitzt über den Tag des Gerichtes. Dir dienen wir, und Dich bitten wir um Hilfe. Führe uns den geraden Weg, den Weg derer, die Du begnadet hast, die nicht dem Zorn verfallen und nicht irregehen.*
6. Ein weiterer Abschnitt freier Wahl aus dem Koran wird rezitiert.
7. Der Beter sagt: *Gott ist größer!*, verbeugt sich und spricht dann: *Gepriesen ist mein Herr, der Gewaltige.* (dreimal)
8. Er richtet sich auf und spricht dabei: *Gott hört denjenigen, der ihn lobpreist*, stehend spricht er: *Oh Gott, unser Herr, Dir allein gebührt Lobpreisung.*
9. Der Beter sagt: *Gott ist größer!*, wirft sich nieder und spricht dann: *Gepriesen ist mein Herr, der Erhabene.* (dreimal)
10. Er sagt: *Gott ist größer!*, richtet sich auf und spricht sitzend: *Oh Gott, vergib mir, erbarme Dich meiner, bewahre mir meine Gesundheit, leite mich recht und beschenke mich mit Deinen Gaben.*

11. Er sagt erneut: *Gott ist größer!*, wirft sich wieder nieder und spricht dann wieder: *Gepriesen ist mein Herr, der Erhabene.* (dreimal)
12. Der Beter sagt wieder: *Gott ist größer!* und steht auf.

Damit ist eine Gebetseinheit beendet und die nächste beginnt wieder mit Punkt 5. Wichtig ist nun festzuhalten, dass jede Gebetszeit aus mehreren Gebetseinheiten besteht, die nacheinander verrichtet werden. Dabei unterscheidet man bei den Gebetseinheiten zwischen den Pflichtteilen und den so genannten Sunna-Teilen. Letztere gehen auf die Sunna des Propheten Muhammad zurück, d. h. auf sein vorbildhaftes Leben und Handeln; ihre Verrichtung ist den Gläubigen durch ihn nahe gelegt worden. Die Gebetszeiten bestehen im Einzelnen aus folgenden Gebetseinheiten:
1. Das Frühgebet: 2 Sunna / 2 Pflicht
2. Das Mittagsgebet: 4 Sunna / 4 Pflicht / 2 Sunna
3. Das Nachmittagsgebet: 4 Sunna / 4 Pflicht
4. Das Abendgebet: 3 Pflicht / 2 Sunna
5. Das Nachtgebet: 4 Sunna / 4 Pflicht / 2 Sunna / 3 zusätzliche Einheiten.

Beim gemeinschaftlichen Gebet werden die Pflichtteile gemeinsam und die Sunna-Teile einzeln verrichtet. Bei den Gebetszeiten mit mehr als zwei Gebetseinheiten entfällt ab der dritten Einheit die zweite Rezitation aus dem Koran. Man beendet das Gebet hockend mit einem Schlussgebet, wobei der Beter sein Gesicht nach rechts und links wendet und dabei jeweils spricht: *Der Friede sei über euch und die Barmherzigkeit Gottes.*

Grundsätzlich kann der Muslim sein Gebet an jedem dafür würdigen und rituell sauberen Ort verrichten, da nach einem Wort des Propheten Muhammad die ganze Erde eine einzige Moschee Gottes ist. Somit kann das Gebet eigentlich an jedem Ort stattfinden, wodurch sich eine große Flexibilität für den Beter ergibt, die auch angesichts der sich täglich verschiebenden Gebetszeiten angebracht ist. Der bevorzugte Ort des Gebetes aber ist die Moschee, der Ort der Niederwerfung. Im gemeinsamen Beten besteht für die Muslime daher ein wichtiger Aspekt ihrer Religionsausübung, weil dem gemeinsamen Gebet eine größere Bedeutung zukommt. Bei dieser Art des Gebetes stehen die Beter Schulter an Schulter nebeneinander und bilden dichte Reihen hintereinander. Geleitet wird das Gebet von einem Vorbeter, der vor den Betenden steht und die einzelnen Abschnitte des Gebetes vormacht und die entsprechenden Texte vorspricht. Die Betenden folgen ihm in ihren Bewegungen und sprechen die einzelnen Texte leise mit. Jeder Muslim, der zur Verrichtung des Gebetes in der Lage ist, kann diese Aufgabe erfüllen.

Eine Pflicht für die erwachsenen männlichen Muslime ist jedoch das gemeinsame Gebet am Freitag zur Mittagszeit, gemäß einer Aufforderung des Korans: *O ihr, die ihr glaubt, wenn am Freitag zum Gebet gerufen wird, dann eilt zum Gedenken Gottes und laßt das Kaufgeschäft ruhen. Das ist besser für euch, so ihr Bescheid wißt. Wenn das Gebet beendet ist, dann breitet euch im Land aus und strebt nach etwas von der Huld Gottes.* (62,9+10) Dem eigentlichen Freitagsgebet geht eine Freitagspredigt voraus, die man in der landesüblichen Sprache halten soll. Das Gebet selbst findet wie die anderen Mittagsgebete statt, wobei ihm allerdings vier Sunna-Teile folgen. Als Vorbereitung auf das gemeinschaftliche Gebet soll ihm eine rituelle Ganzwaschung vorangehen. Anders als im Juden- und Christentum ist der Freitag als islamischer Wochenfeiertag außer der Zeit des Mittagsgebetes ein gewöhnlicher Arbeitstag.

Neben dem Freitagsgebet gibt es noch einige weitere Gebete, die in der Gemeinschaft von allen Muslimen zusammen zu verrichten sind. Als solche sind die Festtagsgebete zum Fest des Fastenbrechens und zum Opferfest sowie das Totengebet zu nennen. Daneben kennt der Islam noch verschiedene, aus bestimmten Anlässen allein oder gemeinsam stattfindende Gebete, wie das Gebet bei Mond- oder Sonnenfinsternis oder das Gebet für die Bitte um Vergebung. Wichtig zu erwähnen sind die Erleichterungen, die es für das Gebet gibt. Dies ist der Fall bei Kranken, Reisenden oder denjenigen, die aus gewichtigen Gründen Gebetszeiten versäumen. Sofern ein Kranker überhaupt noch zum Beten in der Lage ist, werden ihm Erleichterungen beim Bewegungsablauf gewährt; d. h., er kann die Gebete sitzend verrichten. Im Fall einer Reise ist es möglich Gebete zu verkürzen oder auch zwei Gebetszeiten zusammenzulegen. Schließlich hat derjenige, der eine Gebetszeit versäumt hat, die Möglichkeit, sie zu einem späteren Zeitpunkt nachzuholen. Abschließend sei noch erwähnt, dass die von Muslimen praktizierte Geschlechtertrennung natürlich auch ihre Auswirkungen beim Gebet zeigt und Männer und Frauen daher grundsätzlich separat beten. Dies kann in voneinander getrennten Räumen, hinter einem Vorhang oder in voneinander getrennten Reihen von Betenden der Fall sein. Der Sinn dieser Trennung liegt einzig und allein darin, dass die speziellen Gebetshaltungen eine solche Vorgehensweise erforderlich machen, da die Betenden in dichten Reihen neben- und hintereinander stehen.

Die gesetzliche Abgabe (zakat)

Neben dem freiwilligen Almosen für Arme und Bedürftige fordert der Koran ausdrücklich eine gesetzliche Abgabe. Sie ist für die religiösen und sozialen Aufgaben der islamischen Gemeinschaft bestimmt. Über ihre Verwendung heißt es im Koran: *Die Almosen sind bestimmt für die Armen, die Bedürftigen, die, die damit befaßt sind, die, deren Herzen vertraut gemacht werden sollen, die Gefangenen, die Verschuldeten, für den Einsatz auf dem Weg Gottes und für den Reisenden. Es ist eine Rechtspflicht von seiten Gottes. Und Gott weiß Bescheid und ist weise.* (9,60)

Wichtig für die richtige Einschätzung dieser Abgabe ist, dass es sich dabei nicht um eine staatliche Steuer handelt, sondern vielmehr um eine *Rechtspflicht von seiten Gottes*.

Die Zakat ist daher nicht mit den Steuern identisch, die der Staat von seinen Bürgern erhebt, und sie ersetzt diese nicht, auch wenn staatliche Autoritäten sie in manchen Ländern einziehen und über ihre Verwendung entscheiden. Vielmehr handelt es sich um eine religiöse Verpflichtung, der jeder einzelne Muslim nachzukommen hat. Für die Berechnung der Zakat gilt, dass Erträge aus Handel und Landwirtschaft sowie Besitz von Land, Vieh und Geld zu besteuern sind. Die Höhe der Zakat liegt allgemein bei 2,5 Prozent der jährlichen Einkünfte und ihre Zahlung erfolgt in der Regel während des Fastenmonats Ramadan.

Im Zusammenhang mit der gegenwärtigen Diskussion um die Anerkennung muslimischer Gemeinschaften als Körperschaften des öffentlichen Rechts in Deutschland und der damit verbundenen Möglichkeit, *nach Maßgabe der landesrechtlichen Bestimmungen Steuern zu erheben,* weisen Vertreter muslimischer Verbände darauf hin, dass eine auf diesem Wege eventuell vorgesehene *Moscheesteuer* keinen Ersatz für die Zakat darstellt.

Die Wallfahrt *(haǧǧ)*

Die Riten der Wallfahrt nach Mekka gehen unmittelbar auf die Wallfahrt zurück, die der Prophet Muhammad in seinem Todesjahr vollzog und die man daher *Abschiedswallfahrt* nennt. Wie bereits erwähnt, rührt die Bedeutung Mekkas von dem vorislamischen Gotteshaus in seiner Mitte her, zu dem die Araber zweimal jährlich hinpilgerten. Nach islamischer Auffassung geht der Bau der Ka'ba auf Abraham und seinen Sohn Ismael zurück, nach einer anderen Überlieferung sogar auf Adam. Bei seiner siegreichen Rückkehr in seine Heimatstadt hatte der Prophet dieses Gotteshaus von allen Abbildungen und Symbolen der heidnischen Gottheiten gesäubert. Durch den Ausspruch eines Koranverses sollen sie zu Staub zerfallen sein. Allein ein Bild der Mutter Maria mit dem Jesuskind auf dem Arm soll einer Überlieferung zufolge in der Ka'ba verblieben sein. Zusätzlich zu ihrer Bedeutung als vorislamische Wallfahrtsstätte mit dem ältesten Gotteshaus der Menschheit verbinden die Muslime mit der Stadt Mekka die Erinnerung an die Sendung Muhammads und dessen Wirken in seiner Heimatstadt.

Die Verpflichtung zur Wallfahrt ergibt sich unmittelbar aus dem Koran: *Das erste Haus, das für die Menschen errichtet wurde, ist gewiß dasjenige in Mekka; voller Segen ist es und Rechtleitung für die Weltenbewohner. In ihm sind deutliche Zeichen. Es ist die Stätte Abrahams, und wer es betritt, ist in Sicherheit. Und Gott hat den Menschen die Pflicht zur Wallfahrt nach dem Haus auferlegt, allen, die dazu eine Möglichkeit finden.* (3,96+97) Die Verpflichtung zur Wallfahrt besteht für erwachsene, freie und gesunde Muslime beider Geschlechter. Mindestens einmal im Leben muss jeder Muslim die Wallfahrt unternehmen, sofern er gesundheitlich und finanziell dazu in der Lage ist.

Hinsichtlich des Termins unterscheidet man zwischen der kleinen *(umra)* und der großen Wallfahrt *(haǧǧ)*. Die kleine Wallfahrt kann zu jedem Zeitpunkt des Jahres stattfinden, die große hingegen nur im Pilgermonat Dhu-l-hiǧǧa, dem letzten Monat des Mondkalenders. Während nur die Teilnahme an der großen Wallfahrt als Erfüllung der religiösen Verpflichtung gilt, bietet die kleine Wallfahrt dennoch ein intensives religiöses Erleben der heiligen Stätten des Islams. Unabhängig von ihrer Pflicht zum *haǧǧ* vollziehen viele Muslime gerne die *umra,* um auf diese Weise den lokalen Mittelpunkt ihres Glaubens anders zu erleben, als dies während der Pilgerzeit der Fall sein kann.

Die große Wallfahrt besteht aus einer festgelegten Abfolge von Riten, die der einzelne Gläubige allein und in der Gemeinschaft mit anderen vollzieht. In Mekka angekommen versetzt der Pilger sich zunächst in einen Weihezustand. Hierzu legt er seine gewöhnlichen Kleider ab, führt die rituelle Waschung durch und legt ein weißes Pilgerkleid an. Er umrundet die Ka'ba siebenmal und küsst den schwarzen Stein, der an einer Ecke ihrer Mauer eingelassen ist. Bei diesem Stein handelt es sich wohl um einen Meteoriten, der in der Stadt niedergegangen ist. Ihn zu küssen bedeutet jedoch nicht ihn zu verehren, sondern vielmehr handelt es sich um einen symbolischen Akt, durch den der Pilger seine Verbindung mit Muhammad bekundet, der ihn seinerzeit küsste. Danach läuft jeder Pilger zwischen den Hügeln Safa und Marwa dreimal hin und zurück und einmal hin.

Im Anschluss daran begeben die Pilger sich zur Ebene von Arafat, wo sie einen Tag zwischen Sonnenaufgang und Sonnenuntergang verweilen. Dieses Stehen vor Gott auf der Ebene des Berges Arafat bezeichnet den eigentlichen Höhepunkt der Wallfahrt. Der gläubige Muslim erfährt in diesem Moment zutiefst die Bedeutung dessen, was das Wort Islam als Hingabe oder Unterwerfung unter Gottes Willen eigentlich meint. Er steht dort und begreift sich als derjenige, der sich ganz Gott und seinem Willen unterwirft. In seinem *Tagebuch eines Mekkapilgers* beschreibt Muhammad ibn Ġubair al-Kinani, der von 1183 bis 1185 von Granada zur Wallfahrt nach Mekka unterwegs war, dieses Ereignis: *An jenem Freitagmorgen war eine Menschenmenge auf Arafat, die ihresgleichen am Tage der Auferstehung finden kann. ... Als am Freitag die Mittags- und Nachmittagsgebete zusammen gesprochen wurden, standen die Menschen reuevoll und tränenüberströmt, demütig die Gnade Gottes erflehend. Die Rufe »Gott ist groß« erhoben sich; laut waren die Stimmen der Menschen im Gebet. Niemals zuvor hatte es einen Tag solchen Weinens, solcher Reue der Herzen, eines solchen Beugens der Nacken in ehrerbietiger Demut vor Gott gegeben. In dieser Art fuhren die Pilger fort; die Sonne verbrannte ihre Gesichter, bis der Ball gesunken war und die Zeit der Sonnenuntergangsgebete bevorstand (...). Die Menschen drängten sich auf ihrem Rückweg mit solcher Wucht voran, daß der Boden zitterte und die Berge bebten. Was für ein Erlebnis war das gewesen, wie überwältigend anzusehen, und welche Hoffnung auf glückli-*

che Belohnung hatte es in die Seele gebracht! Gott gebe, daß wir zu denen gehören mögen, denen Er dort seine Anerkennung gab und die Er mit seiner Güte bedachte.

Nach dem Sonnenuntergang ziehen die Pilger nach Mina, wo sie zur symbolischen Steinigung des Teufels kleine Steinchen auf Säulen werfen. Zum Andenken an das Opfer Abrahams, der anstelle seines Sohnes Ismael ein Schaf schlachtete, erfolgt am zehnten Tag des Pilgermonats die Schlachtung von Opfertieren. Mit diesem Tag beginnt das Opferfest *(idu-l-adhha)*, das nicht nur die Mekkapilger, sondern alle Muslime auf der Welt zur Erinnerung an Abrahams Glaubensgehorsam vier Tage hintereinander begehen. Neben dem Fest des Fastenbrechens *(idu-l-fitr)* gehört es zu den beiden vorgeschriebenen islamischen Festen.

Die Riten der Wallfahrt enden damit, dass der Pilger sich das Haar scheren lässt, das Pilgergewand ablegt, die Ka'ba nochmals siebenmal umrundet und Wasser aus dem Brunnen Zamzam trinkt. Nach dem Abschluss der Wallfahrt kann man sich noch einige Tage in Mekka und seiner Umgebung aufhalten und auf der Rückreise das Grab des Propheten in Medina besuchen. Diesen Brauch lehnen die Saudis, die der besonders streng ausgerichteten hanbalitischen Rechtsschule angehören, jedoch ab. So kann es vorkommen, dass sie die fromme Andacht anderer Muslime am Grab des Propheten durch die Rufe *Haram! Haram!* (Verboten! Verboten!) zu stören trachten. Die schiitischen Pilger verbinden den Aufenthalt an den heiligen Stätten des Islams mit einem Besuch der Gräber einiger ihrer Imame, was die strengen Hanbaliten noch weniger erfreut.

Aufgrund der verbesserten Transportmöglichkeiten können die Muslime heutzutage die Wallfahrt einfacher vollziehen, als dies in den Tagen des Ibn Ǧubair der Fall war, der damals länger als zwei Jahre unterwegs war. In den modernen islamischen Gesellschaften hat sich das Wallfahrtswesen zu einem Wirtschaftszweig entwickelt. So gibt es eigene Reiseunternehmen, die für ihre Kunden die

Durchführung der Wallfahrt organisieren. Auch die islamischen Organisationen in Deutschland haben sich mittlerweile auf diese religiöse Dienstleistung eingestellt. Die großen Verbände in Köln betreiben nicht nur Wallfahrtsorganisationen und Fluggesellschaften, sondern unterhalten bereits eigene Niederlassungen in Mekka und Medina zur Unterbringung ihrer Mitglieder. Der in Kall-Sötenich in der Eifel ansässige *Haqqani Trust – Verein für neue deutsche Muslime e.V.* bietet gar eine erlebnisreiche Busreise nach Saudi-Arabien an.

Das immense Bevölkerungswachstum einiger islamischer Staaten führt in Verbindung mit den verbesserten Verkehrsbedingungen dazu, dass die Durchführung der Wallfahrt zu einem Problem geworden ist, weil sich immer mehr Personen zur gleichen Zeit am gleichen Ort aufhalten. So ist es in den vergangenen Jahren leider mehrfach zu dramatischen Zwischenfällen gekommen, denen viele Pilger zum Opfer fielen. Aus diesem Grund, sowie zur Kontrolle politischer Aktivisten besonders aus dem Iran, sahen sich die saudischen Behörden bereits vor Jahren zu einer Begrenzung der Zahl der Pilger veranlasst und legten eine Quote von einem Promille der muslimischen Bevölkerung eines Landes fest. Daneben haben vor allem umfangreiche bauliche Maßnahmen zu einer Besserung der Lage geführt. Denjenigen, denen aus welchen Gründen auch immer die Teilnahme an der Wallfahrt nicht möglich ist, bietet der amerikanische Fernsehsender CNN die Möglichkeit, das Geschehen live am Bildschirm zu verfolgen. Dies mag einen Eindruck von der immensen Bedeutung der Wallfahrt zu vermitteln, die Adel Theodor Khoury folgendermaßen beschreibt: *In der Wallfahrt kommen die Solidarität der islamischen Welt und die Gleichheit aller Menschen in dem einen Glauben stark zum Ausdruck. Denn das Ritual erlaubt keinen Unterschied zwischen den verschiedenen Gläubigen. Rasse, Hautfarbe, Ursprungsland, sozialer Rang, Reichtum, politisches Amt, dies alles spielt da keine Rolle. Alle Gläubigen erleben ihre Gleichrangigkeit vor Gott, und alle fühlen sich einig und solidarisch in der Suche nach dem Antlitz Gottes und seinem Wohlgefallen.*

Das Fasten *(saum)*

Wie die Wallfahrt, so hat auch das Fasten innerhalb eines dafür vorgesehenen Monats stattzufinden. Der Monat des Fastens ist der Ramadan, der neunte Monat des islamischen Kalenders, in dem der Koran zum ersten Mal an Muhammad herabgesandt wurde. So heißt es im Koran dazu: *Der Monat Ramadan ist es, in dem der Koran herabgesandt wurde als Rechtleitung für die Menschen und als deutliche Zeichen der Rechtleitung und der Unterscheidungsnorm. Wer nun von euch in dem Monat anwesend ist, der soll in ihm fasten.* (2,185) Während das freiwillige Fasten darüber hinaus mit wenigen Einschränkungen zu jeder Zeit erlaubt ist, muss der Muslim in diesem Monat fasten. Die Verpflichtung dazu betrifft alle erwachsenen und gesunden Personen. Alte Menschen, Kranke, Reisende, schwangere und stillende Frauen sind davon befreit. Wer das Fasten aus irgendeinem Grunde nicht einhalten kann, soll die versäumten Tage später nachholen. Dies gilt auch für Frauen während ihrer Menstruation, in der sie nicht fasten dürfen. Als Ersatz für versäumte Fasttage ist es möglich, Almosen zu geben und Hungernde zu speisen.

Da der Monat Ramadan ein Mondmonat ist, durchläuft er alle Jahreszeiten des Sonnenjahres. Dementsprechend sind die Zeiten des Fastens unterschiedlich lang, je nachdem ob der Ramadan in den Winter oder in den Sommer fällt. Schwierigkeiten tauchen jedes Jahr dabei auf, den genauen Beginn und das Ende des Monats festzustellen. Nach Auffassung mancher Muslime ist dazu eine Sichtung des Neumondes über Mekka erforderlich. Andere verlassen sich demgegenüber auf eine astronomische Berechnung des Datums. Da beide Verfahren nicht genau übereinstimmen können, hat dies zur Folge, dass einige

Muslime bereits mit dem Fasten angefangen haben, während andere einen Tag später beginnen. Dementsprechend feiern einige bereits das Fest des Fastenbrechens, während andere noch einen Tag fasten. Zur Vermeidung dieser Unstimmigkeiten hat der *Zentralrat der Muslime in Deutschland e. V.* (ZMD) vor einigen Jahren den *DIWAN* ins Leben gerufen. Hinter dieser Abkürzung verbirgt sich der *Deutsche Islamwissenschaftliche Ausschuß zur Bestimmung der Neumonde*, dem islamische Gelehrte verschiedener Organisationen angehören. Seine Aufgabe besteht darin, die genauen Daten des islamischen Kalenders zu ermitteln und den Muslimen in Deutschland bekannt zu geben. Der ZMD teilt der deutschen Öffentlichkeit jährlich Beginn und Ende der Fastenzeit sowie die Daten anderer islamischer Feste mit. Trotz dieses Instrumentariums scheint eine Einigung auf einen gemeinsamen Termin schwierig zu sein und die Pressemitteilungen des ZMD enthalten daher meist die Formulierung *Der Anfang des Fastenmonats Ramadan wird voraussichtlich am ... sein. Letzter Ramadantag wird voraussichtlich der ... sein.*

Der einzelne Fasttag beginnt morgens, wenn man einen weißen von einem schwarzen Faden unterscheiden kann und endet abends mit Sonnenuntergang. Zur Vereinfachung des Verfahrens sind die Zeiten in den Tageszeitungen oder den Gebetszeitenkalendern der Muslime veröffentlicht. In der Zeit vom Sonnenaufgang bis zum Sonnenuntergang gilt ein vollständiges Fasten, das sich auf Essen, Trinken, Rauchen und sexuelle Betätigungen erstreckt. Diese Auffassung vom Fasten wird so streng genommen, dass während dieser Zeit absolut nichts über die Lippen des Muslims kommen darf. Hierzu gehört auch die Einnahme von Medikamenten, es sei denn, die betreffende Person ist aufgrund ihrer Krankheit vom Fasten befreit. Manche halten auch das Einatmen von Wohlgerüchen oder von Zigarettenrauch für nicht statthaft. Wer dennoch auch nur einen Tropfen Wasser zu sich nimmt, hat das Fasten gebrochen und muss den versäumten Tag nachholen. Mit dem Sonnenuntergang beginnt das abendliche Fastenbrechen *(iftar)* und bis zum Sonnenaufgang ist dem Muslim alles gestattet, worauf er während des Tages verzichtet hat. Das tägliche Fastenbrechen ist eine freudige Angelegenheit, zu der man Familienangehörige und Freunde gerne einlädt. Auch in den Moscheen selbst wird es abends begangen. In Deutschland sind die islamischen Organisationen seit einigen Jahren dazu übergegangen, ihre nichtmuslimischen Nachbarn sowie Vertreter der religiösen und politischen Gruppierungen zum Fastenbrechen in ihre Moscheen einzuladen.

Über den Verzicht hinaus stellt das Fasten eine Zeit der religiösen Besinnung und Erneuerung für die Muslime dar. Man geht häufiger zum Gebet in die Moschee, wo besonders abends zusätzliche Bittgebete stattfinden, und versucht den Koran einmal vom Anfang bis zum Ende zu rezitieren. Man versucht seine Zunge, seine Augen und seine Ohren im Zaum zu halten, indem man üble Nachrede, den Anblick verbotener Dinge und das Hören schlechter Worte vermeidet. Das Fasten soll auch Auswirkungen auf den Umgang mit den Mitmenschen haben und der Fastende soll sein Verhalten gegenüber anderen bessern. Insgesamt gesehen erhoffen die Muslime durch ihr Fasten eine Vergebung ihrer Schuld. Anlass zu dieser Hoffnung geben ihnen eine Reihe von Aussagen des Propheten wie die folgende aus einer Fastenpredigt: *Wenn jemand im Ramadan eine Pflicht erfüllt, gleicht dies siebzig in anderen Monaten erfüllten Pflichten. Er ist der Monat der Geduld, und der Lohn der Geduld ist das Paradies. Er ist der Monat der Versöhnung, er ist der Monat, in dem der Lebensunterhalt des Gläubigen sich mehrt. Er ist ein Monat, dessen Beginn Barmherzigkeit, dessen Mitte Vergebung und dessen Ende Befreiung vom (Höllen)feuer ist.*

Die besondere Bedeutung des Ramadans ergibt sich für die Muslime daraus, dass es der Monat ist, in dem die Herabsendung des Korans an Muhammad begonnen hat. Die Nacht, in der dies geschah, die Nacht der Bestimmung *(laylatu-l-qadr)* am 27. Ramadan erwartet man mit besonderer Spannung. Von ihr heißt es im Koran: *Die Nacht der Bestimmung ist besser als tausend Monate. Die Engel und der Geist kommen in ihr mit der Erlaubnis ihres Herrn herab mit jedem Anliegen. Voller Frieden ist sie bis zum Aufgang der Morgenröte.* (97,3–5) Diese Nacht gilt den Muslimen daher als ein Augenblick besonderer Gnade Gottes für die Gläubigen.

Der Fastenmonat endet nach dreißig Tagen mit dem Fest des Fastenbrechens *(idu-l-fitr)*, das die Muslime drei Tage freudig miteinander begehen. Am Morgen des ersten Tages begibt man sich in die Moschee zum gemeinsamen Festgebet. An diesem und den beiden folgenden Tagen besucht man ferner seine Verwandten und Freunde. Da man den Kindern an diesen Tagen vorzugsweise Süßigkeiten schenkt, heißt das Fest im türkischen Sprachgebrauch *şeker bayramı* (Zuckerfest).

Außer dem vorgeschriebenen Fasten im Ramadan fasten die Schiiten noch zusätzlich zum Aschurafest, an dem sie des gewaltsamen Todes der Söhne des Kalifen Ali, Hasan und Husayn, gedenken.

Einzelfragen der Religionsausübung

Die Vorgaben des Korans und der Sunna hinsichtlich der Lebensführung der Muslime beschränken sich nicht auf die fünf religiösen Grundpflichten, sondern umfassen alle Bereiche des religiösen, sozialen und gesellschaftlichen Lebens von Muslimen sowie ihre Beziehungen zu Nichtmuslimen auf individueller und kollektiver Ebene. Der Grund dafür ist die Überzeugung, dass der rechte Glaube auch zum rechten Handeln verpflichtet, wie etwa aus dem folgenden Koranvers hervorgeht: *Ihr seid die beste Gemeinschaft, die je unter den Menschen hervorgebracht worden ist. Ihr gebietet das Rechte und verbietet das Verwerfliche und glaubt an Gott.* (3,110) Die Regelungen, die Koran und

Sunna zu bestimmten Einzelfragen vorsehen, sind daher von den Rechtsgelehrten aufgegriffen und entsprechend entfaltet worden. Als Hauptbereiche des islamischen Rechts, der *šari'a*, lassen sich die gottesdienstlichen Handlungen, das Familien- und Erbrecht, das Vertragsrecht und das Strafrecht feststellen. Im Folgenden kann es nur darum gehen, aus der Fülle der gesetzlichen Regelungen einige wenige herauszusuchen, die für das alltägliche Leben der Muslime von Relevanz sind.

Als ein wichtiger Bereich sind dabei zunächst die *Speisevorschriften* zu nennen. Der Koran verbietet ausdrücklich den Verzehr von Schweinefleisch und Blut (5,3). Aus dem betreffenden Vers geht ferner ein Verbot des Verzehrs von Fleisch hervor, *worüber ein anderer als Gott angerufen worden ist*. An einer anderen Stelle heißt es ferner: *Eßt von dem, worüber der Name Gottes ausgesprochen worden ist, so ihr an seine Zeichen glaubt. ... Und eßt nicht von dem, worüber der Name Gottes nicht ausgesprochen worden ist. Das ist Frevel.* (6,118+121) Daraus leiten die Muslime die Verpflichtung zum rituellen Schächten eines Schlachttieres ab. Dieser Vorgang besteht darin, dass man dem Tier mit einem scharfen Messer die Halsschlagader durchschneidet, während man gleichzeitig den Namen Gottes anruft. Aussagen des Propheten Muhammad bestätigen die Verpflichtung zur Anwendung dieses Verfahrens. Gleichzeitig gibt es in Sure 5,5 jedoch eine Aussage, nach der den Muslimen die von Juden und Christen zubereiteten Speisen gestattet sind, sofern es sich nicht um Schweinefleisch oder Blut handelt. In gewisser Weise entsteht damit ein Dilemma, weil unweigerlich die Frage nach dem Verfahren des Schlachtens auftaucht. Während einige Muslime es nicht für geboten halten, dass Juden und Christen wie die Muslime schlachten und sie demzufolge eine Tischgemeinschaft mit ihnen befürworten, halten andere daran fest, dass Muslime nur mit ihnen essen dürfen, wenn sicher ist, dass sie entsprechend geschlachtet haben. Wieder andere gehen davon aus, dass die von Juden und Christen vorgenommenen Schlachtungen deshalb nicht zulässig seien, weil sich die jeweiligen Gottesvorstellungen voneinander unterscheiden. Diese Auffassungen können dazu führen, dass manche Muslime ohne Bedenken bei christlichen Gastgebern oder in einem Restaurant Fleisch essen, während andere darauf verzichten. Viele Muslime nehmen nur dann Fleisch zu sich, wenn sie sicher davon ausgehen können, dass eine entsprechende Schlachtung vorgenommen wurde. Noch schwieriger wird die Frage, wenn gesetzliche Regelungen dem islamischen Ritual des Schächtens entgegenstehen. So verbietet das deutsche Tierschutzgesetz das Schächten eines warmblütigen Tieres ohne vorherige Betäubung und sieht sehr strenge Voraussetzungen zur Erteilung einer Ausnahmegenehmigung vor. Das Problem liegt in diesem Fall darin, dass viele Muslime eine Betäubung von Tieren vor dem Schächten ablehnen. Da sie den Erfordernissen des Tierschutzgesetzes nicht entsprechen konnten, sind bisher alle Versuche gescheitert, das Schächten nach islamischem Ritus auf gerichtlichem Wege durchzusetzen. Lediglich das Verwaltungsgericht Darmstadt hat 1999 einem entsprechenden Begehren entsprochen, wobei es sich jedoch um die Schlachtungen im Rahmen des Opferfestes handelte, die in einem etwas anderen Argumentationszusammenhang stehen.

Ferner ist das Weintrinken im Koran ausdrücklich verboten: *O ihr, die ihr glaubt, der Wein, das Glücksspiel, die Opfersteine und die Lospfeile sind ein Greuel von Satans Werk. Meidet es, auf das es euch wohl ergehe.* (5,90) Im Hintergrund steht dabei die berauschende Wirkung des Weines, der den Menschen seiner Sinne beraubt und ihn unzurechnungsfähig macht. An einer Stelle sieht der Koran sich sogar veranlasst, den Muslimen eine Teilnahme am Gebet im betrunkenen Zustand zu untersagen: *O ihr, die ihr glaubt, kommt nicht zum Gebet, während ihr betrunken seid, bis ihr wißt, was ihr sagt, (...)* (4,43) Da seine berauschende Wirkung zum Verbot des Weines geführt hat, folgerten die Rechtsgelehrten daraus, dass alle berauschenden Getränke den Muslimen verboten sind und sie formulierten daraus ein allgemeines Alkoholverbot. Dieses Verbot ist so weit reichend, dass es sogar kleine Mengen und Speisen mit Alkoholzusatz umfasst. Die Begründung lautet, dass alles, was in großen Mengen berauscht, auch in kleinen Mengen nicht erlaubt ist. Problematisch ist daher auch die Einnahme von Medikamenten, die Alkohol enthalten.

Einen weiteren wichtigen Komplex bilden die *Bekleidungsvorschriften* im Islam. Dabei ist zunächst festzuhalten, dass der Koran von Männern und Frauen ein angemessenes Verhalten und eine entsprechende Bekleidung erwartet. Diesbezüglich heißt es ausdrücklich: *Sprich zu den gläubigen Männern, sie sollen ihre Blicke senken und ihre Scham bewahren. Das ist lauterer für sie. Gott hat Kenntnis von dem, was sie machen. Und sprich zu den gläubigen Frauen, sie sollen ihre Blicke senken und ihre Scham bewahren, ihren Schmuck nicht offen zeigen, mit Ausnahme dessen, was sonst sichtbar ist.* (24,30+31) Diese Forderung basiert auf der Vorstellung, dass jeder Mensch bestimmte Bereiche seines Körpers vor den Blicken anderer Menschen verhüllen soll. Der Unterschied, der zu differenzierten Vorschriften geführt hat, beruht im Wesentlichen darauf, dass beim Mann und bei der Frau unterschiedliche Körperpartien vom Gebot der Bedeckung betroffen sind. Beim Mann ist es der Bereich zwischen dem Bauchnabel und den Knien und bei der Frau der ganze Körper mit Ausnahme der Hände, Füße und des Gesichts. Daraus ergibt sich zwangsläufig, dass die Umsetzung dieses Gebotes zu unterschiedlichen Formen der Bekleidung führt.

Was nun die Verschleierung der Frau angeht, geben die diesbezüglichen Aussagen des Korans Anlass zu einer höchst kontroversen Betrachtungsweise der Frage. Eine der beiden betreffenden Koranstellen bezieht sich zuallererst auf die Angehörigen des Propheten: *O Prophet, sag deinen Gattinnen und deinen Töchtern und den Frauen der Gläubigen, sie sollen etwas von ihrem Überwurf über sich herunterziehen.* (33,59) Die andere bringt die Vorstellung einer Verschleierung der Frau sehr vage zum Ausdruck: *Sie sollen ihren Schleier auf den Kleiderausschnitt schlagen (...).* (24,31) Aus diesem Befund ergibt sich nach Auffassung der Islamwissenschaftlerin Wiebke Walther: *Für eine strikte Verschleierung der Frau gibt es im Koran keine Vorschrift. In den beiden Koranversen, die zur Rechtfertigung der Verschleierung herangezogen werden, geht es im Grunde nur um ein bestimmtes Maß an züchtiger Verhüllung.* Diese Ausgangslage führt tatsächlich dazu, dass Frauen und Männer überall in der islamischen Welt in der Frage der Verschleierung unterschiedliche Positionen vertreten. Während ein großer Teil der Muslime aus den Vorgaben von Koran und Sunna ein Gebot der Verschleierung ableitet, lehnen andere ein solches vollständig ab oder halten eine zumindest züchtige Bekleidung der Frau auch ohne Kopftuch für angemessen.

In vielen Teilen der islamischen Welt ist die Frage des Schleiers mittlerweile zu einem Politikum geworden. Die Gesellschaften, in denen eine tief greifende islamische Erneuerung stattfindet, neigen dazu, den Schleier als ein Symbol der um sich greifenden Veränderungen zu bewerten. In der Türkei hingegen hat der Staatsgründer Atatürk das Tragen religiöser Kleidung in der Öffentlichkeit untersagt und auch die Abschaffung des Kopftuchs propagiert. Bis auf den heutigen Tag ist daher das Tragen eines Schleiers an Schulen, Hochschulen oder Universitäten verboten. Nach der letzten Parlamentswahl gab es einen Eklat, als eine Abgeordnete der islamistischen Tugendpartei zu ihrer Vereidigung mit Schleier erschien. Da sie gleichzeitig die amerikanische Staatsbürgerschaft besaß, wurde sie einfach ausgebürgert. So viel zur doppelten Staatsbürgerschaft aus türkischer Sicht.

Auch in Deutschland ist in den letzten Jahren die Diskussion um die islamischen Bekleidungsvorschriften entbrannt. Aufgrund eines Urteils des Bundesverwaltungsgerichts aus dem Jahre 1993 besteht ein Anspruch muslimischer Schülerinnen auf vollständige Befreiung vom koedukativ erteilten Sportunterricht, wenn der Schulträger keinen nach Geschlechtern getrennten Unterricht organisieren kann. Das Gericht sah darin die einzige Möglichkeit, den Gewissenskonflikt zu lösen, der bei einer Teilnahme von Mädchen am gemeinsamen Sportunterricht entstehen kann. Neuerdings ist bekannt geworden, dass auch männliche Schüler dieses Recht für sich in Anspruch genommen haben, was im Hinblick auf die eingangs formulierten Grundlagen der Bekleidungsvorschriften nur folgerichtig ist.

Das Begehren einer muslimischen Lehramtsanwärterin mit Kopftuch auf Einstellung in den Schuldienst des Landes Baden-Württemberg ist hingegen im März 2000 auch in erster Instanz vor Gericht gescheitert. Das zuständige Schulamt und das Kultusministerium hatten eine Einstellung von Fereshta Ludin 1998 im Hinblick auf die weltanschauliche Neutralität eines Amtsträgers und die mit dem Kopftuch verbundenen politischen Implikationen abgelehnt.

Ein sehr interessantes Feld bieten die weit reichenden Regelungen des islamischen *Ehe- und Familienrechts*. Was die Beziehungen zwischen den Geschlechtern angeht, lassen sich zunächst die beiden folgenden Grundsätze feststellen. Der Koran lässt keinen Zweifel daran, dass Mann und Frau aus der Sicht des Schöpfers sowie im Hinblick auf ihre religiösen Verpflichtungen *gleichwertig* sind. Dies ergibt sich eindeutig aus dem folgenden eindrucksvollen Vers: *Für die muslimischen Männer und Frauen, Männer und Frauen, die gläubig, ergeben, wahrhaftig, geduldig, demütig sind, die Almosen geben, fasten, ihre Scham bewahren und Gottes viel gedenken – für sie hat Gott Vergebung und einen großartigen Lohn bereitet.* (33,35) Auf der anderen Seite macht der Koran jedoch auch deutlich, dass sie hinsichtlich ihrer gesellschaftlichen Verpflichtungen *nicht gleichberechtigt* sind. Der folgende Vers begründet vielmehr den Vorrang des Mannes gegenüber der Frau: *Die Männer haben Vollmacht und Verantwortung gegenüber den*

Frauen, weil Gott die einen vor den anderen bevorzugt hat und weil sie von ihrem Vermögen (für die Frauen) ausgeben. (4,34) Das Fazit aus beiden Aussagen bedeutet, dass Mann und Frau vor Gott und den Menschen zwar gleichwertig sind, ihnen im Leben der Gemeinschaft aber unterschiedliche Aufgaben zufallen. Daraus ergibt sich eine Rollenteilung, die dem Mann den äußeren gesellschaftlichen Bereich und der Frau den inneren familiären Bereich zuweist. Diese Trennung der Geschlechter ist im Leben vieler Muslime nach wie vor prägend und hat in der islamischen Welt in vielen Bereichen getrennte Lebenswelten hervorgebracht.

Anders als das Christentum sieht der Islam eine Pflicht zur Ehe als der von Gott gewollten Lebensgemeinschaft von Mann und Frau. Der Abschluss einer Ehe geschieht auf der Basis eines Vertrages zwischen beiden Ehepartnern, wobei ein Ehevormund die Frau in der Regel dabei vertritt. Eine Besonderheit des islamischen Eherechts, die Mehrehe, führt bei Nichtmuslimen regelmäßig zu den wildesten Spekulationen. Der Koran erlaubt ausdrücklich die Ehe eines Mannes mit bis zu vier Ehefrauen gleichzeitig: *Und wenn ihr fürchtet, gegenüber den Waisen nicht gerecht zu sein, dann heiratet, was euch an Frauen beliebt, zwei, drei oder vier.* (4,3) Somit hat die Mehrehe eine durchaus gesetzliche Grundlage im Islam. Dabei darf allerdings nicht leichtfertig übersehen werden, in welcher Situation diese Institution eingeführt und welche Bedingungen daran geknüpft wurden. Der betreffende Koranvers ist dem Propheten zu einem Zeitpunkt mitgeteilt worden, nachdem viele Muslime im Kampf gefallen waren. Viele Kommentare sehen daher in der gesetzlich erlaubten Mehrehe das Instrument einer sozialen Absicherung von Witwen und Waisen. Hinzu kommt, dass der betreffende Koranvers den Männern gleichzeitig die Verpflichtung auferlegt, alle Ehefrauen gleich zu behandeln: *Wenn ihr aber fürchtet, (sie) nicht gleich zu behandeln, dann nur eine, oder was eure rechte Hand (an Sklavinnen) besitzt. Das be-*

wirkt es eher, daß ihr euch vor Ungerechtigkeit bewahrt. Ein weiterer Koranvers zweifelt das Gelingen dieser Voraussetzung an: *Und ihr werdet es nicht schaffen, die Frauen gleich zu behandeln, ihr mögt euch noch so sehr bemühen.* (4,129) Diese Hinweise geben Grund zu der Annahme, dass der Koran eigentlich die monogame Ehe favorisiert und gleichzeitig die polygame Ehe unter strengen Voraussetzungen billigt. Die familiären Verhältnisse in vielen islamischen Ländern bestätigen diese Annahme. Obwohl die Polygamie fast überall erlaubt ist und auch vorkommen kann, spielt sie dennoch nur in den Regionen eine nennenswerte Rolle, wo sie gleichzeitig im sozialen und kulturellen Leben fest verankert ist. Einige islamische Länder haben in ihrer zivilen Gesetzgebung zusätzliche Regelungen zum Schutz der Ehefrau erlassen, indem sie deren Zustimmung für den gültigen Abschluss einer weiteren Ehe erforderlich machen. In der Türkei und in Tunesien ist die Polygamie grundsätzlich abgeschafft und verboten.

Ebenso missverständlich sind die rechtlichen Bestimmungen hinsichtlich der Ehescheidung. Der Koran erlaubt dem Mann eine Ehe durch das dreimalige Aussprechen der Verstoßungsformel aufzulösen (2,227–242). Für diesen Fall sieht er ferner eine Wartezeit zur Feststellung einer etwaigen Schwangerschaft sowie eine finanzielle Unterhaltsregelung für die verstoßene Frau vor. Trotz dieser rechtlichen Möglichkeiten macht ein Ausspruch des Propheten deutlich, dass es sich dabei keineswegs um ein nachahmenswertes Verhalten handelt: *Was Gott unter den erlaubten Dingen am meisten haßt, ist die Entlassung der Frau.* Die islamischen Rechtsgelehrten bemühten sich daher im Rahmen der koranischen Vorgaben um eine Reihe ergänzender Regelungen zum Scheidungsrecht. Unter bestimmten Bedingungen räumten sie auch der Frau ein Recht zur Scheidung ein, so bei Impotenz, Geisteskrankheit oder Gewalttätigkeit des Ehemannes. Daneben eröffneten sie den Ehegatten ferner die Möglichkeit, sich durch beiderseitiges Einverständnis einvernehmlich zu trennen. Viele dieser Regelungen haben in das zivile Eherecht der islamischen Staaten Eingang gefunden und werden in modifizierter Form angewendet. Lediglich die Türkei hat bisher ein Ehe- und Familienrecht eingeführt, in dem die Voraussetzungen des islamischen Rechts ausdrücklich keine Anwendung finden.

Eine Besonderheit des schiitischen Eherechts bildet die Möglichkeit eines zeitlich befristeten Ehevertrages. Demnach können ein Mann und eine Frau für die Dauer eines Jahres oder einer Stunde oder eines anderen beliebigen Zeitraumes eine Ehe miteinander eingehen. Sunnitische Gelehrte lehnen diese unter der Bezeichnung *mut'a* (Genuss) bekannte Eheschließung als eine legalisierte Form der Prostitution strikt ab.

Im Zusammenhang des Eherechts sind abschließend die Regelungen hinsichtlich der Ehe eines Muslims mit einem nichtmuslimischen Partner erwähnenswert. Der bereits genannte Koranvers in Sure 5,5 bietet auch dazu die rechtlichen Grundlagen. Demnach ist es einem Muslim zwar gestattet eine Frau aus den Reihen der Schriftbesitzer zu heiraten, nicht jedoch eine Heidin. Das islamische Recht sieht weiterhin vor, dass die Jüdin oder Christin hierzu nicht zwingend zum Islam übertreten muss. Vielmehr darf sie bei ihrem Glauben bleiben und diesen in der Ehe praktizieren. Dennoch lassen die Stellungnahmen der Rechtsgelehrten zu diesen Fragen erkennen, dass sie den Übertritt der Frau zum Islam befürworten. Als Gründe dafür führen sie den Konsum von Schweinefleisch und Alkohol in der Familie sowie die mangelnde Fähigkeit der Frau zur Erziehung der Kinder im Sinne des Islams an. Besonders bei Muslimen, die als Einzelne in einem nichtislamischen Umfeld leben, raten sie zur Wahrung der eigenen Identität dringend von Ehen mit Christinnen oder Jüdinnen ab, wenn diese nicht der Religion ihres Mannes folgen.

Zur Ehe einer Muslimin mit einem Juden oder Christen hingegen äußert der Koran sich nicht ausdrücklich. Aus einem Vers, der die Ehe mit den Heiden untersagt, lässt sich jedoch Entsprechendes für männliche Ehepartner aus den Reihen der Schriftbesitzer folgern: *O ihr, die ihr glaubt, wenn gläubige Frauen als Auswanderer zu euch kommen, dann prüft sie. Gott weiß besser über ihren Glauben Bescheid. Wenn ihr feststellt, dass sie gläubig sind, dann schickt sie nicht zu den Ungläubigen zurück. Zur Ehe sind weder diese Frauen ihnen erlaubt, noch sind sie diesen Frauen erlaubt.* (60,10) Aus diesem Grund verbietet das islamische Recht die Ehe einer Muslimin mit einem Juden oder Christen, sofern dieser nicht vorher den Islam annimmt. Als Begründung dieses Vorgehens heißt es, dass im umgekehrten Fall der Muslim seiner jüdischen oder christlichen Frau die Ausübung ihrer Religion ermöglichen wird, weil er Judentum und Christentum als dem Islam vorangegangene Bekenntnisse anerkennt. Dies sieht er bei einem jüdischen oder christlichen Ehemann im Hinblick auf eine muslimische Ehefrau nicht gegeben, weil beide den Islam als spätere Religion nicht anerkennen würden. Somit bleibt dem Juden oder Christen nur die Konversion zum Islam, um eine Muslimin heiraten zu können. Geschieht dies nicht, ist die Ehe nach islamischer Auffassung ungültig. Ein Umdenken in dieser Haltung ist weder in der islamischen Welt noch bei den muslimischen Minderheiten in Europa zu erkennen, selbst wenn es dort im Einzelfall zu Eheschließungen ohne die vorherige Konversion des nichtmuslimischen Ehepartners kommt. Die Anerkennung muslimischer Gemeinschaften als Körperschaften des öffentlichen Rechts nach dem Grundgesetz bedingt jedoch eine Auseinandersetzung in dieser Frage, wollen Muslime sich nicht dem Vorwurf aussetzen, dem Menschenrecht der freien Partnerwahl durch ihr Eherecht zu widersprechen.

Einheit und Vielfalt im Islam

Einem Wort Muhammads zufolge, ging der Gesandte davon aus, dass seine Gemeinschaft nach seinem Tod in zweiundsiebzig Gruppen zerfallen werde. Dieser Ausspruch belegt die Sorge des Propheten, dass sich die Einheit der von ihm geführten islamischen Gemeinschaft nicht über seinen Tod hinaus erhalten lasse. Wenn Muhammad auch nicht mit der genauen Zahl der Abspaltungen Recht behalten hat, so ist doch genau das eingetreten, was er befürchtet hatte. Wie bereits dargelegt, kam es anlässlich der Frage seiner Nachfolge zur ersten Spaltung innerhalb des Islams, deren Folgen bis auf den heutigen Tag andauern. Die daraus hervorgegangenen Schiiten haben sich ihrerseits in verschiedene Richtungen aufgeteilt. Aus ihrer Mitte sind weiterhin eine Reihe von Sekten und Sondergruppen entstanden, die als Minderheiten in verschiedenen islamischen Ländern überlebt haben. Das 19. Jahrhundert brachte mit den Bahá'ís eine Gruppe hervor, die sich selbst nicht mehr als zum Islam zugehörig betrachtet, sondern vielmehr den Anspruch einer eigenständigen Offenbarungsreligion erhebt. Die wenig später entstandenen Ahmadis fühlen sich demgegenüber als die eigentlichen Muslime, auch wenn sie den anderen nicht mehr als solche gelten. Insgesamt gesehen ist die Frage nach den Konfessionen, Sondergruppen und Sekten im Islam weniger komplex als im Christentum und hält sich in einem durchaus überschaubaren Rahmen. Die Unterschiede zwischen den beiden Hauptgruppen, Sunniten und Schiiten, sind von außen betrachtet weniger gravierend, als sie auf den ersten Blick bei Katholiken und Protestanten sein mögen. Es bedarf des Rückblicks in die islamische Geschichte und einiger erklärender Verweise in die islamische Theologie, um Wesen und Besonderheiten beider Gruppen verstehen zu können. Während die Gemeinschaften, die offenkundig nicht (mehr) zum Islam gehören, wie Bahá'ís und Yeziden, in diesem Zusammenhang außer Betracht bleiben müssen, seien die anderen Gruppen der Vollständigkeit halber wenigstens kurz behandelt.

Sunniten

Der Name Sunniten, von *ahlu-s-sunna* (Leute der Sunna), dient der Bezeichnung der Muslime, die sich in der Ausübung ihres Glaubens ausdrücklich auf die Sunna des Propheten berufen und sich damit von den Schiiten, den *ahlu-l-bayt* (Leute des Hauses, gemeint ist die Familie des Propheten), absetzen. Während für die Schiiten allein der vierte Kalif Ali und seine Nachfolger in der Weitergabe der prophetischen Überlieferung maßgeblich sind, bekennen sich die Sunniten zu den vier rechtgeleiteten Kalifen und akzeptieren die von anerkannten Gewährsleuten weitergegebene Sunna, die in sechs Sammlungen zusammengetragen ist. Für das richtige Verständnis dieses Unterschieds ist maßgeblich, dass die meisten der von den Sunniten anerkannten Gewährsleute den Anspruch Alis auf das Kalifat nicht unterstützt haben. Daher scheiden sie den Schiiten als glaubwürdigen Tradenten der prophetischen Überlieferung aus. Die Sunniten haben demgegenüber neben dem Koran die auf diesem Wege vermittelte prophetische Überlieferung zur Grundlage ihrer weiteren theologischen und rechtlichen Entwicklung gemacht. Das hat zur Konsequenz, dass sich Sunniten und Schiiten, abgesehen von der Frage nach der Leitung der Gemeinde, nicht wesentlich in Glaubensfragen voneinander unterscheiden, sondern vielmehr in Fragen der Glaubenspraxis, die zu einem erheblichen Teil auf den verschiedenen Grundlagen der prophetischen Tradition beruhen.

Zu den primären Quellen islamischen Lebens kamen mit der Zeit eine Reihe sekundärer Quellen, z. B. der Konsens der Gemeinde und der Analogieschluss, hinzu, um für alle neu auftretenden Fragen des rituellen, sozialen und politischen Handelns Antworten zu finden. Innerhalb des sunnitischen Islams entstanden zwischen dem achten und zehnten Jahrhundert die so genannten Rechtsschulen, die sich um eine Klassifizierung und Systematisierung des isla-

mischen Rechts in seinen verschiedenen Bereichen bemühten. Bis zum Beginn des vierzehnten Jahrhunderts konnten sich vier von ihnen behaupten, die nach ihren Gründern benannt und heute regional unterschiedlich verbreitet sind. Die vier Rechtsschulen mit ihren Hauptverbreitungsgebieten sind:
– *Hanafiten* (nach Abu Hanifa, 699–767) – Südosteuropa, Türkei, Zentralasien und indischer Subkontinent
– *Malikiten* (nach Malik ibn Anas, 710–795) – Nord- und Westafrika
– *Šafiʿiten* (nach Muhammad ibn Idris aš-Šafiʿi, 767–820) – Vorderer Orient, Ostafrika und Südostasien
– *Hanbaliten* (nach Ahmad ibn Hanbal, 780–855) – Arabische Halbinsel.

Wichtig ist, dass es sich bei ihnen nicht um Richtungen handelt, sondern um vier gleichermaßen anerkannte Schulen innerhalb des sunnitischen Islams. Ihre Unterschiede liegen nicht in theologischen Fragen, sondern allein in den Methoden der Rechtsfindung und der Anwendung des islamischen Rechts. Diese Vielfalt mag verwirren, gehört jedoch zum Wesen des Islams. Verstehen kann man sie vielleicht durch folgende Erklärung des Islamwissenschaftlers Richard Hartmann: *Das Gesetz ist nicht einmal völlig einheitlich; bestehen doch die vier Rechtsschulen zu Recht nebeneinander. Die Gemeinde hat diese – sachlich freilich geringfügigen – Unterschiede geradezu als eine Gnade Gottes gegenüber den Menschen angesehen. Man hat sie nicht etwa als Rechtsunsicherheit empfunden.* Für die vielen Fragen des islamischen Rechts entwickelten die Gelehrten der verschiedenen Rechtsschulen ihre Vorschriften und Regeln. Grundsätzlich gilt, dass jeder Muslim einer dieser Schulen angehört und nach deren Bestimmungen zu verfahren hat. Etwa 90 Prozent aller Muslime in der Welt sind Sunniten.

Schätzungsweise 80 Prozent der rund drei Millionen Muslime in Deutschland sind Sunniten, womit ihr Anteil niedriger liegt als im weltweiten Vergleich. Die Ursache dafür ist darin zu sehen, dass ein erheblicher Teil der mehr als zwei Millionen Türken der Sondergruppe der Aleviten angehört, über die an anderer Stelle etwas zu sagen sein wird. Unter den in Deutschland lebenden Sunniten ist die hanafitische Rechtsschule vorherrschend, da sie in den Hauptherkunftsländern der mehrheitlich eingewanderten Muslime weit verbreitet ist (Türkei, Bosnien-Herzegowina, Afghanistan, Pakistan). Die anderen Rechtsschulen sind jedoch durch zahlenmäßig kleinere Gruppen vertreten, wobei die Unterschiede zwischen ihnen angesichts der Probleme des Lebens in einem nichtislamischen Umfeld zurücktreten. Die Stellungnahmen übergreifender islamischer Organisationen, wie des *Zentralrates der Muslime in Deutschland e. V.*, geben jedoch die Meinungen der Rechtsschulen zu den verschiedenen religiösen Fragen wieder.

Schiiten

Auf die Anfänge des schiitischen Islams ist bereits kurz eingegangen worden. Für ihre weitere Entwicklung war maßgeblich, dass die Schiiten den Anspruch auf die Leitung der islamischen Gemeinschaft durch einen Angehörigen aus der Familie Alis mit dessen Tod nicht aufgegeben haben. Wenn sich dieser Anspruch auch nicht durchsetzen ließ, so hielten sie doch in ihrem Bewusstsein daran fest und setzten ihn in der *Imamatslehre* theologisch um. Demnach steht die Leitung der islamischen Gemeinschaft immer einem Nachkommen Alis zu. Er ist als Imam ihr rechtmäßiges Oberhaupt, auch wenn er nicht als Kalif die politische Macht in Händen hat. Die verschiedenen schiitischen Richtungen unterscheiden sich einerseits in der Linie des jeweiligen Imams sowie in der Vorstellung eines geschichtlich anwesenden oder eines abwesenden und entrückten Imams. Die wichtigsten heute noch existierenden Richtungen sind die Zaiditen, Ismaʿiliten und Imamiten.

Die *Zaiditen* führen die Linie ihrer Imame auf Zaid ibn Ali, den Sohn des vierten Imams der Schia zurück. Aufgrund dieser Sukzessionsfolge nennt man sie *Fünferschiiten*. Ihre Lehre geht davon aus, dass das Imamat dem tatkräftigsten Nachkommen aus der Familie Alis zustehe und nicht an eine bestimmte Linie gebunden sei. Diesen Anspruch haben sie in der Geschichte durch die Schaffung zaiditischer Staaten verwirklicht. Einer davon war der frühere Nordjemen, in dem die überwiegende Zahl der Zaiditen lebt.

Für die *Isma'iliten* ist Isma'il, der Sohn des sechsten Imams der Schia, der rechtmäßige Nachfolger seines Vaters, obwohl er vor ihm starb. Sie führen die Linie ihrer Imame über ihn sowie seinen Sohn Muhammad und werden daher auch *Siebenerschiiten* genannt. Ihre Lehre ging ursprünglich davon aus, dass dieser siebte Imam von Gott entrückt worden sei und eines Tages als der verheißene *Mahdi* (der Rechtgeleitete) wiederkommen werde. Im zehnten Jahrhundert setzte sich innerhalb der isma'ilitischen Lehre schließlich die Vorstellung von einem gegenwärtigen Imam durch, der als Stellvertreter des Mahdi fungiert. Bis auf den heutigen Tag haben sich verschiedene isma'ilitische Richtungen vor allem in Indien, Pakistan und Ostafrika erhalten. Mit etwa 20 Millionen Anhängern sind die *Imami-Hodschas* unter Leitung des Agha Khan gegenwärtig die bedeutendste Richtung innerhalb der Isma'iliten.

Die größte und gewichtigste schiitische Richtung der Gegenwart sind jedoch die *Imamiten*, die man auch *Zwölferschiiten* nennt. Sie führen die Linie ihrer Imame von Ali bis zu einem zwölften Imam. Nach ihrer Lehre wurde ein fünfjähriger Sohn des elften Imams beim Tod seines Vaters im neunten Jahrhundert in die Verborgenheit entrückt. Als zwölfter Imam stand er bis zur Mitte des zehnten Jahrhunderts über Botschafter mit seiner Gemeinde in Verbindung, um dann endgültig entrückt zu werden. Ihm folgte nun kein weiterer Imam mehr, sondern die

Imamiten erwarten von da an seine Wiederkunft als Muhammad al-Mahdi. Sein Erscheinen begleiten endzeitliche Ereignisse und gegen allen Widerstand setzt sich sein Anspruch auf Leitung der islamischen Gemeinschaft durch. Der seit dem Tod Alis historisch nicht mehr zu verwirklichende Anspruch erfährt damit eine eschatologische Erfüllung. Zu Beginn des sechzehnten Jahrhunderts konnten die Imamiten sich im heutigen Iran durchsetzen und schufen dort einen schiitischen Staat. Ihre Erwartung des zwölften Imams prägt ihren Glauben bis auf den heutigen Tag. So ist bezeichnenderweise in der Verfassung des Irans zu lesen: *In der Islamischen Republik Iran steht während der Abwesenheit des entrückten 12. Imam – möge Gott, daß er baldigst kommt – der Führungsauftrag (Imamat) und die Führungsbefugnis ... in den Angelegenheiten der islamischen Gemeinschaft dem gerechten, gottesfürchtigen, über die Erfordernisse der Zeit informierten, tapferen, zur Führung befähigten Rechtsgelehrten zu, der von der Mehrheit der Bevölkerung als islamischer Führer anerkannt und bestätigt wurde.* In Stellvertretung des zwölften Imams ist die Regierungsgewalt derzeit auf einen anerkannten schiitischen Rechtsgelehrten übergegangen.

An dieser Stelle ist nochmals zu betonen, dass in den Glaubenslehren keine nennenswerten Unterschiede zwischen Sunniten und Schiiten festzustellen sind, weil sie alle Artikel des Glaubensbekenntnisses miteinander teilen. Die entscheidenden Unterschiede beginnen dort, wo es um das richtige Verständnis des Offenbarungsgutes durch die prophetische Tradition geht. Während die Sunniten sich maßgeblich auf die von ihnen anerkannten Gewährsleute stützen, erwiesen sich diese im Verständnis der Schiiten als unglaubwürdig, weil sie Alis Anspruch auf das Kalifat nicht unterstützt haben. Dieser Vorwurf trifft in besonderer Weise die drei ersten Kalifen. Abu Bakr, Umar und Uthman, sowie die Prophetenwitwe A'yša, die sie alle bisweilen verfluchen und deren Namen sie für ihre Kinder meiden – es sei denn die Faszination eines zeitgenössischen Filmschauspielers wie Omar Sharif ist stärker als die Aversion gegen die einstigen Gegner. Für die Schiiten gewinnen Ali und seine Nachkommen im Verständnis ihres Glaubens eine zentrale Bedeutung. So wie Muhammad der Empfänger und Verkünder der göttlichen Offenbarung war, so betrachten sie Ali als deren verbindlichen Interpreten. Demzufolge messen sie seinen Worten und Taten eine vergleichbare Bedeutung zu, wie denen Muhammads. Neben die Sunna des Propheten tritt für sie die des Imams, des Oberhaupts der Gemeinde, und seiner Nachkommen. In den Fragen der Ausübung ihres Glaubens beziehen sich die Schiiten daher auf den Koran, die Tradition des Propheten – sofern sie von ihnen anerkannt ist – und die Traditionen ihrer Imame, die ihnen als sündlos und unfehlbar gelten.

Dieser Stellenwert der Imame innerhalb der Schia hat zu einer Reihe eigentümlicher religiöser Praktiken geführt, die der sunnitische Islam strikt ablehnt. Hierzu gehört die besondere Verehrung der Gräber der Imame, die sich in Medina und an verschiedenen Orten im Irak und im Iran befinden. Da die meisten Imame eines gewaltsamen Todes gestorben sind, ist der Besuch der Gräber für die Schiiten mit einem lauten Wehklagen verbunden. Darüber hinaus gedenken sie in besonderer Weise des Todes des dritten Imams Husayn, der mit seinen Anhängern bei Kerbela im heutigen Irak ums Leben kam. Sein Leiden und seinen Tod vollziehen sie alljährlich in regelrechten Passionsspielen nach. Dabei schrecken sie auch nicht davor zurück, sich selbst zu geißeln und dabei blutige Verletzungen zuzufügen. Bei diesem Tun soll der gläubige Schiit sich des stellvertretenden Leidens der Imame bewusst werden.

Ferner trennen eine Reihe von rituellen Unterschieden die Schiiten von den Sunniten. In den Gebetsruf fügen sie beispielsweise die Formel *auf zum besten Tun* ein. Die rituellen Waschungen vor dem Gebet unterscheiden sich geringfügig von denen der Sunniten. Zusätzlich zu den beiden verbindlichen Festen aller Muslime begehen die

Schiiten zusätzliche Feste, die mit dem Leben und Sterben ihrer Imame in Zusammenhang stehen. Da sie meistens als Minderheit unter den Sunniten leben mussten, ist ihnen die Verleugnung ihrer Glaubensüberzeugung, die sogenannte *taqiya*, im Falle der Gefahr gestattet.

Außer im Iran leben Zwölferschiiten als Bevölkerungsmehrheit im Irak, in Aserbaidschan und Bahrain; als Minderheiten in den anderen Golfstaaten, im Libanon, in Afghanistan, Pakistan und Indien.

Die Gesamtzahl aller Schiiten soll weltweit gegenwärtig einem Anteil von 9 Prozent Prozent aller Muslime entsprechen. In Deutschland leben etwa 125.000 Schiiten, von denen, neben kleineren Gruppen aus dem Libanon, Afghanistan und der Türkei, die meisten aus dem Iran stammen. Das Zentrum schiitischen Lebens in Deutschland bildet das *Islamische Zentrum Hamburg e. V.* mit der *Imam Ali Moschee*.

Sonstige Gruppen

Eine muslimische Gruppe besonderer Art stellen die in der Türkei ansässigen *Aleviten* dar. Aus dem schiitischen Islam hervorgegangen, entwickelten sie sich zu einer Sondergruppe, die viele Muslime wegen ihrer Glaubensvorstellungen und -praktiken als nicht mehr zur islamischen Gemeinschaft zugehörig betrachten. So lehnen Aleviten die Befolgung der fünf religiösen Grundpflichten und des islamischen Rechts ab. Stattdessen übernahmen sie Riten des Bektaşi-Derwischordens und praktizierten ihre eigenen Zeremonien im Verborgenen. Über ihre Zahl in der Türkei liegen keine offiziellen Zahlen vor. Schätzungen gehen von 20 Prozent der Bevölkerung aus. Auch für Deutschland liegen keine Zahlen vor, doch ist davon auszugehen, dass jeder fünfte Türke hierzulande Alevit ist. Demzufolge lässt sich die Gesamtzahl der Aleviten in Deutschland auf mehr als 400.000 Personen schätzen. Ihren religiösen Besonderheiten folgend betreiben sie keine Moscheen, sondern als *cem evi* bezeichnete Gebetsstätten.

Die *Ahmadiyya-Bewegung des Islams* ist im neunzehnten Jahrhundert im damaligen Indien als eine innerislamische Erneuerungsbewegung entstanden. Aufgrund der besonderen Funktion ihres Gründers, Mirza Gulam Ahmad, der mit dem Anspruch auftrat, der erwartete Mahdi zu sein, im Auftrag des verheißenen Messias zu kommen und als Prophet göttliche Botschaften zu empfangen, steht sie im Widerspruch zur islamischen Lehre von der Finalität der Sendung Muhammads. Eigenen Angaben zufolge leben gegenwärtig 60.000 Ahmadis in Deutschland.

Abschließend sind noch die *Drusen* zu nennen, die den Fatimidenkalifen Al-Hakim vergöttlichen, und die extrem schiitische Sekte der *Alawiten*, die in Syrien die politische Oberschicht stellt.

Islam in Deutschland

Islam in Deutschland

Das Wort Islam ist hierzulande kein Fremdwort mehr. Schätzungsweise drei Millionen Muslime leben heute in Deutschland. Wie viele es genau sind, kann niemand mit Bestimmtheit sagen, denn die Einwohnermeldeämter erfassen die Religionszugehörigkeit *Islam* unter *sonstige*, und die Ausländerbehörden stellen nur die Staatsangehörigkeit, nicht aber die Religionszugehörigkeit fest. Weder Muslime ausländischer Herkunft, die die deutsche Staatsangehörigkeit erworben haben, noch deutschstämmige Muslime finden in die Statistiken der Behörden Eingang. Hinzu kommt, dass nur wenige Länder eine ausschließlich muslimische Bevölkerung haben. So muss man sich damit behelfen, die prozentualen Anteile an Muslimen in den Herkunftsländern auf die nach Deutschland gekommenen Menschen anzurechnen.

Nimmt man all diese Unwägbarkeiten in Acht, ergibt sich für Deutschland gegen Ende 1998 folgendes Bild: Der allergrößte Teil der Muslime hierzulande, 2.110.223 an der Zahl, sind Türken. Weitere größere Gruppen stammen aus Bosnien-Herzegowina (190.119), dem Iran (115.094), Marokko (82.748), Afghanistan (68.267) und dem Libanon (55.074). Weitere kleinere Gruppen stammen aus fast allen Teilen der islamischen Welt, von Ägypten bis Malaysia.

Die gegenwärtige Präsenz des Islams geht im Wesentlichen auf die Arbeitsmigration der 60er und 70er Jahre des 20. Jahrhunderts zurück, aber auch auf Kriegs- und Bürgerkriegsflüchtlinge, Asylsuchende, Studenten und Kaufleute.

Die Türkei war das erste Land mit mehrheitlich muslimischer Bevölkerung, mit dem Deutschland 1961 Anwerbevereinbarungen einging, bald gefolgt von Marokko, Tunesien und dem damaligen Jugoslawien. Vornehmlich alleinstehende junge Männer wurden von Außenstellen der Bundesanstalt für Arbeit in den jeweiligen Ländern angeworben und arbeiteten in Deutschland. Für bestimmte

Arbeiten, etwa in der Feinmechanik, wurden auch gezielt Frauen angeworben, jedoch in weit geringerem Rahmen. Der Anwerbestopp setzte dem 1973 ein Ende. Wer von diesem Zeitpunkt an in sein Heimatland zurückkehrte, war von einer erneuten Tätigkeit in Deutschland ausgeschlossen. Dies führte dazu, dass viele Menschen in Deutschland blieben und ihre Ehegatten und Kinder zu sich nach Deutschland kommen ließen. Diese Zusammenführung der Familien, insbesondere die Erziehung der Kinder, ließ die religiösen Bedürfnisse der Muslime viel konkreter hervortreten als während der befristeten Aufenthalte. Mit ihren Anliegen waren die Muslime dabei allein gelassen. Während die Arbeitsmigranten aus Spanien oder Italien durch die Missionen der katholischen Kirche nicht nur sozial, sondern auch religiös betreut wurden und die evangelische Kirche sich der übrigen Christen annahm, gerieten die Arbeitnehmer aus den überwiegend islamischen Ländern in den Zuständigkeitsbereich der Arbeiterwohlfahrt, die sich durch weltanschauliche Neutralität auszeichnet. Auch die Herkunftsländer der Muslime zeigten zunächst kein Interesse daran, ob und wie diese Menschen hier ihre Religion leben konnten.

Die Muslime, die in ihrer Minderheitensituation nicht darauf hoffen konnten, dass irgendjemand sich für ihre religiösen Belange einsetzen würde, griffen zur Selbsthilfe. In Eigeninitiative, zunächst auf lokaler Ebene, taten sie sich zusammen, um wenigstens eine rudimentäre religiöse Infrastruktur zu schaffen. Dabei fanden sich meistens Menschen aus demselben Land zusammen, denn neben der Religion war und ist auch der kulturelle und sprachliche Rahmen von Belang. Wollten diese Gruppen nun in Deutschland in irgendeiner Form rechtsfähig werden – und das mussten sie, um z. B. Räume zu mieten oder zu erwerben, in denen einfache Moscheen eingerichtet werden konnten –, blieb ihnen nur eine Möglichkeit, nämlich der eingetragene Verein nach deutschem Vereinsrecht. Moscheevereine entstanden also in einer Rechtsform, die für religiöse Institutionen höchst ungewöhnlich ist. Dies war jedoch die einzige Möglichkeit, die gemeinsamen Vorhaben zu realisieren, denn bis dato ist keine islamische Gemeinschaft im Status einer Körperschaft des öffentlichen Rechtes.

Islamische *e.V.s* bildeten mithin die Voraussetzungen für eine religiöse Grundversorgung; sie richteten Moscheen ein – zunächst oft tatsächlich in Hinterhöfen oder Industriegebieten –, boten Korankurse und auch einen sozialen Treffpunkt an. Mit der Zeit wurde das Angebot vielfältiger. Vom Lebensmittelladen, in dem man beispielsweise rituell geschlachtetes Fleisch und regionale Spezialitäten erwerben kann, bis zu Deutschkursen für Frauen und Hausaufgabenhilfe reicht das Angebot. Auch religiöse Dienstleistungen wie die Organisation der Wallfahrt nach Mekka oder islamische Bestattungen bzw. Überführungen sind im Programm. Dies ist nur dadurch möglich geworden, dass sich die Strukturen grundlegend gewandelt haben. Die Vereine der Anfangsjahre haben sich mittlerweile zu Verbänden und sogar zu Dachverbänden zusammengeschlossen.

Doch dies hat nicht nur Vorteile, denn mittlerweile haben die Herkunftsländer erkannt, dass diese Gruppen eine Möglichkeit der Einflussnahme bilden. Die Türkei beispielsweise hat sich mittlerweile offiziell der Auslandstürken angenommen. Das staatliche (!) Präsidium für Religionsangelegenheiten betreut die Gemeinden, die sich der *Türkisch-Islamischen Union der Anstalt für Religion e.V.* (DİTİB) angeschlossen haben. In den Zuständigkeitsbereich der DİTİB gehören derzeit 776 Vereine mit etwa 110.000 Mitgliedern.

Ein weiterer wichtiger Verband ist der *Verband der Islamischen Kulturzentren e.V.* (VIKZ). Der VIKZ hat seine Wurzel ebenfalls in der Türkei. Als die Säkularisierungsbestrebungen Atatürks zu Anfang des 20. Jahrhunderts dazu führten, dass alle mystischen Orden und alle traditionellen religiösen Schulen in der Türkei aufgehoben und verboten wurden und man die arabische Schrift durch die lateinische ersetzte, hielt diese Bewegung im Untergrund Strukturen religiöser Bildung, insbesondere Korankurse, aufrecht. Den 300 Zweigstellen in Deutschland gehören etwa 21.000 Mitglieder an.

Die türkische Politik ist an den Moscheegemeinden nicht uninteressiert, und zwar nicht nur offizielle staatliche Stellen wie die DİTİB, sondern auch Auslandsorganisationen von Parteien. Die in der Türkei tätige islamistische Tugendpartei unterhält die *Islamische Gemeinschaft Milli Görüş e.V.* (IGMG) als ihre Auslandsorganisation. 475 Ortsvereine mit etwa 26.500 Mitgliedern gehören dazu.

Es gibt noch eine Reihe weiterer Verbände, die meist entlang ethnischer Grenzen organisiert sind. Aber nur etwa 15 Prozent der hier lebenden Muslime haben sich einem Verband durch Mitgliedschaft angeschlossen.

Trotzdem haben sich auch Dachverbände gebildet, die versuchen, dem Islam in Deutschland eine Stimme in der Gesellschaft zu verleihen. Die beiden wichtigsten sind der *Zentralrat der Muslime in Deutschland e.V.* (ZMD) und der *Islamrat für die Bundesrepublik Deutschland / Islamischer Weltkongreß Deutschland (apT) e.V.* Dabei ist zu berücksichtigen, dass der Islamrat von der Islamischen Gemeinschaft Milli Görüş dominiert wird.

Das Kürzel »apT« steht für »altpreußische Tradition«. Eine solche kann der Islamrat zwar nicht ernsthaft für sich in Anspruch nehmen, aber die drei Buchstaben weisen darauf hin, dass der Islam in Deutschland eine längere Geschichte hat, als gewöhnlich angenommen wird. Nicht erst mit der Arbeitsmigration begann islamisches Leben in Deutschland, sondern schon für die Zeit der Türkenkriege lässt sich nachweisen, dass Muslime hier lebten. Der Grabstein des Jungen Mustaf, der im Alter von sechs Jahren im westfälischen Brake als Muslim starb (also nicht die Taufe empfing), ist der älteste Hinweis auf Muslime hierzulande – er datiert von 1689. Der Junge war als Teil der Kriegsbeute nach Westfalen gekommen und hatte auf Schloss Brake gelebt.

Leider waren es oft die Kriege, die Muslime nach Deutschland brachten, so auch der Erste Weltkrieg. Bei Berlin wurden Kriegsgefangenenlager speziell für muslimische Kriegsgefangene errichtet. Dort versuchte man – meist vergeblich – sie umzuerziehen und zum erneuten Eintritt in den Krieg auf Seiten der Mittelmächte zu bewegen. In einem dieser Lager entstand die erste Moschee auf deutschem Boden, mit Kuppel und Minarett. Der Holzbau verfiel in den Nachkriegsjahren und ist leider verloren.

Zwischen den Weltkriegen war vor allem Berlin ein Zentrum islamischen Lebens. Im Stadtteil Wilmersdorf steht noch immer die älteste erhaltene Moschee Deutschlands, die 1925 durch die Lahore-Ahmadis fertig gestellt wurde und über diese Gruppe hinaus ein intellektuelles Zentrum bildete.

Die NS-Diktatur und der Zweite Weltkrieg richteten alle islamischen Vereine in Berlin zugrunde.

Wahrscheinlich ist diese Unterbrechung der Kontinuität islamischen Lebens in Deutschland, besonders auch der Verlust vieler engagierter Intellektueller, Wissenschaftler und Künstler aus der islamischen Welt für den Islam hierzulande bis heute folgenreich. Wo immer islamische Religionsausübung in Konflikt mit geltendem deutschen Recht (betäubungsloses Schächten) oder auch nur mit der Meinung der Nachbarn (Moscheebau, öffentlicher Gebetsruf, Kopftuch) gerät, wird deutlich, dass der Umgang miteinander noch weit entfernt von wohlwollender Gewohnheit ist.

Während Muslime auf der einen Seite unter Berufung auf die Religionsfreiheit eine Beeinträchtigung ihrer religiösen Verpflichtungen beklagen, verweisen Kritiker auf die entstehenden Konflikte mit den ebenfalls schützenswerten Interessen Dritter. Als ein besonders sensibler Bereich haben sich dabei die Fragen im Zusammenhang mit dem Moscheebau gezeigt. Die allermeisten der mehr als 2.200 muslimischen Gebetsstätten sind sogenannte *Hinterhofmoscheen*, die sich in umgebauten Fabrikhallen oder

Wohnhäusern befinden. Nach fast dreißig Jahren Präsenz in Deutschland haben Moscheevereine in den letzten Jahren zunehmend repräsentative Moscheen gebaut. Die meisten dieser derzeit etwa drei Dutzend Bauten befinden sich jedoch in Gegenden, wo sie eigentlich keinen Platz haben, in Gewerbe- oder in Mischgebieten.

Da dem Islam bisher jede Art der öffentlichen Anerkennung in Deutschland fehlt, kann die Stadtplanung auf die religiösen Bedürfnisse der Muslime kaum Rücksicht nehmen, weshalb Neubauten an die Stadtränder verdängt werden. Aber auch in reinen Wohngebieten sind derartige Projekte konfliktgeladen. Im Bewusstsein vieler nichtmuslimischer Anwohner ist eine Moschee ein ausgesprochener Fremdkörper. Neben bisweilen irrational vorgetragenen Überfremdungsängsten spielen dabei viele Probleme eine Rolle, die sich aus der ungeklärten rechtlichen Situation verschiedener Fragen muslimischer Religionsausübung ergeben. Hierunter fällt auch der mit Lautsprechern verstärkte Gebetsruf von den Minaretten der Moscheen. Die sehr emotionsgeladene Diskussion darüber reicht von der dahinter stehenden theologischen Frage bis zu der des Immissionsschutzes in einem Wohngebiet. Sie offenbart jedoch, dass weder die religiösen Vorstellungen der Muslime in der deutschen Öffentlichkeit bekannt sind noch umgekehrt die Rahmenbedingungen der öffentlichen Religionsausübung in Deutschland. Eine gesellschaftliche Anerkennung der Muslime und ihrer Forderungen in Fragen der Religionsausübung setzt einen behutsamen gegenseitigen Prozess der Verständigung voraus.

Einen Beitrag hierzu kann der christlich-islamische Dialog leisten. Auch wenn die Debatte um muslimische Religionsausübung letztlich gesamtgesellschaftlich geführt werden muss, kommt den christlichen Kirchen eine gewisse Expertenrolle dabei zu. Christen begegnen Muslimen nicht nur als Bürger, sondern auch als Gläubige – sie sind gleichsam am Puls der Zeit in religiösen Fragen, die diese Gesellschaft bewegen. Damit können sie den Muslimen eine gemeinsame Verstehensbasis bieten, die nicht mehr selbstverständlich zum gesellschaftlichen Konsens gehört, und die über das hinausgeht, was der religionsneutrale Staat bieten kann – und darf. Christlich-islamischer Dialog kann Wege dazu eröffnen, dieser Gesellschaft Anliegen muslimischer Religionsausübung verständlich zu machen.

Aber Dialog ist keine kulturell-religiöse Einbahnstraße. Auf muslimischer Seite kann er Verständnis wecken für eine säkulare und pluralistische Gesellschaftsordnung, wie sie in den meisten Herkunftsländern der Muslime bis dato nicht existent ist. Den Nutzen, der sich für beide Seiten ergibt, wenn dieser Dialog ernsthaft und aufrichtig geführt wird, kann kaum jemand voraussagen – der Schaden, der sich daraus ergibt, ihn zu versäumen, stellt sich allerdings unweigerlich ein.

Der Glaube Die Grundlagen

Die Geschichte

Der Glaube

Buddha

Der Begründer des Buddhismus war Siddhartha Gautama, der Sohn einer vornehmen Familie aus Nordindien. Den Namen, unter dem er später weithin bekannt wurde, erhielt er erst, nachdem er die Erleuchtung erlangt hatte. Dieses Ereignis wird als das »Erwachen« bezeichnet und umschreibt Gautamas Erkenntnis, daß alles Leid des menschlichen Lebens eine Ursache hat und welcher Weg zur Überwindung des Leides führt. Fortan hieß Siddhartha »der Buddha«, was wörtlich »der Erwachte« bedeutet. Er selbst nannte sich meist »Tathagata« (der Vollendete), weitere Anreden waren »Bhagavat« (Herr) und »Shakyamuni« (der Weise aus dem Shakya-Geschlecht).

Die Shakya bildeten einen jener zahlreichen Stämme, die in den Jahrhunderten vor der Zeitenwende Indien besiedelten. Ab der Mitte des 2. Jahrtausends v. Chr. hatten indoeuropäische Nomaden ihre zentralasiatischen Heimatregionen verlassen und vom Nordwesten her allmählich das Gangestal in Besitz genommen. Sie ließen sich in Indien dauerhaft nieder und errichteten im Laufe der Zeit feste Siedlungen. Die Selbstbezeichnung dieser Nomadenvölker lautete »Arya« (die Edlen), und ihre Gemeinschaften waren in Form einer Ständeordnung organisiert. Den obersten Rang unter den Ständen nahmen die *Brahmanen* ein, die als Priester fungierten. Adlige und Krieger *(Kshatriyas)* zählten zum zweiten Stand, Händler und Bauern *(Vaishyas)* zum dritten. Nachdem dann Teile der unterworfenen indischen Urbevölkerung als Tagelöhner und Sklaven *(Shudras)* als vierter Stand in dieses System eingebunden worden waren, entwickelte sich aus der Ständeordnung das Kastenwesen. Die Arya hatten zwar eine gemeinsame Religion, die auf dem *Veda* (das heilige Wissen) beruhte, verfügten jedoch nicht über eine politische Einheit, sondern lagen oft im Streit miteinander. Das von ihnen eroberte Land wurde unter den

Der Glaube 269

einzelnen Stammesverbänden aufgeteilt, was zu einer Vielzahl von Kleinfürstentümern führte.

In einem dieser Fürstentümer, der Adelsrepublik Kapilavastu im heutigen Grenzgebiet zwischen Indien und Nepal, herrschte Shuddhodana Gautama vom Stamm der Shakya. Er war von der Adelsversammlung für einige Jahre zum Vorsteher gewählt worden, unterstand aber dem König des mächtigen Nachbarreiches von Kosala. Während der Regierungszeit Shuddhodanas kam sein Sohn Siddhartha zur Welt. Wann die Geburt genau stattfand, ist nicht mit Sicherheit zu bestimmen. Üblicherweise wird sie in den Zeitraum zwischen 570 und 560 v. Chr. datiert, doch nach neueren Untersuchungen ist es wahrscheinlicher, daß Siddhartha etwa hundert Jahre später, also um die Mitte des 5. Jahrhunderts v. Chr., geboren wurde. Kindheit und Jugend verliefen unbeschwert und ohne materielle Not; als Angehöriger einer wohlhabenden Familie mangelte es Siddhartha nicht an Möglichkeiten zur Zerstreuung und Unterhaltung. Mit sechzehn Jahren heiratete er eine gleichaltrige Kusine, aber erst in seinem neunundzwanzigsten Lebensjahr wurde er Vater eines Sohnes. Da soll Siddhartha ausgerufen haben: »Eine Fessel ist mir geboren worden!«, und noch in der gleichen Nacht verließ er Elternhaus und Familie.

Doch die Geburt seines Sohnes war nur der äußere Anlaß für Siddhartha, in die Hauslosigkeit zu gehen, das heißt ein Leben als Asket zu wählen. Als den eigentlichen Grund für diesen Entschluß gibt die Überlieferung vier einschneidende Erlebnisse Siddharthas an. Demnach unternahm er mit seinem Diener vier Ausfahrten, auf denen er nacheinander die Erfahrungen von Alter, Krankheit, Tod und Seelenfrieden machte. Bei der ersten Ausfahrt begegnet ihm ein Greis, und als er von seinem Diener belehrt wird, daß jeder Mensch dem Schicksal des Alterns unterliegt, befiehlt er bestürzt die Rückkehr zum Palast. Ebenso reagiert er bei den folgenden zwei Ausfahrten, die ihn mit einem Kranken und einem Toten konfrontieren.

Schließlich trifft er bei seiner vierten Ausfahrt auf einen Bettelmönch, der ihn durch Seelenruhe und heitere Gelassenheit beeindruckt. Hierin scheint Siddhartha die Lösung für die ihn bedrängenden Fragen nach dem Sinn seines Lebens zu liegen, und er entscheidet sich dafür, es dem Mönch gleichzutun und sich von der Welt abzuwenden.

An historischen Tatsachen läßt sich den Erzählungen über den Werdegang Siddharthas nur wenig entnehmen. Wie bei allen Religionsgründern sind viele Begebenheiten ins Wunderbare überhöht und sollen vor allem die Einzigartigkeit und Besonderheit des Stifters dokumentieren. So steht beispielsweise nicht zweifelsfrei fest, ob Siddhartha tatsächlich ein Prinz war, denn später berichtete er einmal, wie er seinen Vater bei der Feldarbeit beobachtete, eine Tätigkeit, die schwerlich mit dem Rang eines Königs oder Fürsten vereinbar ist. Ferner standen die Verfasser der späteren Buddha-Biographien vor der Notwendigkeit, bestimmte Geschehnisse und Abläufe nachträglich als folgerichtige Entwicklungen darzustellen. So wird etwa die ungewöhnlich lange Zeitspanne von 13 Jahren zwischen der Heirat Siddharthas und der Geburt seines Sohnes damit erklärt, daß er bereits in seiner Jugend danach getrachtet habe, die Begierden zu zähmen und sich in Enthaltsamkeit zu üben. Auch die vier legendenhaften Ausfahrten sind im Licht der buddhistischen Lehre zu sehen, wonach Alter, Krankheit und Tod die unausweichlichen, leidvollen Erfahrungen aller Menschen sind, welche es durch rechte Erkenntnis endgültig zu überwinden gilt. Zudem sollten die vergänglichen irdischen Freuden möglichst eindrücklich dem allein heilsamen Erlösungsweg gegenübergestellt werden. Daher erhielt die sorgenfreie Lebensphase Siddharthas als behüteter Prinz einen besonderen Glanz, dessen Nichtigkeit dann im Kontrast zur entsagungsreichen Askese um so stärker hervortreten konnte. Mit einiger Gewißheit läßt sich lediglich feststellen, daß Siddhartha Gautama eine historische Persönlichkeit war, aus den gehobenen Kreisen eines Kleinfürstentums stammte, verheiratet war, einen Sohn hatte und sich aus nicht eindeutig nachvollziehbaren Gründen der damals in Indien aufkommenden Asketenbewegung anschloß.

Diese Bewegung war unter anderem eine Reaktion auf den religiösen Absolutheitsanspruch der Brahmanen und artikulierte sich in der zweiten Hälfte des vorchristlichen Jahrtausends zunehmend deutlicher. Da nur die Brahmanen die heiligen Texte des Veda rezitieren durften und als einzige den wichtigen Opferkult vollziehen konnten, hatte ihre Bedeutung in der Arya-Gesellschaft stetig zugenommen. Die Könige und Fürsten ließen ihren politischen Herrschaftsanspruch von den Brahmanen religiös legitimieren und sorgten im Gegenzug durch großzügige Schenkungen für deren Lebensunterhalt. Dadurch mehrten sich der Reichtum und der weltliche Einfluß der Brahmanen, während große Teile der Bevölkerung sich von einer direkten Teilhabe am religiösen Heil ausgeschlossen fühlten, weil sie allein auf die immer ausgefeilter und komplizierter gewordene Opferritualistik angewiesen blieben. Hinzu kam das gewachsene Selbstbewußtsein der Kaufleute und Händler, die in den aufstrebenden Städten zu einem wichtigen Faktor geworden waren. Viele von ihnen wollten sich nicht länger mit der Dominanz der Brahmanen abfinden und unterstützten Bewegungen, die nach neuen religiösen Wegen suchten. Es ging nun um die Fragen, was mit dem Menschen nach seinem Tod geschieht, warum er an den Geburtenkreislauf *(Samsara)* gefesselt ist, wie er diesem entrinnen und Befreiung *(Moksha)* erlangen kann, welche Rolle seine guten und schlechten Taten *(Karma)* dabei spielen und in welcher Beziehung die menschliche Einzelseele *(Atman)* zur letzten Wirklichkeit *(Brahman)* steht. Um Antworten auf diese Fragen zu finden, zogen sich Yogis und Asketen an einsame Orte zurück, um dort zu meditieren. Gleichzeitig gewannen persönlich gedachte Götter wie Shiva und Vishnu, die im Veda nur eine untergeordnete Funktion gehabt hatten, zunehmend an Bedeutung. Sowohl die Innerlichkeit individueller Religiosität als auch die Verehrung einzelner Götter *(Bhakti)* fanden großen Anklang in der Bevölkerung und übten nachhaltige Wirkungen auf den Hinduismus aus.

Auch Siddhartha Gautama war anfangs einer dieser Sinnsucher, die sich zu den verschiedenen spirituellen Lehrmeistern begaben, um von ihnen unterrichtet zu werden. Doch die Erfahrungen, die er während seiner einjährigen Aufenthaltszeit bei zwei Yogis macht, erfüllen nicht seine Erwartungen. Deshalb entschließt er sich, es allein zu versuchen und lebt sechs Jahre lang als Einsiedler. Er betreibt eine äußerst strenge Askese, die fast zu seinem Tod führt. Als er dennoch nicht sein Ziel der höchsten unbezweifelbaren Erkenntnis erreicht, betrachtet er diese Art der extremen Enthaltsamkeit als untaugliches Mittel und beendet sie wieder. Nachdem Siddharthas Bemühungen offensichtlich gescheitert sind, verlassen ihn seine fünf Jünger, die ihn über die Jahre hin begleitet und als großen Asketen bewundert hatten. Aber das Ende der Selbstkasteiungen bedeutet nicht das Ende der Suche. Siddhartha begibt sich nach Bodh-Gaya, läßt sich am Ufer eines Flusses unter einem Feigenbaum nieder und will dort so lange ausharren, bis ihm endlich die ersehnte Einsicht zuteil wird. Nach intensiven Meditationen haben seine Bemühungen einige Tage später Erfolg. In Siddhartha leuchtet die Erkenntnis über die wahre Natur aller Dinge auf, und von nun an ist er der Erwachte, der Buddha.

Ursprünglich hatte Siddhartha das religiöse Heil innerhalb des Hinduismus gesucht, es war nicht seine Absicht gewesen, eine neue Religion zu begründen. Erst die Unzufriedenheit über die Ergebnisse der bereits bestehenden Meditationsmethoden und Yogatechniken ließ ihn seinen eigenen Weg finden, dem sich in der Folgezeit viele Menschen anschlossen. Doch zunächst zweifelt der Buddha noch, ob er seine neue Lehre überhaupt weitergeben soll, da er sie selbst für nur schwer verständlich hält. Nachdem er seine Bedenken überwunden hat, wandert er von

Der Glaube

Bodh-Gaya nach Benares. Dort trifft er im Gazellenhain von Sarnath die fünf ehemaligen Gefährten wieder, die sich zuvor enttäuscht von ihm abgewendet hatten. Mit einer überzeugenden Predigt gelingt es ihm, ihre ablehnende Haltung zu überwinden und sie als die ersten Mönche zu gewinnen. Damit ist das »Rad der Lehre« in Gang gesetzt. Schon bald folgen dem Buddha weitere Anhänger, und es entsteht eine Gemeinschaft von Bettelmönchen, die von Dorf zu Dorf ziehen, von Almosen leben und die neue Lehre verkünden.

Sie sind jedoch nicht allein unterwegs, sondern auch andere Gruppen wandern durch das Land, um für ihren Glauben zu werben. Darunter finden sich Hindu-Heilige, Brahmanen und Yogis ebenso wie Jainas, welche eine besonders rigorose Entsagung betreiben. Ihnen allen stellt der Buddha seine eigenen Auffassungen entgegen und übt gelegentlich Kritik an den seiner Meinung nach falschen Wegen zum Heil. Dabei lehnt er aber nicht von vornherein jede anderslautende Einstellung ab, sondern prüft sie zuerst auf ihren Gehalt und trifft dann eine Auswahl. Er sagt dazu: »Nicht ich bin es, der mit der Welt streitet, vielmehr liegt die Welt mit mir im Streit. Was in der Welt der Weisen Gültigkeit hat, dies nehme auch ich an.« In kluger Voraussicht erhebt der Buddha keine allzu schwierigen Forderungen. Wer sich ihm anschließen will, der muß seine gewohnten Vorstellungen nicht radikal ändern. Brahmanische Riten oder Götterglaube sind zwar nur von relativem Nutzen, gelten aber nicht als verboten. Sogar das Kastenwesen sieht der Buddha nicht als reformbedürftig an. Für ihn ist es ein Teil der weltlichen Ordnung, an die man sich zu halten hat. Er erkennt es allerdings nicht als religiöse Institution an, wie es die Brahmanen tun, und beurteilt den Wert des Menschen nicht nach dessen Rang innerhalb der Kastenordnung. Zu seiner Lehre hat jeder Zugang, auch diejenigen, die sich am unteren Ende der Gesellschaft befinden. Lediglich extreme Positionen sollen vermieden werden: weder hemmungslose Vergnügungen noch selbstquälerische Torturen sind dazu geeignet, die Kette der Wiedergeburten zu durchbrechen.

Der Buddha vertritt während seiner langjährigen Wanderzeit nicht bloß abstrakte Lehren, sondern beweist bei vielen Gelegenheiten seine Fähigkeit zur Friedensstiftung und sein Einfühlungsvermögen in die alltäglichen Probleme der Menschen. Zu Beginn seiner Missionstätigkeit ist er fünfunddreißig Jahre alt. Als er fast ein halbes Jahrhundert später achtzigjährig an einer Lebensmittelvergiftung stirbt, hat sich seine Gemeinschaft bereits so weit gefestigt, daß sie auch ohne ihren Gründer weiterexistieren kann.

Dharma

Die zentrale Einsicht, zu der der Buddha in seiner Erleuchtung gelangte, wirkt auf den ersten Blick sehr einfach und wenig originell: Alles Leben ist Leiden. Diese Vorstellung war an sich nicht neu und den hinduistischen Denkern ebenfalls bekannt. Für sie bestand das Leiden *(Duhkha)* darin, im Geburtenkreislauf gefangen zu sein und in immer wiederkehrenden Existenzen leben zu müssen. Dieselbe Ansicht vertrat auch der Buddha, aber er gründete darauf eine ganze Lehre *(Dharma)*. In den Vier Edlen Wahrheiten benennt er die Arten des Leidens, seine Entstehungsursache sowie das Mittel zu seiner Aufhebung:

»Dies, ihr Mönche, ist die Edle Wahrheit vom Leiden: Geburt ist Leiden, Alter ist Leiden, Krankheit ist Leiden, Tod ist Leiden. Mit Ungeliebtem vereint sein ist Leiden, von Liebem getrennt sein ist Leiden, das Nichterlangen von Begehrtem ist Leiden. Die fünf Gruppen der Daseinsfaktoren, die den Menschen an der Welt hängen lassen, sind Leiden. Solcherart ist das Leiden.

Dies, ihr Mönche, ist die Edle Wahrheit von der Entstehung des Leidens: Der Lebensdurst, der zur Wiedergeburt führt und der mit Freude und Leidenschaft verbunden ist, der Durst nach Begierden, nach Werden und nach dem Aufhören des Werdens. Solcherart ist das Entstehen des Leidens.

Dies, ihr Mönche, ist die Edle Wahrheit vom Ende des Leidens: Das völlige Aufhören des Lebensdurstes, das Aufgeben aller Leidenschaften, das Freiwerden von Gier. Solcherart ist das Ende des Leidens.

Dies, ihr Mönche, ist die Edle Wahrheit vom Weg, der zur Aufhebung des Leidens führt: Es ist der Achtfache Pfad des rechten Verstehens, des rechten Denkens, des rechten Redens, des rechten Handelns, des rechten Lebens, des rechten Strebens, der rechten Achtsamkeit und der rechten Versenkung. Solcherart ist der Weg zur Aufhebung des Leidens.«

In der ersten der Vier Edlen Wahrheiten wird die Grundtatsache festgestellt, die für jeden Menschen gilt, nämlich daß kein Lebensstadium frei von Leiden ist. Weil der Mensch am Leben hängt und danach strebt, seine Wünsche und Begierden zu befriedigen, hört das Leiden nie auf, denn das Verlangen nach Sein hat unweigerlich neue Geburten zur Folge. Erst wenn der Lebensdurst überwunden wird, wenn es kein Begehren und kein Anhaften an Sinnesfreuden mehr gibt, kann auch das Leiden enden. Die Mittel dazu werden in der vierten Wahrheit genannt, die acht Voraussetzungen aufzählt, die erfüllt sein müssen, um das Leiden zu überwinden.

Am Anfang des Achtfachen Pfades steht das rechte Verstehen. Damit ist gemeint, die Lehre des Buddha als einen geeigneten Heilsweg anzusehen und die Ursachen des Leidens klar zu erkennen. Wenn dies geschehen ist, muß dem Verstehen das rechte Denken folgen. Da Triebe und Begierden, schlechte Absichten und feindselige Einstellungen den Menschen an die Welt binden und negatives Karma erzeugen, soll eine wohlwollende, auf Bescheidenheit und Gewaltverzicht gerichtete Denkweise eingeübt werden. Je mehr es gelingt, eine solche Geisteshaltung einzunehmen, desto besser kann der Mensch zum eigenen Wohl und dem anderer Wesen wirken.

Eine rechte Rede bedeutet, Lügen, Verleumdungen und nutzloses Geschwätz zu vermeiden. Statt dessen haben sich insbesondere die Mönche auf das Wesentliche zu beschränken; nach Möglichkeit sollen sie nur über die Lehre reden, da alle anderen Themen sie von ihren eigentlichen Aufgaben ablenken. Das rechte Handeln umfaßt das Verbot, Lebewesen zu töten, zu stehlen und sich sinnlichen Genüssen hinzugeben. Demnach besteht ein rechtes Leben darin, niemandem Schaden zuzufügen. Es soll keiner Tätigkeit nachgegangen werden, die anderen Wesen Leid bringt. Berufe wie die eines Metzgers, Jägers, Fischers oder Waffenhändlers sind daher für einen Buddhisten unangemessen. Aber auch auf anderen Gebieten ist das Prinzip der Nichtschädigung zu beachten, so dürfen etwa Geschäftsleute ihre Kunden nicht betrügen, ihnen falsche Versprechungen machen oder Wucherzinsen verlangen.

Die beiden ersten Glieder des Achtfachen Pfades lassen sich unter dem Begriff der Weisheit zusammenfassen, denn ohne die Anerkenntnis der Richtigkeit der Lehre ist ein Befolgen der weiteren Stufen sinnlos. Rechtes Reden, Handeln und Leben sind Elemente der buddhistischen Ethik, welche aber nicht losgelöst vom Wunsch nach Befreiung aus dem *Samsara* gesehen werden kann. Denn die Orientierung an diesen Verhaltensnormen soll in erster Linie dazu dienen, den Geist des einzelnen zu läutern, damit er in die Lage versetzt wird, den Achtfachen Pfad erfolgreich zu beschreiten. Doch unabhängig vom zugrundeliegenden Motiv hat eine Beachtung der ethischen Vorschriften natürlich auch positive Auswirkungen auf andere Menschen.

Mit der sechsten Stufe, dem rechten Streben, beginnt die Meditation. Rechtes Streben bedeutet, sich darum zu bemühen, den Geist von störenden Einflüssen freizuhalten und zu kontrollieren. Eine bewußte Wahrnehmung der Sinneseindrücke soll vermeiden helfen, sich von seinen

Erfahrungen und Emotionen leiten zu lassen. Als nächster Schritt folgt die rechte Achtsamkeit, das heißt eine genaue Beobachtung der Gefühle, Gedanken, Körperfunktionen und alltäglichen Verrichtungen. Indem alle inneren und äußeren Vorgänge und alle Handlungsweisen, selbst die gewöhnlichsten wie Gehen, Sitzen oder Essen, intensiv und konzentriert wahrgenommen werden, kommt der Geist zur Ruhe und ist auf die letzte Stufe, die rechte Versenkung, vorbereitet. Wenn in der Versenkung die Erleuchtung erlangt wird, dann enden alle Leiden und alle Wiedergeburten. Weisheit, Ethik und Meditation sind wechselseitig aufeinander bezogen und bilden eine Gesamtheit. Meditation ohne Weisheit und Ethik hat keine feste Grundlage, und umgekehrt dienen Weisheit und Ethik dem Ziel der Erleuchtung.

Die Vier Edlen Wahrheiten legte der Buddha erstmals in seiner Lehrpredigt von Benares dar. Dabei sprach er auch über den sogenannten Mittleren Weg und das Nicht-Selbst. Der Mittlere Weg liegt zwischen den Extremen ungehemmter Genußsucht und übertriebener Askese. Sich den weltlichen Freuden hinzugeben ist dem Erlösungsstreben ebenso hinderlich wie die Unterdrückung aller Lebenstriebe. Der Buddha sagte dazu:

»Zwei gegensätzliche Verhaltensweisen gibt es, ihr Mönche, die ein Weltentsager nicht annehmen soll. Welche sind diese zwei? Die eine ist die, die sich der Begierde, der Lust und Annehmlichkeit hingibt, eine niedrige, grobe, gewöhnliche Verhaltensweise. Sie ist nicht edel und hat kein Ziel. Die andere ist die, die mit Selbstkasteiung verbunden ist. Auch sie ist leidvoll, unedel und sinnlos. Beide Verhaltensweisen vermeidend, führt der vom Erwachten gewiesene Mittlere Weg, der Einsicht und Erkenntnis bewirkt, zur Ruhe, zum Wissen, zum Erwachen und zum Verlöschen.«

Die Auffassung, der Mensch habe kein Selbst bzw. kein Ich, ist ein Kerngedanke des Buddhismus. Was äußerlich als Mensch und innerlich als Ich wahrgenommen wird, läßt sich in fünf Daseinsfaktoren *(Skandhas)* zergliedern, die ohne Dauer und einem ständigen Wandel unterworfen sind: Körper, Empfindungen, Wahrnehmungen, Geistesformationen und Bewußtsein. Diese fünf Faktoren machen in ihrem Zusammenwirken die Erscheinungsform »Mensch« aus, sie haben jedoch keine Substanz und lösen sich nach dem körperlichen Tod wieder auf. Wenn die Sinnesorgane äußere Reize empfangen, dann stellen sich Empfindungen ein, die als Farben, Formen, Gerüche usw. wahrgenommen werden. Dadurch entstehen die Geistesformationen wie Erinnerungen, Wünsche, Absichten und Begierden. Sie werden im Unbewußten gespeichert und bei entsprechenden Gelegenheiten wieder aktiv. So möchte der Mensch etwa angenehme Erfahrungen wiederholen oder sich bestimmte Wünsche erfüllen. Das Bewußtsein erkennt und beurteilt alle Sinneseindrücke und inneren Regungen und läßt den Menschen denken, er besitze eine individuelle, einmalige Persönlichkeit. Dieser Gedanke beruht aber auf einer Illusion, die nur deshalb entsteht, weil die wahre Natur der Skandhas verborgen bleibt. Man kann zwar bemerken, wie der Körper altert und, daß sich im Laufe des Lebens Einstellungen und Denkweisen verändern, aber dieser Wandel findet in jedem Augenblick statt. Die Daseinsfaktoren sind unbeständig und vergänglich und daher leidvoll. Der Buddha erklärte das Nicht-Selbst folgendermaßen:

»Also, ihr Mönche, was es auch gibt an Körperlichkeit, an Empfindungen, an Wahrnehmungen, an geistigen Einprägungen, an bewußtem Erkennen, sei es vergangen, zukünftig oder gegenwärtig, eigen oder fremd, grob oder fein, häßlich oder schön, fern oder nahe, all dies, Körper, Empfindung, Wahrnehmung, Geistesformationen und Bewußtsein, soll man in rechter Erkenntnis so ansehen: Dies gehört nicht zu mir, das bin nicht ich, das ist nicht mein Selbst.«

Nichts geschieht ohne Ursache, und jedes Ereignis hat seinen Grund in einem vorhergehenden Ereignis. Dies wird als »Entstehen in Abhängigkeit« bezeichnet. Nach der Lehre des bedingten Entstehens beginnt die Kausalkette, das heißt die Verknüpfung von Ursache und Wirkung, mit dem Nichtwissen. Wegen seiner Unwissenheit begeht der Mensch Taten, die gutes oder schlechtes Karma erzeugen und seinen Bewußtseinszustand prägen. Der Bewußtseinszustand wiederum bestimmt die Art und Weise, in der der Mensch über seine Sinnesorgane mit der Außenwelt in Kontakt tritt. Die Wahrnehmung von Objekten ruft Empfindungen hervor, welche das Verlangen auslösen, am Leben festzuhalten. Der Lebensdurst führt zu weiteren Wiedergeburten und damit zu der leidvollen Erfahrung von Alter und Tod. Dieser Ablauf wiederholt sich solange, wie der Mensch seinen falschen Ansichten verhaftet bleibt. Mit welchem Glied der Kausalkette einmal alles angefangen hat, ob es also etwa zuerst die Unwissenheit oder den Lebensdurst gegeben hat, wurde vom Buddha nicht gesagt. Denn er hielt Fragen nach dem Ursprung von Welt und Mensch und jegliche metaphysischen Spekulationen für überflüssig und hinderlich, da sie keinen Nutzen für den Erlösungsweg haben. Anstatt über solche Dinge nachzudenken, soll der Mensch sein Bemühen auf das Verständnis der Lehre und deren Umsetzung in der Praxis richten.

Der *Dharma* hat für alle Buddhisten Gültigkeit, allerdings fügten spätere Schulen neue Elemente hinzu und entwickelten eigene Denksysteme. Mahayana-Buddhisten zum Beispiel führten zusätzlich noch das Bodhisattva-Ideal ein, welches besagt, daß es nicht allein darauf ankomme, selbst erleuchtet zu werden, sondern dafür Sorge zu tragen, alle Wesen aus dem *Samsara* zu befreien. Tibetische Buddhisten wiederum betonen die Notwendigkeit eines Lehrers, in dem sie einen »lebenden Buddha« sehen. Und die Anhänger des Amida-Glaubens erhoffen sich Erlösung durch die Gnade eines überweltlichen Buddha. Aber ungeachtet aller späteren Weiterentwicklungen und unterschiedlicher Lehrmeinungen lassen sich die hier skizzierten Grundelemente des Buddhismus in drei Punkten zusammenfassen: Alles, was entstanden ist und in Abhängigkeit von anderem existiert, hat als seine wesentlichen Merkmale das Leiden, die Vergänglichkeit und die Substanzlosigkeit.

Sangha

Ein Übertritt zum Buddhismus wird durch das dreimalige Aussprechen der Zufluchtsformel vollzogen: »Ich nehme meine Zuflucht zum Buddha! Ich nehme meine Zuflucht zum Dharma! Ich nehme meine Zuflucht zum Sangha!« Der Buddha, die Lehre und die Gemeinschaft *(Sangha)* gelten als die »drei Juwelen« *(Triratna)* des Buddhismus und sind die Stützpfeiler aller buddhistischen Schulrichtungen. Der Buddha selbst hatte seine Anhänger aufgefordert, auf sich allein gestellt den Heilsweg zu beschreiten und dabei nur die Lehre zur Richtschnur zu nehmen. Seiner eigenen Person maß er keine Bedeutung bei, er wollte weder zu Lebzeiten noch nach seinem Tod verehrt werden, sondern stellte lediglich fest: »Wer die Lehre sieht, sieht mich.« Auch die Gemeinschaft erwähnte er nicht gesondert, denn solange er lebte, war er die entscheidende Autorität. Auf Dauer jedoch hätte der Buddhismus ohne eine organisierte Gemeinschaft keinen Bestand haben können.

Als der Buddha durch Nordindien wanderte und seine Lehre verbreitete, fand er so viel Zuspruch, daß seine Anhängerschaft rasch anwuchs. Da die Mönche in verschiedenen Regionen lebten und allein schon aus Gründen der Verpflegung und Unterkunft nicht alle gemeinsam unterwegs sein konnten, kam es zur Gründung kleinerer, lokaler *Sanghas*. Eine solche Ortsgemeinde mußte mindestens vier Personen umfassen und stand unter der Führung älterer und erfahrener Mönche. Sie waren für einen eigenen Bezirk zuständig, innerhalb dessen Grenzen die Mitglieder der jeweiligen Ortsgemeinde ihre Bettelgänge unternahmen und missionierten. Der Bettelgang fand am

Vormittag statt, die Mönche zogen dabei von Haus zu Haus und mußten sich von dem ernähren, was die Leute ihnen in ihre Almosenschalen legten. Den Lebensunterhalt durch eigene Arbeit zu verdienen verboten die Ordensvorschriften. In der Regel bestanden die Gaben aus Reis und Gemüse, aber auch fleischliche Speisereste durften nicht zurückgewiesen werden, es sei denn, das Tier wäre extra für die Mönche geschlachtet worden. In diesem Fall war die Annahme des Almosens nicht mit dem Tötungsverbot vereinbar. Als der eigentliche Geber galt jedoch der Mönch, weil er es dem Spender ermöglichte, sich durch seine Almosengabe religiöse Verdienste und gutes Karma zu erwerben. Deshalb war es an den Spendern, sich zu bedanken, während die Mönche schweigend weitergingen. Die erbettelte Mahlzeit, die einzige des Tages, mußte verzehrt sein, bevor die Sonne im Zenit stand. Anschließend verbrachten die Mönche die heiße Mittagszeit an ruhigen, schattigen Plätzen, wo sie sich ausruhen oder meditierten. Wenn die Hitze nachließ, brachen sie wieder auf und suchten sich gegen Abend eine Unterkunft für die Nacht, entweder im Freien oder im Haus eines Laienanhängers. Vor der Nachtruhe unterrichteten sie interessierte Zuhörer, die gekommen waren, um die Lehre zu hören, oder ließen sich selbst von fortgeschrittenen Mönchen über einzelne Fragen belehren.

In der Monsunzeit zwischen Juni und September, wenn die starken Regenfälle die Straßen aufweichten und längere Wanderungen unmöglich machten, versammelten sich die Mönche in Hütten, die meist in abgelegenen Waldgebieten errichtet wurden. Dies war die einzige Zeit des Jahres, zu der sich größere Gruppen von Mönchen gemeinsam an einem Ort aufhielten. Bei dieser Gelegenheit konnten sie ihr Wissen über die Lehre mit ihren Glaubensbrüdern austauschen, erweitern und vertiefen. Ferner führten sie Streitgespräche mit Vertretern anderer Religionen, insbesondere mit den Brahmanen und Jainas. Die Diskussion ging beispielsweise darum, ob der Mensch eine Seele habe oder nicht. Nach hinduistischer Anschauung tritt die Befreiung aus dem Geburtenkreislauf dann ein, wenn der unzerstörbare und ewige Kern des Menschen, der *Atman*, sich seiner wesensmäßigen Identität mit dem *Brahman*, der »Weltseele«, bewußt wird. Der Buddha hingegen leugnete die Existenz eines *Atman* und behauptete, alle Dinge seien leer und ohne Eigennatur. Derartige Diskussionen wurden manchmal auch in Gegenwart der politischen Herrscher geführt, und wer dabei die besseren und überzeugenderen Argumente vorbringen konnte, erhielt häufig königliche Schenkungen, meist in Form von Ländereien.

Nicht alle, die mit der Lehre des Buddha sympathisierten, schlossen sich der Gemeinschaft als Mönche an. Es gab auch zahlreiche Laienanhänger, durch deren Engagement der Aufbau des *Sangha* überhaupt erst möglich wurde. Denn die Laienanhänger versorgten die Mönche, die selbst kein Eigentum besitzen durften, mit dem Lebensnotwendigen, schenkten ihnen Kleidung und beherbergten sie. Wohlhabende Gönner sorgten dafür, daß die einfachen Regenhütten allmählich durch feste Unterkünfte ersetzt werden konnten, woraus dann später die ersten Klöster entstanden. Die Laien mußten sich gegenüber den Mönchen auch nicht herabgesetzt fühlen, da der Buddha ihnen die gleiche Wertschätzung entgegenbrachte. Obwohl nur die Mönche das endgültige Heilsziel des Nirvana erreichen konnten, hatten auch die Laien Anteil am religiösen Leben. Aufgrund ihrer verdienstvollen Taten durften sie hoffen, in einer zukünftigen Existenz selbst ein Leben als Mönch führen zu können.

Die Förderung des Buddhismus seitens einiger Herrscher trug wesentlich zu dessen Ausbreitung in Indien bei. Es waren nicht ausschließlich religiöse Motive, die die Fürsten und Könige veranlaßten, dem *Sangha* Landbesitz für Klostergründungen zu vermachen und ihn unter staatlichen Schutz zu stellen. Auch politische Überlegungen spielten dabei eine Rolle, zum Beispiel wenn der Einfluß der Brahmanen begrenzt werden sollte oder wenn im Bud-

Der Glaube

dhismus ein geeignetes Mittel zur Sicherung der Herrschaft gesehen wurde. Die königliche Gunst hatte aber auch zur Folge, daß viele Personen dem *Sangha* beitraten, die vorrangig an den damit verbundenen materiellen Vorteilen interessiert waren. Dazu zählten der zunehmende Reichtum einiger Klöster, die täglichen Mahlzeiten oder die kostenlose Behandlung von Krankheiten. Mehrfach wurden solche »Scheinanhänger« wieder aus der Gemeinschaft ausgeschlossen.

Anteilmäßig überwogen sowohl unter den Mönchen als auch unter den Laienanhängern Vertreter der oberen Kasten. Dies lag einerseits daran, daß sich der Buddha mit Vorliebe an die Gebildeten wandte, weil er seine Lehre für sehr anspruchsvoll hielt. Andererseits war es nicht erlaubt, Sträflinge, Schuldner, Leibeigene oder Soldaten in den *Sangha* aufzunehmen. Denn um Konflikte mit den weltlichen Instanzen zu vermeiden, blieb all denjenigen, die in einem Abhängigkeitsverhältnis standen, der Zugang zum *Sangha* verwehrt. Davon waren vorwiegend die Angehörigen der unteren Schichten betroffen, weil aus ihren Reihen die Sklaven, Diener und Arbeiter stammten.

Wer sich an den Buddha mit der Bitte um Aufnahme in den *Sangha* wandte, erhielt eine Belehrung über die Grundzüge des Heilswegs. Die Belehrung war stufenweise aufgebaut. Zuerst gab es Anweisungen zum richtigen Umgang mit den Almosen, zu den angemessenen sittlichen Verhaltensweisen und zum Verzicht auf sinnliche Freuden. Konnte der Kandidat dem zustimmen, folgte eine Unterweisung in der eigentlichen Lehre, also die Darlegung der Vier Edlen Wahrheiten. Anschließend mußte er sich entscheiden, ob er Mönch oder Laienanhänger werden wollte. Im letzteren Fall sprach er die Zufluchtsformel aus und erklärte seine Bereitschaft, fünf Sittenregeln einzuhalten: kein Lebewesen zu töten, nicht zu stehlen, sich keinen Ausschweifungen hinzugeben, nicht zu lügen und sich nicht zu berauschen. Danach gehörte er dem *Sangha* an, wobei seine Hauptaufgabe darin bestand, für das leibliche Wohlergehen der Mönche Sorge zu tragen. Für Mönche sah der Ordensbeitritt anders aus. Auch sie nahmen Zuflucht zu den drei Juwelen, hatten aber mehr und strengere Regeln zu beachten als die Laien. Der Katalog der Ordensregeln *(Vinaya)* umfaßte über 200 Einzelvorschriften, die jedoch nicht alle auf den Buddha selbst zurückgehen, sondern zum Teil erst später entsprechend der jeweiligen Notwendigkeiten aufgestellt wurden. Die Mönchsweihe war ein einfacher Akt: Der Anwärter bat den Buddha, der Gemeinde beitreten zu dürfen, und bekam zur Antwort: »Komm, Mönch, du hast die Lehre gehört, übe dich nun in reinem Wandel, um das Leiden endgültig zu beenden.« Glattrasiert und ausgestattet mit der gelben Robe, der Almosenschale sowie ganz wenigen Habseligkeiten, die für den täglichen Bedarf unbedingt nötig waren, gehörte der neu eingetretene Mönch nun zum *Sangha* und hatte sich zu bemühen, möglichst noch in seinem gegenwärtigen Leben erleuchtet zu werden. Als sich der *Sangha* in späterer Zeit aus eigener Kraft organisieren mußte, änderte sich auch die Art der Mönchsweihe, und das Aufnahmeverfahren wurde komplexer.

Die Geschichte

Theravada

Nachdem der Buddha verstorben war, wurde es erforderlich, dem Sangha feste Strukturen zu verleihen und die Lehrreden möglichst wortgetreu zu überliefern. Zu diesem Zweck kam vermutlich schon in der ersten Regenzeit nach dem Tod des Buddha eine Anzahl von Mönchen in Rajagriha zusammen, um sich darüber zu verständigen, welche Worte des Gründers als authentisch anzusehen seien. Diese Mönchsversammlung gilt als das erste buddhistische Konzil, bei dem 500 Teilnehmer sieben Monate lang die ihnen bekannten Buddhaworte zusammengetragen haben sollen.

Ort und Datum des Konzils sind jedoch historisch ebensowenig belegbar wie die Zahlenangaben. Derartige Angaben entsprachen den damaligen Gepflogenheiten, auch bei den berühmten Yogalehrmeistern war meist von 300, 500 oder 700 Schülern die Rede. Damit sollte die Bedeutung des jeweiligen Meisters unterstrichen werden, über die realen Verhältnisse sagen solche Zahlen wenig aus. Es kann zwar davon ausgegangen werden, daß die Mönche einer Region sich über das berieten, was jeder vom Buddha in Erinnerung hatte, aber eine Aufwertung als Konzil erfuhr die Versammlung wohl erst rückwirkend. Gesichert ist hingegen, daß das zweite Konzil rund 100 Jahre später in Vaishali stattfand. In der Zwischenzeit hatte sich der Buddhismus über Nord- und Mittelindien ausgebreitet, und da es keine zentrale Führungsautorität gab, war es in den zahlreichen lokalen Sanghas zu unterschiedlichen Auffassungen und Praktiken gekommen, insbesondere was die Mönchsdisziplin betraf. Einige Sanghas legten die Ordensregeln offenbar recht großzügig aus und erlaubten ihren Mitgliedern Verhaltensweisen, die von den Vertretern eher konservativer Sanghas ausdrücklich mißbilligt wurden. Der Verlauf des Konzils machte schon länger bestehende Spaltungstendenzen sichtbar, die sich bald darauf noch deutlich verstärkten.

Im Mittelpunkt der Auseinandersetzungen standen vor allem drei Streitpunkte: das Verhältnis von Mönchen und Laien, die Stellung der *Arhats* (Heilige) und das Wesen der Buddhanatur. Als Arhat wird ein Mönch bezeichnet, der zur Erleuchtung gelangt ist. Mit diesem Status waren auch Privilegien verbunden, weil die Arhats die immer zahlreicher entstehenden Klöster leiteten. Da jeder Mensch selbst für sein Heil verantwortlich ist und den Weg zur Erlösung allein gehen muß, verstanden sich die Arhats als eine Art religiöser Elite, die dieses Ziel bereits verwirklicht hatte. Sie betonten den Vorrang der Mönche und räumten den Laien geringere Rechte ein. Dagegen wurden nun von seiten einiger Sanghas Einwände erhoben, indem sie den Anspruch der Arhats in Frage stellten und den Laien eine größere Rolle zugestanden. Die Arhats seien »Heilsegoisten«, die ausschließlich an sich dächten und nur vorgäben, einen spirituell fortgeschrittenen Zustand erreicht zu haben.

Der Dissens schlug sich äußerlich in der Bildung zweier eigenständiger Gemeinschaften nieder. Auf der einen Seite standen die *Mahasanghikas* (Mitglieder der Großen Gemeinschaft), auf der anderen die *Sthaviravadins* (Anhänger der Schule der Alten). Während die Sthaviravadins, zu denen sich die Arhats und ihre Gefolgschaft zählten, für sich beanspruchten, als einzige die Lehre des Buddha unverfälscht zu bewahren, behaupteten die Mahasanghikas, der buddhistische Heilsweg stehe prinzipiell allen Menschen und nicht allein den Mönchen offen. Außerdem betrachteten sie den Buddha nicht länger nur als Mensch, sondern sahen in ihm die irdische Verkörperung eines ewigen, überweltlichen Buddha. Dadurch erhielten lebende Lehrmeister eine höhere Bedeutung, denn ein ewiger Buddha kann zu allen Zeiten wirken und sich in verschiedenen Manifestationen zeigen.

Das dritte Konzil, dessen Historizität wiederum zweifelhaft ist, soll um 250 v. Chr. in Pataliputra abgehalten worden sein. Auf ihm bestätigte sich nur formal die in Wirklichkeit bereits vollzogene Aufspaltung des frühen Buddhismus in zwei konkurrierende Flügel – den liberalen, mehr auf Breitenwirkung bedachten Mahasanghikas und den traditionsbewußten Sthaviravadins. Neben diesen beiden Gruppen gab es noch weitere Schulen, die sich auf jeweils eine der beiden Hauptrichtungen bezogen. Zu den Sthaviravadins gehörten die *Theravadins*, die als einzige Schule dieser Richtung überdauerten. Theravada heißt der »Weg der Alten«, was ebenfalls zum Ausdruck bringen soll, in der ursprünglichen Tradition des Buddha zu stehen. Damit war jedoch weniger die Lehre selbst gemeint als vielmehr die Interpretation der Ordensregeln, welche die Theravadins strenger auslegten als die Mahasanghikas. Ferner behielten sie die Trennung zwischen Mönchen und Laien und das Arhat-Ideal bei.

Die Ausbreitung des Buddhismus über ganz Indien und schließlich auch in die Nachbarländer erforderte eine schriftliche Fixierung der Lehre, die zuvor ungefähr vier Jahrhunderte lang nur mündlich überliefert worden war. Dabei hatten die Mönche die Aussagen des Buddha, welche von den Konzilen als echt angesehen wurden, sorgfältig auswendig gelernt und an ihre Schüler weitergegeben. Ebenso erfolgte dann auch die Niederschrift der Überlieferung, welche erstmals Theravada-Mönche im 1. Jahrhundert v. Chr. in Sri Lanka vornahmen. In der mittelindischen Sprache Pali verfaßten sie einen Kanon *(Tripitaka)*, der in drei Teile zerfällt: *Vinaya-Pitaka, Sutra-Pitaka* und *Abhidharma-Pitaka.* Tripitaka bedeutet »drei Körbe« und bezieht sich auf die Art der Schriftsammlung. Damals wurden Palmblätter beschrieben und in Körben aufbewahrt. Der erste Korb, der *Vinaya-Pitaka,* enthält Berichte über die Entstehung des Sangha und Disziplinregeln für das Zusammenleben der Mönche. Im *Sutra-Pitaka* finden sich die Lehrreden des Buddha, und der *Abhidharma-Pitaka* behandelt als »höhere Lehre« bestimmte Einzelaspekte und philosophische Fragen.

Um 320 v. Chr. war die Maurya-Dynastie zur Vormacht Indiens aufgestiegen. Ihr dritter Herrscher, Ashoka (268–233 v. Chr.), brachte dem Buddhismus große Sympathien entgegen und stellte ihn unter staatlichen Schutz. Im gesamten Reichsgebiet, das von Afghanistan bis weit nach Südindien hinein reichte, ließ er in Felswänden und Steinsäulen kaiserliche Erlasse einmeißeln. Aus diesen Edikten geht hervor, daß Ashoka nach dem Krieg mit einem Nachbarstaat, der offenbar sehr blutig verlaufen war, der Gewalt ein Ende setzen wollte. Er verbot das bis dahin übliche Schlachten von Tieren für Zeremonien am kaiserlichen Hof, forderte alle Religionen in seinem Reich zu einem friedlichen Miteinander auf und legte seinen Untertanen die Befolgung des buddhistischen Dharma ans Herz. Darüber hinaus ließ er viele *Stupas* zur Erinnerung an den Dharma errichten. Ein Stupa, ursprünglich ein Grabhügel, ist eine meist aus Ziegeln gemauerte Gedenkstätte, die Reliquien oder andere heilige Gegenstände enthält und dem Gläubigen helfen soll, sich die Lehre zu vergegenwärtigen. Auch die sterblichen Überreste des Buddha wurden nach dessen Einäscherung in solchen Stupas beigesetzt. Die Edikte belegen weiterhin, daß Ashoka im Sinne der buddhistischen Ethik zu gegenseitiger Rücksichtnahme, Freigebigkeit und Gewaltverzicht *(Ahimsa)* aufrief. Diese Maßnahmen entsprangen nicht allein der religiösen Gesinnung Ashokas, sondern dienten auch politischen Zwecken. Der Kaiser sah darin ein brauchbares Mittel zur Stabilisierung seiner Herrschaft und zur inneren Befriedung seines Großreiches. Für den Buddhismus bedeutete die staatliche Protektion einen erheblichen Vorteil, denn nun konnte er sich in Indien endgültig etablieren und bald darauf auch in anderen Ländern Fuß fassen.

Die von Ashoka entsandten buddhistischen Missionare verzeichneten ihre ersten Erfolge in Sri Lanka. Nach dem Vorbild seines großen Nachbarn befahl der singhalesische König Devanampiya (ca. 247–207 v. Chr.) den Bau von Klöstern und Heiligtümern und erhob die neue Lehre zur Staatsreligion. Allerdings zeigten sich die Herrscher von Sri Lanka weniger tolerant als Ashoka und zerstörten die heiligen Stätten anderer Religionen. Sie gingen soweit, ihre kriegerischen Handlungen vom Sangha absegnen zu lassen. Da die Mönche immer stärker in Regierungsangelegenheiten hineingezogen wurden und in enger Verbindung mit der weltlichen Macht standen, blieben entsprechende Folgeerscheinungen nicht aus. So behaupteten die buddhistischen Verantwortlichen nach dem Ende eines Krieges gegen hinduistische Tamilen, bei den Kämpfen seien eigentlich gar keine menschlichen Wesen zu Schaden gekommen, weil es sich um Nicht-Buddhisten gehandelt habe. Auch bei anderen Gelegenheiten wurde Gewaltanwendung von Mönchen sanktioniert, etwa wenn es um die Beseitigung unliebsamer Herrscher ging. Eine weitere negative Auswirkung hatte der wachsende Reichtum der Klöster. Die Könige dankten den Äbten ihre Dienste mit Landschenkungen und materiellen Gütern, und je besser die Beziehungen eines Abtes zu den Herrschenden waren, desto größere Zuwendungen konnte er für sich und sein Kloster erhoffen. Es kam zu einer Konkurrenz zwischen den einzelnen Klöstern um Macht, Wohlstand und Einfluß, was sogar eine Ordensspaltung nach sich zog.

Die Allianz zwischen Buddhismus und singhalesischem Nationalismus dauert bis in unsere Tage an. Nach der Unabhängigkeit Sri Lankas im Jahre 1948 betrachteten es viele Mönche als ihre Aufgabe, politisch tätig zu sein und andere Religionen wie das Christentum und den Hinduismus zurückzudrängen. Während die Gläubigen von den oft auch politisch aktiven Mönchen ihres Dorfes die traditionell übliche religiöse Belehrung erwarten, pilgern sie einmal im Jahr zu einem der schätzungsweise 600 Waldmönche, um ihnen Verehrung zu erweisen. Denn deren Art des mönchischen Lebens in Askese und Meditation gilt nach wie vor als vorbildhaft.

Nach Burma gelangte der Buddhismus um das 5. Jahrhundert. Nachdem anfänglich alle Hauptrichtungen vertreten waren, gewann ab dem 11. Jahrhundert der Theravada die Oberhand. Von dem einstmals blühenden religiösen Leben geben vor allem die über eintausend Tempel und Stupas in der ehemaligen Hauptstadt Pagan Zeugnis. Wie in Sri Lanka, so lehnten sich auch in Burma die Buddhisten eng an die Herrschenden an. König Alaungpaya (1752–1760) führte gar im Namen des Buddhismus Krieg gegen das benachbarte Thailand, und einige seiner Nachfolger taten es ihm gleich. Nach dem Ersten Weltkrieg verbanden Teile der Buddhisten Lehrinhalte ihrer Religion mit politischen Idealen, indem sie etwa das Erreichen des Nirvana nicht nur als spirituelles

Ziel, sondern auch als Befreiung von wirtschaftlicher und sozialer Unterdrückung ansahen. Politisch organisierte Mönchsvereine gewannen in den folgenden Jahrzehnten an Einfluß, was dazu führte, daß die eigentlichen religiösen Pflichten immer häufiger vernachlässigt wurden. Um dem zu begegnen, fand 1980 eine Sangha-Reform statt. Seitdem muß sich jeder Mönch registrieren lassen und ist einer geistlichen Gerichtsbarkeit unterstellt.

Neben Sri Lanka, Burma, Laos und Kambodscha zählt auch Thailand zu den Ländern, in denen der Theravada-Buddhismus vorherrschend ist. Dort wurde er etwa um 500 n. Chr. eingeführt. Die Thai-Herrscher bedienten sich ebenfalls des Buddhismus zur Verfolgung politischer Zwecke und betrachteten sich wie die Könige des burmesischen Reiches teilweise selbst als vollendete Buddhas. Rama I. (1782–1809) versuchte dann, das Verhältnis zwischen Staat und Sangha wieder zu normalisieren und die Mönche mehr auf die Einhaltung buddhistischer Prinzipien zu verpflichten. Rama IV. (1851–1868) intensivierte die Reformbemühungen unter Betonung von Ethik und Rationalität. Gleichzeitig band er den Sangha jedoch eng an den Staat und ließ von diesem sowohl die Ordensregeln als auch die Vermittlung der Lehrinhalte überwachen. Seine Nachfolger verfuhren in ähnlicher Weise, und beim Eintritt Thailands in den Ersten Weltkrieg mußten Mönche dazu ihre Zustimmung geben und sich sogar an der Einweihung von Kriegsgerät beteiligen. Dies zeigt, ebenso wie Beispiele aus anderen Ländern, daß der Buddhismus zwar nicht generell und in größerem Ausmaß für die Billigung von Gewalt in Anspruch genommen wurde, aber auch nicht völlig unberührt von der Verstrickung in machtpolitische Interessen blieb. Ganz so friedfertig, wie es das Klischee vom gewaltfreien Buddhismus glauben machen will, ist dessen Geschichte weder in Thailand noch anderswo verlaufen.

Mahayana

Die Entstehung des *Mahayana* (Großes Fahrzeug) war wesentlich von den Ideen der Mahasanghikas inspiriert, hatte darin aber nicht seinen alleinigen Ausgangspunkt. Erst in Verbindung mit dem Gedankengut weiterer Schulen entwickelte sich der Mahayana-Buddhismus zu seiner eigenständigen Gestalt. So wurden zum Beispiel Einflüsse der *Sarvastivadins* und der *Lokottaravadins* aufgenommen. Die Sarvastivadins, eine Sonderrichtung innerhalb des Sthaviravada, lehrten, alle Phänomene seien real, wenn auch nur von flüchtiger Dauer. Und nach der Ansicht der Lokottaravadins, die sich zu den Mahasanghikas zählten, besaß der Buddha lediglich einen Scheinleib. Demnach war er kein Mensch, sondern die irdische Erscheinung eines überweltlichen Buddha. Anfänglich brachten die unterschiedlichen Auffassungen noch keine äußere Trennung mit sich, die Vertreter der einzelnen Denkschulen lebten gemeinsam in den Klöstern und akzeptierten die Meinungen der jeweils anderen. Doch dann nahmen die Differenzen immer mehr zu, und spätestens ab dem 1. Jahrhundert v. Chr. standen sich Theravada und Mahayana auch nach außen erkennbar als zwei verschiedene buddhistische Systeme gegenüber.

Anhänger des Mahayana bezeichneten den Theravada abschätzig als »Kleines Fahrzeug« *(Hinayana),* das weniger tauge als ihr Großes Fahrzeug, mit dem viel mehr Menschen aus dem Samsara gerettet werden könnten. Denn in ihrem Fahrzeug hätten alle Platz und nicht nur die Mönche und Arhats. Diese Kritik war auch eine Reaktion darauf, daß der Buddhismus inzwischen zu einer Massenbewegung geworden war. Statt einsam nach Erlösung streben zu wollen, verlangten nun viele eine anschauliche, im täglichen Leben nützliche und auch für geringer Gebildete begreifbare Religion. Außerdem brachten sie volksreligiöse Vorstellungen mit, die in das Lehrgebäude integriert werden mußten. Dem begegnete das Mahayana mit vier entscheidenden Neuerungen: dem *Bodhisattva*-Ideal, dem transzendenten Buddha, einer veränderten Sichtweise von Welt und Nirvana sowie einer stärkeren Berücksichtigung der Laien.

Ein Bodhisattva ist ein Wesen *(Sattva)*, das nach dem spirituellen Erwachen *(Bodhi)* trachtet bzw. bereits erwacht ist. In den im Pali-Kanon enthaltenen Erzählungen über die verschiedenen Existenzen des Buddha wird dieser als ein solcher Bodhisattva dargestellt. Vor seiner Herabkunft als der irdische Buddha Shakyamuni durchlebte er viele Daseinsformen, in denen er verdienstvolle Taten vollbrachte. Aufgrund seines guten Karma wurde er schließlich zu einem Bodhisattva, einem Anwärter auf die Erleuchtung. Als er dann als Mensch auf die Welt kam, war er spirituell schon so weit herangereift, daß er nur noch den letzten Schritt vollziehen mußte, um ein vollkommen Erwachter zu werden. Mit diesen Geschichten über die Vorgeburten des Buddha wollte man verständlich machen, wie ein Mensch in einem einzigen Leben das so schwierig zu erlangende höchste Ziel erreichen konnte. Die Bodhisattva-Idee an sich war also auch den Theravadins bekannt, aber das Mahayana gestaltete diese Idee weiter aus, indem es auch den Laien in Aussicht stellte, die Bodhisattva-Laufbahn einschlagen zu können.

Dazu sind drei Voraussetzungen notwendig: den Erleuchtungsgedanken in sich zu erwecken, die Verpflichtung einzugehen, nach der Erleuchtung weiterhin zum Wohl aller Lebenwesen zu wirken und die Vollkommenheitstugenden anzustreben. Es gibt insgesamt zehn Stufen der Vollkommenheit, darunter Freigebigkeit, Sittlichkeit, Geduld und Weisheit. Das Absolvieren aller zehn Stufen erstreckt sich allerdings über unzählige Existenzen und erfordert große Anstrengungen. Für das gegenwärtige Leben der Gläubigen hat das Bodhisattva-Ideal daher eher eine Vorbildfunktion. Sie können dem Ideal nacheifern, aber die eigene Erleuchtung, die am Ende des Weges steht, ist in eine ferne Zukunft entrückt. Doch in einigen sieht man das Ideal als verwirklicht an, und diese werden als Helfer in Notlagen angerufen und verehrt. So hilft der Bodhisattva Avalokiteshvara in Gefahrensituationen oder bei Krankheiten, Manjushri als Bodhisattva der Weisheit ist der Schutzpatron der Wissenschaften, Vajrapani vernichtet die Dämonen und das Böse, und Maitreya wird sich einst auf Erden inkarnieren, um den Dharma in seiner ursprünglichen Form wiederherzustellen und den Menschen neu zu verkünden.

Bodhisattvas gelten aber nicht nur als Nothelfer, sondern sie können auch das vom Karma verursachte Leid des Menschen erleichtern und diesem eine bessere Wiedergeburt verschaffen. In ihrem grenzenlosen Mitleid verzichten sie auf das Verlöschen im Nirvana und werden freiwillig so lange wiedergeboren, bis das letzte leidende Wesen erlöst ist. Wegen ihres hilfreichen Eingreifens und tätigen Beistands erfreuen sich die Bodhisattvas in allen Ländern des Mahayana-Buddhismus großer Beliebtheit. Der Gläubige kann sich mit Vertrauen und Hingabe an sie wenden, erfährt Unterstützung in seinen Alltagsnöten und ist nicht allein auf die langwierige und schwierige Meditationspraxis angewiesen.

Der Buddha wollte als Mensch betrachtet werden und stellte stets seine Lehre in den Vordergrund. Obwohl er das Vorhandensein von Göttern und anderen überweltlichen Wesen nie leugnete, hielt er eine Beschäftigung mit diesen Fragen für unwesentlich und dem Heil nicht förderlich. Denn die Götter haben ihren paradiesischen Zustand allein ihrem Karma zu verdanken, und sobald der Vorrat an positivem Karma aufgebraucht ist, sind auch sie wieder dem Geburtenkreislauf unterworfen. Das Mahayana hingegen nahm an, der Buddha müsse aufgrund seiner außerordentlichen Fähigkeiten mehr als bloß ein Mensch gewesen sein. Seine irdische Gestalt sei das körperliche Abbild eines kosmischen Buddha, eine Art geistiger Projektion gewesen. Die noch nicht Erwachten hätten nur seine materielle Erscheinungsform wahrnehmen können, während

Bodhisattvas in der Lage seien, ihn als transzendentes Wesen zu erschauen. Demnach hat der Buddha also drei Körper: einen irdischen, einen transzendenten und einen kosmischen. Als kosmischer oder Ur-Buddha ist er identisch mit allem Seienden und der Lehre selbst, als transzendenter Buddha residiert er in den überweltlichen Regionen.

Mit dieser Dreikörperlehre *(Trikaya)* war der Buddha quasi »vergöttlicht« worden. Da die Buddhanatur allem innewohnt, gibt es eine potentiell unendliche Anzahl von Buddhas und Bodhisattvas, so viele wie »Sandkörner am Ganges«, wie es in einem Text heißt. Diese Annahme eröffnete die Möglichkeit, neben dem Buddha auch lebende Lehrmeister als Autoritäten anzuerkennen. So sind beispielsweise die Aussagen des Dalai Lama als Inkarnation des Bodhisattva Avalokiteshvara für tibetische Buddhisten verbindliche Interpretationen der Lehre. Dadurch war das Mahayana in die Lage versetzt, auf veränderte Umstände flexibel zu reagieren, weil es auf neu auftauchende Fragen neue Antworten geben konnte. Und für die Gläubigen stellten die lebenden Buddhas sichtbare Verkörperungen der Lehre dar und wurden zum Gegenstand der Verehrung.

Nach der Lehre des Theravada besteht der Mensch aus den fünf Daseinsfaktoren, die in gegenseitiger Abhängigkeit entstehen und sich wieder auflösen. Sie sind ohne Dauer und »leer«, das heißt ohne eine bleibende Substanz. Diesen Gedanken führten die Philosophen des Mahayana weiter aus und begründeten darauf den Begriff der Leerheit *(Shunyata)*. Demnach sind alle Dinge leer, sie haben keine unveränderlichen Wesensmerkmale und bestehen nicht aus sich selbst heraus. Was die Leerheit ist, läßt sich weder positiv noch negativ bestimmen. Es kann nur gesagt werden, daß sowohl alle materiellen Manifestationen als auch das Nichtbedingte, das Nirvana, ihre Ursache in der Leerheit haben und letztendlich miteinander identisch sind. Das Nirvana befindet sich folglich mitten in der Welt und ist nicht verschieden von ihr. Wem es gelingt, die spirituelle Unwissenheit zu überwinden und die Welt so zu sehen, wie sie wirklich ist, der erkennt, daß es nichts als die Leerheit gibt und Welt und Nirvana wesenseins sind. Daraus ergibt sich jedoch ein logisches Problem: Wenn die Leerheit der letzte Grund von allem ist, dann kann auch dem Buddha und dem Dharma kein wirkliches Sein zugesprochen werden, und das menschliche Leiden wäre nichts als Illusion. Dieses Problem versuchten die Mahayana-Denker auf zweifache Art zu lösen: mit der *Madhyamika-* und der *Yogacaralehre.*

Die Madhyamika-Schule wurde um 150 n. Chr. von Nagarjuna begründet. Der Name bedeutet soviel wie »das Mittlere« und soll zum Ausdruck bringen, daß es keine absoluten, sondern nur relative Gegensätze gibt. Einheit existiert nicht ohne Vielheit, Bewegung nicht ohne Beharrung. Die richtige Anschauung liegt in der Mitte, zwischen den Feststellungen: »Es gibt etwas« und »Es gibt nichts«. Der buddhistische Erlösungspfad hat zwar seine Berechtigung, und die Heilsmittel, die er anbietet, sollen mit Vertrauen auf ihre Richtigkeit angewandt werden. Doch wenn die volle Einsicht erlangt wurde, dann erkennt man, daß es zwei verschiedene Wahrheiten gibt, eine konventionelle und eine höhere. Mit Hilfe der konventionellen Wahrheit, zu der auch die Lehre gehört, erreicht man die höhere Wahrheit. Von dieser Warte aus betrachtet, erscheinen alle Phänomene als leer. Der Bodhisattva übt sich in Barmherzigkeit, obwohl er weiß, daß sogar das Leiden nichtexistent ist. Aber solange noch ein Wesen in der Unwissenheit gefangen bleibt, bedarf es der konventionellen Wahrheit, um ihm den Weg zu weisen.

Bei der Yogacara-Schule, der »Übung des Yoga«, liegt der Schwerpunkt auf der Meditationspraxis. Durch sie soll man der wahren Natur des Geistes gewahr werden und die Welt als Illusion erkennen. Die Erscheinungsformen bestehen nur in der Vorstellung, es gibt lediglich den Inhalt des Bewußtseins und keine äußeren Objekte. Die übereinstimmende Wahrnehmung eines Objekts durch verschiedene Menschen beruht auf dem sogenannten Speicherbewußtsein, das einem geistigen Urozean vergleichbar ist, aus dem alles Seiende hervorgeht. Das Bewußtsein des einzelnen Menschen befindet sich wie ein Wassertropfen in diesem Ozean. In ihm ist das Karma enthalten, das der Mensch in seinen vergangenen Leben erzeugt hat. Da der gute wie schlechte Karma-Vorrat aufgebraucht werden muß, drängen diese karmischen Samen immer wieder zur Verwirklichung, also zu neuen Geburten. Sie lassen den Menschen glauben, er sei eine individuelle Persönlichkeit, die in einer realen Welt lebt und handelt. Doch eine solche falsche Ansicht läßt zwangsläufig neues Karma entstehen, welches ins Speicherbewußtsein sinkt und erneute Inkarnationen zur Folge hat. Man kann sagen, daß der Mensch die Welt nur träumt, aber auch er selbst ist nicht mehr als ein Trugbild, geschaffen vom unablässigen Wirken der karmischen Samen im Speicherbewußtsein. Das Speicherbewußtsein und die Scheinwelt wurzeln gleichermaßen in der Leerheit, und wenn diese Erkenntnis in voller und ungetrübter Klarheit in der Meditation aufleuchtet, dann ist der Mensch befreit und dem Samsara entronnen. Die Yogacara-Lehre geht auf die Brüder Asanga und Vasubandhu zurück, die im 3./4. Jahrhundert n. Chr. lebten.

Schriftlich niedergelegt wurden die neuen Lehren in den in Sanskrit verfaßten *Sutras,* die ab dem 1. Jahrhundert v. Chr. entstanden. Die Mahayana-Autoren behaupteten, die Zeitgenossen des Buddha und damit auch die Anhänger des Theravada seien nicht imstande gewesen, den Dharma in seiner vollen Bedeutung zu erfassen. Sie hätten die Lehre bloß gehört, ohne sie wirklich zu begreifen. Es sei dem Mahayana vorbehalten geblieben, den wahren Sinn der Worte des Buddha zu offenbaren. Die Urheberschaft an den Sutras wird dem Buddha selbst zugeschrieben. Diese Lehrreden hätten sich lediglich solange im Verborgenen befunden, bis die Zeit gekommen war, daß die großen Persönlichkeiten des Mahayana sie ans Tageslicht bringen konnten. Zwei der wichtigsten unter den zahlreichen Sutras des Mahayana sind das Weisheits-Sutra *(Prajnapa-*

ramita-Sutra) und das Lotus-Sutra *(Saddharmapundarika*-Sutra).

Die geschilderten Entwicklungen innerhalb des Mahayana fanden vorwiegend im Norden und Westen Indiens statt, weshalb diese Richtung auch als »Nördlicher Buddhismus« im Gegensatz zum Theravada als »Südlicher Buddhismus« bezeichnet wird. Vom Nordwesten Indiens aus, der damals noch Teile Afghanistans einschloß, erfolgte dann die Ausbreitung in die mittel- und ostasiatischen Länder. Allmählich drang der Buddhismus immer weiter nach Norden vor und erreichte ab dem 1. Jahrhundert n. Chr. auch China. Doch etwa zwei Jahrhunderte lang blieb sein Einfluß eher gering, weil die chinesischen Adligen und Gelehrten der neuen Religion sehr skeptisch gegenüberstanden. Ein Grund dafür lag in dem ausgeprägten Traditionsbewußtsein der gebildeten Schichten. Die Chinesen hatten schon eine lange und erfolgreiche Geschichte hinter sich und waren nicht so ohne weiteres bereit, sich von Ausländern über kulturelle und religiöse Dinge belehren zu lassen. Das zweite Hindernis, das den Bemühungen der Buddhisten im Wege stand, bildete die in China vorherrschende Staatsideologie des Konfuzianismus. Konfuzius (551–479 v. Chr.) hatte gelehrt, daß sich alle Kräfte im Staat in einem harmonischen Gleichgewicht befinden sollten. Der Staat könne nur funktionieren, wenn jeder einzelne seinen Pflichten nachkomme, die Tradition bewahre, Höhergestellten Ehrerbietung entgegenbringe und nach Gerechtigkeit, Sittlichkeit und Ordnung strebe. Verantwortungsgefühl gegenüber dem Gemeinwesen und Pflichterfüllung waren für Konfuzius wichtiger als die Verfolgung religiöser Ziele. Weltabkehr und die Bestreitung des Lebensunterhalts durch Betteln, wie es die buddhistischen Mönche praktizierten, hatten im auf das Diesseits gerichteten Konfuzianismus keinen Platz.

Anders sah es mit der zweiten religiösen Tradition Chinas, dem Daoismus, aus. Im Mittelpunkt dieser Tradition, deren Anfänge in das 4. Jahrhundert v. Chr. zurückreichen, stehen die Begriffe des *Dao* (Weg) und des *Wuwei* (Nicht-Tun). Das Dao ist das allumfassende, höchste Prinzip, unbenennbar und unbeschreibbar. Wenn das menschliche Leben mit den natürlichen Gesetzmäßigkeiten übereinstimmt, nähert es sich dem Dao an. Dies geschieht am besten durch ein absichtsloses Handeln (Wuwei), das sich die Natur zum Vorbild nimmt und möglichst wenig in den Lauf der Dinge eingreift. Auch im Daoismus kommt es sehr auf Harmonie und Ordnung an, er legt aber das Schwergewicht auf das Verhalten des einzelnen und nicht auf die Einhaltung gesellschaftlicher Normen, wie es der Konfuzianismus vorschreibt. Damit waren einige Anknüpfungspunkte an buddhistische Vorstellungen gegeben, zum Beispiel das nicht auf ein Ergebnis gerichtete Handeln, der unaufhörliche Wandel aller Phänomene oder die scheinbare Übereinstimmung zwischen dem Dao und dem Nirvana, welche beide nicht mit Worten zu erfassen sind. Daoistische Kreise waren daher eher geneigt, sich mit buddhistischen Gedanken auseinanderzusetzen.

Letztlich gaben jedoch andere Gründe den Ausschlag für den Erfolg des Buddhismus in China. Nach dem Untergang der Han-Dynastie (25–220 n. Chr.) zerfiel das Reich in drei Königtümer, und der Norden des Landes geriet unter den Einfluß fremder Herrscher. An deren Höfen fanden viele Buddhisten Zuflucht vor den Kriegswirren. Dort waren sie nicht zuletzt deswegen gern gesehene Gäste, weil sich der Buddhismus als Gegenwicht zum Konfuzianismus zu eignen schien. Aber auch unter den Konfuzianern kamen Zweifel an den alten Werten auf, die augenscheinlich den Zerfall des Reiches nicht hatten verhindern können. Krieg, Elend und Werteverfall waren möglicherweise mitentscheidend für die Hinwendung zur buddhistischen Lehre vom Leiden und von der Vergänglichkeit.

Der Buddhismus gewann so viele Anhänger, daß ein Sangha gegründet werden konnte, und in den Klöstern blühte die buddhistische Gelehrsamkeit auf. Mönche unternahmen jahrelange Reisen, um an den indischen Klosteruniversitäten zu studieren und nach Schriften zu suchen. Aufgrund der zahlreichen Übersetzungen ins Chinesische sind viele Texte erhalten geblieben, deren Original verlorenging oder zerstört wurde. Der wachsende Wohlstand der Klöster, die über umfangreichen Grundbesitz, Leibeigene und enormen Reichtum verfügten, weckte allerdings auch Neid und Mißgunst. Nachdem der Buddhismus unter der Tang-Dynastie (618–907) seinen geistigen und kulturellen Höhepunkt erlebt hatte, kam es im Jahre 845 zu einem Rückschlag. Leere Staatskassen und antibuddhistische Propaganda seitens der wiedererstarkten konfuzianischen Bürokratie gaben den Anlaß für eine umfassende Verfolgungsaktion. Sämtliche Ländereien des Sangha, die Schatzkammern der Klöster und sogar der Privatbesitz der Mönche wurden beschlagnahmt. Rund eine viertel Million Mönche mußten zwangsweise in den Laienstand zurückkehren, 150.000 Leibeigene erhielten die Freiheit, und über 4000 Klöster und mehrere zehntausend Tempel gingen verloren. Diese Maßnahmen richteten sich nicht gegen den Buddhismus als Religion, sondern sollten in erster Linie seine organisatorischen Grundlagen zerstören. Der Besitz der Laienanhänger blieb von den Beschlagnahmungen ausgenommen, und ihnen war weiterhin ihre Religionsausübung gestattet. Doch obwohl die Repressalien bald endeten und die Klöster ihre Freiheiten zurückerhielten, konnte sich der Buddhismus von dieser Verfolgungsphase nie wieder ganz erholen und wurde ab dem 10. Jahrhundert vom neu auflebenden Konfuzianismus zurückgedrängt.

Eine buddhistische Erneuerungsbewegung, die Anfang des 20. Jahrhunderts ins Leben gerufen wurde, brachte keinen nennenswerten Erfolg. Nach der Machtübernahme durch die Kommunisten erlitt der chinesische Buddhismus einen weiteren schweren Schlag. Während der Kulturrevolution (1965–1969) zerstörten die Roten Garden einen Großteil der Klöster und Heiligtümer. Bereits zuvor hatte die Regierung unzählige Mönche zur Rückkehr in den Laienstand gezwungen und den Klöstern ihre wirtschaftliche Grundlage entzogen. Obwohl einige Jahre nach der Kulturrevolution eine gewisse Liberalisierung der chinesischen Religionspolitik einsetzte, ist eine Wiederbelebung des Buddhismus als organisierte Religion sehr fraglich. Denn dazu fehlen einerseits die materiellen Mittel und andererseits die notwendige ideologische Unterstützung.

In der Zeit, als der Buddhismus in China ein bestimmender Faktor war, kam es zur Bildung mehrerer Schulen, von denen zwei eine besondere Bedeutung erlangten: die Schule des Reinen Landes und der Chan-Buddhismus. Die Einführung des Bodhisattva-Ideals und der Dreikörperlehre hatte die Vorstellung verschiedener Daseinsbereiche mit sich gebracht. Zwischen der Sphäre des kosmischen oder Ur-Buddha und der Menschenwelt liegt ein transzendenter Bereich, eine Art Paradies, in das die Gläubigen wiedergeboren werden können. Dazu ist die vertrauensvolle Hinwendung zu einem Buddha – in der Regel handelt es sich um den Buddha Amitabha – erforderlich. Er nimmt diejenigen, die an ihn glauben und seinen Namen anrufen, in sein »Paradies des Westens«, das Reine Land, auf. Dort sind sie frei von störenden Einflüssen und von Leiden und können auf dem Weg der Weisheit weiter voranschreiten. Das Paradies ist allerdings keine Endstation, sondern nur ein Ort, der günstige Voraussetzungen bietet, um am Ende ins Nirvana einzugehen. Dieses ferne und erst nach vielen Wiedergeburten erreichbare Ziel steht für die Mehrzahl der Gläubigen jedoch nicht unbedingt im Vordergrund. Sie streben nach einem leidfreien Leben und hoffen auf die Gnade und Hilfe Amitabhas.

Der Chan-Buddhismus (japanisch: *Zen*-Buddhismus) gelangte nach der Überlieferung um 520 n. Chr. durch Bodhidharma von Indien aus nach China, wo er ab dem 7. Jahrhundert eine maßgebliche Schulrichtung darstellte. Der indische Ursprung des Chan läßt sich jedoch nicht anhand von Textquellen belegen und wurde wohl eher zur Aufrechterhaltung der Traditionslinie behauptet. Diese Linie soll bis auf den Buddha selbst zurückgehen. Als er bei einer seiner Predigten wortlos eine Blüte in die Höhe hielt, begriff nur sein Schüler Mahakashyapa diese Geste und wurde spontan erleuchtet. Damit ist das wesentliche Charakteristikum des Chan-Buddhismus angesprochen: das intuitive, unvermittelte Erfassen der Wahrheit.

Dazu bedienen sich die Chan-Meister unkonventioneller Mittel: Am bekanntesten ist das Stellen paradoxer Fragen (japanisch: *Koan*), auf die es keine rationale Antwort gibt. Eine solche Frage kann etwa lauten: »Wenn man in die Hände klatscht, hört man ein klares Geräusch, wie aber klingt der Ton einer einzelnen Hand?« Da die Logik zur Beantwortung der Frage nicht weiterhilft, muß der Schüler seine vertrauten Denkgewohnheiten aufgeben und nach einer anderen Lösung suchen. Wenn er merkt, daß seine vernunftgemäßen Bemühungen fruchtlos bleiben, dann kann urplötzlich die Erleuchtung eintreten. Zuvor lagen jedoch in aller Regel lange Jahre intensiver Meditationspraxis. Chan-Meister betonen, daß es keine metaphysischen Geheimnisse zu ergründen gebe und die Dinge einfach so seien, wie sie sind. Ein Beispiel ist der folgende Spruch: »Für den gewöhnlichen Menschen sind Berge Berge. Für den Suchenden sind die Berge nicht mehr Berge. Für den Erleuchteten sind die Berge wieder Berge.« Nach der Ansicht des Chan liegt die ganze Wahrheit in den alltäglichen banalen Tätigkeiten und Ereignissen. Anders als die übrigen Schulen maß der Chan-Buddhismus körperlicher Arbeit großen Wert bei. Einer der Gründe lag wohl darin, daß man damit dem Vorwurf der Konfuzianer, die Buddhisten fielen der Gesellschaft zur Last, weil sie wie Schmarotzer von der Arbeit anderer lebten, etwas entgegenhalten wollte.

Von China aus gelangte der Mahayana-Buddhismus ab dem 4. Jahrhundert nach Korea und anschließend nach Japan. In den japanischen Quellen wird das Jahr 552 als

Beginn der buddhistischen Mission genannt. In diesem Jahr soll eine koreanische Gesandtschaft dem japanischen Kaiser eine Buddhastatue und religiöse Schriften geschenkt haben. Nach anfänglichen Widerständen seitens einiger mächtiger Adelsfamilien konnte sich der Buddhismus dank der Fürsprache des kaiserlichen Hofes innerhalb eines halben Jahrhunderts durchsetzen. Mit der neuen Religion kamen auch die zivilisatorischen Errungenschaften der Chinesen ins Land, ihre Techniken, Wissenschaften, Künste und insbesondere ihre Schrift. Wie zuvor schon in Korea, so bewirkte der Austausch mit China auch in Japan einen kulturellen Aufschwung.

Nachdem sich Kaiserin Suiko (592–628) dem Buddhismus zugewandt hatte und selbst Nonne geworden war, führte ihr Neffe Shotoku (572–621) ihre buddhismusfreundliche Politik fort. Weil die japanischen Adligen sich traditionell am Vorbild des Kaiserhofes orientierten, entstanden schnell überall im Land Klöster und Tempel. Die in den Klöstern lehrenden Mönche lehnten sich zunächst an die chinesischen Schulen an, entwickelten aber in der Folgezeit auch eigene Lehrsysteme. Obwohl dem Klerus politische Aktivitäten verboten waren, wuchs er mit dem zunehmenden Reichtum und Einfluß der Klöster zu einem Machtfaktor im Staat heran. Um dem zu begegnen, wurde 794 die kaiserliche Residenz von Nara, wo es zahlreiche Klöster gab, nach Heian (Kyoto) verlegt. Damit hatte man die Dominanz der Priesterschaft zwar beschnitten, dem Buddhismus insgesamt aber einen geistigen Anstoß gegeben. Denn unbeeinträchtigt von den ideologischen Vorgaben der etablierten Äbte in Nara konnten sich nun in Heian zwei neue Richtungen herausbilden.

Die eine Richtung war die des *Tendai*-Buddhismus. Sein Begründer, der Mönch Saicho (767–822), vertrat die Auffassung, Spirituelles und Weltliches sollten nicht getrennt gesehen, sondern miteinander verbunden werden. An einer diesseitig ausgerichteten Spiritualität könne jeder Anteil nehmen, da auch der einfachste Mensch die

Buddhanatur in sich trage. Einer ähnlichen Meinung war der Mönch Kukai (774–835), auf den sich die Shingon-Schule zurückführt. In ihr werden zusätzlich noch geheime Riten zur Erkenntnis der eigenen Buddhanatur gelehrt, was aber keine Weltverneinung zur Folge haben solle, sondern zur besseren Lebensbewältigung diene.

Ab dem Ende des 10. Jahrhunderts verbreitete sich eine Endzeitstimmung im Lande, man glaubte, die Verhältnisse hätten sich so sehr zum Schlechten verändert, daß die Menschen der Lehre des Buddha nur noch unvollkommen folgen könnten. Sie seien kaum noch fähig, durch Meditation zum Erwachen zu kommen. So gewann der Glaube an die Kraft helfend eingreifender Buddhas und Bodhisattvas immer mehr Anhänger. Die herausragendste Bedeutung hatte dabei der Buddha Amitabha, in Japan als Amida bekannt.

Die erste eigenständige Schule dieser Richtung schuf Honen Shonin (1133–1212). Seine »Schule des Reinen Landes« *(Jodo-shu)* lehrte, daß eine beständige Wiederholung der Anbetungsformel: »Verehrung sei dem Buddha des unermeßlichen Lichtglanzes« *(Namu Amida Butsu)* ausreichend sei, um auf eine Wiedergeburt in Amidas Paradies des Westens hoffen zu dürfen. Seinem Schüler Shinran Shonin (1173–1262) erschien selbst dies noch als zu anspruchsvoll, weil er den Zustand der Welt für zu verderbt hielt, um sich aus eigener Kraft an Amida wenden zu können. Die Anbetungsformel diene lediglich als Dankesbezeugung an Amida, aber es bleibe diesem allein überlassen, wem er seine Gnade gewähre. Sogar gute Werke und die Befolgung der buddhistischen Sittenregeln seien nutzlos, weil sich alle Menschen in vollständiger Abhängigkeit von Amida befänden. Deshalb gebe es auch keinen Unterschied zwischen Mönchen und Laien. Seine Einstellung dokumentierte Shinran persönlich dadurch, daß er heiratete, obwohl er ein Mönch war. Die von ihm begründete »Wahre Schule des Reinen Landes« *(Jodo-shinshu)* ist heute die größte buddhistische Gemeinschaft Japans.

Entgegen der Forderung, sich gänzlich Amida anzuvertrauen, vertraten andere Buddhisten die Meinung, Befreiung sei auch durch eigenes Bemühen möglich. Diese Mönche bezogen sich auf die Tradition des chinesischen Chan-Buddhismus, welcher in Japan seit dem 7. Jahrhundert bekannt war. Auf dessen Grundlage entstand durch Eisai (1141–1215) die erste japanische Zen-Schule namens *Rinzai*. Die zweite bedeutende Schule, die des *Soto*, geht auf Dogen (1200–1253) zurück. Sowohl Eisai als auch Dogen hatten Reisen nach China unternommen und sich dort von Chan-Meistern unterweisen lassen. In ihrem Heimatland interessierte sich insbesondere der Kriegeradel *(Samurai)* für den Zen-Buddhismus, denn dieser entsprach mit seiner asketischen Strenge gut den Soldatentugenden von Zucht und Ordnung. Die Zen-Meditation verhalf den Samurai zu innerer Ruhe und Gelassenheit und unterstützte somit die Ausübung des Kriegshandwerks. Die Samurai, deren Herrscher sich *Shogun* (Kriegsherr) nannten, hatten die politische Gewalt in den japanischen Provinzen übernommen, nachdem die Zentralregierung zu schwach geworden war, um weiterhin das ganze Land kontrollieren zu können. Nach dem Hauptsitz des mächtigsten Shogunats (Militärregierung) wird die Zeitspanne von 1185 bis 1333 als Kamakura-Periode bezeichnet.

In der Kamakura-Zeit entstanden die wichtigsten der bis heute existierenden Schulen des japanischen Buddhismus. Neben den Richtungen des Zen und der Amida-Verehrung ist noch die Lehre von Nichiren Shonin (1222–1282) zu erwähnen. Dieser war ebenso wie Honen und Shinran davon überzeugt, daß der Zustand der Welt unrettbar schlecht sei. Doch Nichiren ging noch einen Schritt weiter und verurteilte sämtliche vorhandenen Systeme als Irrglaube. Abhilfe könne einzig das *Lotus-Sutra* schaffen. Dieses Sutra ist eine der wichtigsten Schriften des Mahayana und enthält dessen wesentliche Grundgedanken: die Transzendenz des Buddha und die

Möglichkeit universeller Erlösung. Ein Studium des Inhalts des Lotus-Sutra hielt Nichiren allerdings für wenig hilfreich, denn niemand könne in diesen verwirrten Zeiten noch den eigentlichen Sinn erfassen. Statt dessen genüge es, den Titel zu rezitieren, da darin die Essenz des ganzen Sutra enthalten sei: »Verehrung dem Sutra des Lotus des guten Gesetzes« *(Namu Myoho-renge-kyo)*. Dadurch erlange man die Buddhaschaft, was automatisch ein rechtes Verhalten in jeder Situation nach sich ziehe. Wenn der Staat alle anderen Lehren verbiete, dann werde in Japan ein Buddhareich entstehen und von dort in die ganze Welt ausstrahlen. Weil Nichiren die Regierenden offen angriff, sich in die Politik einmischte und seine Gegner scharf kritisierte, wurde er erst zum Tode verurteilt, dann jedoch begnadigt und ins Exil geschickt.

Von Beginn des 17. bis zur Mitte des 19. Jahrhunderts verschloß sich Japan weitgehend gegen die Außenwelt, nicht zuletzt, weil es die Einflußnahme der Kolonialmächte und der christlichen Mission fürchtete. Als 1868 das letzte Shogunat vom wieder mächtig gewordenen Kaiserhaus abgelöst wurde, rückte der Shintoismus, die vorbuddhistische Religion Japans, wieder an die erste Stelle, und der Buddhismus verlor seine einstige Vorherrschaft. Zu Beginn des 20. Jahrhunderts entstanden buddhistische Reformbewegungen und, damit verbunden, auch neue Sondergemeinschaften. Das Erscheinungsbild des japanischen Buddhismus zeichnet sich durch ein Nebeneinander verschiedenster Traditionen und Gemeinschaften aus. Dabei bereitet es den Japanern keine Schwierigkeiten, sich gleichzeitig als Buddhist und Shintoist zu fühlen. Sie besuchen, je nach Anlaß, die Heiligtümer beider Religionen. Wer Glück, Erfolg oder Gesundheit wünscht, begibt sich zu einem Shintoheiligtum, während Totenfeiern in der Regel in buddhistischen Tempeln abgehalten werden.

Vajrayana

Auch die dritte Hauptrichtung des Buddhismus, das *Vajrayana*, nahm in Indien ihren Ausgang. Dort hatte sich seit etwa 500 n. Chr. mit dem Tantrismus eine neue religiöse Strömung gebildet. Im Tantrismus geht es um das Ausscheiden aus dem Geburtenkreislauf durch vielfältige Riten, geheime Meditationspraktiken und die Verbindung der polaren männlichen und weiblichen Energien. Da diese Verbindung konkret im Geschlechtsakt vollzogen wird, ist der Tantrismus teilweise in Verruf geraten. Dahinter steht jedoch der Gedanke, durch die Überwindung der Polaritäten zur allem zugrundeliegenden Einheit vorzustoßen und somit die Erleuchtung zu erlangen. Tantrische Ideen kamen in Indien zeitgleich mit dem Bedeutungszuwachs weiblicher Gottheiten auf, vermutlich unter dem Einfluß des Glaubensgutes aus der Zeit vor der Einwanderung der Arya. So stieg etwa in Bengalen Kali, der weibliche Gegenpart Shivas, zu einer selbständig verehrten Göttin auf. Diejenigen bildlichen Darstellungen, die Shiva und Kali in sexueller Vereinigung zeigen, wollen damit ausdrücken, daß diese Verschmelzung den gesamten Kosmos hervorruft.

Die gleiche Vorstellung findet sich bei den buddhistischen Tantrikern. Alle wahrnehmbaren Phänomene sind zwar laut der Madhyamika- und Yogacara-Philosophie letztlich ohne eigene Merkmale und leer, aber gerade dadurch auch miteinander verbunden. Obwohl die Dualität von Makro- und Mikrokosmos, Geist und Materie, männlich und weiblich nur scheinbar existiert, kann man sich diese Dualität, die auf der Ebene der konventionellen Wahrheit ja durchaus real ist, für die Befreiung zunutze machen. Indem ein Teil der zusammenhängenden kosmischen Ordnung, zum Beispiel der Körper, als Erlösungsmittel eingesetzt wird, läßt sich eine Rückwirkung auf das Ganze erzielen. Dazu sind umfangreiche Vorbereitungen und rituelle Handlungen erforderlich. Der Praktizierende muß genaue Vorschriften beachten, seinen Körper reinigen, seinen Geist auf das spirituelle Ziel ausrichten und seine Triebe kontrollieren. Die Sexualität kann nur dann erfolgreich für den Wandlungsprozeß zum Einsatz kommen, wenn sie beherrscht und nicht zum Selbstzweck wird.

Das im 7. Jahrhundert entstandene Vajrayana ist die älteste Schule des tantrischen Buddhismus. Seinen Namen hat es vom *Vajra*, dem Diamantzepter und für den Kult wichtigsten Ritualgerät. Der Vajra symbolisiert das wie ein Diamant leuchtende, makellose und unzerstörbare Wesen der Leerheit. Da die tantrischen Riten sehr komplex und für Außenstehende unverständlich sind, bedarf es eines erfahrenen Lehrmeisters *(Guru)*. Nur der Guru kann dem Schüler den geheimen Sinn der Tantraschriften vermitteln und seine Übungen anleiten. Dabei kommen insbesondere Mantrarezitationen und die Meditation über Mandalas zur Anwendung. Ein Mantra ist eine Wortsilbe oder auch eine Folge von Silben, die kosmische Kräfte repräsentieren. Durch die Rezitation konzentriert der Schüler seinen Geist und schafft eine innere Verbindung zum Gegenstand seiner Meditation. Den gleichen Zweck erfüllt ein Mandala. Vom Wortsinn her ist ein Mandala ein Kreis, im tantrischen Buddhismus bezeichnet es eine graphische Darstellung der Lehrinhalte und dient als Meditationshilfe. In seiner Gesamtheit stellt es den Kosmos dar, unterteilt in die vier Himmelsrichtungen. Im Zentrum sind meist Buddhas oder Bodhisattvas abgebildet, darum herum verschiedene andere Gottheiten, Figuren oder Symbole. Jedes Detail eines Mandala hat seine besondere Bedeutung und soll es dem Meditierenden ermöglichen, sich einzelne Aspekte der Lehre zu vergegenwärtigen. Wenn er weit genug fortgeschritten ist, kann er die Zentralgestalt des Mandala visualisieren und in sich selbst erfahren, doch nur, um am Ende zu erkennen, daß alle in der Meditation entstandenen inneren Bilder seinem eigenen Geist entsprungen und leer sind.

Bereits das Mahayana kannte verschiedene Buddhas und Bodhisattvas, doch das Vajrayana weitete ihre Zahl beträchtlich aus und nahm zusätzlich noch Dämonen, Schutzgottheiten und Gestalten der Volksreligiosität auf. An der Spitze des Pantheons stehen die Buddhas Vairocana, Akshobhya, Ratnasambhava, Amitabha und Amoghasiddhi. Diese werden als die Fünf *Tathagathas* oder Fünf *Jinas* (Sieger) bezeichnet. Gemäß der Dreikörperlehre war der historische Buddha die irdische Manifestation Amitabhas, während Avalokiteshvara dessen transzendente Erscheinungsform darstellt.

In Tibet gewann das Vajrayana seine heute als Lamaismus bekannte Form. Der erste Kontakt Tibets mit dem Buddhismus erfolgte während der Regierungszeit des Königs Songtsen Gampo (620–649), welcher eine chinesische und eine nepalesische Prinzessin heiratete, die beide Buddhistinnen waren. Songtsen Gampo ließ mehrere Tempel errichten, aber im Volk fand die neue Religion noch keinen Rückhalt, sie blieb eine reine Angelegenheit des Königshofes. Erschwerend kam hinzu, daß die Bönpo, die Priester der vorbuddhistischen Religion Tibets, nach Kräften versuchten, das Eindringen des Buddhismus zu verhindern. In der Bön-Religion gab es viele magische und schamanistische Bräuche, und die Aufgaben der Priester bestanden in Dämonenbeschwörungen, Weissagungen und Schutzzauber. Um ihre Interessen zu wahren, verbündeten sich die Bönpo mit einigen der Adelsfamilien, die mit dem König um die politische Macht konkurrierten. Damit hatten sie zunächst Erfolg: Die in Tibet weilenden Mönche mußten das Land wieder verlassen, nachdem ihnen die Schuld am Ausbruch von Epidemien und Naturkatastrophen gegeben worden war.

Weil jedoch der Königshof im Buddhismus ein brauchbares Herrschaftsmittel sah, lud Trisong Detsen (755–797) erneut Mönche aus China und Indien ein und forderte sie auf, ihre Fähigkeiten bei der Dämonenbekämpfung unter Beweis zu stellen. Dabei versagten zwar sowohl die einen wie die anderen, aber Shantarakshita, der Vertreter der indischen Seite, empfahl dem König, sich an

Padmasambhava zu wenden. Dieser stammte aus dem nordwestlichen Indien und galt als berühmtester Tantriker seiner Zeit. Trisong Detsen befolgte den Rat und ließ Padmasambhava nach Tibet holen. Sein Auftreten war so beeindruckend, daß sich schon bald viele Legenden um seine Wundertaten rankten. Padmasambhava soll unzählige Dämonen gebannt und dazu verpflichtet haben, fortan als Beschützer des Dharma zu fungieren. Hierin zeigt sich einmal mehr die geschickte Vorgehensweise der buddhistischen Missionare. Anstatt die alten Götter und Geister zu vertreiben oder für machtlos zu erklären, wurden sie in den Buddhismus eingegliedert und in seinen Dienst gestellt. Auf diese Weise blieb den Tibetern ihre vertraute Glaubenswelt erhalten, und sie waren leichter für die neue Lehre zu gewinnen.

Nachdem Padmasambhava derart überzeugend die Überlegenheit des tantrischen Buddhismus demonstriert hatte, konnte er 779 Samye einweihen, das erste buddhistische Kloster Tibets. Trisong Detsen und seine Nachfolger wurden zu großen Förderern des Buddhismus, sie veranlaßten den Bau von Klöstern, befreiten sie von der Steuerpflicht, vermachten ihnen Grundbesitz und zwangen die Bauern, als Pächter auf dem Klosterland zu arbeiten. Mönche waren auch als Minister und Gesandte politisch aktiv und verfügten innerhalb der Klöster über eine eigene Rechtsprechung. Daran nahmen die Bönpo und die Adligen, die um ihren Einfluß fürchteten, so sehr Anstoß, daß sie 838 den König Ral-pa-can ermorden ließen. An dessen Stelle trat sein älterer Bruder Langdarma, ein Fürsprecher der Bön-Religion. Er löste den Sangha auf, vertrieb viele Mönche aus Tibet und verbot den Buddhismus. Doch Langdarmas Herrschaft währte nur vier Jahre, 842 tötete ihn ein als Bönpo verkleideter Mönch.

Nach Langdarmas Tod zerfiel die politische Einheit Tibets, und der Buddhismus in organisierter Form verschwand von der Bildfläche. Erst um die Jahrtausendwende wurde die Lehre zum zweiten Mal verbreitet.

Diesmal ging die Missionierung von Westtibet aus, das aufgrund seiner räumlichen Nähe gute Beziehungen zu Indien unterhielt. Eine eigens zu diesem Zweck entsandte Reisegruppe begab sich zu buddhistischen Studien nach Kaschmir. Einer der Teilnehmer, der Mönch Rinchen Sangpo (958–1055), war ein begabter Übersetzer. Er sammelte alle ihm zugänglichen Mahayana-Schriften, studierte die in Vergessenheit geratenen Ordensregeln und gründete nach seiner Rückkehr eine Reihe von Klöstern. Neben Rinchen Sangpo hatte der bengalische Gelehrte Atisha (982–1054) maßgeblichen Anteil an der Wiederherstellung des Buddhismus in Tibet. Atisha legte besonderen Wert auf die Mönchsdisziplin, eine geregelte Kultpraxis und die genaue Befolgung der Anweisungen lebender Lehrmeister, der *Lamas*. Außerdem hob er das Bodhisattva-Ideal hervor, unter Betonung der Bedeutung Avalokiteshvaras, dessen tibetischer Name Chenresi lautet.

Dem Beispiel Rinchen Sangpos und Atishas folgten weitere Persönlichkeiten. Der Tibeter Marpa (1012–1096) studierte in Bihar beim Tantriker Naropa Yoga und geheime Meditationstechniken. Nach der Rückkehr in seine Heimat sammelte Marpa einen Schülerkreis um sich, aus dem Milarepa (1052–1153) hervorging, der wegen seiner übernatürlichen Fähigkeiten einer der berühmtesten Heiligen Tibets wurde. Es gab einen regen geistigen Austausch zwischen Tibet und Indien, wobei die tantrischen Lehren die Hauptrolle spielten. Die einzelnen Meister setzten lediglich unterschiedliche Schwerpunkte: Während den einen eher an den Ordensregeln und philosophischen Fragen gelegen war, stellten andere die Meditation und Ritualhandlungen heraus. Daraus entstanden vier Richtungen, die für die Eigenart des tibetischen Buddhismus prägend wurden: die *Nyingmapa*, die *Kagyüpa*, die *Sakyapa* und die *Gelugpa*.

Die *Nyingmapa* (die Alten) betrachteten Padmasambhava als ihren Gründer. Ihren Namen gaben sie sich in Abgrenzung zu den ab dem 11. Jahrhundert neu hinzukommenden Schulen. Außer in ihrem Stammkloster Samye lebten sie nicht in größeren Gemeinschaften zusammen, sondern über das Land verteilt in kleinen Gruppen oder als Einsiedler. Sie waren oftmals verheiratet, hielten sich kaum an die Ordensregeln und verbanden ihre Praktiken mit den magischen Ritualen der Landbevölkerung.

Als geistiger Vater der *Kagyüpa* (die den Vorschriften folgen) gilt Marpa. Im Zentrum dieser Schule stehen die direkte, mündliche Wissensvermittlung vom Meister auf den Schüler, die Meditationstechniken des Yoga sowie die Lehre vom *Bardo*. Im »Tibetischen Totenbuch«, dem »Bardo Thödol« (Befreiung durch Hören im Zwischenzustand), werden die Stadien beschrieben, die die Seele nach dem Tod durchläuft. Wenn ein Mensch stirbt, dann zerfallen seine fünf Daseinsfaktoren und er wird der wahren Natur seines Geistes gewahr. Gelingt es ihm jedoch nicht, sich damit zu identifizieren, folgen für die Dauer von 49 Tagen weitere Zwischenzustände, an deren Ende die Wiedergeburt steht. Da die Seele des Verstorbenen noch auf äußere Reize reagieren kann, versucht ein Mönch, ihr auf ihrem Weg durch die jenseitigen Welten zu helfen. Er rezitiert aus dem Totenbuch und erläutert die verschiedenen Lichterscheinungen und Visionen, die im Bardo auftreten. Wenn die Seele in der Lage ist, den Anweisungen zu folgen, kann sie im Zustand zwischen Tod und Wiedergeburt die höchste Erkenntnis erreichen und ist befreit.

Unter den *Sakyapa* wandelte sich Tibet erstmals zu einem von Mönchen regierten Staat. Ihr Gründer Dogmi (992–1072) hatte lange Jahre in Indien gelebt und dort das Tantra-Schrifttum studiert. 1073 wurde das Stammkloster Sakya (graue Erde) errichtet, wovon diese Richtung ihren Namen herleitet. Ihre Äbte durften heiraten und vererbten ihr Amt. Im 13. Jahrhundert erreichten die Sakyapa ihre größte Machtfülle, als sie von den Mongolen als Herrscher Tibets eingesetzt wurden. Dafür mußten sie die mongolische Oberhoheit anerkennen. Der Aufstieg der Sakyapa wurde von der Zersplitterung der politischen Kräfte begünstigt. Die Klöster hingegen waren aufgrund ausgedehnter Handelsbeziehungen und ihres beträchtlichen Grundbesitzes zu den maßgeblichen Zentren des Landes geworden, und die Sakyapa standen dabei an der Spitze. Bis zum Sturz der Mongolendynastie im Jahre 1368 blieb der Machtanspruch der Sakyapa nahezu unangefochten.

Dies änderte sich, als die Mongolen nicht mehr ihre schützende Hand über die Sakyapa halten konnten. Nun begehrten die übrigen Klöster auf, und es kam teilweise zu offenen Kämpfen, die jedoch ohne Sieger blieben. Die Verstrickung in weltliche Angelegenheiten und ein Leben in relativem Wohlstand hatten ihre Spuren auch in der Einstellung vieler Mönche hinterlassen. Um den alten Ordensregeln wieder mehr Gültigkeit zu verschaffen, unternahm Tsongkhapa (1357–1419) einen Reformversuch, woraus die letzte der vier Hauptrichtungen des tibetischen Buddhismus entstehen sollte. Tsongkhapa, der in der Tradition Atishas stand und daher wie dieser von den Mönchen eine disziplinierte Lebensführung und die Beachtung der Kultvorschriften verlangte, wollte selbst keine neue Schule begründen. Doch seine Reformbemühungen wurden von so vielen bereitwillig aufgegriffen, daß sich eine eigene Gemeinschaft bildete. Die Anhänger Tsongkhapas nannten sich *Gelugpa* (die Tugendhaften), wegen ihrer gelben Hüte auch als Gelbmützen-Lamas bezeichnet. Dadurch unterschieden sie sich äußerlich von den Vertretern der anderen Richtungen, den Rotmützen-Lamas. Für seine wachsende Schülerzahl ließ Tsongkhapa in kurzer Folge mehrere Klöster errichten, und zwar Ganden (1409), Drepung (1416) und Sera (1419). Diese drei Klöster wurden zum geistigen Mittelpunkt und den tragenden Säulen des Staates.

Mit den Gelugpa begann die Zeit der *Dalai Lamas*. Ein Dalai Lama ist ein »Lehrer des Ozeans der Weisheit« und gilt als Inkarnation des Bodhisattvas Avalokiteshvara. Der Inkarnationsgedanke war im Mahayana aufgekommen, aber es blieb dem tibetischen Buddhismus vorbehalten, daraus eine regelrechte Wiederkörperungslehre zu entwickeln. Bereits vor den Gelugpa hatte es andere Schulen gegeben, die die Ansicht vertraten, daß ihre erleuchteten Lehrer sich reinkarnieren. So begann etwa die Traditionslinie der Karmapa, einer Untergruppe der Kagyüpa, mit Dusum Khyenpa (1110–1193). Dessen 17. Wiederverkörperung *(Tulku)* wurde 1992 inthronisiert und im Westen durch den Film »Living Buddha« bekannt. An diesem Brauch orientierten sich auch die Gelugpa, wobei sie allerdings den ersten beiden Dalai Lamas ihren Titel posthum verliehen. Erst Sonam Gyatso (1543–1588), der dritte Dalai Lama, trug diesen Titel erstmals schon zu Lebzeiten. Dazu verhalfen ihm wiederum die Mongolen, deren Fürst Altan Khan (1542–1582) sich zum Buddhismus bekehrte hatte. Anläßlich eines Zusammentreffens im Jahre 1578 ernannte der Mongolenherrscher Sonam Gyatso zum Dalai Lama. Der Ehrenname ist also mongolischen Ursprungs. Um seiner Auszeichnung mehr Gewicht beizulegen und eine Überlieferungskette herzustellen, erhob Sonam Gyatso seine beiden Vorgänger im Amt des Gelugpa-Oberhauptes, Gedün Drub (1391–1475) und Gedün Gyatso (1475–1542), ebenfalls in den Rang eines Dalai Lama.

Die Mongolen auf ihrer Seite zu wissen, erwies sich für die Gelugpa als genauso vorteilhaft wie zuvor für die Sakyapa. Denn mit Hilfe ihrer mächtigen Verbündeten konnten sie die Vorherrschaft über die anderen Schulrichtungen erringen, in Tibet die politische Führung übernehmen und sich gegen mögliche Einfälle der Chinesen absichern. Dieser Prozeß lief jedoch nicht gewaltlos ab, es waren starke Widerstände der Rotmützen und der ihnen wohlgesonnenen tibetischen Adligen zu überwinden. Insbesondere die Karmapa wollten als der ältere Orden nicht hinter den Gelugpa zurückstehen. Die Rivalitäten eskalierten zu jahrelangen, verlustreichen Schlachten, und nur dank der Überlegenheit ihrer mongolischen Schutzherren errangen die Gelugpa am Ende den Sieg. Im Jahre 1642 fielen die letzten von den Karmapa gehaltenen Provinzen, und der fünfte Dalai Lama, Lobzang Gyatso (1617–1682), war von nun an auch der unumschränkte weltliche Herrscher Tibets.

Doch nicht nur, weil er mit seinen rigorosen Maßnahmen und später durch eine umsichtige Innen- wie Außenpolitik den Jahrhunderte währenden Vorrang der Gelugpa gesichert hatte, ging Lobzang Gyatso als der »Große Fünfte« in die Geschichte Tibets ein. Unter ihm kam es auch zur Einführung des Amts des *Panchen Lama* und des Staatsorakels sowie zum Bau des Potala. Ferner erklärte er die Dalai Lamas zu Wiederverkörperungen des Bodhisattva Avalokiteshvara. Der Panchen Lama (Lehrerjuwel) ist nominell dem Dalai Lama übergeordnet, denn in ihm verkörpert sich der Buddha Amitabha. Allerdings fielen den Panchen Lamas keine politischen Aufgaben zu. Sie galten als geistliches Oberhaupt, doch auch in dieser Funktion blieben die Dalai Lamas in der Praxis die höchste religiöse Autorität. Lobzang Gyatso hatte den Titel erstmals seinem Lehrer, dem Abt des Klosters von Tashilhunpo, verliehen und sich dabei selbst als Inkarnation Avalokiteshvaras bezeichnet. Die genauen Gründe dafür liegen im dunklen, vielleicht wollte der Dalai Lama seinem Lehrer damit eine Ehrbezeugung erweisen.

Orakelpriester gab es in vielen Dörfern und Klöstern Tibets. Mit ihrer Hilfe sollten die Zukunft geweissagt oder das Wetter beeinflußt werden. Eines der ältesten Orakel, das von Samye, wurde von Lobzang Gyatso nach Nechung nahe des Klosters Drepung überführt und zum Staatsorakel erhoben. Die Aufgabe des Mediums bestand darin, in Trance Ratschläge in wichtigen Regierungsangelegenheiten und Hinweise zur Suche nach den Inkarnationen bedeutender Lamas zu geben. Um die Bedeutung der Gelugpa auch äußerlich zu dokumentieren, ließ Lobzang Gyatso in der Hauptstadt Lhasa den Potala erbauen. Dieser gewaltige sechsstöckige Palast mit einer Seitenlänge von

420 Metern und vergoldeten Dächern diente als Regierungssitz und zudem für acht Dalai Lamas als Mausoleum. Benannt wurde der Potala nach dem mythischen Wohnort Avalokiteshvaras.

Die Suche nach einem neuen Dalai Lama verlief stets nach dem gleichen Muster. Oft hatte der amtierende Dalai Lama selbst Angaben darüber gemacht, wo er nach seinem Tod im Körper eines Kindes zu suchen sei. Die damit beauftragte Kommission setzte sich aus hochrangigen Mönchen zusammen und stand traditionsgemäß unter der Leitung des Regenten, der für die Führung der Staatsgeschäfte zuständig war und den Dalai Lama bei dessen Abwesenheit vertrat. Alle Hinweise auf eine mögliche Inkarnation wurden von der Kommission gesammelt und sorgfältig geprüft. Dazu zählten Träume und Visionen, ungewöhnliche Naturerscheinungen, auffälliges Verhalten von Tieren, Auskünfte des Staatsorakels oder wundersame Vorzeichen aller Art. Sobald sich halbwegs bestimmen ließ, in welcher Gegend Tibets die Suche aufgenommen werden sollte, reiste eine Gruppe von Mönchen dorthin und hielt nach den entsprechenden Kindern Ausschau. Manchmal kamen mehrere Kinder in Frage, in diesem Fall unterzog man sie einer eingehenden Prüfung, bei der sie etwa Gegenstände aus dem persönlichen Besitz des verstorbenen Dalai Lama wiedererkennen mußten. Bis sie das nötige Alter erreicht hatten, unterstanden sie der Obhut des Regenten und erhielten von Mönchslehrern religiöse Unterweisungen. Demselben Schema folgte auch die Suche nach den Inkarnationen der Panchen Lamas und anderen hohen Würdenträgern.

Da sie bei ihrem Auffinden noch unmündig waren, gerieten die künftigen Dalai Lamas bisweilen zwischen die Fronten verschiedener Parteien. Auch nach ihrer Amtseinsetzung hatten sie nicht immer freie Hand, sondern sahen sich oft gezwungen, die jeweiligen Machtkonstellationen zu berücksichtigen. Dabei konnten sie leicht zum Opfer politischer Interessenkonflikte werden. Dies widerfuhr dem sechsten Dalai Lama, Tsangyang Gyatso (1683–1706), ebenso wie den meisten seiner Nachfolger. Tsangyang Gyatso ging als lebensfroher Schöngeist in die Annalen ein, er verfaßte Gedichte, sprach dem Alkohol zu und vergnügte sich mit Frauen. Obwohl im Volk dennoch nicht unbeliebt, wurde ihm ein Rücktritt nahegelegt, und er starb unter ungeklärten Umständen in mongolischer Gefangenschaft.

Aus den Streitigkeiten zwischen den Mongolen und Chinesen um die Hegemonie in Tibet ging Peking im 18. Jahrhundert als Sieger hervor. Von 1720 bis 1912 stand Tibet in politischer Abhängigkeit von der Mandschu-Dynastie. Den in dieser Zeitspanne amtierenden Dalai Lamas war allesamt kein besonderes Glück beschieden. Während ihre Regenten im Hintergrund die Fäden zogen und häufig eigene Ziele verfolgten und Peking über alle wichtigen Angelegenheiten entschied, blieb den Gottkönigen nur die Rolle als Repräsentanten der geistlichen Autorität. Einige von ihnen fanden schon in jungen Jahren ein gewaltsames Ende.

Der Fall der Mandschu-Dynastie im Jahre 1911 brachte Tibet kurze Zeit später seine staatliche Souveränität zurück. Nun war der dreizehnte Dalai Lama, Thubten Gyatso (1876–1933), wieder Herr im eigenen Land. Es gelang ihm, ähnlich wie seinem großen Vorbild, dem fünften Dalai Lama, Tibet politisch zu stabilisieren. Erst zwei Jahre nach Thubten Gyatsos Tod wurde seine erneute Inkarnation aufgefunden. Es handelte sich um den heute weltweit bekannten vierzehnten Dalai Lama, Tenzin Gyatso. Er traf 1939 in Lhasa ein, wo man ihn auf seine künftigen Aufgaben vorbereitete. Die Amtsübernahme stand 1950 jedoch unter einem denkbar schlechten Stern, denn das mittlerweile kommunistisch gewordene China machte seine alten Ansprüche auf Tibet wieder geltend und ließ Soldaten einmarschieren. Infolge eines blutig niedergeschlagenen Volksaufstands mußte Tenzin Gyatso 1959 ins indische Exil fliehen. Die Umerziehungsmaßnahmen der Chinesen erreichten 1966 während der Kulturrevolution einen weiteren gewalttätigen Höhepunkt, als tausende Klöster geplündert und zerstört wurden und viele Mönche ihr Leben verloren. Dem unermüdlichen Werben des vierzehnten Dalai Lamas für die Sache Tibets und den Erhalt seiner Religion hat Peking bislang kaum Gehör geschenkt.

Die buddhistische Gemeinschaft | Die Lebenspraxis

Der Erlösungsweg

Die buddhistische Gemeinschaft

Mönche und Nonnen

Um in das Nirvana einzugehen und somit vom leidvollen Leben in der Welt endgültig befreit zu sein, bedarf es der erleuchtenden Erkenntnis, die ohne eine tiefe Einsicht in die Lehre des Buddha und ohne langjährige Meditationspraxis nicht erreichbar ist. Die dazu erforderlichen zeitaufwendigen Bemühungen können in der Regel nur die Mönche *(Bhikshu)* und Nonnen *(Bhikshuni)* unternehmen. Von seinem Ansatz her ist der Buddhismus also eine Mönchsreligion, und der Theravada gibt den Mönchen bis heute nicht nur einen deutlichen Vorrang vor den Laien, sondern auch vor den Nonnen.

Die Höherbewertung der Männer geht auf den Buddha selbst zurück. Er hatte sich lange geweigert, einen Nonnenorden zuzulassen, denn in seinen Augen stellten die Frauen eine große Gefahr für den spirituellen Fortschritt der Mönche dar. Der Anblick eines wohlgeformten weiblichen Körpers, die aufreizenden Blicke der Frau sowie ihr schwacher Charakter könnten einen Mönch allzu leicht in Versuchung führen und die Früchte seines kontemplativen Lebens zunichte machen. Hierin kommt jedoch keine grundsätzlich frauenfeindliche Einstellung des Buddha zum Ausdruck. Seine Haltung entsprach den Anschauungen aller asketischen Bewegungen Indiens, wonach das Hauptübel in der Anhaftung an der Welt besteht. Gefühle und triebhafte Regungen verstärken das Verlangen nach weltlichen Freuden, und wer ihnen nachgibt, der kann das Feuer der Leidenschaften nicht mehr auslöschen. Daher respektierte der Buddha die Frauen zwar und begegnete ihnen mit Achtung, aber er duldete sie nicht dauerhaft in seiner unmittelbaren Umgebung und warnte die Mönche ausdrücklich davor, ihnen zu nahe zu kommen. Allein das inständige Bitten einiger weiblicher Anhängerinnen soll ihn schließlich bewogen haben, der Bildung eines Nonnenordens doch noch zuzustimmen, allerdings nur unter Auflage besonders strenger Vorschriften. Nach dem Tod des Buddha wurde das Aufnahmeverfahren für neue Mönche systematisiert. Der erste Schritt besteht in der Willensbekundung, der Welt entsagen und in die Hauslosigkeit gehen zu wollen. Dies geschieht, indem der Anwärter in Gegenwart eines autorisierten Mönchs dreimal die Zufluchtsformel ausspricht. Nun gehört er als Novize dem Sangha an und muß die zehn Mönchsregeln einhalten, von denen die ersten fünf den auch für die Laien verbindlichen Sittenregeln entsprechen: 1. nicht töten; 2. nicht stehlen; 3. keusch leben; 4. nicht lügen; 5. keine Rauschmittel verwenden; 6. nach dem Mittagsmahl nicht mehr essen; 7. nicht an Vergnügungen (Tanz, Musik, Theater usw.) teilnehmen; 8. Verzicht auf Körperschmuck und Kosmetika; 9. nicht in bequemen Betten schlafen; 10. kein Geld annehmen.

Während seines Noviziats wird der angehende Mönch in der Lehre unterrichtet und mit dem Ordensleben vertraut gemacht. Hat er ein Alter von zwanzig Jahren erreicht – bei älteren Novizen wird eine viermonatige Probezeit vorausgesetzt –, kann er um die Mönchsweihe *(Upasampada)* nachsuchen. Vor der versammelten Mönchsgemeinde, mindestens jedoch vor zehn Mönchen, wird er vom Vorsteher zu verschiedenen Punkten befragt, beispielsweise ob er eine ansteckende Krankheit hat, was eine Weihe ausschließen würde. Dann schlägt der Vorsteher die Aufnahme des Kandidaten vor und gibt allen Anwesenden Gelegenheit, mögliche Einwände zu äußern. Die Prozedur wird dreimal wiederholt, wobei das Schweigen der versammelten Mönche als Zustimmung gilt. Schweigen sie nach der dritten Befragung immer noch, dann kann die Ordination erfolgen.

Die Lehrzeit ist damit jedoch nicht beendet, der neu ordinierte Mönch steht weiterhin unter der Obhut eines erfahrenen Lehrers und darf nach frühestens zehn Jahren selbst unterrichten. Alle Mönche haben sich an den Vorschriften *(Pratimoksha)* zu orientieren, die im Vinaya-

Pitaka aufgeführt werden. Für Mönche gibt es 227 Einzelvorschriften, für Nonnen 348, ihre Anzahl kann aber je nach Tradition auch leicht nach oben oder unten abweichen. Der Regelkatalog umfaßt Anweisungen zur Ausbildung, zur Lösung auftauchender Probleme, zum persönlichen Besitz und zur Ahndung von Vergehen unterschiedlicher Schwere. Vier Verstöße gelten als so gravierend, daß sie mit einem Ausschluß aus dem Orden bestraft werden: Geschlechtsverkehr, Diebstahl, Töten und die fälschliche Behauptung, über geistige Vollkommenheit zu verfügen. Wer sich gegenüber anderen Mönchen unpassend verhält, sich in der Öffentlichkeit schlecht beträgt, Kontakt zu Frauen unterhält, Alkohol konsumiert oder andere unerlaubte Dinge tut, muß ebenfalls mit Strafen rechnen. In diesen Fällen reicht das Strafmaß von Tadel, Abbitte leisten und Schuldbekenntnis bis zum vorübergehenden Ausschluß.

Die Beachtung der Mönchsregeln kann in der Alltagspraxis durch einige Ausnahmen erleichtert werden. So darf der Mönch eigentlich nur das verzehren, was er als Almosen erhält, er muß aber Einladungen von Laien, die ihn bewirten wollen, nicht zurückweisen. Ebenso darf er geschenkte Kleidung, sofern sie angemessen ist, behalten. Wenn jemand von sich aus feststellt, daß er den Anforderungen des Ordenslebens nicht gewachsen ist, dann kann er den Orden in einem förmlichen Akt ohne Verlust des Ansehens wieder verlassen. Er legt dann lediglich die gelbe Robe ab und bleibt dem Sangha als Laie weiterhin verbunden.

Mancherorts wird noch heute die Pratimoksha-Zeremonie, die Beichtfeier *(Uposatha)*, vollzogen. In früheren Zeiten war sie ein unabdingbarer Bestandteil im Leben der Mönche und die Teilnahme daran absolut verpflichtend. Nur wer wirklich nicht zur Feier erscheinen konnte, etwa Schwerkranke, durfte ihr fernbleiben. Zu Vollmond und Neumond, also alle vierzehn Tage, kamen die Mönche eines Bezirks zusammen. Der vorsitzende Mönch verlas die Ordensregeln und fragte in die Runde, ob jemand gegen eine der Regeln verstoßen habe. Mußte ein Mönch sich einer Übertretung schuldig bekennen, wurde er entsprechend bestraft, anderenfalls beantwortete er die Frage mit Schweigen. Dies war meistens die Regel, weil es genügte, die Zuwiderhandlung gegen ein Verbot zuvor einem anderen Mönch zu beichten. Da jeder Mönch sein Wissen über schwere Fehltritte, das er unter vier Augen erhalten hatte, der Versammlung zur Kenntnis bringen mußte, ließen sich Verstöße nicht verheimlichen. Der Sinn der Beichtfeier lag darin, die Ordensdisziplin aufrechtzuerhalten und ihre genaue Einhaltung zu gewährleisten.

In vielen buddhistischen Ländern verbringen die männlichen Jugendlichen einige Monate hintereinander in einem Kloster. Traditionellerweise wählen sie dazu häufig die Regenzeit, zu der schon die frühen Mönche an einem Ort zusammenkamen. Dies stärkt das Gemeinschaftsgefühl und trägt zur Vermittlung buddhistischer Grundsätze in die Gesellschaft hinein bei.

Der Tag im Kloster beginnt gegen vier Uhr in der Frühe mit dem Läuten einer Weckglocke. Die Mönche waschen sich und kleiden sich an, dann entzünden sie in ihrer Zelle Kerzen und Räucherstäbchen vor einem Buddhabildnis. Sie verneigen sich vor dem Altar, lesen aus heiligen Schriften und meditieren für eine Weile. Es folgt ein kurzer Spaziergang zu zweit auf dem Klostergelände, wobei man sich gegenseitig eventuelle Verstöße gegen die Ordensregeln beichtet. Nach einer Ruhepause beginnt der tägliche Bettelgang. Das Gesammelte wird nach der Rückkehr allein oder gemeinsam verzehrt. Dann kommen die Mönche in der großen Versammlungshalle zusammen, wo sie Sutras rezitieren und Belehrungen durch ältere Mönche vernehmen. Die zweite Mahlzeit des Tages muß vor zwölf Uhr mittags eingenommen sein. Das Mittagsmahl besteht aus den Resten vom Morgen oder wird vom Klosterkoch frisch zubereitet. Bis in den Spätnachmittag hinein beschäftigen sich die Mönche mit Textstudien, bevor sie gegen achtzehn Uhr erneut die Halle betreten und wie bei der Morgenzeremonie aus den Sutras lesen. Je nachdem, wie fortgeschritten sie sind, besuchen die Mönche anschließend verschiedene Unterrichtsklassen und werden im Dharma unterwiesen. Zwischen zehn und zwölf Uhr abends endet der Tag mit einer Andacht vor dem Altar in den Zellen. Zu besonderen Anlässen wie den vierzehntägigen Beichtfeiern werden in den Klöstern Predigten für die Laien gehalten.

Der klösterliche Tagesablauf kann je nach den lokalen Verhältnissen und den klimatischen Bedingungen variieren. Er beginnt aber überall spätestens bei Sonnenaufgang. Auch der morgendliche Bettelgang ist allerorts üblich, außer in sehr abgelegenen Klöstern, die sich selbst versorgen müssen. Zen-Mönche betreiben häufig noch Landwirtschaft oder üben handwerkliche Tätigkeiten aus, getreu ihrem Motto, daß ein Tag ohne Arbeit ein Tag ohne Brot sei. Ihnen ist auch, wie generell den meisten Mahayana-Mönchen, vor allem wenn sie in kalten Gebieten wohnen, zusätzlich noch ein Abendessen gestattet, das sie dann als »heilsame Medizin« umschreiben.

Die Laien

Die Laienanhänger *(Upasaka)* spielten von Anfang an eine wichtige Rolle im Buddhismus, da sich die Mönche ohne deren materielle Unterstützung nicht der Heilssuche hätten widmen können. Noch bevor er im Gazellenhain von Sarnath seine ersten fünf Jünger gewann, traf der Buddha die zwei Kaufleute Trapusha und Bhallika und nahm von ihnen ein Almosen entgegen. Daß es zwei Kaufleute waren, die dem Buddha zuerst begegneten und sich ihm als Laienanhänger anschlossen, hatte durchaus eine charakteristische Bedeutung. Denn das Interesse der Händler trug in hohem Maße zur Ausbreitung und Konsolidierung des Buddhismus bei. Dieses Interesse rührte unter anderem daher, daß man durch eine Hinwendung zum Buddhismus seiner Unzufriedenheit mit den bestehenden Heilsangeboten und mit der Bevormundung durch die Brahmanen Ausdruck verleihen konnte.

Aber auch ihre geschäftlichen Anliegen sah die Kaufmannsschicht in der neuen Lehre gut aufgehoben, begrüßte der Buddha doch ausdrücklich einen auf anständige Weise erworbenen Wohlstand. Das fünfte Glied des Achtfachen Pfades, das rechte Leben, beinhaltet zwar für Buddhisten das Verbot bestimmter Berufe und besagt, daß Händler ihre Kunden nicht übervorteilen sollen, doch das Streben nach Erfolg und Reichtum, der Schutz seines Eigentums sowie eine vorausschauende Finanzplanung gelten als angemessen und notwendig. Nur die Mönche sollen auf Besitz verzichten und ein Leben in Armut führen, die Laien hingegen umsichtig und maßvoll weltliche Güter erwerben. An einer solchen pragmatischen Sichtweise hatten die Kaufleute und Händler natürlich nichts auszusetzen. Die zweite bedeutende Gruppe von Laienanhängern war die der Fürsten und Könige, die den Sangha politisch förderten und durch Land- und Klosterschenkungen wesentlich zum Aufbau der organisatorischen Strukturen beitrugen.

Eine weitere Aufwertung erfuhren die Laien nach dem Entstehen des Mahayana, denn dieses gestand ihnen größere Rechte zu und eröffnete ihnen die Möglichkeit, auch ohne ein Einschlagen der Mönchslaufbahn zur Erleuchtung zu gelangen. In einer einflußreichen Mahayana-Lehrschrift, dem *Vimalakirti-Nirdesha,* steht sogar ein erleuchteter Laie im Mittelpunkt der Abhandlung. Vorschriften für die Lebensführung der Laien gibt es kaum, abgesehen vom Gebot, die fünf Sittenregeln einzuhalten. Doch selbst diese Regeln sind keine von einer höheren Instanz unverrückbar gesetzte Norm, wie sie etwa die Zehn Gebote des Christentums darstellen, sondern eher eine Aufforderung zu ethischem Verhalten. Auch wenn die Laien sich verpflichten, den Regeln nachzukommen, werden Verstöße dagegen nicht von außen geahndet. Vielmehr schädigt sich der Betreffende selbst, indem er schlechtes Karma auf sich lädt, so wie eine Brandblase die direkte Folge einer Berührung mit Feuer ist, aber nicht als Strafe betrachtet werden kann. Die buddhistische Ethik ist heilsbezogen und unterscheidet zwischen Verhaltensweisen, die der Befreiung förderlich sind, und solchen, die weiterhin an die Welt binden. Mitleid mit anderen Wesen zu haben ist kein Selbstzweck im Sinne christlicher Nächstenliebe. Statt dessen dient die Einübung des Mitleids in erster Linie der eigenen geistigen Vervollkommnung.

Aufgrund der fehlenden verbindlichen Ordnung für den Laienstand wacht niemand über die Einhaltung der Sittenregeln oder die Lebensführung des einzelnen. Die schwerste Strafe für einen Laien ist die Weigerung der Mönche, Spenden von ihm anzunehmen. Diese Strafe wird jedoch nicht etwa verhängt, wenn der Lebenswandel des Laien Anlaß zur Kritik gibt, sondern wenn er sich den Mönchen gegenüber unziemlich verhält, sie beleidigt, ihnen Schaden zufügen will oder schlecht über die Lehre redet. In solchen Fällen drehen die Mönche bei ihrem Bettelgang ihre Almosenschale vor dem Laien demonstrativ um, so daß er seine wichtigste Pflicht, die der Freigebigkeit, nicht erfüllen kann. Allerdings ist die Bestrafung zeitlich befristet und wird bei entsprechender Reuebekundung wieder aufgehoben.

Mehr oder weniger sich selbst überlassen, können die Laien ihr soziales und religiöses Leben weitgehend frei gestalten. Es wird nicht einmal von ihnen gefordert, einzig der Lehre des Buddha zu folgen. In den Anfangszeiten des Buddhismus durften sie ihre vertrauten Hindu-Gottheiten nach wie vor verehren, und später war es ihnen in allen Ländern erlaubt, an ihren alten Bräuchen festzuhalten. Sie sollten lediglich Vertrauen in die Lehre des Buddha haben, die »drei Juwelen« (den Buddha, die Lehre, die Gemeinschaft) hochschätzen, sich um sittliches Verhalten bemühen und die Mönche nach Kräften unterstützen. Wenn sie

Die buddhistische Gemeinschaft 327

dies tun, können sie in ferner Zukunft darauf hoffen, selbst als Mönch wiedergeboren zu werden. In ihrem gegenwärtigen Leben stehen jedoch andere Ziele im Vordergrund. Sie wollen ihr Leben bewältigen und suchen in ihrer buddhistischen Religion Hilfe für ihre alltäglichen Sorgen. Gesundheit, Familienglück, beruflicher Erfolg, eine gute Ernte, Kindersegen, Schutz auf Reisen, Beistand bei Todesfällen, kurzum alles, was mit den jeweiligen Lebensumständen in Zusammenhang steht, soll durch Riten, Opfer, Wallfahrten und das gnädige Eingreifen der Buddhas und Bodhisattvas positiv beeinflußt werden. Auch wenn das Mönchsideal ein Hauptelement für das Selbstverständnis des Buddhismus darstellt, so ist er als gelebte Religion doch entscheidend durch die Glaubenspraxis der Laien mitgeprägt.

Der Kult

In den Predigten des Buddha kommen Ausführungen zum religiösen Kult nur sehr beiläufig vor, und im Achtfachen Pfad finden sich darauf keinerlei Hinweise. Doch wie alle anderen Religionen war auch der Buddhismus darauf angewiesen, den sozialen Zusammenhalt seiner Anhängerschaft durch gemeinschaftsstiftende Rituale zu gewährleisten. Außerdem konnte man die überkommenen Sitten und Bräuche der neugewonnenen Mitglieder nicht einfach abschaffen, sondern mußte sie im buddhistischen Sinne interpretieren und in das Lehrgebäude integrieren. So bestehen alte und neue Glaubensformen oft nebeneinander. Tibetische Buddhisten beschwichtigen weiterhin die unheilvollen Mächte der Bön-Religion, in China nimmt bis heute die Ahnenverehrung einen wichtigen Rang ein, und in Japan gibt es innerhalb der buddhistischen Tempel eigene Schreine für die shintoistischen Gottheiten *(Kami)*. Auf ihren Hausaltären stellen fast alle Buddhisten Bilder und Statuen von Buddhas und Bodhisattvas, Räucherstäbchen, Butterlampen und Schalen mit Früchten und Reis auf. Vor den Altären halten sie tägliche Andachten ab und lesen aus den heiligen Texten der Schulrichtungen, denen sie angehören.

Zum buddhistischen Kult gehören ferner Tempelbesuche, Wallfahrten und Feste. Wenn sie einen Tempel aufsuchen, bringen die Gläubigen Opfergaben mit, die sie dem Priester übergeben oder auf dem Altar niederlegen. Bei den Opfergaben kann es sich um Blumen, Früchte, Reis, Kerzen oder auch Geld handeln. Manche Tempel verkaufen Blattgold, welches dann auf die Statuen aufgeklebt wird. Die Besucher verneigen sich vor den Bildnissen oder knien davor auf den Boden, um ihre Verehrung zu bezeugen. Der Besuch eines Tempels mehrt das religiöse Verdienst ebenso wie Spenden für dessen Unterhalt. Anläßlich von Festlichkeiten wie der Beichtfeier verbringen viele Gläubige mehrere Tage im Tempel oder Kloster und bemühen sich, während dieser Zeit die Sittenregeln besonders genau einzuhalten – wozu zum Beispiel sexuelle Enthaltsamkeit gehört – und nach dem Vorbild der Mönche auf Schmuck, Unterhaltung und ein bequemes Bett zu verzichten.

Ziele buddhistischer Wallfahrten sind die großen Heiligtümer eines Landes, vor allem aber die vier Stätten, die mit dem Wirken des Buddha in Verbindung stehen: Lumbini, Sarnath, Bodh-Gaya und Kushinara. Mit Ausnahme von Lumbini liegen alle diese Orte in Indien, dem Land, in dem der Buddhismus entstanden ist, wo er aber bis zum 13. Jahrhundert vom Islam und dem wiedererstarkten Hinduismus fast völlig verdrängt wurde. Nach Lumbini, dem Geburtsort des Gründers, der sich nahe der indischen Grenze in Nepal befindet, pilgern fromme Buddhisten ebenso wie nach Sarnath bei Benares, wo er seine erste Predigt hielt. Bodh-Gaya, der Ort seiner Erleuchtung, nimmt die erste Stelle unter allen Wallfahrtsorten ein. Aber nicht der 55 Meter hohe Mahabodhi-Tempel ist die Hauptattraktion Bodh-Gayas, sondern der neben dem Tempel befindliche Bodhi-Baum. Es handelt sich zwar längst nicht mehr um den originalen Pappelfeigenbaum, unter dem der Buddha meditierte und erwachte, doch der andächtigen Huldigung tut dies keinen Abbruch. Kushinara, der Ort des großen Verlöschens, beherbergt zwei größere Stupas; einer bezeichnet den Platz, an dem der Buddha ins Nirvana einging, der andere den seiner Einäscherung. Nach dem Tod des Buddha wurde sein Körper verbrannt, und die Asche und Knochenreste verteilte man als Geschenk an verschiedene Herrscher. Diese setzten die Reliquien in Stupas bei, die dadurch zu Gedenkstätten wurden. In gleicher Weise verfuhr man hernach mit den sterblichen Überresten anderer berühmter Buddhisten. Nicht in allen Stupas sind Asche, Knochen, Haare oder Zähne eingemauert, oft enthalten sie statt dessen auch Teile buddhistischer Texte oder heilige Gegenstände. Der Stupa ist zum architektonischen Sinnbild des Buddhismus schlechthin geworden und dient den Gläubigen zur Vergegenwärtigung der Lehre.

Biographische Feste werden im Buddhismus nur wenige begangen; besonders hervorzuheben sind lediglich die Mönchsweihe und Begräbnisriten. Wenn einer der Söhne in ein Kloster eintritt, veranstaltet seine Familie vor der Weihe ein großes Fest. Denn Mönch werden zu dürfen, bedeutet gleichermaßen eine Ehre für den Sohn wie für seine Eltern. Tritt ein Todesfall ein, dann lassen die Hinterbliebenen von den Mönchen des nächstgelegenen Klosters die Begräbnisriten vollziehen, die seit alters her im Buddhismus von hoher Bedeutung sind. Der Umfang der Totenfeiern hängt von den finanziellen Verhältnissen der Familie ab. Wenn sie es sich leisten kann, dann erstrecken sich die Riten mitunter über mehrere Tage. Die Hauptaufgabe der Mönche besteht dabei darin, der Seele des Toten durch ununterbrochenes Rezitieren aus den heiligen Schriften eine günstige Wiedergeburt zu sichern.

Der buddhistische Kalender orientiert sich am Sonnenjahr, das Datum der großen Feste wird jedoch nach dem Mondkalender berechnet und fällt stets auf einen Vollmondtag. So finden die Feste zwar immer in der gleichen Jahreszeit statt, der eigentliche Tag kann sich jedoch um einige Wochen verschieben. Von den Festen im Jahreslauf ist *Vesakha* für alle Buddhisten das wichtigste. Dieses Fest erinnert an Geburt, Erwachen und Tod des Buddha. Es wird von den Theravadins zu Vollmond im Mai/Juni gefeiert und im Mahayana auf drei Tage verteilt im Februar (Tod des Buddha), Mai (seine Geburt) und Dezember (seine Erleuchtung). Bestandteile des Vesakha-Festes sind Vorträge über die Lehre seitens der Mönche, das Gedenken an den Gründer und das Verlesen kanonischer Texte. Die Beichtfeier *(Uposatha)* wird in vielen Ländern des Theravada nicht mehr vollzogen. Dort, wo man sie durchführt, versuchen die Laien in der bereits erwähnten Weise, dem Vorbild der Mönche nachzueifern. Zum Ende der Regenzeit im Oktober bekamen die Mönche, bevor sie sich wieder auf die Wanderschaft begaben, von den Laien traditionellerweise Essensgaben und neue Gewänder *(Kathina)* geschenkt. Die Kathina-Zeremonie wird als einziges Jahresfest im Tripitaka (Pali-Kanon) genannt und heute vorwiegend im Theravada praktiziert. Als weitere Feste wären noch zu erwähnen: das Aussenden der ersten Missionare (Oktober), die Verkündigung der Mönchsregeln (Februar) oder die erste Predigt des Buddha (Juli). Hinzu kommen die meist ausgelassenen Neujahrsfeiern, Gedenktage für herausragende Persönlichkeiten wie Zen-Patriarchen oder hohe Lamas sowie verschiedene Feste von regionaler Bedeutung.

Der Erlösungsweg

Meditation

Als der Buddha unter dem Bodhi-Baum saß und meditierte, durchlief er vier Stufen der Versenkung. Zunächst wurde er frei von Wünschen und Vorstellungen, was ein Gefühl der Freude in ihm hervorrief; dann konzentrierte er sich auf einen einzigen Punkt, wodurch der Geist ruhig wurde und die Freude schwand; nun erhielt er diese Ruhe aufrecht und erreichte völligen Gleichmut; und schließlich verharrte er in diesem Gleichmut, bis er die tiefe Einsicht in die Leidensursachen erlangte. Anschließend verkündete er die so gewonnene Erkenntnis in den Vier Edlen Wahrheiten und bezeichnete darin den Achtfachen Pfad als den Weg zur Erlösung. Nachdem man durch Befolgung der ersten fünf Glieder des Pfades Weisheit und ethisch richtiges Verhalten eingeübt hat, kann man sich mit dem sechsten Glied, dem rechten Streben, der Meditation zuwenden.

Dabei geht es darum, die geistigen Regungen unter Kontrolle zu bringen und hinderliche Außeneinflüsse fernzuhalten. Der Meditierende beobachtet, wie er etwas wahrnimmt, gibt aber den damit verbundenen Empfindungen nicht nach. Betrachtet er beispielsweise ein bestimmtes Objekt, so wird er dessen Formen und Farben gewahr, beurteilt diese aber nicht. Dadurch kann er den Gegenstand anschauen, ohne ihn als schön oder häßlich, erfreulich oder unerfreulich, anziehend oder abstoßend zu bewerten. Hat er diese Haltung verinnerlicht und an verschiedenen Objekten erprobt, beginnt er mit dem siebten Glied, der rechten Achtsamkeit. Jetzt richtet er seinen Geist auf die inneren Vorgänge, auf Gefühle, Gedanken und körperliche Abläufe. Am einfachsten weil natürlichsten ist das konzentrierte Verfolgen der Atmung. Der Buddha gab dazu folgende Anleitung:

»Atmet man lang ein, so ist man sich bewußt, daß man lang einatmet; atmet man lang aus, so ist man sich bewußt, daß man lang ausatmet. Atmet man kurz ein, so ist man sich bewußt, dass man kurz einatmet; atmet man kurz aus, so ist man sich bewußt, daß man kurz ausatmet. Man soll so üben, daß man den ganzen Körper beim Einatmen voll empfindet und ebenso beim Ausatmen.«

Mit fortschreitender Praxis kann die Achtsamkeit auf weitere Körperfunktionen ausgeweitet werden, auf das

Gehen und Sitzen, Essen und Trinken, Einschlafen und Erwachen, Reden und Schweigen, ja selbst auf die Verrichtung der Notdurft. Solcherart geübt, können nun auch Gedanken und Gefühle bis zu ihrem Entstehungsort zurückverfolgt werden. Wenn ein Gedanke oder Gefühl auftaucht, nimmt man achtsam wahr, woher sie rühren und wie sie sich ausgestalten. Einerlei, ob es sich um Haß, Zuneigung, Freude, Verdruß, Verlangen, Wünsche, Erinnerungen, Phantasien oder sonstiges handelt, alles läßt man geduldig geschehen und wartet wie ein unbeteiligter Zuschauer ab, bis diese Gedanken und Gefühle genauso von selbst vergehen, wie sie entstanden sind. Bereitet es dem Meditierenden Schwierigkeiten, in Teilnahmslosigkeit zu verharren, dann kann er seine Aufmerksamkeit auf das Gegenteil der wahrgenommenen Empfindung richten. Wenn er Haß verspürt, ruft er liebevolle Gedanken in sich wach, ist er auf andere neidisch, wünscht er ihnen Wohlergehen, erwartet er Zuneigung, führt er sich die Vergänglichkeit und Unreinheit seines Körpers vor Augen.

Nachdem er mittels des rechten Strebens und der rechten Achtsamkeit genügend vorbereitet ist, kann er sich an das achte und letzte Glied, die rechte Versenkung, wagen. Diese unterscheidet sich nicht grundsätzlich von den vorhergehenden Stufen, die allesamt bereits zur Meditation gehören. Aber die Konzentration wird nun vollständig nach innen gerichtet und soll die gleiche Einsicht ermöglichen, die dem Buddha unter dem Bodhi-Baum zuteil wurde. Zunächst vergegenwärtigt man sich die fünf Hindernisse Gier, Zorn, Trägheit, Erregung und Zweifel und beseitigt sie. Das kann relativ leicht geschehen, da man mit diesen Hindernissen schon zuvor konfrontiert war und erfahren darin sein sollte, sie zu überwinden. Sodann erlebt man nacheinander einen Zustand der Freude und der klaren Geistesverfassung, eine Verfassung, die frei ist von jeglichen Gedanken und Gefühlen. In tiefer, durch nichts getrübter Versenkung kann nun die Wahrheit der Lehre des Buddha aufleuchten. Der Meditierende erfaßt diese durch Worte nur unzureichend vermittelbare Wahrheit spontan und intuitiv in ihrer ganzen Tragweite und ist selbst zu einem Erwachten geworden. Er hat den *Samadhi*, die Erleuchtung, erreicht und die Kette der Wiedergeburten ein für allemal zerbrochen. Wenn seine irdische Existenz erlischt, geht er ins Nirvana ein.

Im Achtfachen Pfad werden drei grundlegende buddhistische Meditationsarten unterschieden: das rechte Streben zur »Bewachung der Sinnestore«, die rechte Achtsamkeit zur Kontrolle aller inneren und äußeren Vorgänge und die rechte Versenkung zur Erlangung des Samadhi. Die vier Versenkungsstufen der Freiheit von Begierden und des Empfindens von Freude, des inneren Zur-Ruhe-Kommens, des Gleichmuts sowie der wachen Bewußtheit werden zusammenfassend als *Samapatti* (Betrachtung) bezeichnet. Manche Texte erweitern die Zahl der Stufen auf acht. Daneben gibt es einige weitere Techniken zur analytischen Erkenntnis bestimmter Gegebenheiten, etwa der Vergänglichkeit allen Seins oder der Richtigkeit einzelner Lehrsätze, und zur Beeinflussung äußerer Verhältnisse. Letzteres bedeutet, daß der Meditierende durch das Erwecken von Güte, Mitleid und Gleichmut in sich selbst einen günstigen Einfluß auf seine Umwelt ausübt.

Ein Beispiel für eine analytische Technik ist die *Vipassana*-Meditation. In ihr geht es darum, das Wesen der drei Daseinsmerkmale Vergänglichkeit, Leidhaftigkeit und Ichlosigkeit intuitiv zu erkennen. Im Mahayana dient diese Meditation zur Einsicht in die Leerheit aller Dinge. In der vor allem im Theravada praktizierten *Satipatthana*-Meditation, den »vier Erweckungen der Achtsamkeit«, wird die Aufmerksamkeit auf den Körper, die Empfindungen, die geistigen Vorgänge und die Geistesobjekte gerichtet. Generell lassen sich die verschiedenen Methoden in Erkenntnis- und Beruhigungsmeditationen unterteilen. Aber die jeweiligen Zuordnungen werden in den einzelnen Schulrichtungen in unterschiedlicher Weise vorgenommen. Im Laufe der Zeit kamen noch zahlreiche weitere Verfahren hinzu. Der tantrische Buddhismus verwendet Mandalas und Mantras als Hilfsmittel, und im Zen muß der Schüler über paradoxe Fragen *(Koan)* nachsinnen, um seine herkömmliche Art zu denken zu überwinden und für die unmittelbare Erleuchtung *(Satori)* bereit zu werden.

Für alle Meditationsarten gilt jedoch, daß sie kein Mittel zu einer automatisch eintretenden Selbsterlösung darstellen. Es liegt zwar in der Hand des Meditierenden, welche Anstrengungen er zur Befreiung aus dem Samsara unternimmt, aber über Erfolg oder Mißerfolg kann er nicht selbst verfügen. Der Achtfache Pfad ist ein nützlicher Leitfaden für diejenigen, die dem vom Buddha gewiesenen Weg folgen wollen. Doch nicht der Pfad selbst bewirkt die Befreiung, sondern die durch ihn ermöglichte Beseitigung der drei Grundübel Gier, Haß und Verblendung.

Nirvana

Das Ziel aller buddhistischer Schulen und aller Meditationsarten liegt im Eingehen ins *Nirvana*. Wörtlich heißt Nirvana »Verlöschen, Verwehen«, aber eine genaue Beschreibung seiner Eigenart ist nicht möglich, da es jenseits aller bekannten Phänomene und aller gewohnten Begrifflichkeiten liegt. Es läßt sich nur annäherungsweise bestimmen als das Nichtentstandene, Nichterschaffene, Nichtgewordene, Unvergängliche, Ungestaltete und Bewegungslose. Das Nirvana hat nicht teil am Kreislauf von Werden und Vergehen und ist durch bewußte Bemühungen nicht erreichbar. In ihm besitzt das Karma keine zwingende Macht mehr, und die drei Grundübel hören auf zu existieren. Der Buddha erläuterte es seinen Schülern mit diesen Worten:

»Es gibt, ihr Mönche, einen Bereich, in dem weder Feuer noch Erde, weder Wasser noch Wind vorhanden sind. Wo der endlose Raum ebensowenig besteht wie die Unendlichkeit des Bewußtseins. Wo nichts mehr existiert,

Der Erlösungsweg

kein Unterscheiden und kein Nichtunterscheiden, keine diesseitige und keine jenseitige Welt, keine Sonne und kein Mond. Ich verkündige, ihr Mönche, Nichtkommen und Nichtgehen, das Aufhören der Wiedergeburten, Nichtstillstand und Nichtfortschreiten. Es gibt keinen Grund mehr für den Wunsch nach Leben. Dies ist das Ende des Leidens.«

Obwohl die Texte meist nur sagen, was das unbenennbare Nirvana nicht ist, finden sich an manchen Stellen neben den Verneinungen doch auch positive Ausdrücke. Demnach gleicht das Nirvana dem vollkommenen Glück, der höchsten Wahrheit, dem reinen Sein. Aber der Buddha bezeichnete sowohl die eine wie die andere Deutung als irreführend. Wie bei allen Fragen nach den letzten Dingen vermied er auch bezüglich des Nirvana eindeutige Festlegungen. Jedenfalls ist das Nirvana kein absolutes Nichts, wie manchmal behauptet wird, sondern eben nur verstandesmäßig nicht erfaßbar. Einzig der, der ins Nirvana eingegangen ist, kann es begreifen, aber dann gibt es niemanden mehr, der darüber reden könnte. Denn von den fünf Daseinsfaktoren des Menschen gelangt nichts in diesen Zustand, sie gehören zur Erscheinungswelt und lösen sich nach dem Tod auf. Wie ein Feuer verlischt, wenn das Brennmaterial verbraucht ist, so verweht der Mensch im Nirvana, nachdem er erwacht ist. Doch die ausgegangene Flamme ist nicht gänzlich verschwunden, sondern hat sich in etwas anderes, Unsichtbares verwandelt. Ebenso entschwindet der Erwachte aus der Welt, ohne daß man einen Ort angeben könnte, an dem er sich nun befände.

Es werden zwei Arten des Nirvana unterschieden, eine vortodliche und eine nachtodliche. Wer die spirituelle Unwissenheit vernichtet hat, bleibt nicht länger an den Geburtenkreislauf gebunden und häuft kein weiteres Karma mehr an. Er lebt weiterhin als Person in der Welt, aber nur so lange, bis die Reste seines Karma aufgebraucht sind und seine fünf Skandhas sich auflösen. So verhielt es sich auch mit dem Buddha, der noch über vier Jahrzehnte nach seinem Erwachen weiterlebte und wie jeder gewöhnliche Mensch unter Gebrechen und Krankheiten zu leiden hatte. Aber nachdem er ins *Parinirvana,* das vollständige Verlöschen, eingegangen war, kehrte er nicht mehr wieder. In diesem nachtodlichen Nirvana gibt es nichts, was in irgendeiner Weise durch etwas anderes bedingt wäre, also kein Entstehen in Abhängigkeit und daher auch keine Wiedergeburt. Auch die Lehre selbst ist im Nirvana nicht länger existent, der Verloschene läßt sie hinter sich wie ein Floß, das nach der Überquerung eines Flusses nutzlos geworden ist.

Das Mahayana nimmt gegenüber dem Nirvana eine etwas andere Haltung ein. Es trennt zwischen dem Bedingten, zu dem alle weltlichen Phänomene gehören, und dem Nichtbedingten, dem Nirvana. Doch sowohl Bedingtes wie Nichtbedingtes wurzeln in der Leerheit und sind daher nur wie die zwei Seiten derselben Medaille. Das Nirvana ist immer und überall vorhanden, auch in jedem Menschen, und muß lediglich »entdeckt« werden. Dies geschieht durch das Gewahrwerden der allumfassenden Leerheit in der Meditation. Im Augenblick der Erleuchtung erkennt man, daß man immer schon im Nirvana gelebt und dies nur nicht realisiert hat. Das Nirvana liegt also mitten in der Welt und mitten im Menschen. Ein weiterer Unterschied gegenüber der Auffassung des Theravada besteht darin, daß ein Erwachter nicht endgültig in das nachtodliche Nirvana eingeht, sondern als Bodhisattva in der Welt des Samsara zum Wohle aller Lebewesen tätig bleibt, wobei er jedoch nicht den für die Nichterwachten gültigen Gesetzmäßigkeiten unterliegt. Seine Taten verursachen keine karmischen Folgen, und in seinem grenzenlosen Mitleid kann er sogar die Karma-Last der Gläubigen erleichtern, ohne davon selbst in irgendeiner Weise berührt zu werden. Für die Anhänger des Mahayana, insbesondere für die des Amida-Buddhismus, stellt das Nirvana nicht länger das einzig erstrebenswerte Heilsziel dar. Sie dürfen darauf hoffen, im Paradies des Reinen Landes wiedergeboren und dort der Gnade Amidas teilhaftig zu werden.

Buddhismus in Deutschland

Die Gesamtzahl der in Deutschland lebenden Buddhisten asiatischer Herkunft betrug 1999 rund 110.000 Personen. Unter ihnen sind Tibeter, Vietnamesen, Thailänder und Japaner am stärksten vertreten, wobei Tibeter und Vietnamesen überwiegend aufgrund der politischen Verhältnisse in ihren Heimatländern nach Deutschland kamen. Das Spektrum der Glaubensformen umfaßt so gut wie alle Traditionen, vom Vajrayana über Zen und Reines-Land-Schulen bis zum Theravada. Sprachbarrieren und kulturelle Besonderheiten führen dazu, daß die asiatischen Buddhisten in der Mehrzahl eigene Gemeinschaften bilden und von Ausnahmen abgesehen keine allzu engen Kontakte zu ihren ca. 40.000 deutschen Glaubensgenossen unterhalten. Deren Dachverband, der Deutschen Buddhistischen Union (DBU) gehören die asiatischen Gruppen nicht an, unter anderem wegen Meinungsverschiedenheiten bezüglich des Sangha. Während deutsche Buddhisten zwischen Mönchen und Laien kaum formale Unterschiede machen, wollen die meisten Asiaten die traditionelle Zweiteilung beibehalten.

Das Interesse der Deutschen am Buddhismus setzte im 19. Jahrhundert ein und ist vor allem der intensiven Auseinandersetzung des Philosophen Arthur Schopenhauers (1788–1860) zu verdanken. Unter Verwendung der damals noch recht wenigen Übersetzungen buddhistischer Texte befaßte sich Schopenhauer mit der Lehre des Buddha und sah darin Parallelen zu seinen eigenen Anschauungen. Seine Deutungen der Lehre fanden großen Anklang, und Schopenhauer kann ohne Übertreibung als der Wegbereiter des Buddhismus in Deutschland betrachtet werden. Auch andere Philosophen und insbesondere Sprachwissenschaftler beschäftigten sich nun intensiver mit Textstudien und veröffentlichten zahlreiche Publikationen. Gegen Ende des 19. Jahrhunderts war es die Theosophische Gesellschaft, die breitere bürgerliche Kreise mit buddhistischem Gedankengut bekannt machte. Helena P. Blavatsky (1831–1891) und Henry Steel Olcott (1832–1907) hatten die Theosophische Gesellschaft 1875 in New York gegründet und engagierten sich in Sri Lanka für die Bewahrung des buddhistischen Erbes. Olcott verfaßte 1881 einen »Buddhistischen Katechismus«, der 1887 ins Deutsche übersetzt wurde und schnell Verbreitung fand. Die theosophischen Ansichten zum Buddhismus waren zwar eher esoterischer und persönlicher Natur und entsprachen oft nicht den Tatsachen, aber die Bemühungen Blavatskys und Olcotts förderten den Bekanntheitsgrad der buddhistischen Lehre nicht unerheblich.

Ab der Jahrhundertwende konvertierten einzelne Deutsche zum Buddhismus und nahmen Mönchsnamen an, wie zum Beispiel der Musiker Anton W. F. Gueth (1878–1957), der den größten Teil seines Lebens in Sri Lanka verbrachte und späterhin als Nyanatiloka bekannt wurde. Ebenso wie sein Schüler Nyanaponika (Sigmund Feniger, 1901–1994) schrieb er eine Reihe von Büchern und wirkte dadurch auch auf Deutschland zurück. Hier rief 1903 der Indologe Karl Seidenstücker mit dem »Buddhistischen Missionsverein für Deutschland« die erste überregionale Organisation ins Leben, der bis zum Zweiten Weltkrieg zahlreiche weitere folgten, die oft jedoch nur kurzen Bestand hatten. In dieser Phase sind vor allem Paul Dahlke (1865–1928) und Georg Grimm (1868–1945) als aktive Vorreiter der buddhistischen Idee hervorzuheben. Während des Nationalsozialismus waren keine entsprechenden Aktivitäten erlaubt, und so unternahm man nach 1945 einen Neubeginn. Nachdem einzelne Versuche, eine landesweite Organisation zu schaffen, immer wieder gescheitert waren, wurde 1958 die »Deutsche Buddhistische Union« gegründet, die bis heute als Dachverband der deutschen Buddhisten fungiert.

In der Anfangszeit hatten sich vorwiegend Gebildete und Akademiker für den Buddhismus interessiert und den Theravada als die angeblich ursprüngliche Lehre bevorzugt. Nach dem Zweiten Weltkrieg kamen allmählich auch andere Richtungen hinzu, wie etwa 1952 der in der Kagyüpa-Tradition stehende Orden »Arya Maitreya Mandala«, dessen Gründer Anagarika Govinda (Ernst Lothar Hoffmann, 1898–1985) war. Der Zen-Buddhismus fand zunächst auf schriftlichem Wege Verbreitung, und zwar durch die Bücher von Eugen Herrigel. Ab Mitte der 1960er Jahre bildeten sich dann erste Zen-Gruppen, die im Gefolge der Hippiebewegung sprunghaft zunahmen. Mit der Zuwanderung asiatischer Flüchtlinge erhöhte sich die Vielfalt des Buddhismus in Deutschland, vielerorts wurden Tempel, Andachtsstätten, Meditationszentren und Seminarhäuser gebaut. Einen weiteren Popularitätsgewinn brachte die Verleihung des Friedensnobelpreises 1989 an den Dalai Lama, und der Büchermarkt erlebte einen regelrechten Boom buddhistischer Literatur.

Im Jahre 1999 verfügten die deutschen Buddhisten über mehr als 500 Zentren, wovon der Großteil auf die Schulen des tibetischen Buddhismus entfällt. An zweiter Stelle liegen die Richtungen des Mahayana, unter denen die Zen-Gemeinschaften dominieren. Es folgen der Theravada und einige traditionsungebundene Gruppen. Am stärksten vertreten sind die buddhistischen Gemeinschaften in den Großstädten, wobei Berlin mit fast fünfzig verschiedenen Gruppen an der Spitze steht. Es bleibt abzuwarten, ob das Heimischwerden des Buddhismus in Deutschland wie auch in fast allen anderen europäischen Ländern sowie in Nordamerika langfristig zu einem »westlichen Buddhismus« mit eigenen Besonderheiten führen wird, wodurch dann das Rad der Lehre zum vierten Mal in Gang gesetzt wäre.

Wichtige Persönlichkeiten

Ananda

Nagarjuna

Bodhidharma

Paul Dahlke

Nyanatiloka

Lama Anagarika Govinda

Dalai Lama

Thich Nhat Hanh

Ananda

Über Ananda als historische Persönlichkeit ist wenig bekannt. Da er einer der Hauptschüler und Vetter des Buddha war, deckt sich seine Lebenszeit ungefähr mit der seines Meisters. Er wurde von diesem persönlich mit verschiedenen Aufgaben betraut und diente ihm als sein ergebener Ratgeber und ständiger Begleiter. Auf Reisen unterstützte er den Buddha und half ihm bei Predigten. Ihm wird eine entscheidende Rolle dabei zugeschrieben, daß es zur Gründung eines Nonnenordens kam. Nach der Tradition weigerte sich der Buddha zunächst, Frauen in den Orden aufzunehmen, obwohl ihn seine Stiefmutter eindringlich darum bat. Erst durch die Befürwortung Anandas ließ sich der Meister schließlich umstimmen. Ananda war offensichtlich neben Moggallana einer der beiden Lieblingsjünger, und als der Buddha im Sterben lag, tröstete er den weinenden Ananda: »Weine nicht. Lange warst Du nahe bei mir durch Deine Taten, Deine Worte, Deine Gedanken der Liebe und Deine unbegrenzte Besorgtheit, die sich niemals wandelte. Das hast Du gut gemacht.«

Nach dem Tode des Buddha wurde Ananda von einem Schüler zu einem Arhat (Heiligen) und spielte der Tradition zufolge eine wichtige Rolle auf dem ersten Konzil, obwohl ihn andere Teilnehmer wegen seines Eintretens für die Zulassung von Frauen in den Sangha und wegen anderer Verfehlungen, die vom Konzil festgestellt wurden, kritisierten. Ananda galt zwar nicht als Intellektueller, konnte aber angeblich dennoch 60.000 Worte des Buddha erklären und wurde daher als »Schatzmeister der Lehre« bezeichnet.

Nagarjuna

Die Lebenszeit des bedeutenden buddhistischen Philosophen Nagarjuna wird in etwa in das 2. Jahrhundert n. Chr datiert. Er war der Gründer der philosophischen Schule des *Madhyamika* (Mittlerer Weg). In der Geschichte des Buddhismus spielte er eine eminent wichtige Rolle, aber die Einzelheiten seines Lebens liegen weitgehend im dunklen. Alle Berichte über sein Leben stimmen darin überein, daß er als ein Brahmane in Südindien geboren wurde und als junger Mann in den buddhistischen Orden eintrat. Es wird berichtet, daß ihm vom König der Nagas, einem mythischen Schlangenvolk mit magischen Kräften, die Texte des *Prajnaparamita*-Sutra (Lehrtexte der »Vollkommenheit der Weisheit«) geschenkt wurden. Er brachte diese Texte nach Indien zurück, studierte sie intensiv und entdeckte, daß sie tiefgründiger waren als die Lehren, die er früher gekannt hatte.

Von Nagarjuna wird angenommen, er sei mit einem südindischen Herrscher befreundet gewesen, der ihm ein Kloster erbaute. Bei diesem König handelt es sich wahrscheinlich um Gautamiputra, einen bedeutenden König im damaligen Südindien. Die Einzelheiten von Nagarjunas Tod sind ungewiß, es wird berichtet, er habe entweder selbst sein Leben beendet oder zugelassen, daß er durch die Hand eines anderen starb. Viele Buddhisten der Mahayana-Tradition sehen in ihm einen »Zweiten Buddha«, und seine Philosophie der Leere *(Shunyata)* spielte für das spätere buddhistische Denken eine kaum zu überschätzende Rolle.

Nagarjuna zeigte einen Mittleren Weg zwischen der Annahme, etwas bestehe tatsächlich und der Annahme, die ganze Außenwelt existiere nur in der Vorstellung. Obwohl die konventionelle Sprache zutreffend ist, wenn sie von den Erscheinungen anhand ihrer Merkmale spricht (»die Sonne ist heiß«), haben in Wirklichkeit alle Erscheinungen, da sie »ohne Selbst« sind, die gleiche Natur. Die Lehre von den »geschickten« Mitteln, wie sie Nagarjuna vertrat, beginnt beim alltäglichen Sprachgebrauch, führt aber zu dem Punkt, wo sogar die Sprache der Leerheit aufgegeben wird: »Die Leerheit von allem ist sogar leer von der Leerheit.« Die Beschaffenheit dessen, was ist, kann nicht beschrieben, sondern nur erlebt werden. Deswegen haben sogar Nirvana und Samsara die gleiche Natur, es gibt laut Nagarjuna nicht den kleinsten Unterschied zwischen ihnen. Sie unterscheiden sich im Grunde genommen nicht, weil alles ohne Selbst ist. Deshalb trifft es nicht zu, daß ein Bodhisattva das Nirvana aufgibt, um denen zu helfen, die noch im Samsara verstrickt sind, weil er tatsächlich in der gleichen Wirklichkeit bleibt. In diesem Sinne verschwinden alle Gegensätze zwischen Nirvana und Samsara, Himmel und Erde, Wirklichkeit und Illusion. Nagarjuna drückt dies so aus:

»Der Zweck eines Lebens in Weisheit besteht deshalb nicht darin, sich zu bemühen, irgendein Ziel (Himmel, Erleuchtung) zu erlangen, sondern aufzudecken und zu entdecken, was man bereits ist und schon die ganze Zeit gewesen war: die Buddhanatur, die die gleiche Natur wie die eigene und aller Erscheinungen besitzt.«

Bodhidharma

Bodhidharma (chinesisch: *Putidamo*) gilt als der 28. Patriarch in der Linie des historischen Buddha und als erster Patriarch des Chan-Buddhismus in China. Er war indischer Herkunft und reiste nach den traditionellen Berichten zu Beginn des 6. Jahrhunderts n. Chr. von Indien nach China, um seine Lehre zu verbreiten. Nachdem er mit seinem missionarischen Unterfangen im südchinesischen Liang-Reich und bei dessen buddhistischem Kaiser keinen Erfolg hatte, wanderte er langsam nach Norden. Er überquerte den Yangzi-Fluß auf einem Schilfboot und ließ sich im Shaolin-Kloster auf dem Berg Shongshan nieder. Hier übte er neun Jahre lang die bewegungslose Sitzmeditation (japanisch: *Zazen*). Der chinesische Mönch Huike schloß sich ihm als Schüler an und wurde der zweite Patriarch der Chan-Schule.

Man schreibt Bodhidharma sechs Werke zu, aber dies ist, wie die gesamte Tradition über Bodhidharma, äußerst unsicher. Dennoch soll ein berühmter Vers, der tatsächlich jedoch viel später entstand, auf ihn zurückgehen, welcher die Zen-Lehre zusammenfaßt: »Eine besondere Übermittlung außerhalb der Schriften / Nicht auf Worten oder Buchstaben beruhend / Unmittelbar in den Geist hinein weisend / Erlaubt sie einem, in das Wesen der eigenen Natur zu sehen und dadurch die Buddhaschaft zu erlangen.«

Weil Bodhidharma und seine Praxis in ganz Ostasien hohes Ansehen genießen, wird er in der bildenden Kunst gewöhnlich in Meditationshaltung dargestellt, und in Japan erhalten diejenigen, die ein Ziel – auch weltlicher Art – durch Beharrlichkeit erreicht haben, sogenannte *Daruma*-Puppen (»Daruma« ist die japanische Bezeichnung für Bodhidharma).

Paul Dahlke

Paul Dahlke wurde am 25. Januar 1865 als Sohn eines Beamten in Osterode in Ostpreußen geboren. Aufgrund häufiger Versetzungen seines Vaters besuchte er Gymnasien in verschiedenen Städten und machte 1883 in Frankfurt am Main sein Abitur. Er studierte dann Medizin und eröffnete nach dem Abschluß seiner Studien eine gutgehende Arztpraxis, die es ihm 1898 ermöglichte, eine ausgedehnte Reise in die Südsee und nach Ceylon, dem heutigen Sri Lanka, zu unternehmen. Aber erst zwei Jahre darauf interessierte er sich bei einem erneuten Ceylon-Aufenthalt für den Buddhismus. Er lernte Pali, die heilige Sprache des Theravada-Buddhismus, und bekannte sich selbst zu dieser Religion. Seine naturwissenschaftliche Ausbildung schärfte seinen Blick für die rationalen Elemente im Buddhismus, wie zum Beispiel die Lehre von der Unbeständigkeit alles Existierenden und die Ablehnung solch metaphysischer Größen wie Gott oder Sünde. Er versuchte daher, den Buddhismus seinen deutschen Zeitgenossen in einem modernen Gewande nahezubringen, insbesondere durch Vergleiche etwa der Daseinsfaktoren mit physikalischen Phänomenen.

Seine Reisetätigkeit nach Ceylon wurde 1914 durch den Ausbruch des Ersten Weltkrieges jäh unterbrochen. Außerdem kam er zu der Einsicht, daß das Leben eines buddhistischen Mönches in Asien für einen Europäer im allgemeinen zu beschwerlich sei, wenngleich es dafür sowohl vor wie nach ihm zahlreiche Beispiele gab. Nachdem seine ursprünglichen Pläne, auf Sylt ein buddhistisches Zentrum zu gründen, sich nicht realisieren ließen, erbaute er 1924 in Berlin-Frohnau das »Buddhistische Haus«, das zu einem Ort buddhistischer Lebensgestaltung werden sollte. Dieses Haus bildete eine Kombination von Kloster und Wohnhaus, in dem auch Uposatha-Feiern stattfanden. 1926 wurde dem Anwesen noch ein Tempel hinzugefügt.

Darüber hinaus veröffentlichte Dahlke auch Übersetzungen aus dem Pali-Kanon ins Deutsche und begründete eine neobuddhistische Zeitschrift. Er starb am 29. Februar 1928 in Berlin. Dahlke war ein typischer Vertreter jener Kreise, die Ende des 19. und am Beginn des 20. Jahrhunderts die rationalistischen Elemente des Buddhismus in den Vordergrund stellten und deswegen wahrscheinlich immer nur eine kleine Anhängerschaft besaßen. Dagegen konnten spätere nach Europa eindringende buddhistische Strömungen – wie das Zen mit seiner Meditationspraxis oder der Ritualismus und Kult stark betonende tibetische Buddhismus – ein größeres Publikum ansprechen.

Nyanatiloka

Nyanatiloka war einer der bedeutendsten deutschen buddhistischen Gelehrten und Übersetzer, die gleichzeitig auch buddhistische Mönche geworden waren. Er wurde als Anton Walter Florus Gueth am 19. Februar 1878 in Wiesbaden geboren. Als Zehnjähriger verspürte der katholisch erzogene Junge den Drang, die »Heiden« in Afrika zu bekehren und entwickelte gleichzeitig eine Neigung zum Mönchtum. Schon früh lehnte er allerdings äußerliche

Zeremonien ab und wurde durch einen Vortrag auf die Lehre des Buddha aufmerksam. Dem gelebten Buddhismus selbst begegnete er aber erst, als er in Ceylon umherreiste. Er wurde 1910 oder 1911 in Rangun, der Hauptstadt Burmas, ordiniert, ließ sich aber in Ceylon nieder, wo er in beiden Weltkriegen interniert und ausgewiesen worden war. Neben seinen Textausgaben und Übersetzungen gehören »Buddhistisches Wörterbuch«, »Das Wort des Buddha« und »Der Weg zur Erlösung« zu seinen einflußreichsten Werken. Nyanatiloka verstarb am 28. Mai 1957 in Colombo.

Lama Anagarika Govinda

Der als Anagarika Govinda bekannte buddhistische Mönch und Gelehrte kam am 17. Mai 1898 in Waldheim in Sachsen als Kind bolivianischer und deutscher Eltern zur Welt. Sein ursprünglicher Name war Ernst Lothar Hoffmann. Er studierte Philosophie und Archäologie und betätigte sich künstlerisch. 1928 ging er aufgrund seines Interesses an Grabhügeln nach Ceylon und machte dort Bekanntschaft mit dem Buddhismus. Er wurde zu einem Anagarika, einem »hauslosen Wanderer«, und nannte sich von nun an Govinda. Bei einer Konferenz in Darjeeling fühlte er einen starken Drang, nach Tibet zu gehen, wo er seinem Guru Tomo Geshe Rinpoche begegnete. Er unternahm viele Reisen in Tibet, die er in seinem Buch »Der Weg der Weißen Wolken« beschrieb. In diesem Buch nennt er auch seine Beweggründe für den Übertritt zum tibetischen Buddhismus und erläutert, warum er sich »vom ruhigen Leben in Ceylons tropischem Paradies in das Chaos eines Himalaya-Schneesturms und die seltsame Umgebung eines tibetischen Klosters« begeben hatte. Es folgten eine praktische Einführung in den tibetischen Buddhismus und eine Einführung in die Analyse der menschlichen Natur. Auf Drängen von Tomo Rinpoche hatte Govinda 1933 in Nordindien den buddhistischen Orden »Arya Maitreya Mandala« gegründet, der seit 1952 auch in Deutschland vertreten ist. Govinda hatte es sich zur Aufgabe gesetzt, den Menschen des Industriezeitalters die buddhistische Lehre in zeitgemäßem Gewand zu vermitteln. 1960 kam er nach dreißig Jahren erstmals nach Europa zurück. In den folgenden Jahren hielt er häufig Vortragsreisen auf dem alten Kontinent und in den USA, wohin er 1978 aus gesundheitlichen Gründen übergesiedelt war. Er starb am 14. Januar 1985 in Mill Valley in Kalifornien.

Dalai Lama

Der am 6. Juni 1935 geborene Tenzin Gyatso ist der vierzehnte in der Reihe der Dalai Lamas, die im 15. Jahrhundert begann. Als 1950 eine chinesische Invasion Tibets drohte, setzte man Tenzin Gyatso drei Jahre vor seiner Volljährigkeit in sein Amt als weltliches und geistliches Oberhaupt des Landes ein. Einen Monat später, im Dezember 1950, als eine Sturmflut von Greueltaten aus der östlichen Provinz Kham gegen die Hauptstadt Lhasa brandete, befolgte er den Rat seines Orakels, suchte Zuflucht in Indien und nahm die Staatssiegel mit. Im Mai 1951 benutzte der Kollaborateur Ngapo Ngawang Jigme in Peking gefälschte Siegel und unterzeichnete im Austausch für ein hohes Amt eine »17-Punkte-Übereinkunft«, in der die Unabhängigkeit Tibets aufgegeben wurde. Tenzin Gyatso weigerte sich, dies zu akzeptieren, suchte statt dessen nach einem Kompromiß und kehrte im August 1951 nach Lhasa zurück. 1956 brach in Kham als Antwort auf Zwangskollektivierungen und wiederholte Untaten seitens der Chinesen ein Aufstand aus. 150.000 chinesische Soldaten wurden in alle bewohnten Gebiete entsandt, die sie intensiv bombardierten. 1958 war Lhasa von Flüchtlingen überfüllt, und das Ziel der chinesischen Armee, Lhasa unter Kontrolle zu halten, zwang die Militärregierung in der Hauptstadt zu drastischeren Maßnahmen, um die Tibeter niederzuzwingen. Im März 1959 wurde der Dalai Lama aufgefordert, ohne seine Leibwächter in einem Armeelager an einer Theatervorführung teilzunehmen. Die Nachricht verbreitete sich rasch, und Tausende von Bürgern aus Lhasa umzingelten seinen Sommerpalast, den Norbulingka, um seine Teilnahme zu verhindern. Am 17. März floh er verkleidet erneut nach Indien, und drei Tage später wurde der Norbulingka beschossen. In den folgenden drei Tagen des Kampfes starben nach chinesischen Angaben 84.000 Menschen, und ein Jahr später erklärte die internationale Juristen-Kommission China des Genozids für schuldig. Es wird geschätzt, daß über 1.200.000 Tibeter – bei einer Bevölkerung von sechs Millionen – durch die Besatzung starben.

Der Dalai Lama hat sich in Dharamsala in Nordindien niedergelassen, wo er zu einer international bekannten Persönlichkeit wurde. Die westliche Presse nennt ihn mit Vorliebe einen »Gottkönig«. Dieser etwas irreführende Begriff geht auf die tibetische Ansicht zurück, daß hervorragende Wesen Inkarnationen von Buddhas oder Bodhisattvas sind und daß der Dalai Lama im besonderen eine Verkörperung Avalokiteshvaras, des Bodhisattva des Mitgefühls, darstellt. Bei Tibetern heißt er allgemein »Gyalwa Rinpoche« (Kostbare Eminenz) oder einfach »Kundun« (Anwesenheit). Im Jahre 1989 empfing er für sein Festhalten am buddhistischen Prinzip der Gewaltlosigkeit den Friedensnobelpreis, obwohl ein Flügel des tibetischen Jugendkongresses, der in den 1990er Jahren den bewaffneten Widerstand empfahl, unter der Bevölkerung größeres Gehör findet.

Thich Nhat Hanh

Thich Nhat Hanh wurde 1926 im damals unter französischer Herrschaft stehenden Vietnam geboren. Im Alter von sechzehn Jahren trat er in Hue in Zentralvietnam in das

Tu-Hieu-Kloster der zenbuddhistischen Rinzai-Schule ein. Er verließ aber das mit dem Kloster verbundene Institut, als die konservativen Oberen sich weigerten, auch moderne Philosophie, Literatur und Fremdsprachen in den Lehrplan aufzunehmen. Während und nach dem Studium in Saigon wurde er zunehmend zu einem Verfechter des buddhistisch inspirierten gewaltfreien Widerstands. Dieser richtete sich in den 1960er Jahren vornehmlich gegen die Vietnam diktatorisch regierende Ngo-Familie, die den Katholizismus bevorzugte und den Buddhismus teilweise unterdrückte. Dies führte zu Selbstverbrennungen buddhistischer Mönche, was Nhat Hanh (Thich ist ein Mönchstitel) zu seinem Buch »Lotus in a Sea of Fire« inspirierte, in dem er das Prinzip der Gewaltlosigkeit deutlich formulierte. Er bemühte sich auch, auf die Friedensverhandlungen Einfluß zu nehmen. Aufgrund seiner Aktivitäten wurde ihm die Wiedereinreise nach Vietnam verboten, und dieses Verbot hatte auch nach der Machtübernahme der Kommunisten Gültigkeit. Nhat Hanh gründete ein spirituelles Zentrum in Südfrankreich und versuchte, den Buddhismus auf die Gegebenheiten der Moderne anzuwenden, wobei im Mittelpunkt seines Wirkens zentrale buddhistische Tugenden wie die Achtsamkeit und die Verbundenheit mit allen Wesen stehen. Dazu gehört auch ein nichtdogmatischer Umgang mit den Menschen, der sich etwa darin äußert, nicht auf philosophischen Positionen zu beharren.

Anhang

Weiterführende Literatur

Stichwort- und Personenverzeichnis

Zentrale Begriffe im Überblick

Weiterführende Literatur

Judentum

Adam, Uwe Dietrich: *Judenpolitik im Dritten Reich.* Düsseldorf 1979.

Adler, Hans Guenter: *Die Juden in Deutschland. Von der Aufklärung bis zum Nationalsozialismus.* München 1987.

Baeck, Leo: *Vom Wesen des Judentums.* Nachdr. Darmstadt 1985.

Basnizki, Ludwig: *Der jüdische Kalender. Entstehung und Aufbau.* Frankfurt/M. 1938. Nachdr. Frankfurt/M. 1989.

Baumann, Arnulf H. (Hg.): *Was jeder vom Judentum wissen muß.* 8., überarb. Aufl. Gütersloh 1997.

Bautz, Franz J. (Hg.): *Geschichte der Juden. Von der biblischen Zeit bis zur Gegenwart.* München 1983.

Beinhart, Haim: *Geschichte der Juden. Atlas der Verfolgung und Vertreibung im Mittelalter.* Augsburg 1998.

Ben-Sasson, Haim Hillel (Hg.): *Geschichte des jüdischen Volkes.* 3 Bände München 1979-81.

Benz, Wolfgang (Hg.): *Die Juden in Deutschland 1933-1945. Leben unter nationalsozialistischer Herrschaft.* München 1988.

Buber, Martin: *Ich und Du.* 11. Aufl. Heidelberg 1979.

Diederichs, Ulf (u. a. Hg.): *Dein aschenes Haar Sulamith. Ostjüdische Geschichten.* Düsseldorf, Köln 1981.

Dubnow, Simon: *Geschichte des Chassidismus.* Aus dem Hebr. von A. Steinberg. 2 Bände. Berlin 1931. Nachdr. Frankfurt 1981.

Fohrer, Georg: *Geschichte der israelitischen Religion.* Berlin 1969.

Gay, Ruth: *Geschichte der Juden in Deutschland. Von der Römerzeit bis zum Zweiten Weltkrieg.* Aus dem Engl. von Christian Spiel. München 1993.

Gilbert, Martin: *The Macmillan Atlas of the Holocaust.* London 1982.

Ders. (Hg.): *The Illustrated Atlas of Jewish Civilization.* London 1990.

Hilberg, Raul: *Die Vernichtung der europäischen Juden. Die Gesamtgeschichte des Holocaust.* Aus dem Amerikan. von Christian Seeger. Berlin 1982.

Hruby, Kurt: *Die Synagoge. Geschichte einer Institution.* Zürich 1971.

Kedourie, Elie (Hg.): *Die jüdische Welt. Offenbarung, Prophetie und Geschichte.* Deutsche Bearb. von Karl Erich Grözinger. Frankfurt/M. 1980.

Krupp, Michael: *Zionismus und der Staat Israel.* 3. Aufl. Gütersloh 1993.

Landesmann, Peter: *Die Juden und ihr Glaube. Eine Gemeinschaft im Zeichen der Tora.* München 1987.

Landmann, Salcia: *Jüdische Witze. Ausgewählt und eingeleitet von Salcia Landmann.* Olten, Freiburg/Br. 1962.

Lexikon des Judentums. Hrsg. vom Lexikon-Institut Bertelsmann. Gütersloh 1971.

Maier, Johann: *Geschichte der jüdischen Religion. Von der Zeit Alexanders des Großen bis zur Aufklärung mit einem Ausblick auf das 19./20. Jahrhundert.* Bearbeitete Neuausgabe Freiburg, Basel, Wien 1992.

Maier, Johann: *Jesus von Nazareth in der talmudischen Überlieferung.* Darmstadt 1978.

Maser, Peter (Hg.): *Jüdischer Alltag, jüdische Feste.* Dortmund 1982.

Mayer, Günter (Hg.): *Das Judentum*. Stuttgart, Berlin, Köln 1994 (Die Religionen der Menschheit: 27).

Mayer, Reinhold (Hg. u. Übers.): *Der Talmud*. Ausgewählt, übersetzt und erklärt. 7. Aufl. München 1986.

Nachama, Andreas/Sievernich, Gereon (Hg.): *Jüdische Lebenswelten*. Katalog der gleichnamigen Ausstellung in Berlin, Frankfurt, Berlin 1992.

Pfaffenholz, Alfred: *Das Paradies ist freitags im Badehaus. Lesebuch zum Judentum*. Düsseldorf 1995.

Ders.: *Was macht der Rabbi den ganzen Tag?* Düsseldorf 1995.

Petuchowski, Jakob Josef: *Beten im Judentum*. Übers. Elizabeth R. Petuchowski. Stuttgart 1976.

Prijs, Leo: *Die Welt des Judentums. Religion. Geschichte, Lebensweise*. München 1982.

Ders. (Hg.): *Lebensweisheiten aus dem Judentum*. Freiburg, Basel, Wien 1981.

Ringgren, Hermer: *Israelitische Religion*. 2. Aufl. Stuttgart, Berlin, Köln 1982 (Die Religionen der Menschheit: 26).

Strack, Hermann Leberscht: *Einleitung in Talmud und Midrasch*. Mit einem Vorwort und einem bibliographischen Anhang von Günter Stemberger. München 1982.

Trepp, Leo: *Die Juden. Volk – Geschichte – Religion*. Reinbek 1987.

Wiesel, Elie: *Jude heute. Erzählungen, Essays, Dialoge*. Wien 1987.

Christentum

Der Glaube:

Augustinus: *Bekenntnisse*. Stuttgart 1997.

Weiterführende Literatur

Evangelischer Erwachsenenkatechismus – Kursbuch des Glaubens. Gütersloh 1989.

Katechismus der Katholischen Kirche. München und Leipzig 1993.

Kee, Howard Clark: *Was wissen wir über Jesus?* Stuttgart 1993.

Kehl, Medard: *Hinführung zum christlichen Glauben.* Mainz 1995.

Küng, Hans: *Existiert Gott? Antwort auf die Gottesfrage der Neuzeit.* München 1992.

Luther, Martin: *Der große Katechismus.* Gütersloh 1995.

Neuner, Josef/Roos, Heinrich: *Der Glaube der Kirche in den Urkunden der Lehrverkündigung.* Regensburg 1992.

Rahner, Karl/Vorgrimler, Herbert: *Kleines theologisches Wörterbuch.* Freiburg/Basel/Wien 1994.

Schwikart, Georg: *Zweifel dich durch – Lust auf Religion.* München 1994.

Theißen, Gerd: *Argumente für einen kritischen Glauben oder: Was hält der Religionskritik stand?* München 1994.

Zahrnt, Heinz: *Die Sache mit Gott. Die protestantische Theologie im 20. Jahrhundert.* München 1993.

Zink, Jörg: *Was Christen glauben.* Gütersloh 1999.

Die Bibel:

Die Bibel. In der Übersetzung nach Martin Luther. Deutsche Bibelgesellschaft. Stuttgart 1999.

Die Bibel. Einheitsübersetzung. Katholisches Bibelwerk. Stuttgart 1999.

Grabner-Haider, Anton (Hg.): *Praktisches Bibellexikon.* Freiburg/Basel/Wien 1992.

Die Kirchengeschichte:

Brendler, Gerhard: *Martin Luther. Theologie und Revolution.* Köln 1983.

Dülmen, Andrea von: *Luther-Chronik.* München 1983.

Franzen, August: *Kleines Kirchengeschichte Wörterbuch.* Freiburg/Basel/Wien 1992.

Kleines Lexikon der Reformation. Themen, Personen, Begriffe. München 1983.

Plöse, Detlef/Vogler, Günter (Hg.): *Buch der Reformation – Eine Auswahl zeitgenössischer Zeugnisse* (1476–1555). Berlin 1989.

Die Kirche:

Blail, Gerhard: *Meine evangelische Kirche.* Stuttgart 1996.

Huber, Wolfgang: *Kirche in der Zeitenwende.* Gütersloh 1999.

Krüger, Hanfried (Hg.): *Ökumenelexikon. Kirchen, Religionen, Bewegungen.* Frankfurt/M. 1987.

Die Feste im Lebenslauf:

Berger, Rupert/Adam, Adolf: *Kleines Liturgisches Lexikon.* Freiburg/Basel/Wien 1999.

Boff, Leonardo: *Kleine Sakramentenlehre.* Düsseldorf 1998.

Kirchenjahr:

Biertz, Karl-Heinrich: *Das Kirchenjahr. Die Feste. Gedenk- und Feiertage in Geschichte und Gegenwart.* Berlin 1998.

Schwikart, Georg (Hg.): *Materialbücher: Bd. 1 Advent und Weihnachten; Bd. 2 Fastenzeit, Ostern und Pfingsten; Bd. 3 Feste im Jahreskreis.* Mainz 1994-99.

Persönlichkeiten des Glaubens:

Schauber, Vera/Schindler, Michael: *Heilige und Namenspatrone im Jahreslauf.* Augsburg 1998.

Islam

Bobzin, Hartmut: *Der Koran. Eine Einführung.* München 1999.

Ende, Werner/Steinbach, Udo (Hg.): *Der Islam in der Gegenwart.* 4. Aufl. München 1996.

Heine, Peter: *Halbmond über deutschen Dächern. Muslimisches Leben in unserem Land.* München/Leipzig 1997.

Ibn Ishag: *Das Leben des Propheten.* Aus dem Arabischen übertragen und bearbeitet von Gernot Rotter. Kandern 1999.

Khoury, Adel Theodor: *Der Islam. Sein Glaube, seine Lebensordnung, sein Anspruch.* 5. Aufl. Freiburg/Basel/Wien 1998.

Ders.: *Einführung in die Grundlagen des Islams. Islam und westliche Welt Bd. 3.* 2. Aufl. Graz/Wien/Köln 1981.

Miehl, Melanie: *Mohammed.* Gütersloh 2000.

Paret, Rudi: *Mohammed und der Koran. Geschichte und Verkündigung des arabischen Propheten.* 7. Aufl. Stuttgart/Berlin/Köln 1991.

Schimmel, Annemarie: *Der Islam. Eine Einführung.* Stuttgart 1990.

So sprach der Prophet. Worte aus der islamischen Überlieferung. Ausgewählt und übersetzt von Adel Theodor Khoury. Gütersloh 1988.

Spuler-Stegemann, Ursula: *Muslime in Deutschland. Nebeneinander oder Miteinander?* Freiburg/Basel/Wien 1998.

Walther, Wiebke: *Die Frau im Islam.* In: Munir D. Ahmed u. a.: Der Islam III, Die Religionen der Menschheit Bd. 25/3, Stuttgart/Berlin/Köln 1990.

Was jeder vom Islam wissen muß, hrsg. von der Vereinigten Evangelisch-Lutherischen Kirche Deutschlands und dem Kirchenamt der Evangelischen Kirche in Deutschland. 6. Aufl. Gütersloh 2001.

Watt, W. Montgomery/Welch, Alfred T.: *Der Islam I. Die Religionen der Menschheit.* Bd. 25/1. Stuttgart/Berlin/Köln/Mainz 1980.

Zirker, Hans: *Islam. Theologische und gesellschaftliche Herausforderungen.* Düsseldorf 1993.

Buddhismus

Bareau, André: *Der indische Buddhismus.* In: Die Religionen Indiens III. Stuttgart 1964.

Baumann, Martin: *Buddhisten in Deutschland.* 2. Aufl. Marburg 1995.

Bechert, Heinz: *Buddhismus, Staat und Gesellschaft in den Ländern des Theravada-Buddhismus.* 3 Bände. Frankfurt/M. 1973.

Ders. (Hg.): *Der Buddhismus I.* Stuttgart 1999.

ders./Gombrich, Richard (Hg.): *Der Buddhismus. Geschichte und Gegenwart.* 2. Aufl. München 1995.

Brück, Michael von: *Religion und Politik im Tibetischen Buddhismus.* München 1999.

Conze, Edward: *Der Buddhismus. Wesen und Entwicklung.* 7. Aufl. Stuttgart 1981.

Ders.: *Eine kurze Geschichte des Buddhismus.* Frankfurt/M. 1986.

Dahlke, Paul: *Buddhismus als Weltanschauung.* Breslau 1912.

Dalai Lama: *Das Buch der Freiheit.* Bergisch Gladbach 1990.

Dumoulin, Heinrich (Hg.): *Buddhismus der Gegenwart.* Freiburg 1970.

Ders: *Begegnung mit dem Buddhismus. Eine Einführung.* Freiburg 1991.

Dürckheim, Graf Karlfried von: *Zen und wir.* Weilheim 1961.

Eichhorn, Werner: *Die Religionen Chinas.* Stuttgart 1973.

Evans-Wentz, Walter Yeeling: *Das Tibetanische Totenbuch oder die Nachtod-Erfahrung auf der Bardo-Stufe.* 8. Aufl. Olten 1971.

Golzio, Karl-Heinz: *Wer den Bogen beherrscht. Der Buddhismus.* Düsseldorf 1995.

Ders: *Der Kaufmann, der eine bessere Predigt forderte. Lesebuch zum Buddhismus.* Düsseldorf 1995.

Ders./Bandini, Pietro: *Die vierzehn Wiedergeburten des Dalai Lama.* Bern 1997.

Govinda Lama Anagarika: *Grundlagen tibetischer Mystik.* Frankfurt/M. 1975.

Ders.: *Der Weg der weißen Wolken. Erlebnisse eines buddhistischen Pilgers in Tibet.* 9. Aufl. Bern 1985.

Greschat, Hans-Jürgen: *Die Religion der Buddhisten.* München 1980.

Grimm, Georg: *Die Lehre des Buddha, die Religion der Vernunft.* München 1915.

Harrer, Heinrich: *Sieben Jahre in Tibet. Mein Leben am Hofe des Dalai Lama.* Wien 1953.

Hecker, Hellmuth: *Lebensbilder deutscher Buddhisten. Ein bio-bibliographisches Handbuch.* Konstanz 1990.

Herrigel, Eugen: *Zen in der Kunst des Bogenschießens.* 24. Aufl. 1985.

Hoffmann, Helmut: *Die Religionen Tibets. Bön und Lamaismus in ihrer geschichtlichen Entwicklung.* Freiburg 1956.

Kantowsky, Detlef: *Wegzeichen. Gespräche über buddhistische Praxis.* Konstanz 1991.

Klimkeit, Hans-Joachim: *Der Buddha. Leben und Lehre.* Stuttgart 1990.

Lassalle, Hugo Makabi Enomiya: *Mein Weg zum Zen.* München 1988.

Lehmann, Johannes: *Buddha. Leben, Lehre, Wirkung. Der östliche Weg zur Selbsterlösung.* 2. Aufl. Frankfurt/M. 1986.

Levenson, Claude B.: *Dalai Lama. Die autorisierte Biographie des Nobelpreisträgers.* München 1992.

Nyanatiloka: *Buddhistisches Wörterbuch.* 4. Aufl. Konstanz 1989.

Oldenberg, Hermann: *Buddha. Sein Leben, seine Lehre, seine Gemeinde.* München 1961.

Schlingloff, Dieter: *Die Religion des Buddhismus.* 2 Bände. Berlin 1963.

Schneider, Ulrich: *Der Buddhismus. Eine Einführung.* 4. Aufl. Darmstadt 1997.

Schumann, Hans Wolfgang: *Mahayana-Buddhismus. Die zweite Drehung des Dharma-Rades.* München 1990.

Ders.: *Auf den Spuren des Buddha Gotama. Eine Pilgerfahrt zu den historischen Stätten.* Olten 1992.

Ders.: *Buddhismus. Stifter, Schulen und Systeme.* München 1993.

Schweer, Thomas: *Stichwort Dalai Lama und der Lamaismus.* München 1995.

Ders.: *Stichwort Buddhismus.* 5. Aufl. München 1997.

Snelling, John: *Buddhismus. Ein Handbuch für den westlichen Leser.* München 1991.

Suzuki, Daisetz Teitaro: *Die große Befreiung. Einführung in den Zen-Buddhismus.* Zürich 1958.

Tucci, Giuseppe/Heissig, Walther: *Die Religionen Tibets und der Mongolei.* Stuttgart 1970.

Uhlig, Helmut: *Buddha. Die Wege des Erleuchteten.* Bergisch Gladbach 1994.

Stichwort- und Personenverzeichnis

Abendmahl 147, 152f., 155, 167
Abrabanel, Isaak 83
Abraham 16, 24, 52, 56, 109, 183, 198, 230, 233
Abu Bakr 190, 192, 253
Abu Talib 186
Achtfacher Pfad 275f., 325, 327, 331, 333f.
Advent 158f.
Agha Khan 252
Ahimsa 288
Ahmad, Mirza Gulam 256
Ahmadiyya-Bewegung des Islams 256
Akiba 24, 65
Alaungpaya 289
Albertus Magnus 71
Alejchem, Scholem 49
Aleviten 251, 255, 256
Ali ibn Abu Talib 192, 249, 253f.
Allerheiligen 171f.
Allerseelen 172f.
Amida-Buddhismus 336
Amida-Glaube 279
Ananda 342
Antiochos 60
Antisemitismus 32, 35, 37, 134
Apokryphen 126
Arhat 285f.
Aristoteles 69, 82
Asanga 296
Ashoka 287f.
Atatürk 260
Atisha 310
Aurelian 161
Avalokiteshvara 293f., 308, 312, 314f., 349

Babylonisches Exil 46
Baeck, Leo 76
Baeck, Samuel 76
Balfour 36, 91
Bar Kochba, Simeon 23, 65, 89
Bar Mizvah 52f.
Barth, Karl 107
Bat Mizvah 53
Befreiungstheologie 100
Benedikt von Nursia 150
Beichtfeier 322ff., 328, 330
Ben Gershom (Gersonides), Levi 82
Ben Maimon, Moses 68
Berit Milah 52
Beschneidung 31, 52

Bestattung 156
Bibel 16, 59, 105, 109, 116ff., 125f., 132, 139, 143, 145
Blavatsky, Helena P. 339
Bodhidharma 344f.
Bodhisattva 279, 292ff., 300, 307, 312, 328, 336, 344, 349
Bonifatius 132, 168
Bön-Religion 327
Booth, William 145
Bouillon, Gottfried von 133
Buber, Martin 16, 77ff.
Buddha 268, 272ff., 277ff., 282ff., 290ff., 300f., 303f., 307, 320f., 324ff., 334f., 342, 344, 349
Buß- und Bettag 173
Buße 148, 152, 154, 165

Calvin, Johannes 136
Calvinismus 136
Chan-Buddhismus 300f., 304, 344
Chanukkah 60f.
Chassidismus 33f., 49, 78, 91
Christus 153, 159, 168, 172
Crescas, Hasdai 83

Dahlke, Paul 339, 345f.
Dalai Lama 294, 312ff., 317, 348f.
Daoismus 298
David 53, 207
David, König 22, 86
Devanampiya 288
Dharma 274, 279f., 287, 293, 295f., 309
Dialektische Theologie 100
Dogen 304
Dogmi 311
Drei Juwelen 280, 326
Dreifaltigkeit 98, 110, 146, 170, 196f., 209
Dreikörperlehre 294, 300
Dreyfus 35
Drusen 256
Duns Scotus 71

Eckhardt, A.L. 38
Ehe 153
Eisai 304
Erzengel 184, 202, 209, 220, 222, 224
Eucharistie 152, 156, 168
Evangelien 123

Fastenbrechen 233, 236ff.

Stichwort- und Personenregister

Feministische Theologie 100f.
Feniger, Sigmund 339
Feuerbach, Ludwig 96, 138
Firmung 152f.
Fox, George 145
Franz von Assisi 150, 162, 176
Friedrich Wilhelm II. 173
Friedrich Wilhelm III. 144
Fünferschiiten 252

Gautama, Shuddhodana 269
Gautama, Siddhartha 268ff., 272
Gautamiputra 343
Geiger, Abraham 74f.
Gelugpa 310, 312ff.
Georg II. von Sachsen 171
Gersonides 83
Gesinnungsethik 112
Gnosis 129f.
Gott-ist-tot-Theologie 100
Govinda, Lama Anagarika 340, 347
Gregor VII. 134
Grimm, Georg 339
Gründonnerstag 166
Gueth, Anton Walter Florus 339, 346
Gyatso, Tenzin 316, 348

Haġġ 230f.
al-Hakim 256
Halachah 19ff., 29, 44, 60, 69, 80f.
Han-Dynastie 298
Hanh, Thich Nhat 349f.
Hanifen 183
Harnack, Adolf von 76
Hartmann, Richard 250
Haskalah 32, 90
Heiliger Geist 108
Heilsarmee 145
Heinrich IV. 134
Herrigel, Eugen 340
Herzl, Theodor 35f., 78, 91
Hieronymus 26
Himmelfahrt 169f.
Hinayana 291
Hoffmann, Ernst Lothar 340, 347
Holocaust 20, 36, 38
Honen Shonin 303
Hugenotten 136
Hus, Jan 135

Ibn Ruschd (Averroïs) 82
Imam 253f.
Imam Husayn 254
Imamatslehre 251
Imami-Hodschas 252

Imamiten 251ff.
Individualethik 112
Inquisition 90, 133
Isaak 16, 56
Ismael/Isma'il 252, 230, 233
Isma'iliten 251f.
Israel 39

Jakob 16, 53
Jesus 23, 30f., 97ff., 103ff., 113,
  122ff., 142f., 146, 148f., 152, 155,
  158, 161f., 164, 166, 167, 170,
  195ff., 207, 209, 230
Jodo-sku 303
Jodo-skinsu 303
Johannes 31, 123ff., 167
Josephus, Flavius 19, 44, 105

Ka'ba 182, 190, 197, 225, 230f., 233
Kabbalah 33, 72
Kagyüpa 310f., 340
Kalender, jüdischer 47, 69, 84
Kalif 185, 190, 249
Karfreitag 148, 166f.
Karma 271, 279, 281, 292f., 296, 326,
  335f.
Karmapa 313f.
Katholiken 152, 154, 171, 248
Katholizismus 100, 142, 146
Ketuvim 16, 23
Khoury, Adel Theodor 180, 201, 206,
  214, 218, 234
King, Martin Luther 32, 118, 135f.,
  144, 150, 153, 171, 177
Kirche, Evangelische 136, 142f., 152
Kirche, Katholische 135ff., 142f.,
  148f., 154, 165, 176, 259
Kirche, Orthodoxe 132, 143, 150,
  154, 161
Koan 301, 334
Konfession 98
Konfirmation 152f.
Konfuzianismus 297ff.
Konstantin 131, 168
Konstantinopel 171
Konzil, Vatikanisches 140, 155
Konzil von Konstantinopel 110
Konzil von Konstanz 135, 137
Konzil von Nizäa 168, 170f.
Koran 24, 182ff., 192, 194ff., 203ff.,
  213f., 218f., 221, 224ff., 231, 235,
  237ff., 249, 254
Krankensalbung 152, 155
Kreuzzug 89, 132f.
Kukai 303

Kulturrevolution 299
Kyrill 132

Lag Ba-Omer 65
Lahore-Ahmadis 262
Lamaismus 308
Lamas 310
Langdarma 309
Liturgie 35, 101ff., 143, 150, 165, 167, 172
Lobzang Gyatso 314
Lukas 123f., 166

Madhyamika 295, 342
Madhyamika-Philosophie 306
Madhyamika-Schule 295
Mahayana 291ff., 304, 307, 310, 312, 325, 336, 340, 343
Mahayana-Buddhismus 279, 291, 293, 301
al-Mahdi, Muhammad 253
Mahdi 252, 256
Mailänder Toleranzedikt 131
Maimonides, Moses 19, 22, 48, 56, 61, 68ff., 82, 90
Maidreya 293
Mandala 307, 334
Mandschu-Dynastie 316
Mantra 307, 334
Maria 109, 111, 131, 143, 149, 170, 196f., 230
Markus 123f., 166
Marpa 310f.
Matthäus 31, 123f., 166
Maurya-Dynastie 287
Meditation 140, 201, 330f., 333, 336
Mekka 182, 185ff., 190, 220, 225, 230ff., 260
Mendelsohn, Moses 71, 90
Messias 22f., 30f., 64, 71ff., 99, 107, 122, 170, 256
Method 132
Milarepa 310
Mittlerer Weg 342f.
Monotheismus 29, 101, 183
monotheistisch 183
Montefiore, Claude 79
Mormonen 146
Moschee 147, 188, 193, 223, 225, 227, 237, 259, 263
Moses 18f., 22, 24f., 54, 58, 66, 69f., 109, 120, 164, 207, 212, 221
Muhammad 74, 182ff., 197, 206ff., 216ff., 222, 224f., 227, 230ff., 235, 237, 239, 247f., 254

Muhammad ibn Ǧubair al-Kinani 232f.
Muhammad ibn Ishaq 182

Nagarjuna 342f.
Naropa 310
Nathan 72ff.
Nebi'im 16, 23
Nehemiah 46
Nichiren 304f.
Nikolaus (von Myra) 160
Nirvana 282, 289, 292ff., 320, 329, 333ff., 343f.
Nyanaponika 339
Nyanatiloka 346f.
Nyingmapa 310

Ökumene 139f., 146
Olcott, Henry Steel 339
Omer 64f.
Opferfest 228, 233
Ordination 152, 154
Orthodox 142, 152, 154
Ostern 149, 160, 163f., 165, 166ff.

Panchen Lama 314f.
Padmasambhava 309f.
Palmsonntag 165
Passionszeit 163
Patrick 132
Paulus 17, 31, 98, 124, 128f., 131
Petrus Venerabilis 32
Pentateuch 19, 23, 26, 82
Pessach 18, 63ff., 167ff.
Petrus 124, 128f., 131, 143
Pfingsten 66, 109, 149, 170
Pharisäer 20, 30, 33, 42, 88
Philo 21f., 44
Polytheismus 129, 182f.
Potala 314f.
Propheten 121
Protestantismus 100, 135f., 144, 171, 248
Purim 61, 63

Quäker 97, 145

Rabbi 24, 27, 29, 34, 42f., 45f., 49, 52f., 66, 72, 76, 82
Rama IV. 290
Rama I. 290
Ramadan 216, 235, 237f.
Reformation 134, 136f., 150, 171
Rinchen Zangpo 310
Rinzai 304
Rinzai-Schule 350
Rosch ha-Schanah 55, 84

Stichwort- und Personenverzeichnis

Roth, Joseph 49
Russell, Charles Tazé 146

Sabbat 20, 46ff., 52, 54
Sadduzäer 20f., 30, 33, 88
Šahada 216
Saicho 302
Sakrament 152, 154, 156
Sakyapa 310ff.
Salat 220
Samadhi 333
Samsara 271, 276, 279, 336, 343f.
Sangha 280, 282ff., 288, 290, 298, 321
šari'a 239
Sartre 16
Satori 334
Saul 53
Saum 235
Schabbas 46
Schavu'ot 65f.
Schechter, Solomon 79f.
Schema'Israel 16, 18, 22, 25, 48
Schemini Atzeret 59
Schiiten 192, 219, 238, 248f., 251f., 253ff.
Schopenhauer, Arthur 338
Schutz, Roger 139
Seidenstücker, Karl 339
Septuaginta 26, 88
Shingon-Schule 303
Shinran Shonin 303
Shintoismus 305
Shuddhodana 269
Shunyata 294, 343
Simchat Torah 59
Situationsethik 112
Skandhas 335
Smith, John 146
Soloveitchik, Joseph 80f.
Songtsen Gampo 308
Sonntag 158
Soto 304
Sozialethik 112
Sperber, Manès 49
Spinoza 71, 79
Stupa 288f., 329
Sukkah 58f.
Sukkot 58f.
Sunna 219, 227f., 238f., 242, 249, 254
Sunniten 192, 248ff., 253ff.
Sutra 296f., 304f., 324, 343
Synagoge 29, 42ff., 47, 52, 58f., 62f., 66, 90, 147

Tallit 54

Talmud 27ff., 42ff., 49, 72, 74, 80ff., 89
Tanach 23, 25f.
Tang-Dynastie 299
Tantrismus 306
Taufe 148f., 152f.
Tendai-Buddhismus 302
Tenzin Gyatso 316, 348
Teresa, Mutter 175, 177f.
Testament, Altes 16, 98, 117ff., 126
Testament, Neues 30, 98, 117f., 122f., 125, 129, 142, 152, 155
Theodizee 114
Theosophische Gesellschaft 338f.
Theravada 286, 287, 290f., 294, 296f., 320, 336, 338, 340, 345
Theravadins 286, 292, 330
Tibetanisches Totenbuch 311
Tibetische Buddhisten 279
Torah 16ff., 20ff., 27f., 30f., 33, 42, 44ff., 52f., 58ff., 66, 205, 207, 210
Trikaya 294
Trinitatis 170, 173
Tripitaka 287, 330
Triratna 280
Trizong Detsen 308f.
Tsongkhapa 312
Tulku 313

Umar ibn al-Chattab 192, 253
Uthman 192, 253

Valeriau 130
Vajrayana 306f., 338
Vasubandhu 296
Verantwortungsethik 112
Vier Edle Wahrheiten 274f., 377, 283, 331
Vinaya 284, 287, 321
Vipassana 333
Vulgata 26

Weihnachten 61, 159f.

Yogacara-Philosophie 295f., 306
Yom Kippur 56, 57, 58, 85, 107

Zaid ibn Ali 252
Zaiditen 251f.
Zakat 229f.
Zehn Gebote 66, 112f., 325
Zen-Buddhismus 300, 338, 340
Zeugen Jehovas 146
Zevi, Schabbetai 23, 71ff., 90
Zionismus 34f., 80, 91
Zirker, Hans 198f., 208
Zufluchtsformal 280, 283, 321

Zentrale Begriffe im Überblick

	Judentum	**Christentum**	**Islam**	**Buddhismus**
Definition des Begriffes	Das religiöse Judentum versteht sich als Gemeinschaft, die sich zu dem einen Gott bekennt und eine gemeinsame Herkunft hat.	Das Christentum ist die Gemeinschaft der Christen, den Anhängern des Christus (griech.: »der Gesalbte«).	Islam bedeutet wörtlich übersetzt Hingabe, Unterwerfung unter Gottes Willen.	Buddhismus, von Siddhartha Gautama (Buddha) gestiftete und nach ihm benannte Universalreligion; der Begriff bezeichnet alle Lehren, Schulen und Gemeinschaften, die sich aus der Verkündigung und Lehre des historischen Buddhas herleiten.
Entstehungszeit	israelische Religion: 1. Jahrtausend vor Christus; Judentum: 1./2. Jahrhundert nach Christus	ca. 30–50 nach Christus	ca. 610 nach Christus	5. Jahrhundert vor Christus
Ursprungsland	Israel/Palästina	Israel/Palästina, Mittelmeerraum	Mekka und Medina im heutigen Saudi-Arabien	(Nord-)Indien
Stifter	der Tradition nach Moses; faktisch gibt es keinen Stifter	Jesus von Nazareth; Paulus von Tarsus	Muhammad (570–632 nach Christus)	Siddhartha Gautama, nach seiner Erleuchtung Buddha (der Erwachte) genannt
Anhängerzahl heute	ca. 12,8 Millionen	ca. 2 Milliarden	ca. 1 Milliarde	ca. 350 Millionen
Anhängerzahl in Deutschland	ca. 35.000	ca. 60 Millionen	ca. 3,2 Millionen	ca. 150.000 (ca. 110.000 Buddhisten asiatischer Herkunft und ca. 40.000 deutsche Buddhisten)
Religiöse Ausrichtungen	Kaballah; Chassidismus; orthodoxes und konservatives Judentum; Reformjudentum	röm.-kath. Kirche; evangelische und orthodoxe Kirchen; Freikirchen; zahlreiche kleine Gemeinschaften	Sunniten (ca. 9 %); Schiiten (ca. 9 %), darunter: Fünfer-, Siebener-, Zwölferschiiten; Aleviten als spezifische türkische Gruppe; Sekten und Sondergruppen	drei Haupttraditionen: Theravada, Mahayana und Vajrayana

	Judentum	Christentum	Islam	Buddhismus
Glaubensbuch	Torah (»die fünf Bücher Moses«), darüber hinaus die prophetischen und »historischen« Bücher	Neues Testament, hebräische Bibel	Koran	Tripitaka (buddhistischer Kanon mit den drei Teilen Vinaya-Pitaka, Sutra-Pitaka und Abhidharma-Pitaka) und verschiedene Sutras (Lehrschriften)
Glaubensgrundsatz	Der Glaube an den einen Gott Israels, mit dem sein Volk einen Bund geschlossen hat.	Jesus Christus versöhnt Gott und die Welt miteinander.	»Es gibt keinen Gott außer Gott und Muhammad ist Gottes Gesandter.«	Das Leben ist Leiden, und dieses Leiden kann nur enden, wenn der Mensch Hass, Gier und Unwissenheit überwindet.
Gott	Jahweh als der einzige Gott Israels	Gott ist in den drei »Personen« einer: Vater, Sohn und Heiliger Geist	Es gibt einen einzigen, unteilbaren, unabbildbaren, unvergleichbaren Gott: Allah akbar entspricht dem Deus semper major, d. h. Gott ist größer als alles.	Im frühen Buddhismus wird die Existenz eines Gottes geleugnet, die Frage nach dem Ursprung von Welt und Mensch nicht gestellt; im späten Buddhismus wird mit transzendenten Nothelfern (Bodhisattvas) gerechnet.
Mensch	Geschöpf Gottes; der jüdische Mensch steht durch seine Bundesschlüsse mit Gott in einer besonderen Beziehung zu ihm	von Gott auf ihn hingeschaffen; der Erlösung durch Christus bedürftig	Abdallah bedeutet Knecht Gottes, auf Gott verwiesen; Muslim ist, wer sich Gott und seinem Willen hingibt, sich unterwirft	Produkt von fünf Daseinsfaktoren (Körper, Empfindungen, Wahrnehmungen, Geistesformationen und Bewusstsein; sein Geschick wird vom Karma (gute und schlechte Taten in früheren Leben) bestimmt
Seele	im alten Israel kein Seelenglaube; im Judentum Glaube an eine unsterbliche Seele	einmaliger, unsterblicher Lebenshauch, von Gott geschenkt	Seele wird dem Menschen eingehaucht, damit beginnt das Leben; wird die Seele weggenommen, bedeutet dies den Tod; der Mensch kommt zu einem Zwischengericht vor Gott	Eine dauerhafte Seele existiert nicht; das Ich-Bewusstsein beruht auf einer Illusion.
Tod	im alten Israel kein Glaube an ein Leben nach dem Tod; im Judentum Auferstehungsglaube und Vorstellung eines Endgerichts	das Tor zum ewigen Leben bei Gott	Zeitpunkt jedem Menschen von Gott vorherbestimmt; natürliches Ende menschlichen Daseins	Anfang eines neuen Lebens (Wiedergeburt), der Geburtenkreislauf endet erst mit der Erleuchtung und dem Eintritt ins Nirvana